SAP® ERP – Praxishandbuch Projektmanagement

Holger Gubbels

SAP® ERP – Praxishandbuch Projektmanagement

SAP® ERP als Werkzeug für professionelles Projektmanagement – aktualisiert auf ECC 6.0

3. Auflage

 Springer Vieweg

Holger Gubbels
Stuttgart
Deutschland

ISBN 978-3-8348-1681-8   ISBN 978-3-8348-2160-7 (eBook)
DOI 10.1007/978-3-8348-2160-7

Die Deutsche Nationalbibliothek verzeichnet diese Publikation in der Deutschen Nationalbibliografie; detaillierte bibliografische Daten sind im Internet über http://dnb.d-nb.de abrufbar.

Springer Vieweg
© Springer Fachmedien Wiesbaden 2006, 2009, 2013

Gedruckt auf säurefreiem und chlorfrei gebleichtem Papier

Springer Vieweg ist eine Marke von Springer DE. Springer DE ist Teil der Fachverlagsgruppe Springer Science + Business Media
www.springer-vieweg.de

Vorwort

Liebe Leserin, lieber Leser,

SAP ERP ist das wichtigste ERP-System in Europa und ist in allen namhaften Groß-firmen vertreten – mittlerweile in der Komponentenversion ECC 6.0. Neben den Kern-modulen Finanzbuchhaltung, Controllings Produktion und Logistik sowie immer häufi-ger auch der Personalwirtschaft wird auch das Projektsystem vermehrt genutzt. Einerseits stellt es eine gute Alternative dar, Aufträge in Teilaufträge zu splitten und beispielsweise an mehrere Firmen zu verteilen. Aber auch „echtes" Projektmanagement wird immer häufi-ger mit SAP PS abgebildet. Dieses Buch zeigt das Modul PS genau in einem solchen Zu-sammenhang.

Oberstes Ziel dieses Buches ist Nachvollziehbarkeit – auch in der vorliegenden dritten Auflage. In dieser Auflage kommt in Kap. 8 ergänzend der externe Zugriff auf das SAP PS hinzu. Zwar bietet SAP PS die Funktionalität, die man für die Projektplanung und -steue-rung benötigt – trotzdem wünscht man sich häufig einen benutzerfreundlicheren Weg als die SAP GUI-Oberflächen. Die in diesem Kapitel beschriebenen Werkzeuge geben Ihnen die Möglichkeit, eigene, externe Oberflächen anzubieten, die sich besser oder zumindest schöner bedienen lassen.

Ich hoffe sehr, dass Sie, liebe Leserin und lieber Leser, dadurch den praktischen Nutzen des Werkzeugs besser erleben können. Über Lob und Kritik freue ich mich sehr. Zögern Sie bitte nicht, mir Feedback zu senden an: buch@h-gubbels.de.

An dieser Stelle möchte ich den Menschen danken, die mich beim Schreiben dieses Buches sehr unterstützt haben. Ganz oben auf der Liste meinem guten Freund Patrick Theobald, der mich nicht nur durch seine konstruktive Kritik sehr unterstützt hat. Und natürlich meinem Geschäftspartner Andreas Moosbrugger, der mich nicht zuletzt dadurch unterstützt hat, dass ich Teile dieser Arbeit zu Lasten anderer Aufgaben in unserer Firma durchführen konnte.

Vielen Dank!

Nun wünsche ich Ihnen liebe Leserin, lieber Leser eine spannende und informative Lektüre.

Stuttgart   Holger Gubbels
Juni 2013

Inhaltsverzeichnis

Einleitung

1

Projekte sind in der heutigen Geschäftswelt nicht mehr wegzudenken. Gerade in der Softwareentwicklung, bei der ein Produkt nie einem anderen gleicht, bei der die Rahmenbedingungen unterschiedlicher nicht sein können und es daher schwierig ist, eine Entwicklung ähnlich einer vorherigen durchzuführen, ist eine andere Organisation als die des *Projekts* nicht denkbar.

Anders als bei einer Serienfertigung oder Inselproduktion, bei denen ein Controlling größtenteils automatisiert erfolgen kann, stellen Projekte das Projektmanagement vor Herausforderungen. Eben weil kein Auftrag wie der andere ist, kann nur grob geschätzt werden, wie viel Zeit benötigt wird, welche Ressourcen zu welchem Zeitpunkt verfügbar sein müssen und welche Kosten zu erwarten sind. Trotzdem wird vom Projektleiter grundsätzlich erwartet, dass sein Projekt innerhalb der geplanten Dauer, den geplanten Kosten und natürlich der geplanten Qualität fertiggestellt wird – eine ständige Gratwanderung zwischen Kunde, Geschäftsleitung und Projektteam.

SAP ERP Praxishandbuch Projektmanagement – ich wurde gefragt, ob ich ein Buch über Projektmanagement schreibe. Das möchte ich so beantworten: Projektmanagement bedeutet je nach Sprachgebrauch mehrere Projekte zu verwalten oder selbst zu leiten. Projekte gut zu leiten bedeutet, dass man Projektteams einschätzen kann; manchmal unter erschwerten Bedingungen, weil das Team beispielsweise ständig wechselt. Es bedeutet weiter, dass man ein gutes Gespür für Menschen hat, nicht nur für die Personen, die direkt am Projekt beteiligt sind. Wichtig ist ein gutes Verhältnis zum Auftraggeber. Nur wenn zwischen Projektleiter und Auftraggeber die Atmosphäre stimmt, ist konstruktive Arbeit überhaupt möglich. Häufig steht der Auftraggeber selbst unter Druck und versucht diesen abzugeben. Aufgabe des Projektleiters ist Gegenzusteuern – immer so, dass die Atmosphäre nicht beeinträchtigt wird. Er muss von seinem Projektteam als Führungsperson akzeptiert werden. Das funktioniert nur mit Kompetenz und sozialem Gespür. Das heißt unter anderem, durchgreifen zu können, hinter seinen Aussagen zu stehen und seinem Projektteam nach Außen den Rücken zu decken. Diesen Absatz kann man problemlos über die

H. Gubbels, *SAP® ERP – Praxishandbuch Projektmanagement,*
DOI 10.1007/978-3-8348-2160-7_1, © Springer Fachmedien Wiesbaden 2013

nächsten beiden Seiten weiterführen. Aber über diese Seite des Projektmanagements wollte ich kein Buch schreiben – weil man darüber nicht einfach ein Buch schreiben kann.

Den anderen wichtigen Teil im Projektmanagement bildet der Part, den ich *formales* Projektmanagement nenne. Anhand von methodischen Schätzverfahren mittels Kennzahlen, die kontinuierlich verbessert werden, können Projekte verlässlicher geplant werden. Festgelegte Prozesse zur kontinuierlichen Eingabe von Ist-Daten erleichtern zusammen mit den Planungsdaten eine realistische Einschätzung des Projekt-Status. Zusammen mit diesen Daten wird die Planung weitergeführt für die Restlaufzeit. Schlussendlich hat man wiederum genügend Erfahrungsmaterial in Form von Kennzahlen an der Hand, die für zukünftige Projekte hilfreich sind. Alle im Projektteam – in den meisten Fällen das ganze Unternehmen – müssen die Prozesse, die Notwendigkeit der Maßnahmen verstehen und deren Umsetzung täglich leben. Nur dann ist ein Projekt steuerbar. Täglich notwendige Aufgaben wie die kontinuierliche Rückmeldung der Arbeitszeit müssen möglichst einfach durchführbar sein, da sonst schnell die Akzeptanz schwindet und damit das Gebäude der Projektsteuerung sofort ins Wanken gerät. *SAP ERP Praxishandbuch Projektmanagement* stellt ein Werkzeug für das formale Projektmanagement vor: das Projektsystem in SAP ERP. Es beschreibt beispielhaft, wie damit gearbeitet wird. Das Projektsystem unterstützt das Projektmanagement in Aufgaben der Planung, der Steuerung und der Gewinnung von Kennzahlen zum Projektabschluss.

1.1 Ziel dieses Buches

Viele Bücher über SAP ERP sind Fachbücher, die zeigen, welche Möglichkeiten SAP ERP in dem einen oder anderen Gebiet bietet. Ich empfand es immer als unbefriedigend, dass die Beispiele zwar einfach waren, aber nur theoretisch nachvollziehbar. Ich konnte nie ein System starten und mitmachen. Ich sehe ein, dass das in den meisten Fällen aufgrund der Komplexität des Themas die Bücher gesprengt hätte.

Oft sieht man, dass in Beispielen mit Daten gearbeitet wird, die scheinbar aus dem von SAP bekannten Schulungssystem IDES stammen, die aber dann doch nicht wie im Beispiel verwendet werden können – weil beispielsweise das Konto im Kontenplan der IDES AG doch keine laufenden Buchungen zulässt.

Lassen Sie uns daher in diesem Buch gemeinsam einen anderen Weg verfolgen: Wenn Sie wissen möchten, was das Projektsystem bietet, lesen Sie dieses Buch einfach durch – überspringen Sie die speziellen Benutzereinstellungen, die in SAP ERP für die Beispiele hinterlegt werden müssen. Wenn Sie ein System zur Verfügung haben, mit dem Sie arbeiten können und das Beispiel mitverfolgen möchten, dann lassen Sie uns Ihr und mein System gemeinsam so einstellen, dass wir immer von denselben Daten reden können. Sprechen Sie ggf. mit Ihrer Systemverwaltung, damit Sie genügend Rechte in einem Testsystem haben. Auf diese Weise können Sie nichts kaputt machen, ziehen aber aus diesem Buch den größtmöglichen Nutzen. Sie werden das System durch nichts besser kennen lernen als durch die aktive Beschäftigung mit den angebotenen Funktionen.

1.2   Wie dieses Buch aufgebaut ist

In Kap. 2 wird das Thema Projektmanagement eingeführt. Wir beleuchten gängige Verfahren für die Schätzung von Projekten sowie Methoden zur Projektüberwachung. Auch wenn Sie bereits viel Erfahrung in Projekten gesammelt haben, sollten Sie das Kapitel lesen, damit wir eine gemeinsame sprachliche Basis haben. In Kap. 3 schauen wir uns die Organisation in SAP ERP an. Hier werden Fragen geklärt wie *Was ist ein Kostenrechnungskreis, Was sind Arbeitsplätze* usw. Gleich anschließend wird die Beispielfirma vorgestellt, die und im Verlauf dieses Buches begleiten wird. Wir schauen uns an, in welchem Gebiet diese tätig ist und wie sie aufgebaut ist. Für diese Firma werden wir einen neuen Mandanten in SAP ERP aufbauen, um die vorgestellten Organisationsstrukturen sofort in die Praxis umgesetzt zu sehen. In Kap. 4 und 5 beschäftigen wir uns mit der Planung eines Projekts. Kapitel 4 geht zunächst auf den strukturellen Aufbau ein, Kap. 5 auf den geplanten Ablauf. Anhand eines Beispielprojekts werden wir das Projekt aufplanen. Die Kapitel sind jeweils zweigeteilt. Im ersten Teil werden die Anwendungen erläutert, im zweiten Teil die dafür notwendigen Einstellungen beschrieben. Dieses Henne-Ei-Problem ließ sich nicht auflösen. Entweder sind die Einstellungen unklar, da man noch nicht weiß, welche Auswirkungen sie haben, oder die Beispiele können im eigenen System nicht sofort nachvollzogen werden, da die Einstellungen noch nicht vorgenommen wurden. Ich habe mich für die zweite Möglichkeit entschieden.

Kapitel 6 ist entsprechend zweigeteilt aufgebaut. Es beschreibt die Realisierung eines Projekts und die Möglichkeiten, die Daten in SAP ERP zu überwachen. Wir werden einige Daten für das Beispielprojekt erfassen und die Auswirkungen in den Analysen nachvollziehen. Kap. 7 stellt Anwendungen zur Abschlussanalyse des Projekts vor. Hier wird gezeigt, wie Auswertungen über Projektgrenzen hinweg durchgeführt werden können und wie Standard-Vorlagen eine Vergleichbarkeit ermöglichen.

Die meisten Daten für das Beispiel würden den laufenden Text unnötig aufblähen. Insbesondere, wenn Sie das Beispiel nicht praktisch verfolgen wollen, sind die Beispieldaten im Textverlauf lästig. An den jeweiligen Stellen schauen wir uns daher immer nur ein paar Daten exemplarisch an. Weitere Ist-Daten sind in den Anhang ausgelagert.

Methoden des Projektmanagements

In diesem Kapitel sehen wir uns angewandte Methoden des Projektmanagements an. Die einzelnen Themen bilden die Grundlage für die Funktionen des Projektsystems in SAP ERP.

Zunächst werden Begriffe betrachtet, wie sie im Projektmanagement verwendet werden. Anschließend durchlaufen wir die Phasen Planung, Realisierung und Abschluss eines Projekts, um die Methoden den einzelnen Phasen zuzuordnen.

▶   Wenn Sie bereits Erfahrungen im Projektgeschäft haben und sich in den Methoden des Projektmanagements auskennen, können Sie dieses Kapitel überspringen und mit Kap. 3 beginnen.

2.1 Begriffe

Der Begriff Projekt selbst stammt vom lateinischen Wort *proicere = werfen* ab. Substantiviert (Partizip Perfekt) bedeutet das Wort *proiectum* etwa *das nach vorn Geworfene*. Etwas nach vorne werfen lässt sich in diesem Zusammenhang am ehesten durch Planung übersetzen oder durch den Zeitpunkt, an dem ein Entwurf von etwas existiert, das geschaffen werden soll. Ein Projekt wird heute allgemein eingegrenzt durch die Einmaligkeit der Bedingungen und die Einmaligkeit des Projektziels, durch die Planung und Bindung von Kosten und Ressourcen sowie durch den Aufbau einer Projektorganisation. Aufgaben der Planung, der Steuerung und des Abschlusses übernimmt das Projektmanagement.

In der deutschen Industrie-Norm DIN 69901 ist ein Projekt definiert als ein Vorhaben, das im Wesentlichen gekennzeichnet ist durch

- die Einmaligkeit der Bedingungen
- eine projektbezogene Zielvorgabe
- eine zeitliche, finanzielle und personelle Begrenzung

H. Gubbels, *SAP® ERP – Praxishandbuch Projektmanagement*,
DOI 10.1007/978-3-8348-2160-7_2, © Springer Fachmedien Wiesbaden 2013

- Abgrenzung gegenüber anderen Projekten
- eine projektspezifische Organisation

Es gibt noch viele weitere Definitionen, die den Begriff des Projekts mehr oder weniger stark eingrenzen, beispielsweise durch zusätzliche Eigenschaften wie

- Außergewöhnlichkeit
- wenig Know-How vorhanden

Diese letzten Eigenschaften sind meines Erachtens zu eng gefasst und würden zu viele Klassen von Projekten ausschließen. Letztlich gibt es bei Definitionen kein Richtig oder Falsch.

Nach DIN 69901 versteht man unter dem Begriff *Projektmanagement*:

> Projektmanagement ist die Gesamtheit von Führungsaufgaben, -organisation, -techniken und –mitteln für die Abwicklung eines Projekts.

Vor Projektbeginn ist das Projektmanagement für die Planung des Projekts zuständig. Nach Projektbeginn, in der so genannten *Realisierungsphase*, hat das Projektmanagement Steuerungsfunktion. Periodisch wird geprüft, ob und wie das Projektziel zu halten ist und welche Maßnahmen gegebenenfalls getroffen werden müssen, um das Ziel zu erreichen. Nach Abschluss des Projekts, üblicherweise mit der *Abnahme*, wird das Projekt rückblickend bewertet. Dies dient dazu, um Wirtschaftlichkeitsanalysen durchzuführen und vor allem zur Sammlung von Erfahrungsdaten, um zukünftige Projekte verlässlicher zu planen. Insbesondere der letzte Punkt wird bei den meisten Projekten vernachlässigt.

Die Titel Projektleiter und Projektmanager sind im Deutschen irreführend und werden selten scharf getrennt. Das liegt daran, dass im englischsprachigen Raum *Project Manager* die Übersetzung von Projektleiter ist. Das englische Wort des deutschen Projektmanagers ist hingegen *Senior Project Manager*. In diesem Buch ist die scharfe Trennung der beiden Rollen nicht notwendig. Die vorgestellten Funktionen des Werkzeugs in SAP ERP sind für alle Rollen gleichermaßen wichtig.

Unter dem Begriff *Prozess* versteht man das Vorgehen der Projektdurchführung. Einen einfachen Prozess stellen beispielsweise die Phasen *Planung – Realisierung – Abschluss* dar. Es gibt viele vorgefertigte Prozessmodelle, wie das *V-Modell*, den *Rational Unified* Process, das *Standard-Phasen-Modell* etc. Diese Prozessmodelle sind meist sehr ausführlich beschrieben und adressieren ein breites Spektrum an möglichen Projekten. Daher müssen die jeweiligen Modelle auf die eigenen Projekte zugeschnitten werden. Viele Prozessmodelle definieren dafür eigens Methoden, um das jeweilige Prozessmodell anzupassen (*Tayloring*).

Unter einer *Ressource* versteht man im Projektmanagement neben materiellen und finanziellen Mitteln auch die Arbeitskraft des Personals. Die Verwendung des Begriffs Ressource für Arbeitskraft ist unschön, ist im Projektmanagement und damit auch bei den verfügbaren Werkzeugen aber üblich.

2.2 Projektplanung

Die Projektplanung ist die wichtigste Aufgabe des Projektmanagements. Fehler, die in der Planung entstehen, sind die teuersten – Budgetüberschreitungen, Terminüberschreitungen oder gar die vorzeitige Ablehnung des Projekts aufgrund falscher Plandaten können die Folge sein. Die Projektplanung findet vor der eigentlichen Projektrealisierung statt und wird während der Projektdurchführung kontinuierlich verfeinert. Der Beginn der Projektrealisierung darf kein Ende der Planung darstellen.

Das Ergebnis der Projektplanung ist ein (schriftlicher) Projektplan. Dieser trifft Aussagen zu

- Warum etwas getan wird
- Was getan wird
- für Wie viel Geld
- von Wem
- Wann
- und Womit (Hilfsmittel, Techniken…).

Im Verlauf der Projektrealisierung dient der Projektplan als Grundlage für Fortschrittskontrollen und Projektbewertungen, die ohne einen solchen Plan unmöglich wären.

Der Projektplan muss kontinuierlich angepasst werden, mindestens um die im Verlauf der Realisierung entstehenden Ist-Daten. Mittels dieser Daten und dem Abgleich der Solldaten wird die Unsicherheit der Planung für das restliche Projekt immer kleiner. Abbildung 2.1 zeigt den Verlauf eines so genannten Schätztrichters. Die Abbildung zeigt, dass zu Beginn der Schätzung die Unsicherheit hoch ist und im Verlauf des Projekts immer weiter zum tatsächlichen Wert konvergiert.

Bei der Anpassung des Projektplans ist in diesem Zusammenhang Versionierung ein wichtiges Stichwort, denn auch der Verlauf der Anpassungen ist in einer Abschlussanalyse wichtig. Ein kontinuierlich angepasster Projektplan entspricht am Projektende immer dem Ist-Zustand und lässt keine Aussage mehr über die Qualität der Planung zu. Erfahrungswerte würden sich ohne Planversionen nicht mehr ableiten lassen.

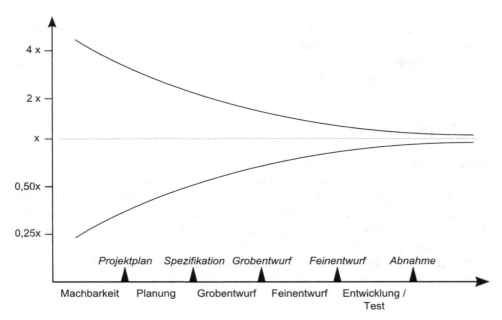

Abb. 2.1 Schätztrichter der Planung

▶ Als Regel hört man oft, dass die Planung nach der Erstellung des Pflichtenheftes erfolgen muss oder das Angebot vor Erstellung der Spezifikation erstellt wird. Diese Ansichten sind unflexibel. In einem Angebot stehen unter anderem Daten wie Preis, Fertigstellungstermin und Eigenschaften des Produkts. Termine und Kosten können aber erst mit Ende der Planung hinreichend genau angegeben werden. Problematisch wird es, wenn die Planung selbst bereits hohe Kosten verursacht. Um dieses Problem zu umgehen, wird häufig ein sogenanntes Vorprojekt durchgeführt, dessen Ergebnis ein Kosten- und Zeitplan sowie ein Pflichten- und Lastenheft ist. Das Vorprojekt kann einem Kunden bereits in Rechnung gestellt werden – oder wird beispielsweise im Rahmen des Realisierungsprojekts verrechnet.

2.2.1 Projektstrukturplan

Divide et impera – Teile und herrsche ist ein Prinzip, das auf Ludwig XI. zurückgeht. Ursprünglich stand es für das Prinzip, Untertanen oder Gegner gegeneinander aufzuhetzen, um die daraus entstandene Zwietracht für eigene Zwecke zu missbrauchen. Gebräuchlicher ist dieser Ausspruch heute, wenn es darum geht, große, komplexe Aufgaben rekursiv in kleine, überschaubare Aufgaben zu teilen.

Ein Projekt stellt eine komplexe Aufgabe dar. Für die Teilung des Projekts in Teilprojekte und Arbeitspakete verwenden wir den *Projektstrukturplan (PSP)*. Er dient als zentrales

Abb. 2.2 Objektorientierter
Projektstrukturplan

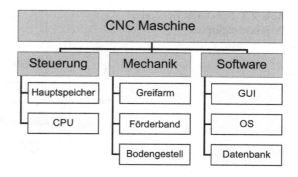

Instrument in der Projektplanung – alle weiteren Pläne leiten sich von ihm ab. Er stellt die Struktur, also im Grunde die Aufbauorganisation eines Projekts dar. In der DIN 69901 heißt es:

> Die Projektstruktur definiert die Gesamtheit der wesentlichen Beziehungen zwischen den Elementen eines Projekts.

Es handelt sich um ein natürliches Vorgehen, einen komplexen Sachverhalt in kleine, handhabbare Teile zu zergliedern. Dabei dient das Ergebnis der Verfeinerung nicht nur der Aufwandsschätzung, sondern während der Realisierung einer detaillierten Fortschrittskontrolle.

Der PSP soll ein gemeinsames Verständnis des Projektumfangs für alle Projektmitglieder schaffen – das bedeutet eine Vereinheitlichung der Projektsprache und Schaffen von Verbindlichkeiten. Der PSP bildet die gemeinsame Basis für die Ablauf- und Terminplanung, ist selbst aber kein Ablauf-, Termin- oder Kostenplan. Die Darstellung erfolgt in der Form von Listen (tabellarisch) oder Organigrammen (Baumstruktur). Aufgrund der besseren Darstellung hat sich die Baumstruktur durchgesetzt. Grundsätzlich ist der Projektstrukturplan eine individuelle Gliederung und hängt stark von den tatsächlichen Gegebenheiten und Aufgabenstellungen ab.

Wir kennen drei verschiedene Arten von Projektstrukturplänen:

- den objektorientierten Strukturplan
- den funktionsorientierten Strukturplan
- den ablauforientierten Strukturplan

Objektorientierter PSP Der objektorientierte Strukturplan wird auch häufig als *erzeugnis-* oder *produktorientierter* Plan bezeichnet. Die Definition der Aufgabenpakete richtet sich nach der technischen Struktur des zu entwickelnden Produkts (siehe Abb. 2.2). Diese Art eines Projektstrukturplans ähnelt einem Produktstrukturplan sehr. Die Gefahr ist hoch, dass beide Pläne vermischt werden könnten. Daher wird im Allgemeinen kein rein objektorientierter Plan verwendet.

Abb. 2.3 Funktionsorientierter
Projektstrukturplan

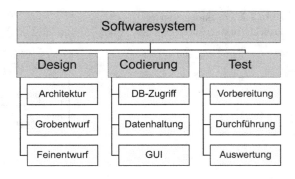

Abb. 2.4 Ablauforientierter
Projektstrukturplan

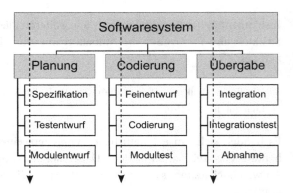

Funktionsorientierter Projektstrukturplan Der funktionsorientierte Projektstrukturplan orientiert sich nach den Tätigkeiten, die auszuführen sind, wie beispielsweise Design,
Entwurf oder Prototyp, also nicht am entstehenden Produkt. Häufig findet man hier die
Namen der Phasen eines Entwicklungsprozess-Modells wieder. Diese Form kann bei
jedem Entwicklungsprojekt eingesetzt werden und ist daher die meist verwendete Form
eines Projektstrukturplans. Abbildung 2.3 zeigt einen solchen Strukturplan.

Ablauforientierter Projektstrukturplan Verändert man den funktionsorientierten Projektstrukturplan so, dass durch die Arbeitspakete eine Linie gelegt werden kann, die die
Reihenfolge der Abarbeitung definiert, erhält man einen ablauforientierten Projektstrukturplan, wie in Abb. 2.4 dargestellt.

    Dieser Typ bietet sich nur an, wenn die auszuführenden Funktionen streng sequenziell
durchlaufen werden können.

▶   **Wasserfallmodell** Die fehlende Möglichkeit des Rücksprungs im Prozess ist der
    Grund, warum sich das klassische Wasserfallmodell in Entwicklungsunterneh-
    men nicht durchgesetzt hat. Firmen, die heute zwar immer noch mit den Begriff
    Wasserfallmodell arbeiten, meinen eigentlich das *Standard-Phasen-Modell*, wel-
    ches die einzelnen Phasen nach den Funktionen im Wasserfallmodell benennt,

aber innerhalb einer Phase die auszuführende Funktion nicht vorschreibt. Daher erlaubt das Standard-Phasen-Modell beispielsweise die Änderung einer Spezifikation in der Phase Entwurf.

Vorgehen Bei der Identifikation der Teilprojekte müssen bestimmte Gliederungsaspekte berücksichtigt werden. Teilprojekte und Arbeitspakete werden möglichst eindeutig einer organisatorischen Einheit zugeordnet. Unklare Verantwortlichkeiten führen schnell zu vermeidbaren Kompetenzstreitigkeiten oder zu mangelndem Engagement. Falls Kostenrahmen pro Arbeitspaket vorgegeben sind, beispielsweise durch Einhaltung von Geschäftsperioden oder ähnliches, müssen Arbeitspakete eventuell aufgeteilt werden. Arbeitspakete sollten in keinem Fall phasenübergreifend sein – Phasenentscheidungen müssten sonst während der Realisierung eines offenen Arbeitspaketes getroffen werden, was unsinnig ist. Außerdem ist es von Vorteil, den technischen Zusammenhang bei der Bildung von Arbeitspaketen zu berücksichtigen.

Aktivitäten wie Fortschrittsmessung, Qualitätsmaßnahmen und Risikoanalysen werden ebenfalls als Teilaufgaben in den Strukturplan mitaufgenommen. Diese Querschnittsaufgaben werden, insbesondere bei der Aufwandsschätzung, gerne vergessen – gerade bei einer Expertenschätzung.

Aus betriebswirtschaftlicher Sicht dient der Strukturplan später der Verbuchung von Kosten. So können beispielsweise geleistete Arbeitsstunden, Materialkosten, Reisekosten oder Kosten von Fremdfirmen eindeutig einem Teilprojekt zugeordnet werden.

Daten eines PSP-Elements Einem Element oder Knoten im Projektstrukturplan sind folgende Daten zugeordnet:

- Arbeitspaketnamen (Name des PSP-Elements)
- identifizierende Nummer (am besten entsprechend der Hierarchie)
- eine Aufgabenbeschreibung
- Ziele (Meilensteine)
- geschätzter zeitlicher Aufwand
- benötigte Zeit für die Durchführung
- geschätzte Kosten
- Ausführender des Arbeitspakets
- Verantwortlicher
- etwaige Abhängigkeiten von anderen Arbeitspaketen

Durchführungszeit und zeitlicher Aufwand sind unabhängige Eingabegrößen: Wenn man für das Streichen einer Wand einen Tag benötigt, kann man die Dauer mit zwei Personen halbieren. Trotzdem bleibt der Aufwand von einem Personentag bestehen.

Tatsächlich verwendet man das Konzept der Ressourcenerhöhung zur Dezimierung der Dauer sehr häufig in der Praxis. Natürlich kann unter Umständen durch erhöhten Ressourceneinsatz und Parallelisierung der Arbeiten die Dauer der Durchführung verringert werden. Trotzdem kann die Dauer für den Kauf der Farbe und die Anreise zur Arbeitsstelle unabhängig des Ressourceneinsatzes nicht verringert werden. Diese sehr einfache und eingängige Tatsache wird in der Praxis auffällig häufig missachtet. Oder mit einem beliebtem Beispiel ausgedrückt: Auch mit neun Frauen bringen wir nicht in einem Monat ein Kind auf die Welt.

2.2.2 Schätzverfahren

Im weiteren Verlauf der Projektplanung werden PSP-Elemente mit Schätzdaten versehen. Schätzverfahren gibt es viele. Die zwei bekanntesten Methoden sind *COCOMO* und das *Function Point-Verfahren*.

COCOMO Das *Constructive Cost Model* (*COCOMO*) gehört zu den *algorithmischen Aufwandsschätzverfahren*. Wie der Name schon vermuten lässt, basieren algorithmische Verfahren auf mathematischen Formeln, die wiederum auf Konstanten und empirisch ermittelten Parametern beruhen. COCOMO wurde 1981 von B. W. Boehm vorgestellt.

COCOMO unterteilt Projekte in drei Klassen:

- Organic Mode
- Semidetached Mode
- Embedded Mode

Für diese Klassifikation gibt es jeweils Parameter und Konstanten, die in die Formeln für Aufwand und Dauer eingesetzt werden. Die Konstanten und Parameter wurden empirisch aus vorhandenen Projekten ermittelt. Ende der 70er Jahre erhielt man mit diesem Verfahren sehr brauchbare Ergebnisse. Mittlerweile sind die Schätzergebnisse zu ungenau geworden. Gründe dafür sind

- neue Lifecycle Prozesse
- Wiederverwendung von Software-Komponenten
- Reengineering
- Middleware-Systeme
- Einführung der Objektorientierung.

Ende der 90er Jahre entstand daher das COCOMO-II-Modell, welches neuere Einflussfaktoren berücksichtigt und eine bessere Kalibrierung bietet. In COCOMO-II werden drei verschiedene Klassen oder Submodelle unterschieden:

- **Application Composition Model** – bei der Entwicklung entstehen keine wiederverwendbaren Komponenten. Die Erstellung ist meist mit Hilfe von CASE-Tools

(Computer Aided Software Engineering) einfach möglich. Schwierigkeiten, die durch die Verwendung von Tools auftreten, werden berücksichtigt

- **Early Design Model** – Projekte, die sich in der Prototyp/Analyse-Phase befinden. Die Ergebnisse sind entsprechend grob.
- **Post-architecture Model** – Projekte, für die bereits eine fertige Software-Architektur fertiggestellt ist, die nun implementiert werden muss.

Voraussetzung für die Schätzung ist die Anzahl erwarteter Quellcodezeilen (DSI – delivered source instructions, also die tatsächlich ausgelieferten Quellcodezeilen ohne Tests etc.). Mittels der Formel

$$SM_{Nominal} = A * DSI^B$$

wird der Aufwand in Mann-Monaten (SM – Staff Month) berechnet, wobei A und C konstant sind (je nach Submodell) und B errechnet wird aus

$$B = C + 0.01 * \sum W(i)$$

und W(i) Gewichtungsfaktoren sind, wie Teambindung, Vorhersagbarkeit et cetera.

In COCOMO-II werden durch weitere Formeln neben der reinen Aufwandsrechnung auch Berechnungen zur Anzahl benötigter Personen im Projekt durchgeführt. Einflussfaktoren wie beispielsweise Kommunikationsaufwand werden von COCOMO-II berücksichtigt.

COCOMO-II stellt für alle Modelle Tabellen mit Angaben zur Verteilung des Aufwands auf einzelne Phasen zur Verfügung. Zusammen mit dem errechneten Gesamtaufwand und den Aufwands-Tabellen kann ein Planer den Gesamtaufwand auf einzelne Phasen verteilen und dadurch den benötigten Personalbedarf pro Phase ermitteln.

COCOMO-II wird allgemein deutlich besser als COCOMO angenommen, da die Ergebnisse der Schätzungen sehr gut sind. Außerdem lassen sich die Ergebnisse für die jeweiligen Unternehmen gut mittels kalibrierbarer Parameter anpassen. Basis der Schätzung sind allerdings Quellcodezeilen, die wiederum frei geschätzt werden müssen.

Function Point Methode   Die *Function Point-Methode* gehört zu den Vergleichsmethoden (Analogieverfahren). Schätzungen werden häufig durch Vergleiche mit bestehenden Projekten durchgeführt. Um dabei eine höhere Sicherheit und Vergleichbarkeit zu erhalten, stellt man Regeln für das Vorgehen auf. Die Function Point-Methode wurde 1979 von Allan Albrecht (IBM) publiziert und wird bis heute weiterentwickelt und optimiert. Federführend hier ist die *IFPUG*, die *International Function Point User Group*.

Die Function Point-Methode liefert den Gesamtaufwand für alle Projektphasen ab der Erstellung des Pflichtenhefts. Sie liefert nicht wie COCOMO den Aufwand für die einzelnen Phasen. Die Vorgehensweise ist einfach. Es werden alle Benutzereingaben,

Ausgabedaten, Datenbestände, Referenzdaten und Abfragen kategorisiert in die Klassen leicht, mittel und komplex, wobei diesen Klassen jeweils eine Anzahl Function Points zugewiesen ist. Die einzelnen Werte werden aufsummiert (E1). 14 Einflussfaktoren werden anschließend berücksichtigt und zu Z aufsummiert. Ein Faktor E2 ergibt sich dann aus

$$E2 = \left(\sum Z_i * 0.01 \right) + 0.65$$

Das Ergebnis der Function Point-Analyse ergibt sich dann aus

$$FP = E1 * E2$$

Die Anzahl der Function Points ist eine Maßzahl für die Größe des Projekts. Aus Vergangenheitsdaten wurde empirisch ermittelt, wie viele Function Points ein Projekt hatte und wie viele Quellcodezeilen das Produkt zum Zeitpunkt der Auslieferung besaß. Damit besitzen wir Tabellen, anhand welcher ermittelt werden kann, mit wie vielen Quellcodezeilen für das aktuelle geplante Projekt gerechnet werden muss. Die einzelnen Werte für die Einflussfaktoren, die Parameter und die der Umrechnungstabelle für die einzelnen Programmiersprachen werden von der IFPUG ständig auf Basis von neuen Projekten und Verfahren angepasst.

COCOMO mit Function Point An dieser Stelle wird deutlich, warum es Sinn macht, COCOMO und die Function Point-Methode zu kombinieren. Die Function Point-Methode liefert eine Aussage zum Gesamtaufwand in Quellcodezeilen. Dieser Wert dient als Eingabe für das COCOMO-Verfahren. Mit COCOMO wird aus dem Gesamtaufwand die Dauer und die benötigten Mitarbeiter errechnet und anschließend der Aufwand auf die Phasen verteilt. Bei der Kombination muss aber beachtet werden, dass bei der Ermittlung der Function Points nur der Wert E1 für das COCOMO-Verfahren herangezogen werden darf, also der Wert ohne Berücksichtigung der Einflussfaktoren. Grund dafür ist, dass COCOMO selbst bei der Berechnung Einflussfaktoren berücksichtigt und diese sonst im Schätzverfahren doppelt gewertet werden würden.

Da die Projektplanung im Verlauf des Projekts unter Berücksichtigung der bekannten Ist-Daten kontinuierlich neu erstellt wird, ist es von Vorteil, die Berechnungen mit einer Tabellenkalkulation zu automatisieren. Mit einer geschickten Versionierung der Daten kann man damit zum Abschluss des Projekts wichtige Daten für zukünftige Schätzungen und damit auch zu Kalibrierung der genannten Verfahren gewinnen.

Schätzgenauigkeit Was man bei allen Schätzverfahren auf keinen Fall außer Acht lassen darf ist die Tatsache, dass das Ergebnis von weiteren Faktoren beeinflusst werden kann:

- Terminvorgaben vom Management (Politik)
- Eine hohe Anzahl Mitarbeiter bedeutet nicht eine hohe Produktivität (erhöhter Kommunikationsaufwand)

- Mangelnde Erfahrung in der Projektarbeit
- Produktivitätsunterschiede zwischen den einzelnen Mitarbeitern
- Leerlaufzeiten (Verzögerungen durch fehlende Entscheidungen)
- Verfügbarkeit von notwendigen Softwareumgebungen oder Werkzeugen
- Tätigkeiten wie Qualitätssicherung werden unterschätzt oder einfach vergessen

Gleichbleibende Teams, fest installiertes Qualitätsmanagement, ähnliche Anforderungen oder ähnliches minimieren diese Faktoren.

Expertenschätzung Algorithmische Verfahren haben den Nachteil, dass Ergebnisse aufgrund mangelnder Transparenz nicht anerkannt werden. Insbesondere bei der Einführung der Verfahren führen mangelnde Erfahrung und nicht kalibrierte Standard-Parameter zu ungenauen Schätzergebnissen. Gerade bei algorithmischen Verfahren wird bei den Beteiligten eine hohe Genauigkeit erwartet – obwohl dies auch ein algorithmisches Verfahren nicht leisten kann. Daher ist es gerade bei der Einführung sinnvoll, zusätzlich eine Expertenschätzung durchführen zu lassen und die jeweiligen Ergebnisse zu vergleichen. Zum Projektabschluss können die Planungsdaten erneut herangezogen werden, um die Verfahren iterativ zu optimieren.

Vorgehen bei der Schätzung Schätzungen können pro Projektstrukturplanelement oder für das komplette Projekt durchgeführt werden. Häufig werden beide Wege ausgenutzt: Jedes Element wird geschätzt und auf das Gesamtprojekt verdichtet. Gleichzeitig wird das Gesamtprojekt geschätzt und der Aufwand auf die Teilprojekte verteilt (*Top Down* und *Bottom Up*-Vorgehen). Üblicherweise wird für die Aufwandsschätzung eine Bottom Up-Planung durchgeführt. Das Ergebnis dient der Angebotsphase oder der Präsentation innerhalb des Unternehmens. Anschließend wird der Projektaufwand budgetiert. Mit dem vorhandenen Projektbudget wird dann eine Top Down-Planung durchgeführt, verfügbare Aufwände damit auf die Teilprojekte verteilt.

Aus betriebswirtschaftlicher Sicht ist es vorteilhaft, pro Projektstrukturplanelement nicht nur die Gesamtkosten zu schätzen, sondern diese weiter auf Kostenarten wie beispielsweise Gehalt und Material zu detaillieren. Insbesondere differenzierte Betrachtungen zu Eigen- und Fremdleistungen lassen sich dadurch leichter durchführen. Wirtschaftlichkeitsanalysen werden dadurch detaillierter. Je detaillierter die Bereiche geschätzt sind, desto schwieriger wird es, Schätzung von außen anzuzweifeln.

2.2.3 Risikoanalyse

Die Risikoanalyse ist ein wichtiger Teil der Projektplanung und wird leider häufig unterschätzt oder schlicht falsch oder unvollständig durchgeführt. Identifizierte Risiken in Projektplänen (Risikolisten), wie *Ausfall eines Mitarbeiters durch Krankheit, Quellcode nicht mehr wartbar* oder *Performance zu gering* sind ein Anfang – sind aber unvollständig

- Was tun wir, wenn ein Mitarbeiter krank wird? Ab welcher Ausfallzeit ist unser Projektziel gefährdet?
- Wann gilt der Quellcode als nicht mehr wartbar? Wie wird das gemessen und wer tut das?
- Und vor allem: Welche Maßnahmen ergreifen wir, wenn das Risiko eintritt? Ab wann holen wir einen Ersatz für den ausgefallenen Mitarbeiter?

Insbesondere bei ausgefallenen Mitarbeitern ist die Einführung eines neuen Mitarbeiters zu dem Zeitpunkt, wenn der ausgefallene tatsächlich fehlt, zu spät. Die Einarbeitungszeit des neuen Mitarbeiters muss berücksichtigt werden. Dieser kann den Ausgefallenen nicht ab dem ersten Tag ersetzen.

Risikoidentifikation   Für eine sinnvolle Risikoanalyse müssen Risiken identifiziert werden. Das wird beispielsweise mittels Brainstorming, Heranziehen von Erfahrungsdatenbanken oder durch Befragung durchgeführt. Anschließend wird für jedes Risiko geschätzt, wie hoch die Eintrittswahrscheinlichkeit ist und welche Kosten verursacht werden. Die Risikohöhe berechnet sich dann aus:

$$Risikohöhe = Kosten * Eintrittswahrscheinlichkeit$$

Es gibt dann zwei Möglichkeiten, mit den Risiken umzugehen:

- Risiken begrenzen
- Risiken vermindern

Risiken, die von Anfang an eine hohe Eintrittswahrwahrscheinlichkeit haben und hohe Kosten verursachen, müssen vermindert werden. Beispielsweise ist es Risiko jedes Projekts, dass der Quellcode durch einen Hardwareausfall verloren geht. Je nach Projektstand verursacht das hohen Aufwand und gefährdet damit den Endtermin. Daher wird das Risiko vermindert, indem regelmäßig Sicherheitskopien angefertigt werden. Damit ist das Risiko beschränkt auf die Entwicklungszeit zwischen den einzelnen Sicherungen. Das Risiko, eine Sicherung beispielsweise durch einen Brand zu verlieren, kann dadurch vermindert werden, dass jede fünfte Sicherung in einem Banksafe verwahrt wird.

Begrenzt wird ein Risiko, indem beispielsweise das Projektbudget Puffer vorweist, mit dem materialisierte Risiken abgefangen werden können. Das Budget muss nicht für jedes Projekt erneut gebildet werden. Es ist sinnvoll, in einem Projektunternehmen einen Risikotopf zu bilden. Dieser muss für alle laufenden Projekte groß genug sein, kann aber dann, sofern nicht benötigt, für zukünftige Projekte weiter verwendet werden. Dieser Risikotopf wird anhand der Risiken aller offenen Projekte berechnet. Die einfachste, aber unwirtschaftlichste Methode ist, die Risiken zu kumulieren und anhand dieser Zahl den Risikotopf einzurichten. Sicher werden nicht alle Risiken gleichzeitig eintreten. Auch hier kann man weitere Wahrscheinlichkeiten heranziehen, um den Risikotopf möglichst klein zu halten.

Eintrittsindikatoren Bei der Risikoanalyse muss neben jedem identifizierten Risiko die Risikohöhe und eventuell die Verminderungs- oder Begrenzungsstrategie angegeben werden. Ebenfalls unumgänglich sind Eintrittsindikatoren und Risikoüberwacher: Für jedes Risiko muss definiert werden, ab wann es als eingetreten gilt und wer oder was das jeweilige Risiko überwacht. Es führt nicht weiter, wenn wir das Risiko *Performance zu gering* identifizieren, die Performance anhand von Kennzahlen definieren und festlegen, ab wann die Performance zu gering ist, wenn im Verlauf des Projekts niemand eine Performance-Messung durchführt. Ein Überwachungsmechanismus muss berücksichtigt werden. Ist dieser nicht automatisiert, sondern wird von Projektmitgliedern durchgeführt, muss darauf geachtet werden, dass die Projekt- und Unternehmenskultur die Meldung eines materialisierten Risikos durch negative Behandlung des Melders nicht beeinflusst oder gar verhindert wird. Es gilt: *Töte nicht den Boten!*

Auswirkungen auf die Terminplanung Die Risikoanalyse hat auch Auswirkungen auf die Terminplanung. Bei der Schätzung des Aufwands und der Dauer wird ein Endtermin errechnet. Oft wird nicht beachtet, dass dieser Endtermin nur erreicht werden kann, wenn *keines* der identifizierten Risiken eintritt. Oft wird dieser frühest mögliche Termin als Endtermin genannt – und leider anschließend politisch verhandelt und in den allermeisten Fällen vorverlegt.

Zum frühest möglichen Endtermin gibt es einen weiteren Termin, an dem das Projekt mit hoher Wahrscheinlichkeit fertig ist. Unter Berücksichtigung der identifizierten Risiken und der Eintrittswahrscheinlichkeit kann zwischen diesen beiden Terminen ein realistischer gefunden werden.

Für eine Vertiefung dieses Themas empfehle ich Ihnen das Buch *Bärentango* von Tom DeMarco und Timothy Lister (2003, Carl Hanser Verlag).

2.2.4   Ablauf- und Terminplanung

Der Projektstrukturplan spiegelt die statische Struktur des Projekts, also den Aufbau wider. Zusammen mit der Aufwandsschätzung lassen sich Aussagen zum Gesamtprojekt treffen. Nicht berücksichtigt ist im Projektstrukturplan der Ablauf des Projekts, also die zeitliche Reihenfolge, in welcher die einzelnen Arbeitspakete abgearbeitet werden und welche Serialisierungen oder Parallelisierungen möglich sind. Dazu dient die Netzplantechnik.

Netzplan Die Netzplantechnik ist eine methodische Vorgehensweise, um voneinander abhängige Vorgänge zeitlich so einzubetten, dass keine Abhängigkeiten verletzt werden. Mittels eines Netzplans lässt sich der sogenannte *Kritische Pfad* (engl. critical path) bestimmen. Der Kritische Pfad ist der Pfad in einem Netzplan, auf dem Arbeitspakete liegen, deren Verzögerung direkt Auswirkungen auf den Endtermin des Netzplans haben.

Abb. 2.5 Anordnungsbeziehungen im Netzplan

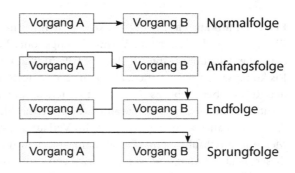

Laut DIN 69900 beinhaltet der Netzplan alle Verfahren zur Analyse, Beschreibung, Planung und Steuerung von Abläufen.

Er dient damit

- der *Visualisierung* logischer Zusammenhänge vom Anfang bis zum Abschluss eines Projekts
- der *Entwicklung eines Zeitplanes* mittels der einzelnen Vorgänge
- der *Identifikation des kritischen Pfades* und eventuellen Ressourcenengpässen
- der laufenden *Projektkontrolle* und *Zeitüberwachung*.

Ein Vorgang in einem Netzplan ist ein Arbeitspaket, welches zu einem bestimmten Zeitpunkt begonnen und zu einem späteren Zeitpunkt beendet wird. Ein Projektstrukturplan-Element wird in solche Arbeitspakete unterteilt, die in zeitlicher Abhängigkeit stehen. Sie werden als einzelne Vorgänge in einem Netzplan dargestellt. Auf diese Weise werden Netzpläne mit einem Projektstrukturplan verknüpft.

Anordnungsbeziehungen Zwei Vorgänge, die eine Abhängigkeit aufweisen, besitzen in einem Netzplan eine *Anordnungsbeziehung*. Es gibt vier mögliche Anordnungsbeziehungen (siehe Abb. 2.5):

- Die **Normalfolge** ist eine serielle Anordnung zweier Vorgänge. Erst mit Beendigung von Vorgang A kann Vorgang B begonnen werden. Die Vorgänge dürfen sich zeitlich nicht überlappen.
- Die **Anfangsfolge** verbindet die Anfänge der beiden Vorgänge. Beide Vorgänge müssen damit zum selben Zeitpunkt begonnen werden.
- Bei der **Endfolge** werden die beiden Enden der Vorgänge miteinander verbunden. Beide Vorgänge müssen gleichzeitig beendet werden.
- Die **Sprungfolge** ist ein Spezialfall: Sie verbindet den Anfang von Vorgang A mit dem Ende von Vorgang B. Sprungfolgen werden für die Definition von Maximalabständen verwendet.

Abb. 2.6 Vorgang im Netzplan

frühester Beginn	Dauer	frühester Abschluss
Aufgabenname		
spätester Abschluss	Puffer	spätester Abschluss

Terminplanung Mit Anordnungsbeziehungen, der jeweiligen Dauer eines Vorgangs und dem frühesten Starttermin, kann eine Vorwärtsrechnung durchgeführt werden (*progressive Zeitrechnung*). Dabei wird ausgehend vom Starttermin mittels der Dauer der früheste Endtermin berechnet und, unter Berücksichtigung eines Mindestabstandes (Puffer), der früheste Starttermin des Nachfolgers berechnet.

Umgekehrt kann auch eine Rückwärtsrechnung durchgeführt (*retrograde Zeitrechnung*) werden. Dabei wird vom spätesten Endtermin des letzten Vorgangs ausgegangen. Mit dem spätesten Endtermin und der Dauer eines Vorgangs wird der spätest mögliche Starttermin des Vorgangs berechnet. Unter Berücksichtigung eines Mindestabstandes zwischen den Vorgängen (Puffer) ist das Ergebnis der späteste Endtermin des Vorgängers. Wie bei der Vorwärtsrechnung wird das Verfahren rekursiv bis zum Startvorgang fortgesetzt.

Werden parallele Vorgänge zusammengeführt, wird bei der progressiven Rechnung unter Berücksichtigung der Puffer der späteste Endtermin herangezogen, bei der retrograden Rechnung der früheste Starttermin.

In vielen Projekten ist der Endtermin bereits bekannt und ein Anfangstermin avisiert. Damit lassen sich beide Planverfahren kombinieren. Dadurch erhält man für jeden Vorgang vier Termine:

- *Frühester Beginn* – aus Vorwärtsplanung
- *Frühestes Ende* – aus Vorwärtsplanung und jeweiliger Dauer
- *Spätester Beginn* – aus Rückwärtsplanung und jeweiliger Dauer
- *Spätestes Ende* – aus Rückwärtsplanung

Im Anschluss wird geprüft, ob der Netzplan zeitkonsistent ist, das heißt es müssen alle spätesten Anfangszeitpunkte größer oder gleich der frühesten Anfangszeitpunkte und alle spätesten Endzeitpunkte größer oder gleich der frühesten Endzeitpunkte sein. Das ist einsichtig, insbesondere bei großen Netzplänen aufwändig und sollte in jedem Fall einem Werkzeug überlassen werden. Zu Terminkonflikten kommt es vor allem dann, wenn für einzelne Vorgänge Fixtermine vergeben wurden, die bei der Terminplanung zwingend eingehalten werden müssen.

Darstellung Abbildung 2.6 zeigt einen Vorgang, wie er in einer Netzplangrafik dargestellt wird. Zusätzlich zu den Terminen und der Dauer wird explizit der Puffer angegeben, der berücksichtigt wurde.

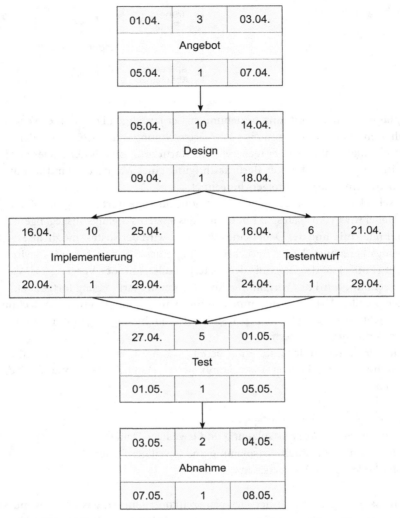

Abb. 2.7 Netzplangrafik

Abbildung 2.7 zeigt einen Netzplan für ein einfaches Entwicklungsprojekt. Bei der Berechnung der Termine wurden Wochenenden nicht berücksichtigt. Die Dauer und der Puffer sind jeweils in Tagen angegeben.

Gantt-Diagramm Ein weiteres, mächtiges Werkzeug der Projektplanung ist das Balkendiagramm, welches auf den amerikanischen Unternehmensberater Henry L. Gantt zurückgeht.

Im Gegensatz zu einer Netzplangrafik wird die zeitliche Einbettung in den Projektverlauf der einzelnen Aktivitäten in einem Balkendiagramm sichtbar gemacht.

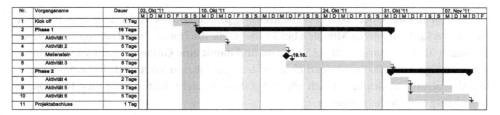

Abb. 2.8 GANTT-Diagramm

Abb. 2.9 Personenbezogener
Balkenplan

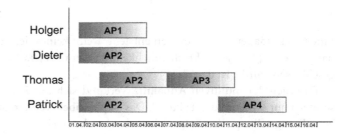

Abbildung 2.8 zeigt einen *Aufgabenbezogenen Balkenplan*. Auf der linken Seite werden die einzelnen Arbeitspakete angegeben, die geplante Dauer, der geplante Anfangstermin sowie der Endtermin. Die Termine können dem Netzplan entnommen werden. Auf der rechten Seite erhält man eine Darstellung der zeitlichen Verteilung der Arbeitspakete.

Zwischen den Arbeitspaketen können durch Verknüpfungen Abhängigkeiten angegeben werden – diese werden einfach dem Netzplan entnommen. Verschiebt sich ein Arbeitspaket, verschieben sich automatisch alle abhängigen Arbeitspakete – sofern nicht genügend Puffer vorgesehen wurde.

Neben dem aufgabenbezogenen Balkenplan gibt es den *Personenbezogenen Balkenplan* (Abb. 2.9). Im Personenbezogenen Balkenplan lässt sich leicht darstellen, an welchen Arbeitspaketen ein Mitarbeiter beteiligt ist. Man stellt leicht fest, ob ein Mitarbeiter während bestimmter Projektphasen zu vielen Arbeitspaketen zugeordnet ist. Berücksichtigt man hier die Urlaubsplanung, hat man außerdem eine Plausibilitätsprüfung, ob die benötigte Arbeitsleistung in bestimmten Projektphasen überhaupt verfügbar ist. Damit dient der personenbezogene Balkenplan der Ressourcenplanung.

Parallelisierung Wir haben bereits besprochen, dass die Durchführung von Arbeitspaketen parallelisiert werden und damit die Durchführungszeit verkürzt werden kann. Dazu eine wichtige und nicht ganz augenscheinliche Bemerkung:

Gehen wir davon aus, ein Projekt sei in vier Teilprojekte zerlegt. Jedes Teilprojekt wurde geschätzt mit drei Monaten. Bei sequentieller Ausführung wird daher eine Dauer von einem Jahr, bei paralleler Ausführung ein Vierteljahr angenommen. Wir gehen nun davon aus, dass die Wahrscheinlichkeit, dass ein Teilprojekt nach drei Monaten fertiggestellt ist,

bei 50 % liegt, eine Über- oder Unterschreitung um einen Monat bei 20 % liegt und eine
Dauer von fünf oder sechs Monaten bei 5 % liegt. Für die Dauer eines Teilprojekts erhalten
wir damit als Erwartungswert 3,25 Monate und damit eine Gesamtlaufzeit von 13 Monaten – ein Ergebnis, das nicht deutlich über dem geschätzten Wert liegt. Bei einer parallelen Abarbeitung multipliziert sich allerdings diese Unsicherheit, da alle vier Teilprojekte
gleichzeitig beendet sein müssen:

$$T = \sum_{2}^{6} \left(qt^4 \left(1 - \frac{qt-1}{qt} \right)^4 t = 4,288 \right)$$

Eine Gesamtdauer von t Monaten entsteht, wenn keines der Teilprojekte länger als t Monate dauert (q_t^4). Die Wahrscheinlichkeit, dass ein Projekt bereits nach t−1 Monaten abgeschlossen wurde, ist q_{t-1}/q_t.

Entgegen der intuitiven Annahme, verkürzt sich das Projekt nicht um den Faktor 4,
sondern nur etwa um den Faktor 3. Das ist plausibel, wenn man bedenkt, dass eine pünkt-
liche Fertigstellung aller Teilprojekte unwahrscheinlich ist.

2.2.5 Meilensteinplan

Der Begriff *Meilenstein* wird seit Jahrhunderten im Zusammenhang mit der Kennzeich-
nung der Länge einer Wegstrecke verwendet (von lateinisch *milia* = tausend). In Projekten
dient der Begriff als Metapher für ein Zwischenziel. Beispielsweise ist das Ende der ini-
tialen Projektplanung ein Meilenstein. Er ist gekennzeichnet durch die Fertigstellung des
Projektplans. In vielen Fällen gilt der Meilenstein allerdings erst dann als erreicht, wenn
der Projektplan in einer Meilensteinsitzung oder durch einen Verantwortlichen genehmigt
wurde.

Meilensteine sind ausgezeichnete Zeitpunkte, an denen Verantwortliche, beispielsweise
der Auftraggeber, prüfen, ob mit der nächsten Projektphase begonnen werden darf oder
nicht. Bei größeren Projekten unterscheidet man häufig zwischen internen und externen
Meilensteinen, also Meilensteinen, die für den Auftraggeber sichtbar sind und Meilensteine, die nur für das Projektmanagement wichtig sind.

Oft wird der Fehler gemacht, Meilensteine mit dem zugeordneten Termin zu verwech-
seln. Termine dienen nur der Planung, zu welchem Zeitpunkt der Meilenstein *vermeintlich*
erreicht wird. Ist der Termin erreicht, muss der Meilenstein noch nicht erreicht worden
sein. Dies entspricht der Metapher: Meilensteine an einer Straße werden nicht nach einer
gewissen Zeit, sondern nur nach einer zurückgelegten Wegstrecke erreicht.

Der Meilensteinplan leitet sich ebenfalls aus dem Projektstrukturplan ab. Abb. 2.10
zeigt den Zusammenhang. Aus den Zielen des Projektstrukturplans entsteht unter Berücksichtigung der Hierarchie eine Art Ergebnispyramide. Bei der Erstellung muss darauf geachtet werden, dass die Abnahmekriterien prüfbar sind. Formulierungen wie *Fertigstellung*

Abb. 2.10 Meilensteinplan

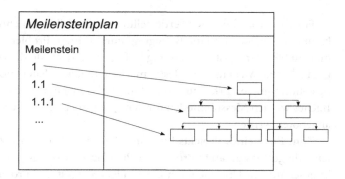

der *Spezifikation* sind ungenügend, da nicht definiert ist, wann diese als fertiggestellt gilt. Hilfreich für schwierig prüfbare Meilensteine sind Meilensteinsitzungen, in denen mehrere Projektmitglieder und Verantwortliche gemeinsam über den Grad der Meilensteinerreichung befinden.

2.3 Projektrealisierung

Nach der Projektplanung beginnt die Realisierungsphase des Projekts. Die Planung ist damit nicht abgeschlossen, sie muss während der Realisierung periodisch nachgezogen werden. In der Realisierung ist es Aufgabe des Projektmanagements, den Fortschritt des Projekts zu überwachen, Trends zu erkennen und gegebenenfalls steuernd einzugreifen, damit das Projektziel nicht gefährdet wird. Dazu gibt es verschiedene Methoden, die das Projektmanagement unterstützen.

2.3.1 Zeiterfassung

Ein sehr einfaches Mittel der Steuerung ist die Zeiterfassung. In jedem Unternehmen müssen Mitarbeiter ihre Arbeitszeiten mittels Stechuhren, handschriftlichen oder elektronischen Arbeitszeitblättern erfassen. In einer Projektorganisation bietet es sich an, Arbeitszeiten einzelnen Arbeitspaketen zuzuordnen. Bei Angebotspositionen, die einem Kunden als *Arbeiten nach Aufwand* verkauft werden (beispielsweise Schulungen, Einführungsunterstützung), müssen diese Zeiten zwingend den Arbeitspaketen zugeordnet werden, um die tatsächlich entstandenen Aufwände belegen zu können.

Mit den Daten aus der Zeiterfassung hat der Projektmanager jederzeit den Überblick, ob und wie viel Zeit bereits auf sein Projekt gebucht wurde, ob und wie er bei Teilprojekten oder Arbeitspaketen im Plan liegt. Selbstverständlich darf er auch hier nicht der Versuchung erliegen bei einer Zeitverbuchung von 50 % auch eine 50 % Fertigstellung anzunehmen. Hier ist zusätzlich ein Fertigstellungsgrad in Prozent anzugeben, anhand dessen man die restliche benötigte Zeit extrapolieren und gegebenenfalls reagieren kann.

Für die Ermittlung des Fertigstellungsgrades gibt es mehrere Ansätze. Beispielsweise kann der Projektleiter eine Befragung durchführen. Problematisch sind Antworten, dass man zu 90 % fertig ist – was wenig hilft. Eine andere Möglichkeit ist, den Fertigstellungsgrad allein an Meilensteinen festzumachen. In jedem Fall benötigt die Ermittlung des Fertigstellungsgrades Erfahrung und Fingerspitzengefühl des Projektleiters. In Verlauf des Buches werden Messmethoden für den Fertigstellungsgrad vorgestellt, wie sie in SAP ERP angeboten werden.

Zum Ende eines Projekts kann man mit den Zahlen der Zeiterfassung leicht feststellen, wie gut das gesamte Projekt im Plan lag und wie gut die Planqualität war. Hat man es geschafft, im Unternehmen einen allgemeingültigen Projektablauf zu verfolgen, können Kennzahlen für jede Phase im Projekt erhoben und Projekte anhand dieser Kennzahlen verglichen werden. Auf diese Weise erhält man wertvolle Daten für zukünftige Schätzungen.

Zentrales Projektsystem   Für die Realisierung einer solchen Zeiterfassung benötigt man ein zentrales Projektsystem, in dem alle Projektdaten und alle zugehörigen Informationen gespeichert sind. Mittels geschickter Zeiterfassungssysteme, kann der Mitarbeiter sein Tagewerk einzelner Arbeitspakete zuordnen. Aber Achtung: Die Zeiterfassung darf nicht selbst zu einer zeitfressenden Aktivität werden.

Weiterer Vorteil einer solchen Zeiterfassung ist, dass der Mitarbeiter gezwungen wird, seine Zeiten auf einzelne Arbeitspakete zu verteilen und damit selbst reflektieren kann, wie viel Zeit er für bestimmte Tätigkeiten benötigt. Mit diesem Wissen kann er selbst zukünftige Planungsprozesse unterstützen.

▶   Wichtig für die Einführung einer solchen Zeiterfassung ist, dass der Lernprozess im Vordergrund steht und nicht die Kontrolle. Überbuchte Projekte oder Arbeitspakete dürfen nicht zur Erfolgskontrolle herangezogen werden, sondern nur der Analyse von Wachstumsbereichen.

Viel zu leicht werden Mitarbeiter mit „grünen" Projekten besser gestellt – dabei haben sie vielleicht nur die einfacheren Kunden, die größeren Projekte (bei denen Über/Unterschreitungen weniger ins Gewicht fallen) oder die leichteren Projekte. Als Ergebnis bleiben frustrierte Mitarbeiter.

2.3.2   Meilensteintrendanalyse

Mittels des Meilensteinplans aus der Planungsphase führt das Projektmanagement während der Projektrealisierung periodisch Plan/Ist-Vergleiche durch und versucht, Trends zu erkennen. Mit den Ergebnissen wird die Planung für die Restlaufzeit aktualisiert. In vielen Bereichen hat sich die *Meilensteintrendanalyse* durchgesetzt. Prinzipiell lassen sich Trendanalysen für jedes mit einem Termin versehene Arbeitspaket durchführen, was aber nicht praktikabel ist. Am besten eignen sich daher projektentscheidende Meilensteine. Dazu zieht man gerne Meilensteine von Arbeitspaketen heran, die Teil des kritischen Pfades im Netzplan sind.

Abb. 2.11 Meilenstein-
Trendanalyse

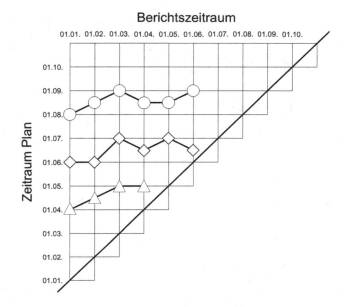

Abbildung 2.11 zeigt die grafische Darstellung einer Meilensteintrendanalyse. Auf der waagerechten Achse des Rasters wird der Berichtszeitraum aufgetragen, der eine Zeitspanne ab Projektbeginn bis deutlich über das geplante Ende hinaus aufweist. Auf der senkrechten Achse ist dieselbe Zeiteinteilung abgetragen.

Jeder Meilenstein erhält für eine übersichtlichere Darstellung ein eigenes Symbol. Periodisch wird der aktuelle Fortschritt festgestellt und im Diagramm vermerkt. Liegt ein Meilenstein im Plan, verläuft die Kurve waagerecht. Der Meilenstein ist erreicht, wenn die zugehörige Meilensteinkurve die 45°° Grad Linie erreicht hat.

Abbildung 2.12 zeigt typische Meilensteinverläufe. Figur A zeigt einen typischen Meilensteinverlauf einer guten Planung. Leichte Abweichungen nach oben werden durch Abweichungen nach unten ausgeglichen. Der Termin wird voraussichtlich gehalten. Figur B zeigt eine Trendwende. Nach einiger Zeit können schlagartig die Meilensteintermine nicht mehr gehalten werden. Aussagen zu einem Endtermin werden unmöglich. Ursache solcher Trendwenden können beispielsweise fehlerhafte Fortschrittsmessungen zu früheren Zeitpunkten sein oder der Eintritt eines nicht geplanten Ereignisses, wie Verlust des Quellcodes, Wechsel der Büroräume durch einen Unfall etc. Letztere Ereignisse lassen nach einer Verschiebung eine Prognose eines neuen Endtermins zu.

Die Trendanalyse in Figur C zeigt einen gleichmäßig fallenden Verlauf. Hier wurden wahrscheinlich zu hohe Puffer für die Arbeitspakete eingerechnet. Figur D weist durch den ZickZack-Trend starke Unsicherheiten bei der Planung auf. Prognosen zum Gesamtprojektende werden unmöglich.

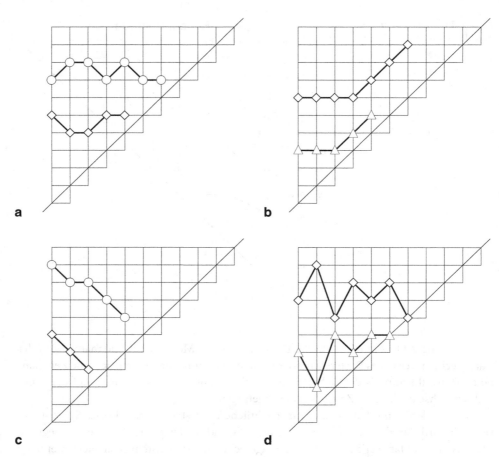

Abb. 2.12 Typische Meilensteintrends

2.3.3   Kostentrendanalyse

Neben der Meilensteintrendanalyse stellt die *Kostentrendanalyse* ein wichtiges Werkzeug dar. Hier werden die angefallenen Kosten und die geschätzten Restkosten in einem Projekt analysiert und versucht, einen planerischen Trend festzustellen. Für die Darstellung hat sich eine Matrixform durchgesetzt.

Abbildung 2.13 zeigt die grafische Darstellung einer Kostentrendanalyse. Jedes Arbeitspaket erhält ein eigenes Symbol. Der Fertigstellungstermin kann, wie in der Abbildung, durch einen umgebenden Kreis dargestellt werden. Die Abbildung zeigt die drei verschiedenen Trends, die man beobachten kann:

- **ansteigender Trend:** mit einem erhöhten Kostenaufwand und evtl. weiterem Anstieg muss gerechnet werden
- **gleichbleibender Trend:** das Arbeitspaket wird die Kostenziele halten
- **fallender Trend:** für das Arbeitspaket werden weniger Kosten anfallen als geplant.

Abb. 2.13 Matrix-Darstellung
der Kostentrendanalyse

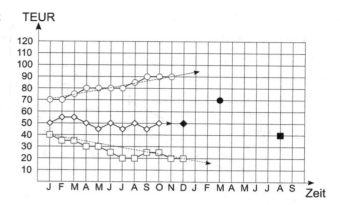

Earned Value-Analyse Das Projektmanagement muss im Verlauf des Projekts nicht nur die Termine, sondern gleichzeitig die Kosten im Auge behalten. Zusammen mit dem Fertigstellungsgrad kann eine sinnvolle Einschätzung des Projekts erfolgen. Um alle Faktoren gleichzeitig zu beobachten, bedient man sich der *Earned Value-Analyse*.

Die **Earned Value Analyse** ist Teil des *Earned Value-Managements*. Dieses System wurde Anfang der 60er Jahre von der US Air Force als Ergänzung zur Netzplantechnik entwickelt. Es handelt sich dabei um ein Kennzahlensystem, welches sich wie die Kostentrendanalyse auf monetäre Daten bezieht, aber zusätzlich den Leistungsfortschritt einbezieht. Bei der Earned Value Analyse werden zu bestimmten Betrachtungszeitpunkten drei Kennzahlen erhoben:

- **Planausgaben** (Budgeted cost of work scheduled – BCWS): Kosten, die zum Betrachtungszeitpunkt geplant waren
- **Fertigstellungswert** (Budgeted cost of work performed – BCWP): Kosten, die für die bisher erbrachten Leistungen unter Annahme der geplanten Ressourcenkosten angefallen wären
- **Ist-Ausgaben** (Actual cost of work performed – ACWP): Kosten, die bis zum Betrachtungszeitpunkt tatsächlich angefallen sind.
- Aus diesen Messgrößen lassen sich weitere Kennzahlen bilden:
- **Planabweichung** (Scheduled Variance – SV):
  SV = BCWP – BCWS
  oder prozentual: SV% = (BCWP – BCWS)/ BCWP
- **Kostenabweichung** (Cost Variance – CV):
  CV = BCWP – ACWP

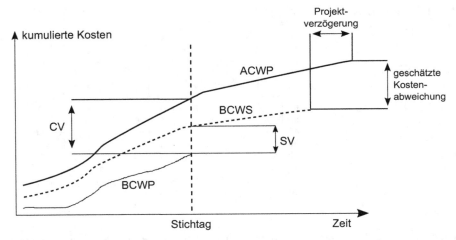

Abb. 2.14 Earned Value-Analyse

Anhand dieser Kennzahlen lassen sich Prognosen bezüglich der Kostenabweichung und der Terminabweichung treffen. Abbildung 2.14 zeigt die grafische Darstellung der Kennzahlen einer Earned Value-Analyse.

Mit den Größen der Analyse lassen sich wie in der Meilensteintrendanalyse Aussagen zur Projektverzögerung und wie in der Kostentrendanalyse Aussagen zum Kostenverlauf machen. Alle drei Werkzeuge bilden gemeinsam ein wichtiges Instrumentarium, um absolute Zahlen und Trends ermitteln zu können.

2.4 Projektabschluss

Am Projektende stehen Aufgaben an, wie Abnahmetest, Abnahmeprotokoll, Übergabe an den Support etc. Im Gegensatz zum breit angelegten und meist unternehmensweit bekannten Projektauftakt (oder *Kick Off*), enden Projekte im Allgemeinen still und undefiniert. Projektmitarbeiter sind bereits in neue Projekte involviert oder zurück in ihrer Ursprungsabteilung. Nur noch der Projektleiter und ein Entwickler, der die letzten Fehler beseitigt, arbeiten noch im Projekt. Aber auch sie sind meist parallel bereits in anderen Projekten eingespannt. Für die Moral ist das eine denkbar schlechte Gewohnheit, da Menschen Rituale benötigen – nach einer Taufe, einer Kommunion oder Konfirmation hören solche Rituale nicht mit der Hochzeit auf. Auch die Beerdigung ist eine für den Menschen wichtiges Ritual. Weniger dramatisch (und bitte nicht mit einer Beerdigung zu vergleichen), aber dennoch wichtig, sollte daher ein definiertes Projektende gefeiert werden.

Neben diesen rein sozialen Aspekten dient der Projektabschluss auch als Startzeitpunkt für abschließende Arbeiten.

Projektabschlussbericht Wichtigste Aufgabe im Projektabschluss ist die Erstellung des Projektabschlussberichts. Diese Aufgabe wird oft aus Kosten- und Zeitgründen vernachlässigt. Damit bleibt viel Wissen und Erfahrung in den Köpfen der Projektbeteiligten. Dies erhöht natürlich deren Marktwert.

Es liegt nicht im direkten Interesse der Projektmitarbeiter, einen solchen Bericht zu erstellen. Es muss daher unternehmensweit gelebt werden und Bedingung für die endgültige Auflösung des Projekts sein. Der Projektabschlussbericht soll im Projekt gemachte Erfahrungen dokumentieren, einen Plan/Ist-Vergleich der Aufwände und Termine beinhalten sowie den tatsächlichen Entwicklungsprozess dem geplanten gegenüberstellen. Frühauf et. al. Schlagen in ihrem Buch *„Software-Projektmanagement und Qualitätssicherung"* (1991, Teubner-Verlag) folgende Struktur vor:

1. **Einführung, Überblick**
   1.1 Zweck
   1.2 Projektbeschreibung
   1.3 Hintergrundinformationen
   1.4 Quellen
2. **Auswertungen des Projektplans**
   2.1 budgetierte und tatsächliche Kosten
   2.2 Aufgabendefinitionen
   2.3 Projektunterstützung
   2.4 Aufwandsschätzungen für die Arbeitspakete
   2.5 Terminplan
3. **Management-Aspekte**
   3.1 Koordination mit Auftraggeber
   3.2 Terminplanung
   3.3 Einsatz von Mitarbeitern und Hilfsmitteln
   3.4 Aufgabenkontrolle
   3.5 Analyse des Fortschritts
4 **Entwicklungstechniken**
   4.1 Anforderungsanalyse
   4.2 Grobdesign
   4.3 Design
   4.4 Codierung und Test
   4.5 Installation
   4.6 Abnahme
5. **Folgerungen**
6. **Empfehlungen**

Nachkalkulation Für eine Nachkalkulation werden alle kaufmännischen Daten zusammengetragen und mit den Plandaten verglichen. Alle im Plan getroffenen Veränderungen im Berichtszeitraum sollen einfließen. Bei Planabweichungen kann dadurch analysiert werden, wann die Abweichung eingetreten sein muss und was die Ursache dafür war. Kosten für die Nachkalkulation sind:

- Personalaufwände (Gehälter oder Rechnungen für Fremdleistungen
- Materialkosten
- Reisekosten
- interne Dienstleistungen (kaufmännische Abteilung)

Betriebswirtschaftlich gesehen ist zu beachten, dass Kosten, wie Reisekosten, umgelegt werden müssen, Personalkosten dagegen direkt einem Arbeitspaket in einem Projekt zugeordnet werden können.

▶ Mit der Nachkalkulation wird das Projekt bewertet. Häufig (gerade bei größeren Projekten) bildet das Ergebnis der Nachkalkulation die Grundlage für etwaige Bonifikationen der Projektmitarbeiter. Wenn eine solche gewährt wird, darf man die Höhe nicht unterschätzen. Wenn ein Projektmitarbeiter nach einem erfolgreichen, großen Projekt, in welchem er viele Überstunden geleistet hat, eventuell sein Privatleben stark zurückgefahren wurde und die Nerven oft blank lagen, von dem Projekt-Bonus einmal mit seinen Kollegen beim Italiener nebenan Essen gehen kann – glauben Sie mir, er wird sich beim nächsten Projekt überlegen, wie viel Einsatz er bringt.

Für die Kostenschätzung stellt die Nachkalkulation einen wichtigen Erfahrungsschatz dar. Mittels der kontinuierlich angepassten Kostenplanung und der erfassten Ist-Kosten können Parameter des Kostenschätzverfahrens angepasst werden, um zukünftig noch bessere Schätzergebnisse zu erhalten. Dabei muss kritisch geprüft werden, wie stark ein einziges Projekt Einfluss auf die Schätzparameter haben darf. Besonders starke Ausreißer in einem Projekt können die vorhandenen Zahlen zu stark verfälschen. Sinnvoller ist es, immer auf Basis mehrerer Projekte eine entsprechende Anpassung vorzunehmen.

Analyse der Abweichungen Zusammen mit den Daten der Nachkalkulation wird eine Abweichungsanalyse durchgeführt. Jede Abweichung wird dokumentiert und die Gründe dafür ermittelt. In einem weiteren Schritt werden Maßnahmen herausgearbeitet, um zukünftig Abweichungen besser begegnen zu können. Dabei muss unterschieden werden zwischen vermeidbaren und nicht vermeidbaren Ursachen. Mit diesen Daten wird untersucht, ob es sich bei den Ursachen der Abweichungen um singuläre Ereignisse gehandelt hat oder ob der Projektprozess selbst Ursache für den Mangel ist.

Sind alle diese Maßnahmen in einem Unternehmen definiert und werden täglich wie selbstverständlich gelebt, werden einerseits neue Mitarbeiter kein Problem haben, diese Regeln zu übernehmen und weiter zu tragen und sinkt andererseits der Aufwand im Projektgeschäft. Dadurch, dass der Aufwand dieser Maßnahmen nicht direkt einem monetären Gewinn gegenübergestellt werden kann, insbesondere nicht innerhalb von Quartalsergebnissen, ist die Einführung viel leichter gesagt als getan. Wichtigste Grundlage bildet die Geschäftsleitung, die nachhaltig hinter einem beschlossenen Maßnahmenkatalog steht und deren Durchführung unterstützt.

Aufbau und Strukturen in SAP ERP

In diesem Kapitel widmen wir uns dem Aufbau sowie den Organisationsstrukturen in SAP ERP, die wir für die weitere Arbeit mit dem Projektsystem benötigen. In Abschn. 3.1 werden die verschiedenen Module vorgestellt, in Abschn. 3.2 betrachten wir die Organisationseinheiten. In Abschn. 3.3 wird kurz die Bedienung der wichtigsten Elemente in SAP ERP erläutert. Unsere Beispielfirma, die uns im Verlauf dieses Buches begleitet, wird in Abschn. 3.4 vorgestellt. Die Organisationseinheiten für diese Firma richten wir in einem neuen SAP ERP-System in Abschn. 3.5 ein.

▶   Wenn Sie bereits ein erfahrener SAP Anwender sind oder bereits Erfahrungen in der Beratung mit SAP ERP gesammelt haben, können Sie die Abschn. 3.1, 3.2 und 3.3 überspringen.

3.1 Die Module

Das System SAP ERP der Firma SAP wurde entwickelt, um betriebswirtschaftliche Abläufe, allgemein *Geschäftsprozesse* genannt, elektronisch zu unterstützen. Ein Gebiet wie die Abbildung betriebswirtschaftlicher Prozesse lässt sich nicht mit einem einfachen, kleinen System abdecken. Schon die Vielzahl an verschiedenen Unternehmensstrukturen, logistischen Abläufen oder die Unmenge an Bestimmungen und Gesetzen allein in Deutschland führen unweigerlich zu einem großen und komplexen System. Um solch ein komplexes System wie SAP ERP übersichtlich zu halten, ist es in verschiedene betriebswirtschaftliche Module untergliedert, die interagieren können. Der besondere Mehrwert von SAP ERP liegt gerade in dieser Integration der verschiedenen betriebswirtschaftlichen Bereiche.

Betrachten wir die wichtigsten Module von SAP ERP in einem Überblick. Dabei beschränken wir uns auf die Hauptmodule – branchenspezifische Module lassen wir außer Acht. Die Module gliedern sich in drei Bereiche: *Logistik*, *Rechnungswesen* und *Personal*.

H. Gubbels, *SAP® ERP – Praxishandbuch Projektmanagement*,
DOI 10.1007/978-3-8348-2160-7_3, © Springer Fachmedien Wiesbaden 2013

Module in der Logistik Im Logistikbereich finden wir das Modul für den *Vertrieb* (SD – Sales and Distribution). Dort sind die Anwendungen für den Verkauf, den Versand und die Fakturierung angesiedelt (Angebot, Auftrag, Rahmenvertrag, Kommissionierung, Auslieferung). Um Ware EDV-gestützt verkaufen zu können, wird es im System verwaltet (Arbeitsstunden können auch als Material definiert sein). Material wird im Modul *Materialwirtschaft* (MM – Material Management) verwaltet. Die wichtigsten Funktionen sind die Bestandsführung, der Einkauf, die Bewertung des Bestands und die Rechnungsprüfung. Um die Herstellung des Materials planen zu können, wird das Modul *Produktionsplanung* (PP – Product Planning) angeboten. Hier finden wir Anwendungen zur Absatzplanung, Produktionsgrobplanung, Programmplanung sowie zur Disposition, Fertigungssteuerung und zur Kapazitätsplanung. Zum *Qualitätsmanagement* gehören in SAP ERP die Planung und Durchführung von Maßnahmen zur Qualitätssicherung, beispielsweise Qualitätsmeldungen, Qualitätsprüfungen oder Erstellung von Qualitätszeugnissen. Ebenfalls in den Bereich Logistik gehört das Modul PM (Plant Maintenance). Es dient der Instandhaltungs- und Wartungsplanung von *eigenen Anlagen*. Für die Planung der Instandhaltung von Kundenanlagen dient das Modul CS (Customer Service).

Module im Rechnungswesen Im Bereich Rechnungswesen finden wir die Finanzbuchhaltung, das Controlling, die Anlagenbuchhaltung und das Projektsystem PS, welches in diesem Buch näher beleuchtet wird. Das Modul *Finanzbuchhaltung* (FI – Financial Accounting) unterstützt die Anwendungen Hauptbuchhaltung, Debitorenbuchhaltung, Kreditorenbuchhaltung, Kreditmanagement, Konsolidierung und Bankbuchhaltung. Im Modul *Controlling* (CO – Controlling) finden wir alle Funktionen für die Kostenrechnung (Kostenarten, Kostenstellen, Kostenträger etc.). Betriebliche Anlagen, wie Abschreibungen, werden in der *Anlagebuchhaltung* (AA – Asset Accounting) verwaltet. Das *Projektsystem* unterstützt uns bei der Definition, Planung und Durchführung von komplexen Projekten.

Personal Der Bereich Personal beherbergt das Modul *HR* (HR – Human Ressources). Hier sind Funktionen angesiedelt, wie Personalabrechnung, Personalplanung, Personalentwicklung und Organisationsmanagement.

Customizing Oft wird SAP ERP konzernweit eingesetzt und damit über die Grenzen einer einzelnen, rechtlich eigenständigen Firma hinaus. Unterschiedliche Branchen haben unterschiedliche Anforderungen an Daten und Prozesse. Ein SAP ERP-System muss daher immer an die Zielanforderungen angepasst werden. Dazu gibt es einen eigenen Bereich: das *Customizing*. Hier werden Einstellungen für jedes Modul hinterlegt. Dies ist üblicherweise eine Tätigkeit, die von IT-Experten und Beratern durchgeführt wird. Modulübergreifend sind die Customizing-Einstellungen der Organisationsstruktur des Unternehmens, die im folgenden Kapitel erläutert werden.

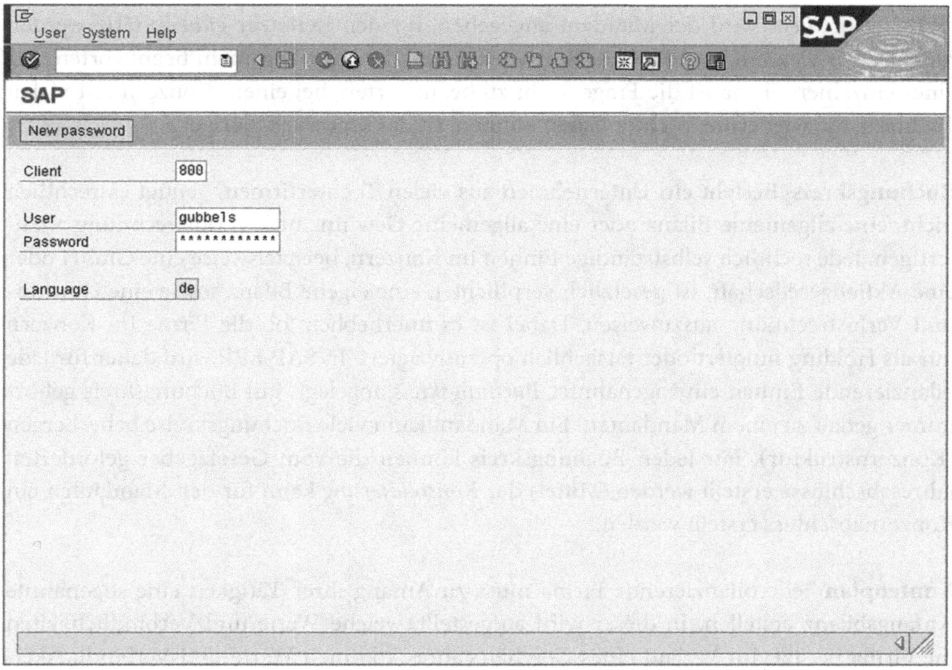

Abb. 3.1 Login-Dialog

3.2   Die Organisationseinheiten

Für alle Module muss sich die Struktur des Unternehmens im System widerspiegeln. Fragen wie *Wer verkaufte an wen welche Ware über welche Vertriebswege* oder *Wo werden Waren hergestellt, gelagert und ausgeliefert* können sonst nicht beantwortet werden. Planung und korrekte Einstellungen dieser Strukturen sind von großer Bedeutung, da damit viele Entscheidungen vorweg genommen werden und später nicht oder nur mit sehr viel Aufwand geändert werden können.

Mandant Über allen Dingen steht der *Mandant*. Er bildet einen eigenen, abgegrenzten Bereich in einem SAP ERP-System. Alle weiteren Organisationsstrukturen werden ihm untergeordnet – er bildet damit die Wurzel.

Mandantenübergreifende Sichten sind nicht vorgesehen (außer für sehr allgemeine Anwendungen, wie beispielsweise die Mandantenanlage selbst). Alle Daten und fast alle Customizing-Einstellungen sind mandantenabhängig. Der Benutzer muss sich daher bereits bei der Anmeldung für einen bestimmten Mandanten entscheiden. Abbildung 3.1 zeigt den Login-Dialog von SAP ERP.

Im Feld *Client* wird der Mandant angegeben, für den Benutzer *gubbels* tätig werden möchte. Für wen ein Mandant angelegt wird, lässt sich nicht allgemein beantworten. Bei einer einzelnen Firma ist die Frage leicht zu beantworten, bei einem Konzern mit vielen Töchtern, die wiederum Töchter haben können, ist das schon schwieriger.

Buchungskreis Besteht ein Unternehmen aus vielen Tochterfirmen, genügt es rechtlich nicht, eine allgemeine Bilanz oder eine allgemeine Gewinn- und Verlustrechnung anzufertigen. Jede rechtlich selbstständige Einheit im Konzern, beispielsweise eine GmbH oder eine Aktiengesellschaft, ist gesetzlich verpflichtet, eine eigene Bilanz sowie eine Gewinn- und Verlustrechnung auszuweisen. Dabei ist es unerheblich, ob die Firma im Konzern nur als Holding fungiert oder tatsächlich operativ agiert. In SAP ERP wird daher für jede bilanzierende Einheit ein sogenannter *Buchungskreis* angelegt. Ein Buchungskreis gehört immer genau zu einem Mandanten. Ein Mandant kann viele Buchungskreise beherbergen (Konzernstruktur). Für jeden Buchungskreis können die vom Gesetzgeber geforderten Jahresabschlüsse erstellt werden. Mittels der *Konsolidierung* kann für den Mandanten ein Konzernabschluss erstellt werden.

Kontenplan Jede bilanzierende Firma muss zu Anfang ihrer Tätigkeit eine sogenannte Anfangsbilanz erstellen. In dieser wird aufgestellt, welche Werte und Verbindlichkeiten die Firma besitzt. Im Verlauf eines Geschäftsjahres kommen Werte und Verbindlichkeiten hinzu (beispielsweise durch Produktverkauf, Rohstoffkosten, Zinsen, Abschreibungen, Personalkosten etc.). Am Ende jeder Geschäftsperiode muss die Firma eine Gewinn- und Verlustrechnung sowie eine Bilanz ausweisen. Um diese einheitlich zu halten, schreibt der Gesetzgeber die Verwendung einer Struktur vor: einen *Kontenplan*. In diesem findet man Konten wie Gehälter, Rohstoffkosten, Zinsaufwendungen. Welche Kosten oder Einnahmen auf welches Konto gebucht werden müssen, ist Aufgabe eines Buchhalters. Jedem Buchungskreis ist ein solcher Kontenplan zugeordnet.

▶   **Kontenplan** Die Auswahl eines Kontenplans ist eine heikle Angelegenheit – spätestens dann, wenn nicht alle Tochterunternehmen im selben Land angesiedelt sind. Jedes Land schreibt einen abweichenden Kontenplan für die Bilanz vor. Für jedes Land wird daher der vorgeschriebene Kontenplan als operativer Plan angelegt. Am Ende des Jahres kann dann über Umschlüsselung der Konzernabschluss getätigt werden. Das Controlling hat aber nur Zugriff auf den operativen Kontenplan. Damit müssen alle konzernübergreifenden Controlling-Strukturen für jedes Land angepasst werden. Lösung hier wäre einen international anerkannten Kontenplan zu verwenden und für den Abschluss mittels Alternativ-Konten die vorgeschriebene Bilanz auszuweisen. Damit müssen die Buchhalter allerdings auf internationale Konten buchen, anders als sie es gelernt haben.

Abb. 3.2 Organisationsstrukturen in SAP

Kostenrechnungskreis Mittels der vorgeschriebenen Kontenpläne kann ein Buchhalter ausweisen, wie hoch die Gehälter waren, die ausbezahlt wurden, wie viel Kosten Rohstoffe verursacht haben etc. Das ist für ein Unternehmen allerdings viel zu undifferenziert. Innerhalb eines Unternehmens interessiert vielmehr, welcher Unternehmensbereich wie viele Kosten verursacht hat, welche Leistungen intern erbracht wurden und weiteres mehr. Dazu werden weitere Strukturen wie Kostenstellen, Kostenträger, Leistungsarten etc. notwendig. Diese werden in SAP ERP einem *Kostenrechnungskreis* untergeordnet.

Ein Kostenrechnungskreis steht über einem Buchungskreis: Unabhängig welche Strukturen der Gesetzgeber vorschreibt, ist es von Vorteil, konzernweit Kosten zu erheben und zu kalkulieren. Einem Kostenrechnungskreis können daher mehrere Buchungskreise untergeordnet werden. Es ist dagegen unsinnig, in einem Konzern völlig unabhängige Firmen, die sicher nie zusammen operieren, einen gemeinsamen Kostenrechnungskreis überzuordnen. Ein gutes Beispiel für einen gemeinsamen Kostenrechnungskreis ist ein Unternehmen, welches aus einer operativ agierenden und einer weiteren Firma besteht, welche die betriebswirtschaftlichen Aufgaben übernimmt. Hier ist ein gemeinsamer Kostenrechnungskreis sicher angebracht. Allgemein kann man aber sagen, dass jeder Buchungskreis es Wert ist, einen eigenen Kostenrechnungskreis zu bekommen.

Ergebnisbereich Für die Ergebnis- und Marktsegmentsrechnung steht in SAP ERP eine weitere Organisationseinheit zur Verfügung: der *Ergebnisbereich*. Hier wird definiert, wie die Betriebsergebnisrechnung ermittelt wird. Einem Ergebnisbereich können mehrere Kostenrechnungskreise untergeordnet werden. Hat ein Unternehmen einen einzigen Geschäftszweck, wird die Anlage eines Ergebnisbereichs ausreichen. Erst bei großen, differenzierten Konzernen (der umgangssprachliche *Gemischtwaren-Konzern*) spielen verschiedene Ergebnisbereiche eine Rolle.

Abbildung 3.2 zeigt den Zusammenhang der bisher vorgestellten Organisationseinheiten. An den Verbindungen ist jeweils eine 1 oder ein * dargestellt. Das bedeutet, dass beispielsweise einem Mandant beliebig viele Ergebnisbereiche untergeordnet sein können. In der Abbildung sieht man außerdem, dass der Mandant zusätzlich eine eigene, direkte Verbindung zu jeder Organisationseinheit hat. Der Grund dafür ist, dass wir SAP ERP selbstverständlich auch ohne Controlling einsetzen können. Wenn man beispielsweise nur das Modul HR oder FI einsetzen möchte, benötigt man weder einen Ergebnisbereich noch einen Kostenrechnungskreis. Dann ist der Buchungskreis direkt unter dem Mandanten angesiedelt.

Kostenarten In jedem Unternehmen fallen Kosten an, beispielsweise Gehälter, Rohstoff-kosten oder Kosten für Gebäude. Dabei wird zwischen zwei Kostenarten unterschieden: den *primären* und den *sekundären Kostenarten*. Primäre Kosten entstehen durch den Kauf von Gütern auf Beschaffungsmärkten (Rohstoffe, Miete, etc.). Sekundäre Kosten entstehen für Güter, die innerhalb des Unternehmens (in der gleichen Periode) verbraucht werden. Stellen wir uns vor, unsere Firma besitzt eine Rechnungsabteilung. Diese Abteilung ver-ursacht Kosten: Mietanteil für Raumnutzung, Bürobedarf, Gehälter. Eine andere Abtei-lung nutzt den Service dieser Abteilung. Theoretisch müsste man anteilig für alle diese Kosten aufkommen, wenn man deren Dienste nutzt. Das wäre natürlich viel zu kompli-ziert. Daher bildet die Rechnungsabteilung eine Kostenstelle. Aus den dort entstandenen primären Kosten wird zur Vereinfachung eine sekundäre Kostenart gebildet, beispiels-weise ein interner Stundensatz. Damit kann intern die Kostenstelle, die den Service der Rechnungsabteilung nutzt, mit der Anzahl der geleisteten Stunden mal dem Stundensatz der Rechnungsabteilung belastet werden. Sekundäre Kosten stellen also eine spezifische Zusammenfassung der primären Kosten dar.

Kostenstellen Mit Blick auf die vorgestellten Kontenpläne in der Finanzbuchhaltung wird deutlich, warum im Gegensatz zu sekundären Kostenarten für eine primäre Kostenart in SAP ERP immer ein entsprechendes Konto in der GuV vorhanden sein muss. Üblicher-weise tragen die primären Kostenarten auch denselben Namen, wie das zugehörige Konto in der Finanzbuchhaltung.

Eine *Kostenstelle* ist ein Konto, um innerbetriebliche Leistungen umlegen und weiter-berechnen zu können. Kostenstellen werden nicht durch den Gesetzgeber vorgeschrieben, sondern dienen ausschließlich dem unternehmensweiten Controlling.

Wann und für wen wird eine Kostenstelle gebildet? Diese Frage lässt sich nicht allgemein beantworten. Es macht Sinn, Kostenstellen entsprechend der Unternehmensstruktur auf-zubauen. Hier ist es wichtig sich von Anfang an klar zu machen, welche Controlling-Daten tatsächlich von Interesse sind. Daneben müssen viele äußere Einflüsse beachtet werden: Kostenstellen für jede Person einzurichten klingt logisch, verstößt aber im Allgemeinen gegen den Datenschutz. Damit könnte leicht ermittelt werden, wie hoch das Gehalt des Mitarbeiters ist. Das wiederum könnte man über Zugriffsrechte regeln – aber auch die Kumulation von Gehältern lässt unter Umständen Rückschlüsse auf Einzelgehälter zu. In jedem Fall kann man sagen, dass man sich erst im Klaren sein muss, welche Zahlen man aus welchem Grund erheben möchte, bevor man einen Kostenstellenplan eröffnet.

Leistungsarten Um eine Dienstleistung durchzuführen, wird beispielsweise Arbeitszeit einer Person benötigt. Wird bei der Durchführung eine Maschine verwendet, entstehen dadurch weitere Kosten. Auch der Materialverbrauch ist eine Leistung, die erbracht wird, um die Dienstleistung zu erbringen. Um eine differenzierte Sicht auf die verschiedenen Leistungen zu erhalten, die auf eine Kostenstelle gebucht werden, werden *Leistungsarten*

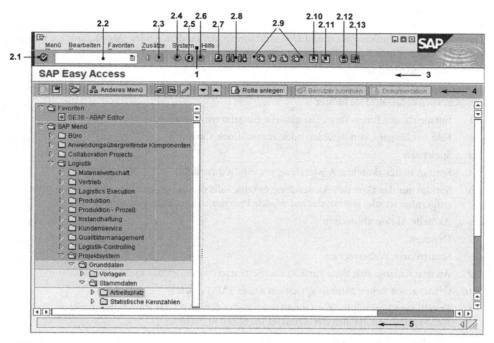

Abb. 3.3 Easy Access-Menü

eingeführt. Leistungsarten werden in Zeit- oder Mengeneinheiten geführt. Sie sind immer verknüpft mit einer Kostenart und mit einer Kostenstelle. Häufig können mit differenzierten Leistungsarten Kostenstellen eingespart werden da die gleichen Zahlen erhoben werden können.

3.3 Der Einstieg

Wenn Sie Ihr SAP ERP-System starten, erscheint als Einstiegsbild das *EASY ACCESS* (Abb. 3.3). Je nach System, kann das Bild bei Ihnen auf der rechten Seite variieren. Insbesondere bei großen Konzernen erscheint hier oft das Firmen- oder Konzernlogo.

Hier finden Sie alle Anwendungen wieder, die SAP ERP zu bieten hat. Wir sehen auch die angesprochene Unterteilung in die Bereiche Logistik, Rechnungswesen und Personal. Die Anwendungen sind in diesen Bereichen weiter hierarchisch unterteilt. Teilweise finden sich gleiche Anwendungen in verschiedenen Hierarchien wieder – dann, wenn die Anwendungen fachlich zu beiden Bereichen passen.

1 – Menü-Leiste

Die beiden Menü-Punkte *System* und *Hilfe* sind immer vorhanden. Andere Menü-Einträge werden von der jeweiligen Anwendung ergänzt

2 – System-Funktionsleiste

Hinter den Buttons verbergen sich System-Funktionen. Die aktive Anwendung kann diese deaktivieren, vorhanden sind sie immer

2.1	Entspricht der Enter-Taste. Die aktuelle Eingabe wird verarbeitet
2.2	Feld zur Eingabe von Befehlen oder Transaktions-Codes
2.3	Speichern
2.4	Springt in der aktuellen Anwendung um ein Bild zurück
2.5	Springt aus der aktuellen Anwendung heraus. Falls dieses von einem anderen Programm aufgerufen wurde, wird in das aufrufende Programm zurückgesprungen
2.6	Aktuelle Aktion abbrechen
2.7	Drucken
2.8	Suchen bzw. Weitersuchen
2.9	An den Anfang, eine Seite zurück, eine Seite nach vorne, an das Ende springen
2.10	Öffnet einen neuen Modus (sprich ein neues SAP-Fenster)
2.11	Erstellt eine Verknüpfung auf dem Desktop, die den SAP-GUI startet und direkt an die Stelle springt, an der sich der Benutzer im Moment befindet
2.12	Allgemeine Hilfe zur jeweiligen Anwendung
2.13	Öffnet ein Konfigurationsfenster zum Einstellen der Anzeige-Optionen

3 – Titelleiste

Hier wird der Titel der jeweiligen Anwendung eingeblendet.

4 – Anwendungsfunktionsleiste

Hier kann jede Anwendung ihre eigenen Buttons hinterlegen.

5 – Statusleiste

Die Statusleiste gibt Programmmeldungen aus und bietet im rechten Teil Informationen zur aktuellen Anmeldung, bspw. das 3stellige Systemkürzel, der Mandant und der Applikationenserver, auf dem der Benutzer im Moment angemeldet ist

Transaktionen   Im oberen linken Teil befindet sich ein Texteingabefeld (2.2). Hier können Anwendungen über ihre Transaktionsnummer schneller ausgewählt werden, ohne den mühsamen Weg über die Menü-Hierarchie gehen zu müssen. Transaktionen sind für die Anwendungen eindeutige Schlüssel im System. Geben wir beispielsweise MM01 ein, gelangen wir direkt in der Materialwirtschaft in die Anwendung *Material anlegen*. Mit der reservierten Transaktion/n verlassen Sie ohne zu speichern die aktuelle Transaktion und gelangen zurück in die aufrufende Transaktion. Um den Aufruf weiter zu beschleunigen, können wir dies auch verbinden: Mit/nMM02 verlassen wir die aktuelle Transaktion und gelangen direkt in die andere. Im Verlauf dieses Buches werden die zugehörigen Transaktionen zu den vorgestellten Anwendungen erwähnt.

Abb. 3.4 Status-Dialog

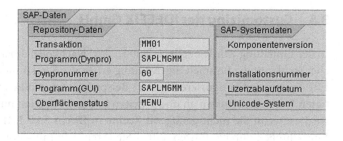

Abb. 3.5 Struktur der IDEE-
FIX GmbH

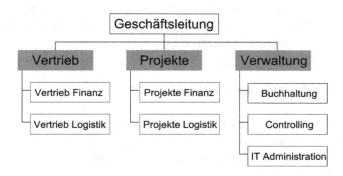

Systemstatus Zugehörige Transaktionen können Sie auch selbst herausfinden: Dazu starten Sie die gewünschte Anwendung über das EASY ACCESS und wählen anschließend im SAP ERP-Menü unter *System –> Status* den Status-Dialog (Abb. 3.4).

3.4 Die IDEEFIX GmbH

Im weiteren Verlauf dieses Buches wird uns in allen Beispielen eine Firma begleiten – die IDEEFIX GmbH. Die IDEEFIX GmbH ist eine kleine, in der IT-Branche agierende Firma. Sie entwickelt im Kundenauftrag Anwender-Systeme für zwei verschiedene Branchen: für die Finanz- und die Logistik-Branche. Um einen breiten Kundenservice bieten zu können, unterhält die Firma neben der Entwicklung und Projektleitung einen technischen Bereich, der den Kunden bei technischen Fragestellungen Unterstützung bietet. Parallel zur Hotline-Aktivität bietet diese Abteilung auch Vorort-Unterstützung bei Netzwerkeinrichtungen oder vertreibt notwendige Geräte, um dem Kunden alles aus einer Hand bieten zu können.

Für den reibungslosen Ablauf von betriebswirtschaftlichen Aufgaben unterhält die Firma eine Abteilung, die für das Rechnungswesen, das Controlling und andere organisatorische Aufgaben zuständig ist. Abbildung 3.5 zeigt die Unternehmensstruktur zusammen mit der Geschäftsleitung und dem Vertrieb.

3.5   Customizing der IDEEFIX GmbH

In der Einleitung wurde bereits erläutert, dass Nachvollziehbarkeit oberstes Ziel dieses Buches ist, damit die Beispiele eigenständig erlebt werden können. Dazu müssen Sie Ihr SAP ERP-System so konfigurieren wie das Beispielsystem in diesem Buch. Wir legen alle benötigten Daten gemeinsam an und arbeiten in den Beispielen nur mit diesen. Problematisch wird es, wenn Sie nicht genügend Rechte in Ihrem SAP ERP-System besitzen, um diese Einstellungen durchzuführen. Bitten Sie Ihren Administrator, Ihnen in einem Schulungssystem genügend Rechte zu geben.

Möchten Sie sich im ersten Schritt nur einen Überblick über das Projektsystem verschaffen und keinen Wert darauf legen, die Beispiele praktisch nachzuvollziehen, können Sie dieses Kapitel überspringen.

3.5.1   Mandant anlegen

Wir gehen an dieser Stelle davon aus, dass das SAP ERP-System für die Firma IDEEFIX GmbH gerade frisch installiert wurde. Daher ist die erste Aufgabe, einen Mandanten für die Firma anzulegen. Ist aber kein Mandant vorhanden, kann man sich auch nicht am System anmelden!?

Wenn ein SAP ERP-System neu installiert wurde, ist ein Referenzmandant mit der Nr. 000 hinterlegt. Hier sind alle notwendigen Stammtabellen, Templates für Kostenrechnungskreise und Buchungskreise, Kontenpläne etc. vorhanden. Mit diesem Mandanten darf produktiv nicht gearbeitet werden. Dazu muss man sich einen eigenen Mandanten anlegen und in einem nächsten Schritt gewünschte Daten aus dem Referenzmandanten kopieren. Streng genommen würde man im ebenfalls vorhandenen Mandanten 001 arbeiten, diesen anpassen und am Ende alle notwendigen Einstellungen in den Zielmandant kopieren – der Einfachheit halber verwenden wir hier den Mandanten 000.

Mandant anlegen Um für unsere Firma einen neuen Mandanten anzulegen, melden wir uns mit dem Referenzmandanten 000 und dem in der Dokumentation hinterlegten Anmeldedaten an und gelangen direkt ins EASY ACCESS. Entspricht das Passwort nicht der Dokumentation, wurde es sicher bei der Installation geändert. Sprechen Sie dann Ihren Administrator an. Nach der Anmeldung wählen wir im EASY ACCESS die Mandantenpflege.

In der vorigen Auflage habe ich hier immer einen Wegweiser verwendet. Diesen finde ich nicht mehr ganz so zeitgemäß. Ich habe alle diese Stellen mit dem Container DEFINTITION markiert – vielleicht haben Sie einen guten Vorschlag, wie wir das hübsch abbilden können.

▶   EASY-ACESS • Werkzeuge • Administration • Verwaltung • Mandatenverwaltung • Mandantenpflege (SCC4)

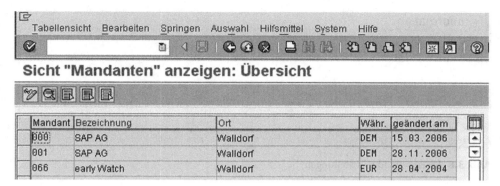

Abb. 3.6 Mandantenpflege

Abb. 3.7 Mandantenpflege
/Änderungsmodus

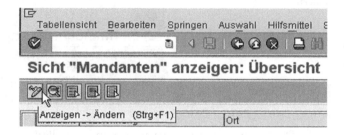

Es erscheint eine Liste aller im System vorhandenen Mandanten (Abb. 3.6):

- 000 der Referenzmandant
- 001 der Auslieferungsmandant
- 066 für den Service von SAP

Um einen neuen Mandanten anzulegen wählen wir in der Toolbar den Eintrag *Anzeigen
–> Ändern* aus (Abb. 3.7).

Wir erhalten einen Hinweis, dass diese Einstellungen Mandanten-unabhängig sind
(Abb. 3.8).

Wenn Sie unter SAP ERP Einstellungen wie Stamm- oder Bewegungsdaten vornehmen, beziehen sich die Änderungen normalerweise nur auf den aktuellen Mandaten, unter
dem Sie sich angemeldet haben. Bei mandantenübergreifenden Änderungen werden Sie
von SAP ERP darauf hingewiesen, um besondere Sorgfalt walten zu lassen. Wir bestätigen
diese Meldung mit [ENTER]. Jetzt sind alle Mandanten editierbar – es ist also Vorsicht ge-
boten. Nun wählen wir in der Toolbar *Neue Einträge* (Abb. 3.9).

Es erscheint als nächstes die Pflegemaske für den neuen Mandanten (Abb. 3.10). Hier
vergeben wir eine eindeutige Nummer für den neuen Mandanten, eine Bezeichnung und
einen Ort. Wählen Sie die Einstellungen, die Sie in Abb. 3.10 sehen.

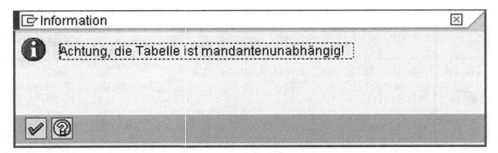

Abb. 3.8 Übergreifende Einstellungen

Abb. 3.9 Toolbar in Mandant
ändern

Als Standardwährung wählen wir EUR und als Rolle den Eintrag *Customizing* – in einem produktiven Szenario hätte man mindestens drei SAP ERP-Systeme bzw. Mandanten: einen Entwicklungsmandanten, einen Testmandanten und einen Produktivmandanten. Änderungen dürfen nur im Entwicklungsmandanten vorgenommen werden. Im Anschluss an die Entwicklung werden die Änderungen in das Testsystem gespielt, um unabhängig testen und entwickeln zu können. Erst nach dem Test werden die Daten in das Produktiv-System überspielt. Würden wir hier die Einstellung *Produktivsystem* oder *Testsystem* wählen, verbietet uns das System später, Customizing-Einstellungen vorzunehmen.

Das Feld *Logisches System* lassen wir leer. Diese Angabe wird nur benötigt, wenn wir Daten automatisch zwischen verschiedenen Systemen austauschen möchten.

Die Auswahl für *Änderungen und Transporte für mandantenabhängige Objekte* setzen Sie auf *Änderungen ohne automatische Aufzeichnung*. Im oben beschrieben Szenario mit einem Entwicklungs-, einem Test- und einem Produktiv-System wäre es sehr mühsam und fehleranfällig, alle Änderungen manuell zu protokollieren und zu kopieren. SAP ERP bietet die Möglichkeit, automatisch im Entwicklungssystem Änderungen zu protokollieren. Diese werden in so genannten *Transportaufträgen* zusammengefasst und können später einfach in das Testsystem und anschließend in das Produktivsystem transportiert werden. Transporte schalten wir in unserem Mandanten aus, da wir für Schulungszwecke Transporte nicht benötigen. Die restlichen Einstellungen bleiben unverändert. Speichern Sie nun die Daten mit dem Diskettensymbol.

Melden Sie sich jetzt vom System ab und anschließend unter dem neuen Mandanten erneut an. SAP ERP hinterlegt standardmäßig den Benutzer *SAP** mit dem Passwort *PASS*.

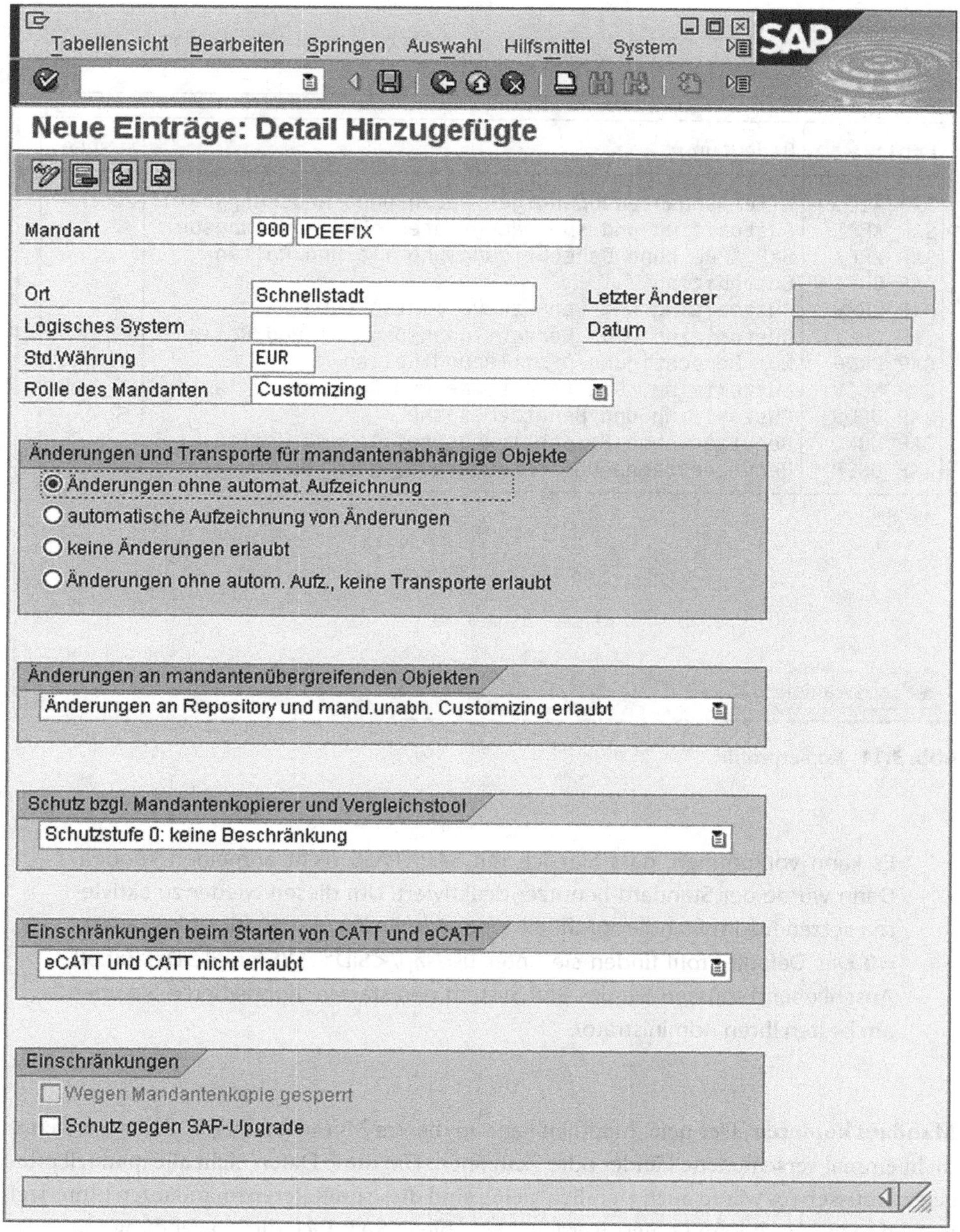

Abb. 3.10 Maske Mandant anlegen

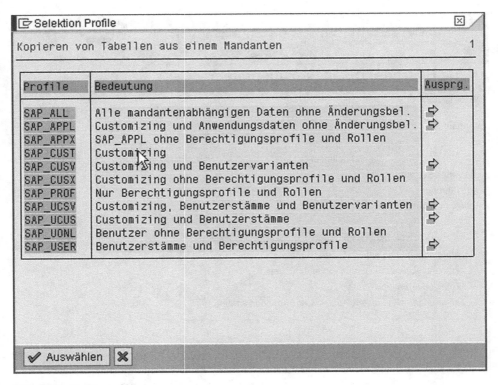

Abb. 3.11 Kopierprofile

▶ Es kann vorkommen, dass Sie sich mit SAP*/PASS nicht anmelden können.
Dann wurde der Standard-Benutzer deaktiviert. Um diesen wieder zu aktivieren setzen Sie im Standardprofil die Option login/no_automatic_user_sapstar
=0 Das Default-Profil finden sie unter usr/sap/<SID>/SYS/profile/Default.pfl
Anschließend müssen Sie das SAP-System neu starten. Kontaktieren Sie aber
am besten Ihren Administrator.

Mandant kopieren Der neue Mandant kann in diesem Moment faktisch nichts – er kennt
nicht einmal verschiedene Länder oder Zeitzonen. Um diese Daten nicht alle manuell pflegen zu müssen (es wären auch ziemlich viele), sind diese im Referenzmandanten hinterlegt
und können von diesem kopiert werden. Dazu bietet SAP ERP die Anwendung *Mandantenkopie* im EASY ACCESS.

▶ EASY ACCESS • Werkzeuge • Administration • Verwaltung • Mandantenverwal-
tung • Mandantenkopie • Lokale Kopie (SCCL)

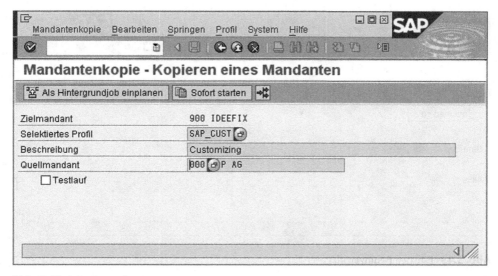

Abb. 3.12 Mandantenkopie

Soll ein Mandant rechnerübergreifend kopiert werden, verwendet man die Anwendung *Remote Kopie (SCC9)*.

Da wir den Mandanten in unserem lokalen System kopieren möchten, wählen wir die lokale Kopie, also die Transaktion *SCCL*. Die Anwendung verlangt die Angabe eines Quellmandanten für die Kopie und ein sogenanntes Kopierprofil (Abb. 3.11). Als Quellmandanten wählen wir den Referenzmandanten 000. Als Kopierprofil verwenden wir das Profil *SAP_CUST*. Kopierprofile definieren, welche Daten bei einer Kopie berücksichtigt werden sollen.

Sie können sich nun entscheiden, ob Sie den Vorgang sofort oder als Hintergrundjob starten möchten (Abb. 3.12). Sofort starten bedeutet synchrone Ausführung, die Kopie startet damit sofort, und die Benutzungsschnittstelle ist blockiert, bis die Kopie durchgeführt ist.

Wenn Sie die Kopie in einem Hintergrundjob einplanen möchten, wird ein Job angelegt, den SAP ERP nicht blockierend im Hintergrund ausführt. Eine Mandantenkopie benötigt je nach Rechnerarchitektur viel Zeit. Daher ist es ratsam einen Hintergrundjob zu wählen, um sich evtl. über Nacht vom System abmelden oder (in einem anderen Mandant) weiterarbeiten zu können.

Bei einem Hintergrundjob müssen Sie einen Hintergrundserver angeben, der den Job ausführt. Als Hintergrundserver wählen Sie den Server, auf dem Ihr System installiert ist (notfalls fragen Sie Ihren Systemverwalter). Der Status von Hintergrundjobs wird in der Protokollauswertung (Transaktion SCC3) überwacht.

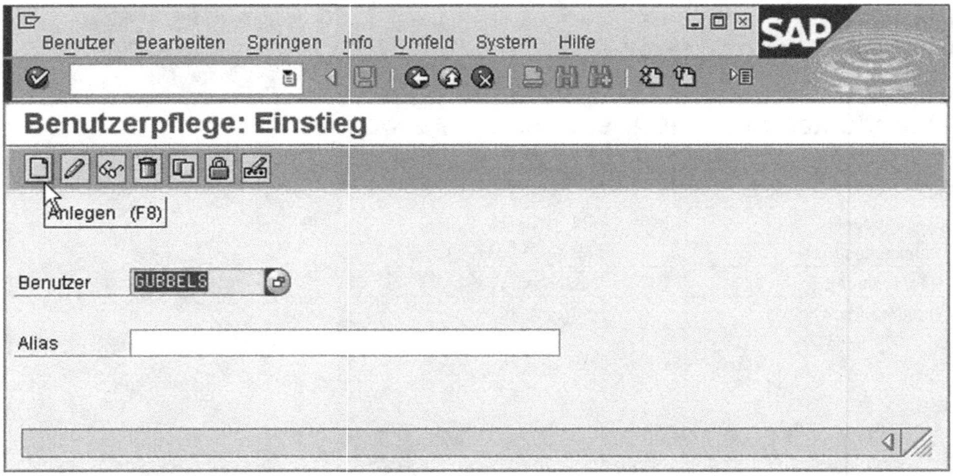

Abb. 3.13 Einstieg Benutzerpflege

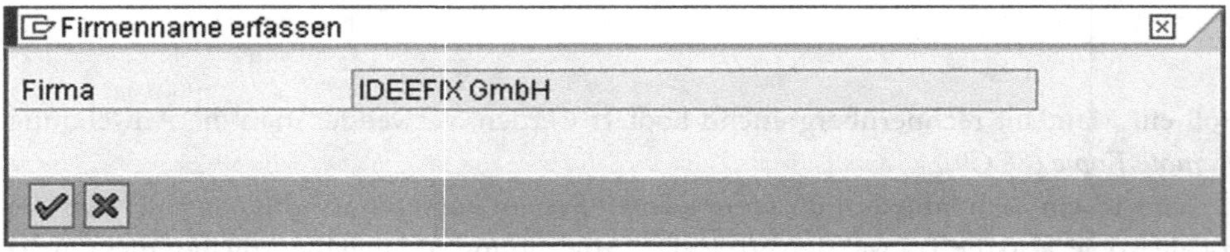

Abb. 3.14 Firmenname erfassen

3.5.2   Benutzerverwaltung

Bisher arbeiten wir mit dem Benutzer *SAP** – dem Standardbenutzer von SAP ERP. In einem produktiven SAP ERP-System wird dieser Benutzer aus Sicherheitsgründen deaktiviert. Außerdem lässt SAP ERP nicht zu, dass mit diesem Benutzer Customizing-Einstellungen vorgenommen werden. Daher müssen wir für die weitere Arbeit einen neuen Benutzer anlegen.

▶   Easy Access • Werkzeuge • Administration • Benutzerpflege • Benutzer (SU01)

Geben Sie Ihrem Benutzer einen sprechenden Benutzernamen, mit dem er sich später anmelden soll, und wählen anschließend in der Toolbar die Funktion *Anlegen* (Abb. 3.13).

Es erscheint die Mitteilung, dass noch keine Default-Firmenadresse angelegt wurde. Das System versucht automatisch, einem neuen Benutzer eine Default-Adresse zuzuordnen, die natürlich anschließend wieder geändert werden kann. Für den neuen Mandanten ist noch keine Default-Adresse hinterlegt worden. Daher bestätigen wir diese Meldung und werden aufgefordert, einen Firmenname einzugeben (Abb. 3.14).

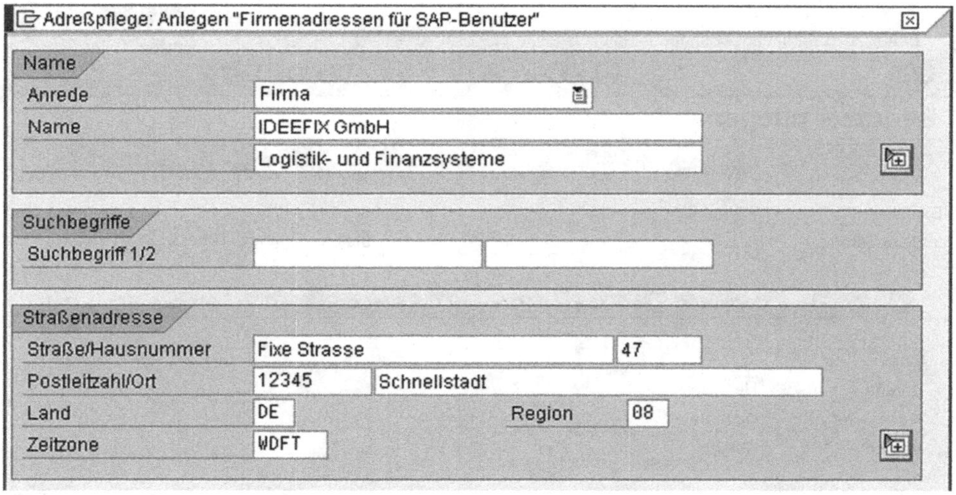

Abb. 3.15 Daten für Default-Firma

Anschließend pflegen wir weitere Firmendaten (Abb. 3.15). Wenn Sie hier die Auswahl-felder für Land, Zeitzone, Anrede etc. auswählen, erhalten Sie entsprechende Daten, die Sie übernehmen können. Diese sind für den aktuellen Mandanten erst durch die Mandanten-kopie verfügbar.

Nachdem wir die Daten der Firmenadresse bestätigt haben, öffnet sich die Anwendung zur Benutzeranlage (Abb. 3.16).

Im Reiter *Adresse* können wir persönliche Daten, wie akademischer Titel, Abteilung etc. pflegen. Im Reiter *Logondaten* vergeben wir ein Initialkennwort, das der Benutzer bei der ersten Anmeldung ändern muss. **Achtung**: Passwörter sind mittlerweile *Case Sensitive* – die Groß/Kleinschreibung muss also beachtet werden!

Damit unser Benutzer genügend Rechte hat, alle notwendigen Einstellungen durchzu-führen, geben wir ihm einfach alle Rechte. Wir wechseln dazu in den Reiter *Profile* und geben hier *SAP_ALL* ein und speichern (Abb. 3.17).

Testen Sie Ihren neuen Benutzer, indem Sie sich vom System abmelden und mit Ihrer neuen Benutzerkennung erneut anmelden!

3.5.3 Organisationsstrukturen

Im nächsten Schritt legen wir die Organisationseinheiten für unsere neue Firma an. Viele Einstellungsmöglichkeiten haben wir bisher im EASY ACCESS gefunden. Die komplette Liste der Customizing-Einstellungen findet man in SAP ERP im *IMG*, dem *Implementa-tion Guide* oder *Einführungsleitfaden*.

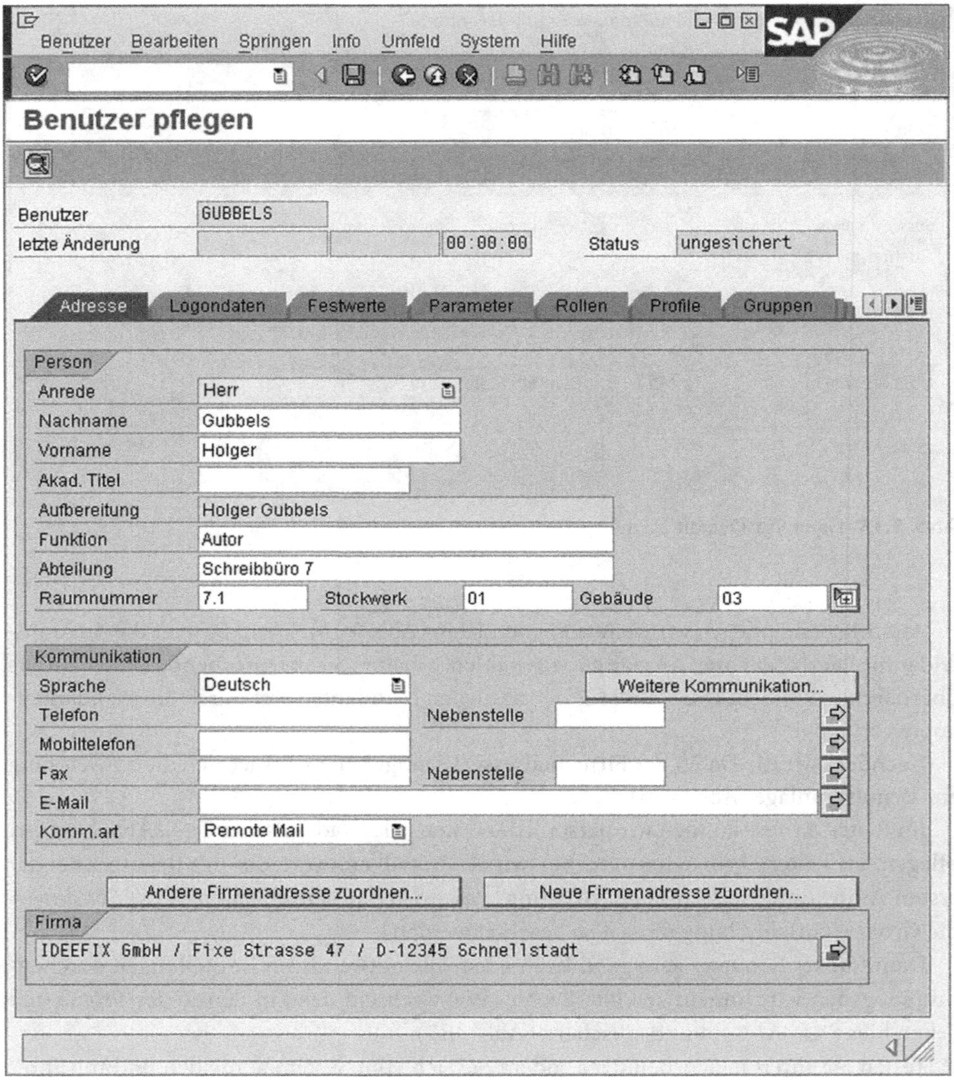

Abb. 3.16 Grunddaten des Benutzers

► EASY ACCESS • Werkzeuge • Customizing • IMG (SPRO)

Es öffnet sich zunächst die Projektansicht der Customizing-Einstellungen (Abb. 3.18). Hier können immer wieder benötigte Anwendungen des IMG als persönlicher Vorrat gepflegt werden.

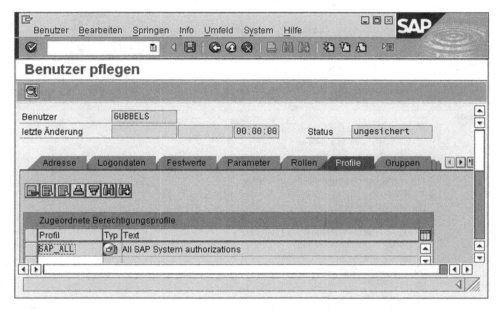

Abb. 3.17 Benutzer pflegen

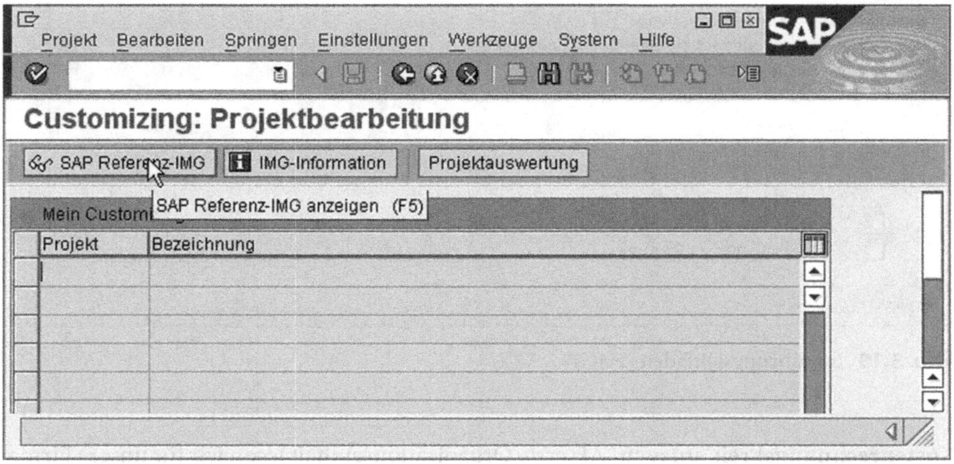

Abb. 3.18 Customizing Vorrat

Den kompletten Vorrat bietet SAP ERP im *SAP Referenz-IMG*, welches über die Schalt-fläche *SAP Referenz-IMG* gewählt wird (Abb. 3.19). Hier finden wir neben den Anwen-dungen für die Einstellungen auch die zugehörige Dokumentation (jeweils das kleine Do-kumenten-Icon):

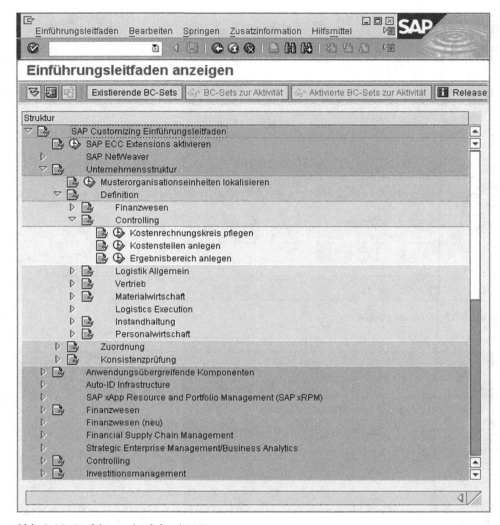

Abb. 3.19 Einführungsleitfaden (IMG)

Kostenrechnungskreis anlegen Als erste Organisationseinheit legen wir für unsere Firma
einen Buchungskreis und einen Kostenrechnungskreis an. Wie bei einem neuen Mandanten werden diese ebenfalls kopiert.

▶   IMG • Unternehmensstruktur • Definition • Controlling • Kostenrechnungskreis
       pflegen

Wenn wir diese Anwendung ausführen, wird zunächst ein Dialog angezeigt, wie in
Abb. 3.20 dargestellt.

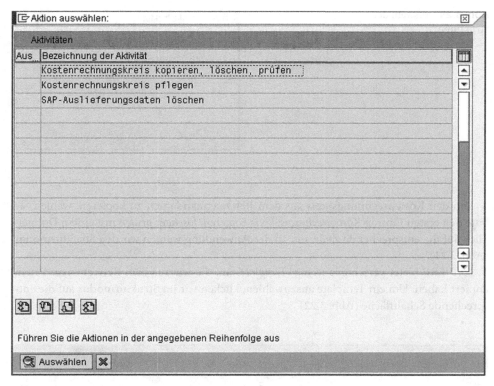

Abb. 3.20 Aktionen für KoReKr Kopie

Abb. 3.21 Strukturmodus wählen

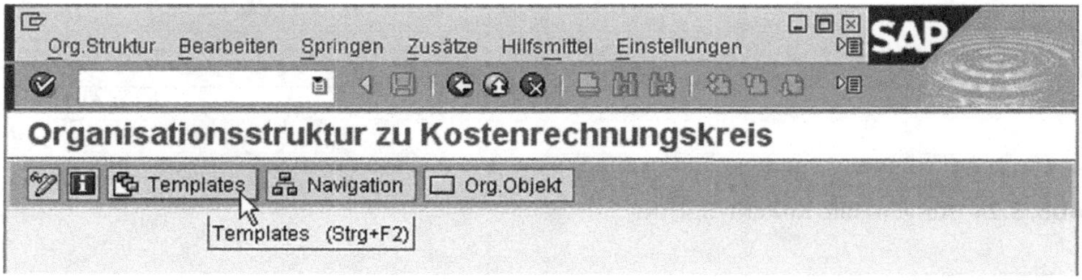

Abb. 3.22 Templates für die KoReKr-Kopie

Abb. 3.23 Auswahl der
Strukturen

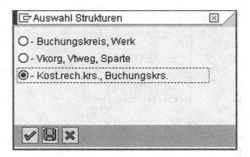

Um den Kostenrechnungskreis aus dem Referenzmandanten zu kopieren, wählen Sie bitte den ersten Eintrag *Kostenrechnungskreis kopieren, löschen, prüfen* mit einem Doppelklick auf die entsprechende Zeile aus. In der Anwendung wählen wir den Strukturmodus (Abb. 3.21).

SAP ERP bietet verschiedene sog. *Templates* an, die wir aus dem Referenzmandanten kopiert haben. Um ein Template auszuwählen, klicken wir im Strukturmodus auf die entsprechende Schaltfläche (Abb. 3.22).

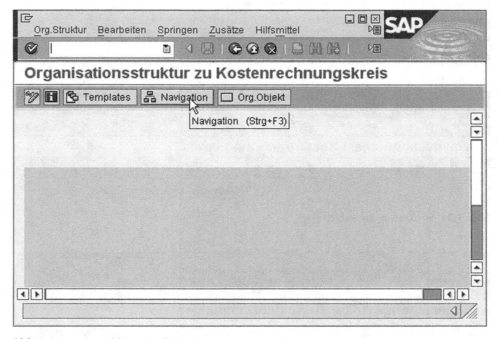

Abb. 3.24 Ausgewählte KoReKr/BuchKr

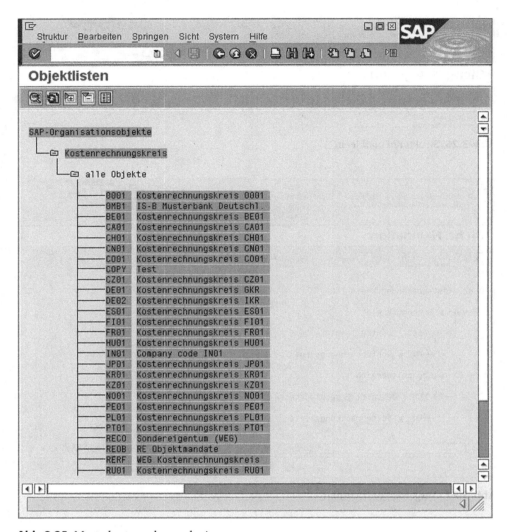

Abb. 3.25 Musterkostenrechnungskreise

Es erscheint eine Anleitung, wie für die Kopie weiter vorzugehen ist: Die Strukturen sollen markiert und anschließend bestätigt werden. Die Meldung bestätigen wir mit [ENTER]. Im nächsten Dialog wird eine Kombination von zu kopierenden Strukturen gewählt (Abb. 3.23).

Wir entscheiden uns für die Variante *Kostenrechnungskreis/Buchungskreis* und bestätigen dies mit [ENTER]. Es werden ein ausgewählter Kostenrechnungskreis sowie ein Buchungskreis angezeigt, der kopiert werden kann (Abb. 3.24).

Abb. 3.26 Strukturen markieren

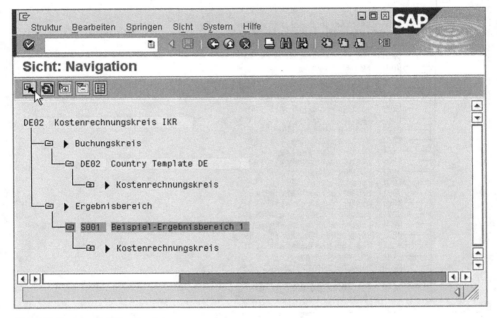

Abb. 3.27 Ausgewählte Strukturen

Um einen anderen Kostenrechnungskreis zu kopieren, wählen Sie die Schaltfläche *Navigation,* um in die *Strukturnavigation* zu gelangen. In der Strukturnavigation zeigt SAP ERP eine Liste mit verfügbaren Kostenrechnungskreisen für den aktuellen Mandanten. An den Namen sehen Sie, dass es sich um Musterkostenrechnungskreise für verschiedene Länder handelt (Abb. 3.25).

Hier können Sie einen beliebigen Kostenrechnungskreis mit einem Doppelklick auswählen. Für unsere Firma wählen wir den Kostenrechnungskreis *DE02* als Vorlage. Mit einem Doppelklick auf den Eintrag gelangen wir in die Details des entsprechenden Kostenrechnungskreises. Hier wird dargestellt welche Buchungskreise zum Kostenrechnungskreis DE02 gehören und zu welchem Ergebnisbereich der Kostenrechnungskreis selbst gehört. Die Auswahl für die Kopie ist nicht besonders intuitiv: Markieren Sie den Kostenrechnungskreis und den Buchungskreis, indem Sie den Kostenrechnungskreis auswählen und mit der Schaltfläche *Markieren (F9)* auswählen (Abb. 3.26).

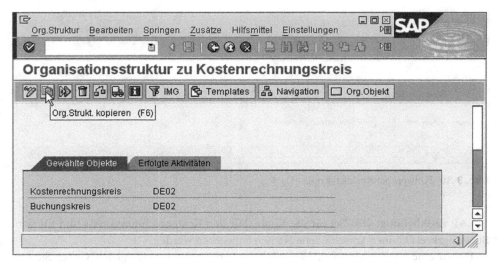

Abb. 3.28 Kopierfunktion

Abb. 3.29 Benennung der
Strukturen

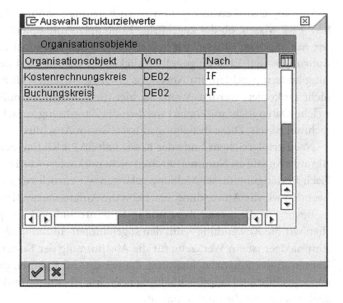

Dasselbe führen Sie für den Buchungskreis aus. Anschließend müssen beide Einträge farblich anders hinterlegt sein (Abb. 3.27).

Anschließend wählen Sie den Zurück-Button in der Standard Toolleiste und gelangen zu unserem vorigen Bild zurück. Hier sind nun die gerade markierten Einträge ausgewählt. Um die Strukturen zu kopieren, wählen wir die *Kopieren*-Funktion aus der Toolbar (Abb. 3.28).

Abb. 3.30 Hinweis bei KoReKr-Kopie

SAP ERP benötigt ein Ziel für die Kopie. Für den Kostenrechnungskreis und für den Buchungskreis können verschiedene Namen angegeben werden.

Da wir eine 1:1-Zuordnung haben möchten, benennen wir beide gleich. Geben Sie daher sowohl für den Kostenrechnungskreis als auch für den Buchungskreis das Kürzel *IF* (für IDEEFIX) ein (Abb. 3.29) und bestätigen die Angaben mit [ENTER].

Die Kopie wird etwas Zeit in Anspruch nehmen. Während des Kopiervorgangs möchte SAP ERP wissen, ob der zugehörige Kontenplan mitkopiert werden soll – das bestätigen wir mir Ja, dann müssen wir später den Kontenplan nicht manuell anlegen. Die Hauswährung ist auf EUR eingestellt – klicken Sie auf *Nein* bei der Frage, ob Sie diese Währung ändern möchten. Im Anschluss erhalten wir einen Hinweis, dass bestimmte Daten nicht mitkopiert werden. Wenn Sie hier die Hilfe mit F1 aufrufen, beschreibt SAP ERP, welche Daten nicht mitkopiert werden: die Zuordnung zwischen Buchungs- und Kostenrechnungskreis. Diese Beziehung müssen wir im Anschluss an die Kopie manuell erfassen.

Nach erfolgreichem Ende der Kopie teilt SAP ERP in einem Dialog mit, dass eine bestimmte Anzahl an Nummernkreisen nicht mitkopiert wurde – das können wir ignorieren. Nach Bestätigung dieser Meldung gelangen wir zurück zur Kostenrechnungskreis-Pflege. Beenden wir die Anwendung, erscheint die Anfangsauswahl aus Abb. 3.20.

Bevor wir die zweite Anwendung Kostenrechnungskreis pflegen aufrufen, unterbrechen wir die Anwendung – um den sogenannten *Abstimmledger* zu deaktivieren. Der Abstimmledger ist ein Werkzeug für die Abstimmung der Kostenstellen im Controlling und Konten in der Finanzbuchhaltung. Da wir uns im Rahmen dieses Buches weder mit der neu eingeführten Hauptbuchhaltung noch mit Abstimmungsledgern beschäftigen wollen, deaktivieren wir die Funktionalität.

▶   IMG • Controlling • Kostenartenrechnung • Abstimmledger • Abstimmledger aktivieren/deaktivieren

Wählen Sie in der Anwendung unseren neuen Kostenrechnungskreis IF – der noch den Namen Kostenrechnungskreis IR führt (Abb. 3.30).

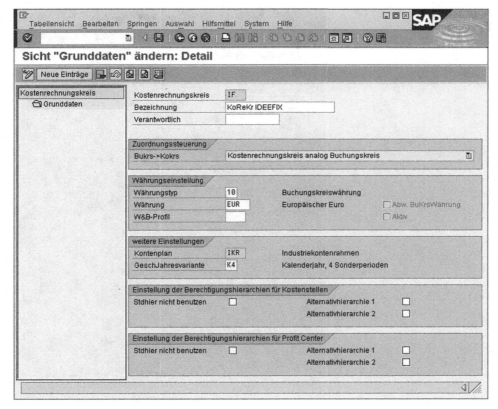

Abb. 3.31 Kostenrechnungskreis pflegen

Um nun den neu kopierten Buchungskreis mit dem kopierten Kostenrechnungskreis zu verknüpfen, wählen wir gemäß der Anleitung in der Anwendung *Kostenrechnungskreis pflegen* den zweiten Eintrag mit demselben Namen *Kostenrechnungskreis pflegen*. In der Liste der verfügbaren Kostenrechnungskreise finden Sie unseren neu angelegten mit dem Kürzel *IF*. Wählen Sie diesen mit einem Doppelklick aus, gelangen Sie in die Details des Kostenrechnungskreises (Abb. 3.31).

Hier wird die Bezeichnung des Kostenrechnungskreises gepflegt. Im Feld *Zuordnungssteuerung* wählen wird die Einstellung *Kostenrechnungskreis analog Buchungskreis*. Die restlichen Einstellungen belassen wir so, wie sie sind, speichern die Einstellungen und verlassen die Anwendung.

Wir gelangen erneut zum Dialog aus Abb. 3.20 und wählen nun den dritten Schritt *SAP Auslieferungsdaten löschen*. Mit dieser Anwendung werden die nun überflüssigen Templates des Referenzmandanten gelöscht, um unnötig verbrauchten Speicherplatz wieder freizugeben. Dazu erscheint zunächst eine Liste mit den Templates. Unser kopierter Kostenrechnungskreis IF ist hier erwartungsgemäß nicht zu finden. Über die Toolbar oder mit der Funktionstaste F7 wählen Sie alle angezeigten Einträge der Liste aus und klicken auf den Button *Löschen* in der Toolbar (Abb. 3.32)

Abb. 3.32 Jobparameter für
Hintergrundjob

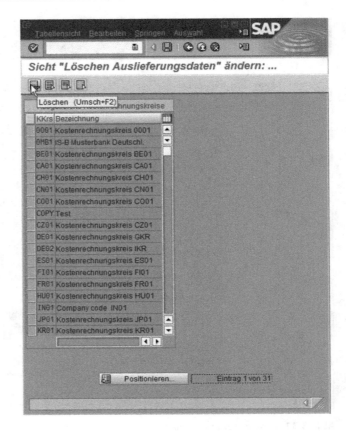

Sie können diesen Job als Hintergrundjob ausführen lassen. Dazu erscheint ein Dialog
mit Auswahldaten, die den Zeitpunkt der Ausführung spezifiziert (Abb. 3.33).

Der Job wird standardmäßig *COAREAS_DELETE* genannt – Sie können ihn aber auch
durch einen sprechenderen Namen ersetzen. Markieren Sie wie in der Abbildung gezeigt
die Option *Sofortstart*, wird der Job sofort ausgeführt. In der bereits vorher vorgestellten
Anwendung SCC3 können Sie im Protokoll den Status des Jobs verfolgen.

Nachdem alle Templates gelöscht sind, passen wir noch die Daten unseres neuen Buchungskreises an. Dazu gehen Sie im Einführungsleitfaden in die Anwendung *Buchungskreis bearbeiten, kopieren, löschen, prüfen*

▶   IMG • Unternehmensstruktur • Definition • Finanzwesen • Buchungskreis
        bearbeiten, kopieren, Löschen, prüfen

Wie beim Kostenrechnungskreis erscheint ein Dialog mit mehreren möglichen Schrit-
ten. Wählen Sie im Dialog den zweiten Eintrag *Buchungskreis bearbeiten* aus. Es erscheint
eine Liste mit den vorhandenen Buchungskreisen. In der Liste befindet sich auch unser
neuer Buchungskreis für die IDEEFIX GmbH. Wählen Sie den Eintrag aus und klicken in
der Toolbar auf den Eintrag Details (Abb. 3.34)

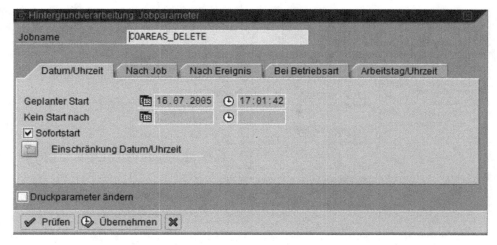

Abb. 3.33 Jobparameter für Hintergrundjob

Abb. 3.34 Buchungskreis auswählen

Abb. 3.35 Daten des
Buchungskreises ändern

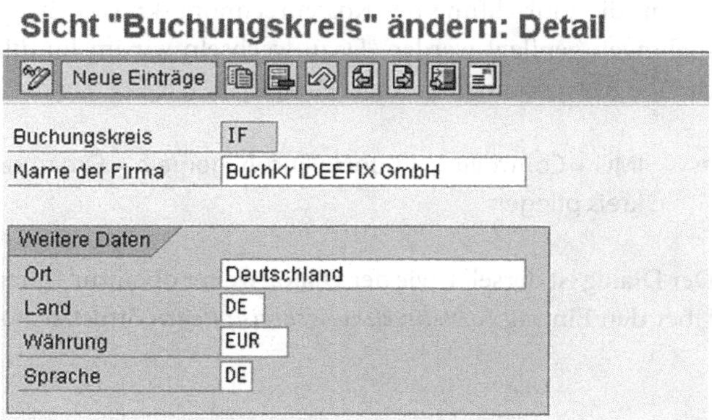

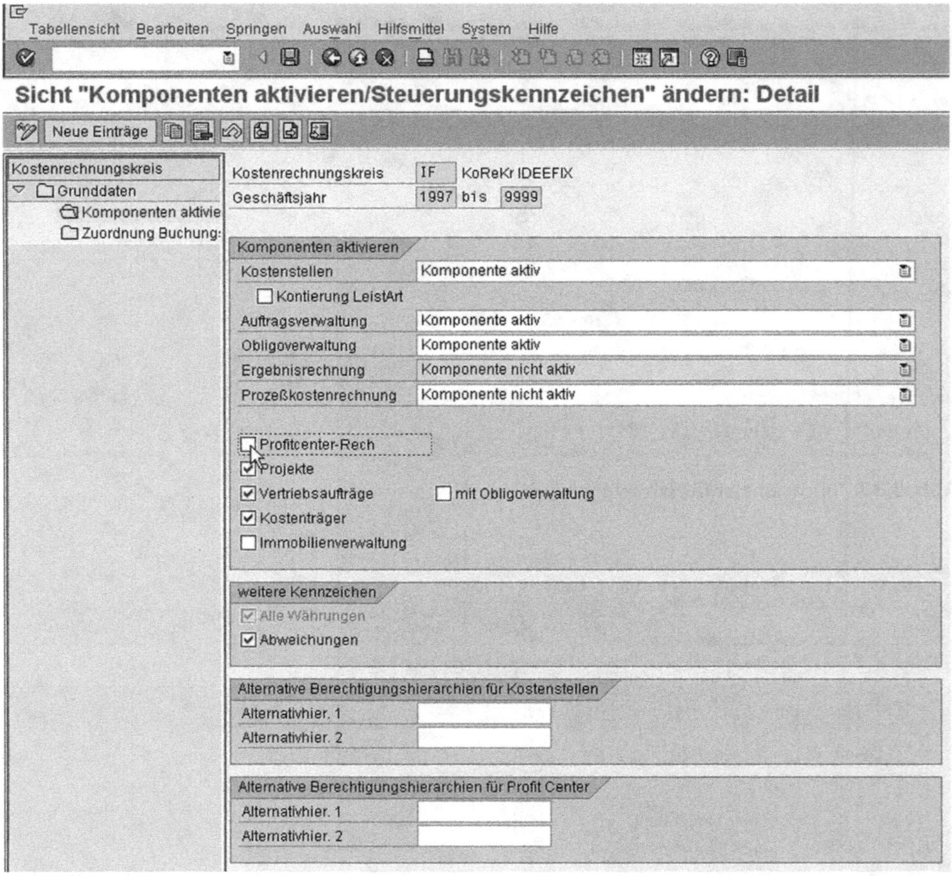

Abb. 3.36 Kostenrechnungskreis einstellen

Es erscheint die Datenpflege für den Buchungskreis. Hier passen wir die Daten für unsere Firma an – ändern Sie den Firmennamen auf IDEEFIX GmbH (Abb. 3.35) und speichern Sie Ihre Änderungen.

Um die Einrichtung des Kostenrechnungskreises abzuschließen, müssen weitere Einstellungen gepflegt werden. Dazu wechseln wir im Einführungsleitfaden in die entsprechende Anwendung.

▶   IMG • Controlling • Controlling Allgemein • Organisation • Kostenrechnungskreis pflegen

Der Dialog ist derselbe wie der Dialog weiter oben zur Anlage des Kostenrechnungskreises. Über den Eintrag *Kostenrechnungskreis pflegen* öffnet sich scheinbar dieselbe Anwendung

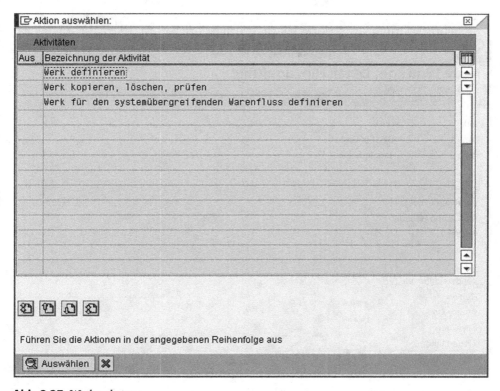

Abb. 3.37 Werk anlegen

wie weiter oben bereits beschrieben – auf der linken Seite befindet sich ein Eintrag mehr: *Komponenten aktivieren/Steuerungskennzeichen*. Wählen Sie den Eintrag unsere IDEEFIX-GmbH aus der Liste und öffnen die Anwendung über eine Doppelklick auf *Komponenten aktivieren/Steuerungskennzeichen*. Sie erhalten die Sicht wie in Abb. 3.36 gezeigt. Hier schalten wir die Profit Center Rechnung ab, die wir für die Firma IDEEFIX GmbH nicht verwenden wollen. Anschließend wählen wir Speichern und verlassen die Anwendung.

Werk SAP ERP arbeitet unterhalb der Buchungskreise mit *Werken*. Ein Werk ist eine organisatorische Einheit, die das Unternehmen aus Sicht der Produktion, Beschaffung, Instandhaltung und Disposition gliedert. In einem Werk werden nicht nur Materialien produziert oder gelagert, sondern auch Dienstleistungen bereitgestellt. In unserem Fall müssen wir daher auch ein Werk anlegen, um später die Dienstleistungen für ein Projekt einem Werk zuordnen zu können.

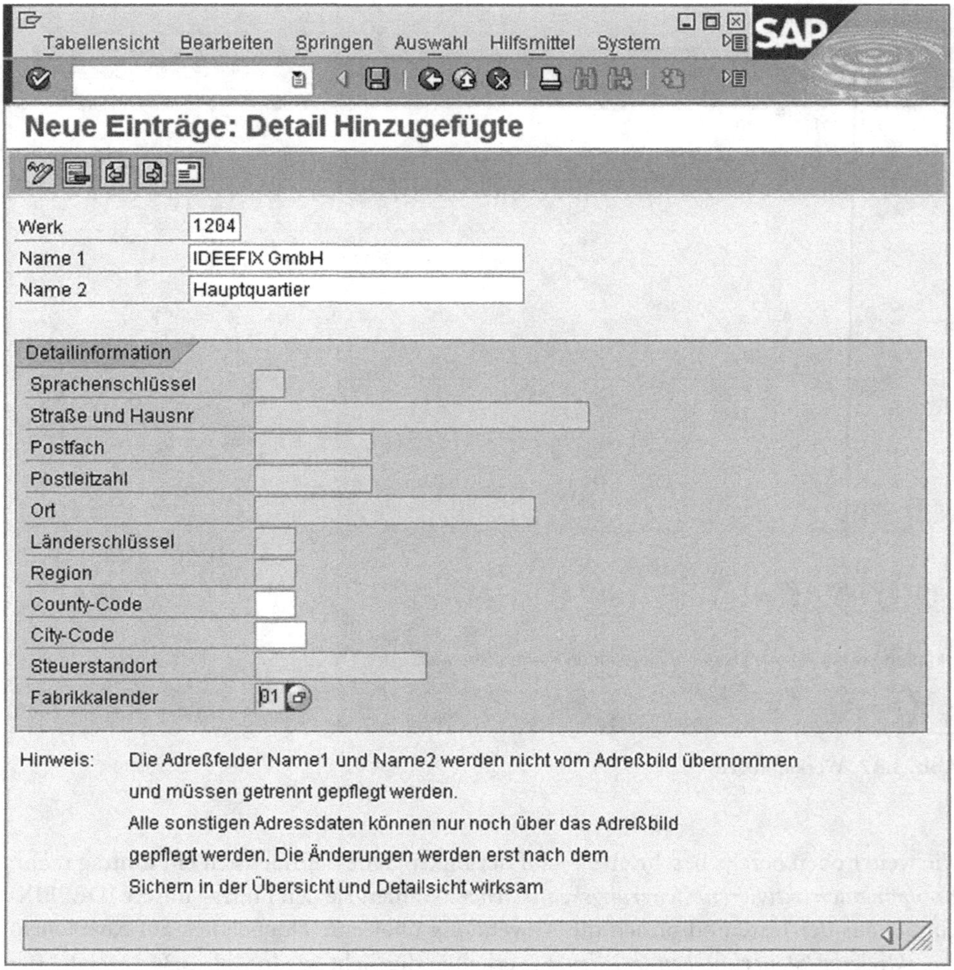

Abb. 3.38 Daten eines neuen Werks

▶   IMG • Unternehmensstruktur • Definition • Logistik Allgemein • Werk definie-
         ren, kopieren, löschen, prüfen

Auch hier erhalten wir einen Dialog mit einer Auswahl mehrerer auszuführender Schritte
(Abb. 3.37).

   Wählen Sie den ersten Eintrag mittels Doppelklick aus, erscheinen automatisch die
Daten des Werks *0001 SAP AG*. Es ist das einzige Werk, welches zu diesem Zeitpunkt angelegt ist. Klicken Sie daher auf die Schaltfläche *Neue Einträge* im Menü. Abbildung 3.38
zeigt die Maske für ein Werk. Tragen Sie hier einen Namen und eine Nummer für das
Werk ein sowie den Fabrikkalender 01 (Standard Kalender für Deutschland).

Tabellensicht Bearbeiten Springen Auswahl Hilfsmittel System Hilfe
Neue Einträge: Detail Hinzugefügte
Adresse (Umsch+F5)
Werk
Name 1
IDEEFIX GmbH
Name 2
Hauptquartier

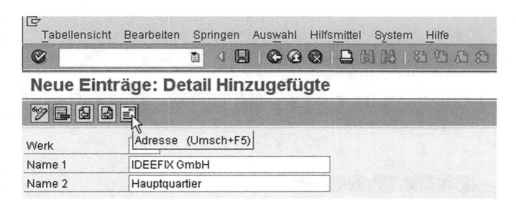

Abb. 3.39 Adresse pflegen

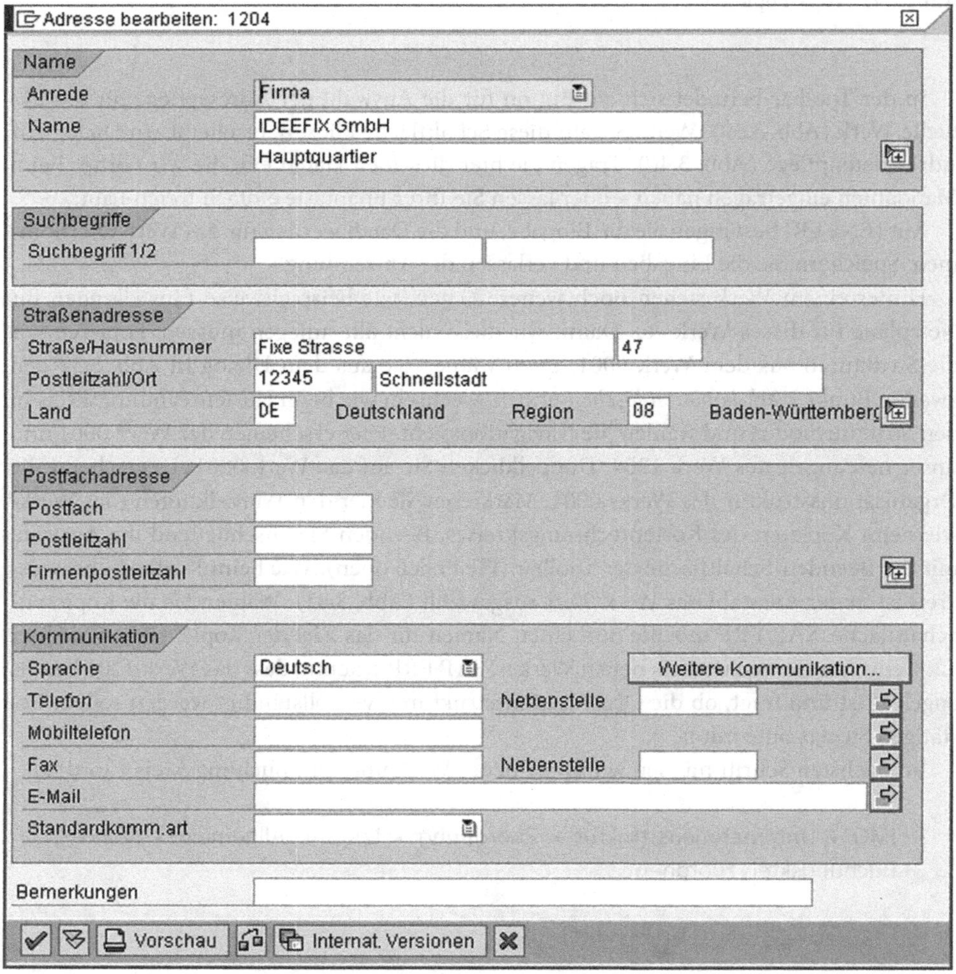

Adresse bearbeiten: 1204
Name
Anrede
Firma
Name
IDEEFIX GmbH
Hauptquartier
Suchbegriffe
Suchbegriff 1/2
Straßenadresse
Straße/Hausnummer
Fixe Strasse
47
Postleitzahl/Ort
12345
Schnellstadt
Land
DE
Deutschland
Region
08
Baden-Württemberg
Postfachadresse
Postfach
Postleitzahl
Firmenpostleitzahl
Kommunikation
Sprache
Deutsch
Weitere Kommunikation...
Telefon
Nebenstelle
Mobiltelefon
Fax
Nebenstelle
E-Mail
Standardkomm.art
Bemerkungen
Vorschau
Internat. Versionen

Abb. 3.40 Adresspflege für neues Werk

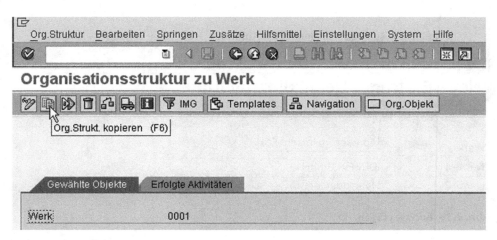

Abb. 3.41 Werk kopieren

In der Toolbar befindet sich ein Button für die Auswahl der Adresspflege für das ak-
tuelle Werk (Abb. 3.39). Wenn Sie auf diese Schaltfläche klicken, erscheint ein Dialog zur
Adressdatenpflege (Abb. 3.40). Tragen Sie hier dieselben Daten ein, die wir vorher beim
Mandanten eingetragen haben – oder lassen Sie Ihrer Phantasie einfach freien Lauf.

Mit [ENTER] bestätigen Sie die Eingabe, und die Daten werden für das Werk übernommen. Speichern Sie die Eingaben und verlassen die Anwendung.

Hinter einem Werk stehen noch weitere Daten, wie beispielsweise Einstellungen für
Netzpläne für dieses Werk etc. Damit wir diese nicht alle anlegen müssen, kopieren wir
die Strukturen aus dem Werk 0001. Dazu wählen Sie aus dem Dialog in Abb. 3.37 den
zweiten Punkt *Werk kopieren löschen prüfen*, wechseln wie beim Kostenrechnungskreis in
den Strukturmodus und wählen die Navigationssicht. Hier erscheinen das Werk 0001 und
unser neu angelegtes Werk 1204. Doppelklicken Sie auf das Werk 0001. Es erscheint die
Organisationsstruktur des Werks 0001. Markieren Sie hier den Wurzelknoten (das Werk)
wie beim Kopieren des Kostenrechnungskreises. Beenden Sie anschließend die Auswahl
mit der Beenden-Schaltfläche der Toolbar (Pfeil nach oben). Wie beim Kostenrechnungskreis ist in der Auswahl das Werk 0001 ausgewählt (Abb. 3.41). Wählen Sie die Kopieren-
Schaltfläche. SAP ERP möchte nun einen Namen für das Ziel der Kopie. Geben Sie hier
1204 ein, den Namen unseres neuen Werkes. SAP ERP erkennt, dass das Werk 1204 bereits
angelegt ist und fragt, ob die Organisationsstrukturen vervollständigt werden sollen. Bestätigen Sie das bitte mit Ja.

Im nächsten Schritt müssen wir unser neues Werk unserem Buchungskreis zuordnen.

▶   IMG • Unternehmensstruktur • Zuordnung • Logistik Allgemein • Werk-
     Buchungskreis zuordnen

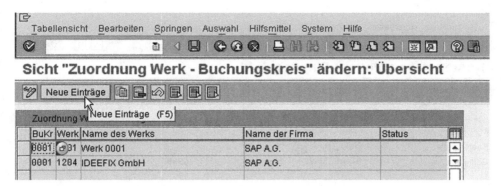

Abb. 3.42 Buchungskreis zuordnen

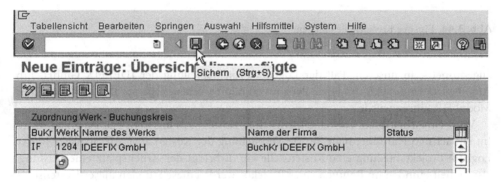

Abb. 3.43 Buchungskreis-Werk Struktur

Wenn Sie die Anwendung aufrufen, erhalten Sie eine Liste aller im aktuellen Mandanten angelegten Buchungskreise.

Wählen Sie die Schaltfläche *Neue Einträge* und legen als neuen Eintrag die Kombination IF – 1204 fest (Abb. 3.42 und 3.43). Speichern Sie den neuen Eintrag.

3.5.4 Arbeitsplätze/Kostenstellen/Kostenarten

Um später im Projektsystem eine automatische Termin- und Kostenplanung durchführen zu können, muss SAP ERP wissen, wie die Kosten und Termine berechnet und verbucht werden sollen. Kosten fallen in einer IT-Firma hauptsächlich durch die Arbeitszeit der Mitarbeiter an. Materialverbrauch oder Maschinenzeiten spielen im Allgemeinen keine Rolle. Für die Berechnung von Kapazitäten und Kosten verwendet SAP ERP die Organisationseinheit *Arbeitsplatz*. Ein Arbeitsplatz wird einem Werk und einer Abteilung

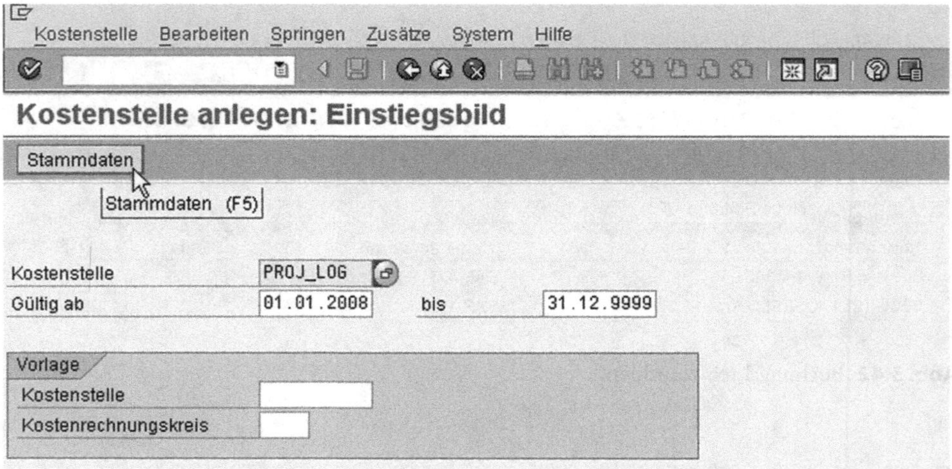

Abb. 3.44 Einstieg Kostenstelle anlegen

zugeordnet – in unserem Fall der Logistik-Projektabteilung der IDEEFIX GmbH. Ein Arbeitsplatz kann auch mit einer Person verknüpft werden, was uns aber zu weit in das Modul HR führen würde.

Wird ein Arbeitsplatz verwendet, entstehen Kosten – in unserem Fall Personalkosten. Im einfachsten Fall führt man für die Verbuchung der Kosten aller Arbeitsplätze in der Logistik-Projektabteilung eine Kostenstelle ein. Erbringt der Arbeitsplatz eine Leistung, also Arbeitsstunden im Rahmen eines Projekts, werden diese Stunden dieser Kostenstelle belastet. Es handelt sich um Personenstunden – eine *Leistungsart*. Häufig ist es notwendig, verschiedene Kosten für verschieden qualifizierte Mitarbeiter oder verschiedene Tätigkeiten zu hinterlegen. Leistungsarten selbst sind *Kostenarten* zugeordnet, mit denen wiederum der Tarif für das jeweilige Geschäftsjahr festgelegt wird. Zunächst legen wir für die IDEEFIX GmbH eine Kostenstelle an.

Kostenstellen

Als erstes muss die Kostenstelle mit einem Kürzel benannt werden. Üblicherweise orientiert man sich hierarchisch an der Unternehmensstruktur – wir nennen die Kostenstelle der Einfachheit halber *PROJ_LOG* für *Projekte Logistik* (Abb. 3.44).

▶   EASY-ACESS • Rechnungswesen • Controlling • Kostenstellenrechnung •
     Stammdaten • Kostenstelle • Einzelbearbeitung • Anlegen (KS 01)

Für jede Kostenstelle muss eine Gültigkeit hinterlegt werden – häufig wählt man einen entsprechend großen Zeitraum, damit die Kostenstelle immer aktiv bleibt. Anschließend bestätigen wir die Eingabe und gelangen zum Pflegedialog der Kostenstelle (Abb. 3.45). Hier werden eine Bezeichnung und eine kurze Beschreibung für die neue Kostenstelle hinterlegt,

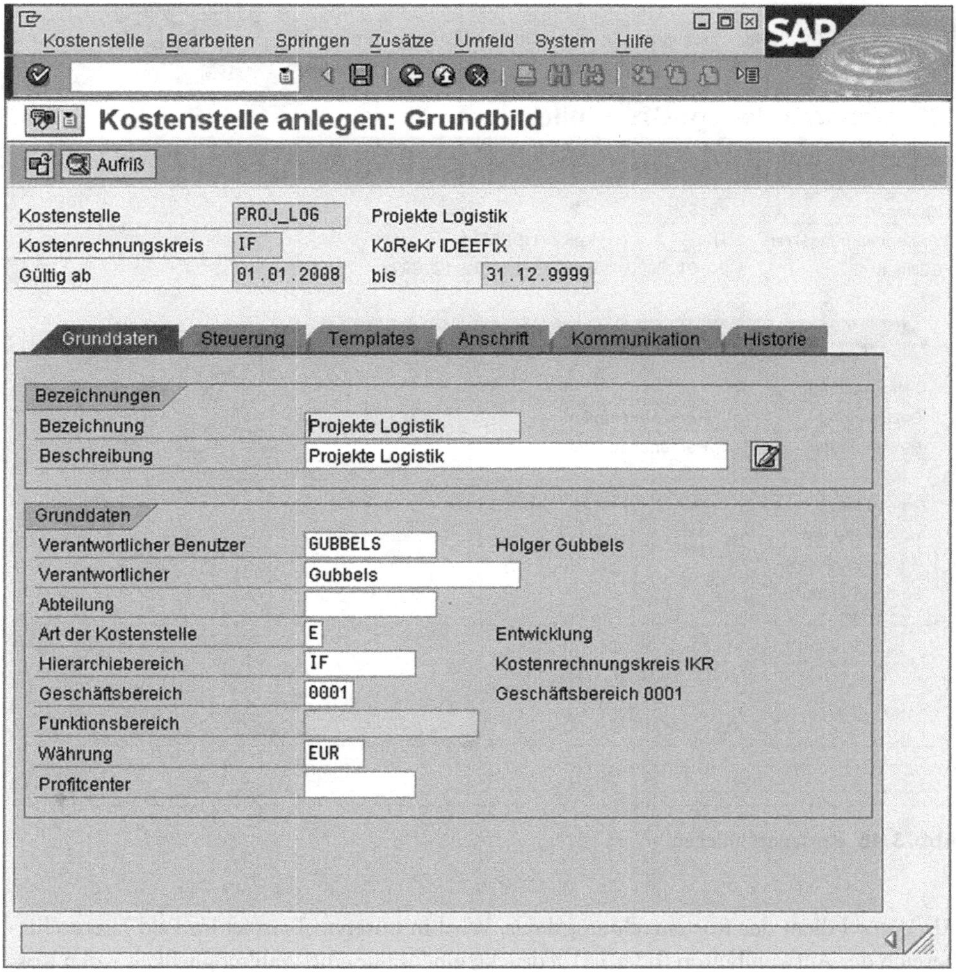

Abb. 3.45 Grunddaten einer Kostenstelle

die später auf den Dialogen angezeigt wird. Als verantwortlichen Benutzer tragen Sie sich selbst ein – der Verantwortliche der Kostenstelle kann frei gewählt werden, ist aber ein Mussfeld. Die Abteilung kann ebenfalls frei hinterlegt werden.

Das Feld *Art der Kostenstelle* vergibt ein Kostenstellenkennzeichen. Damit werden Kostenstellen klassifiziert. Wie wir später sehen werden, legen Leistungsarten anhand dieser Klassifizierung fest, auf welche Kostenstellenarten sie verbucht werden dürfen. Wählen Sie hier *E* für *Entwicklung*.

Hinter einem Unternehmen in SAP ERP verbirgt sich eine Standardhiearchie, die manuell gepflegt werden muss. In dieser Hierarchie hinterlegt man die hierarchische Struktur des Unternehmens, um anschließend Kostenstellen in diese Hierarchie einbinden zu können.

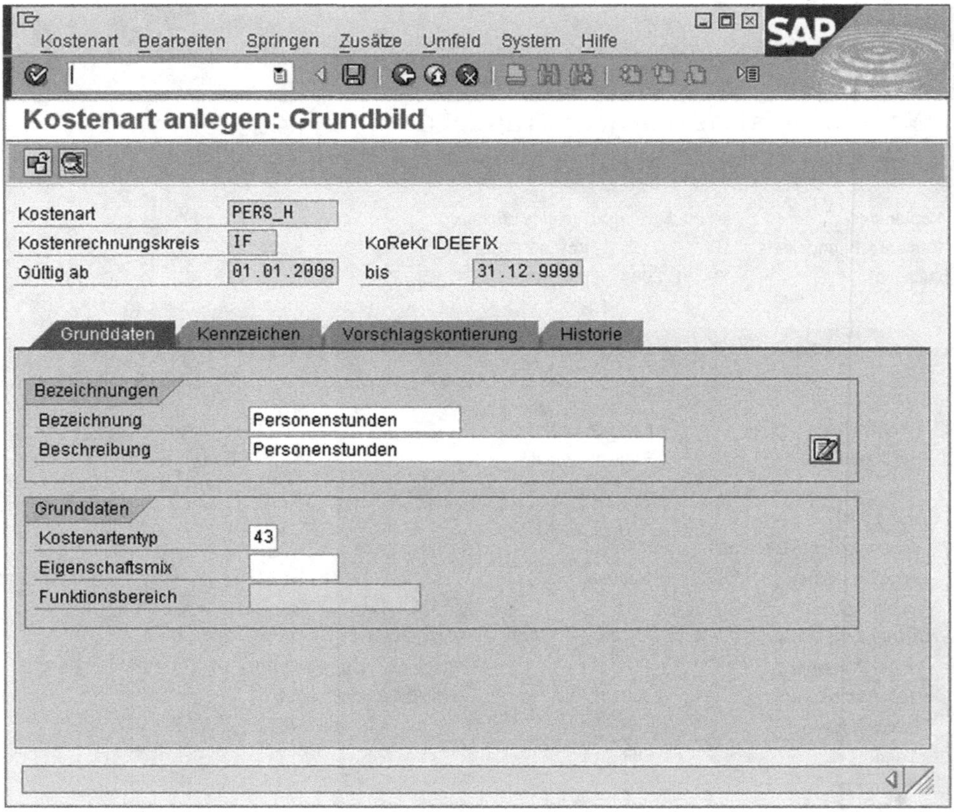

Abb. 3.46 Kostenart anlegen

Als Wurzel dient der Kostenrechnungskreis. Wird in unserem Beispiel im Feld Hierarchie-bereich der Auswahlbutton (oder F4) gedrückt, gibt es nur eine Wahlmöglichkeit – den Kos-tenrechnungskreis IF. Mehr wurde bisher nicht hinterlegt. Für unser Beispiel ist das ausrei-chend. Als Geschäftsbereich verwenden wir den Eintrag 0001, der für unsere Zwecke ebenfalls ausreichend ist.

Als letzten wichtigen Eintrag muss die Währung angegeben werden, in der die Kosten-stelle geführt werden soll – für uns EUR. Mehr Daten sind für die neue Kostenstelle nicht notwendig. Wir speichern die Angaben und verlassen die Anwendung.

Kostenarten Als nächstes legen wir eine Kostenart an. Kostenarten wurden am Anfang dieses Kapitels kurz beschrieben. Für die Buchung auf unsere neue Kostenstelle legen wir eine sekundäre Kostenart an.

▶   EASY-ACESS • Rechnungswesen • Controlling • Kostenstellenrechnung •
         Stammdaten • Kostenart • Einzelbearbeitung • Anlegen Sekundär (KA06)

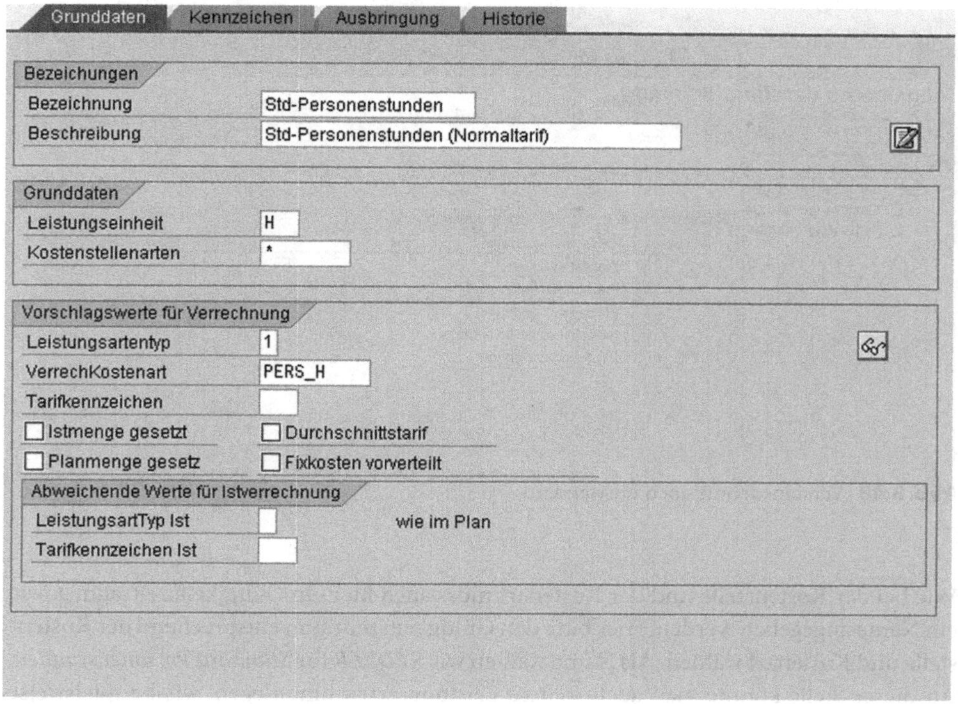

Abb. 3.47 Leistungsart anlegen

Wie bei der Kostenstelle muss an dieser Stelle ein Name und eine Gültigkeit für die neue Kostenart eingegeben werden. Als Gültigkeitszeitraum wählen wir denselben wie bei der Kostenstelle.

Als Name für die Kostenart wählen wir *PERS_H* für Personenstunden und bestätigen die Angaben. Abbildung 3.46 zeigt die Pflegemaske für die neue Kostenart. Wie bei der Kostenstelle werden auch hier eine Bezeichnung und eine Beschreibung eingegeben. Im Feld Kostenarttyp geben wir *43– Verrechnung Leistungen/Prozesse* ein. Der Kostenarttyp bestimmt, für welche Vorgänge die Kostenart verwendet werden darf. Mehr Angaben benötigen wir für die neue Kostenart nicht. Wir speichern die Angaben und verlassen die Anwendung.

Leistungsart Als letztes legen wir eine neue Leistungsart an, mit der wir Leistungen der neuen Kostenart auf die neue Kostenstelle buchen können.

▶ EASY-ACESS • Rechnungswesen • Controlling • Kostenstellenrechnung •
   Stammdaten • Leistungsart • Einzelbearbeitung • Anlegen (KL01)

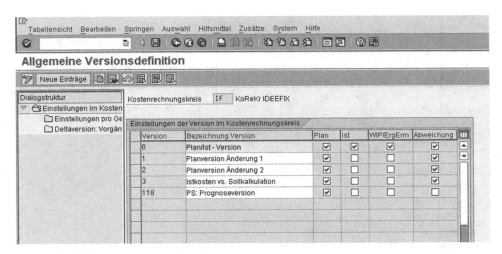

Abb. 3.48 Versionsdefinitionen im Standard

Wie bei der Kostenstelle und der Kostenart muss auch hier ein Gültigkeitszeitraum sowie ein Name angegeben werden. Hier bitte den Gültigkeitszeitraum entsprechend der Kostenstelle und Kostenart wählen. Als Name wählen wir *STDPER* für *Standard Personenstunden*. An dieser Stelle könnte man auch weitere Leistungsarten hinterlegen, wie beispielsweise Personenstunden Azubi, Personenstunden Experte, Personenstunden Senior etc., die dann teurer oder billiger sind. Nach Bestätigen der Angaben erscheint der Pflegedialog wie in Abb. 3.47.

Hier muss zunächst wieder eine Bezeichnung und eine Beschreibung für die Leistungsart angegeben werden. Anschließend geben wir als Leistungseinheit *h – Stunde* für die Leistungsart an. Wir möchten die Leistungsart auf Stundenbasis abrechnen. Als nächstes müssen wir Kostenstellenarten angeben, auf die die neue Leistungsart verbucht werden darf. Hier geben wir einfach * ein – das bedeutet, dass wir alle Kostenstellenarten zulassen. Bei den Vorschlagswerten für die Verrechnung müssen zwei Felder angegeben werden: der Typ der Leistungsart und eine Verrechnungskostenart. Als Typ geben wir 1 für *manuelle Erfassung, manuelle Verrechnung ein*, als Verrechnungskostenart unsere neue Kostenart *PERS_H* und verlassen, nachdem wir gespeichert haben, die Anwendung.

Geschäftsjahre Ab dieser Stelle weiß SAP ERP, dass die Leistungsart *STDPER* als Kostenart *PERS_H* auf Stundenbasis auf die Kostenstelle *PROJ_LOG* gebucht werden darf. Zur Kostenberechnung fehlen an dieser Stelle noch die eigentlichen Kosten, die für eine Stunde der Leistungsart *STDPER* berechnet werden soll. Diese Kosten können in SAP ERP pro Periode und Geschäftsjahr einzeln gepflegt werden – und das in mehreren Versionen. Daher müssen wir vorab für die relevanten Geschäftsjahre entsprechende Versionen anlegen.

▶   EASY ACCESS • Rechnungswesen • Controlling • Kostenstellenrechnung • Planung • Laufende Einstellungen • Versionen pflegen

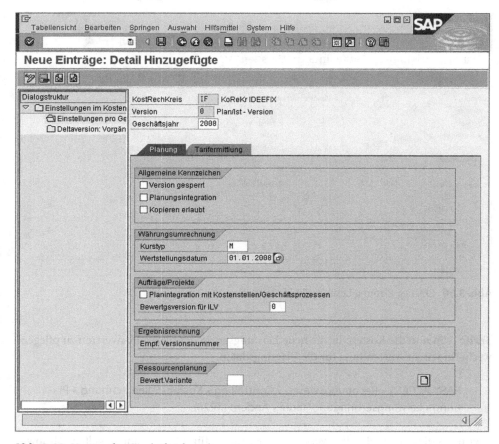

Abb. 3.49 Version für Geschäftsjahr anlegen

Hier wählen wir im Dialog den Eintrag *Einstellungen der Version im Kostenrechnungskreis pflegen* mit einem Doppelklick aus. Bei der Frage nach dem Kostenrechnungskreis geben wir IF für die IDEEFIX-GmbH ein. SAP ERP zeigt die im Standard hinterlegten Versionen (Abb. 3.48).

Hier wählen wir den ersten Eintrag *0– Plan/Ist – Version* aus und wechseln mit Doppelklick auf den entsprechenden Eintrag auf der linken Seite auf die *Einstellungen pro Geschäftsjahr*.

Hier werden die hinterlegten Geschäftsjahre angezeigt. Neue Einträge werden über die Schaltfläche Neue Einträge angelegt (Abb. 3.49). Im Feld Geschäftsjahr wird die gewünschte Jahreszahl hinterlegt. Einzige Einstellung, die hier getätigt werden muss, damit die Kostenplanung funktioniert, ist der Kurstyp sowie das Wertstellungsdatum für Währungsumrechnungen. Wir wählen für den Kurstyp M-Standardumrechnung zum Mittelkurs und als Wertstellungsdatum den 1.1. des jeweiligen Geschäftsjahres. Speichern Sie die Daten und wiederholen den Vorgang für jedes gewünschte Geschäftsjahr. Für unser Beispiel benötigen Sie das Geschäftsjahr 2008.

Abb. 3.50 Einstieg Planung Leistung/Tarife ändern

Tarife Um nun die Kosten für die neue Leistungsart in der neuen Planversion zu pflegen, wechseln wir zu Anwendung für die Planungsdaten.

▶ EASY ACCESS • Rechnungswesen • Controlling • Kostenstellenrechnung • Planung • Leistungserbringung/Tarife • Ändern (KP26)

Hier muss die gewünschte Planversion, die Perioden, für die die Planung gelten soll sowie das zugehörige Geschäftsjahr selektiert werden. Zusätzlich wird die Kostenstelle und die Leistungsart angegeben, für die die Planung gelten soll (Abb. 3.50).

Wählen Sie im unteren Bereich formularbasiert und wechseln mit der Schaltfläche 🔲 (Übersichtsbild) in die Planeinstellungen. Hier werden für die gewählte Kostenstelle Planwerte für das Geschäftsjahr/Perioden sowie ein variabler und fixer Tarif für die Leistungsart (Abb. 3.51) hinterlegt. Der Unterschied zwischen variablen Kosten und fixen Kosten wird bei der Betrachtung einer Maschine deutlicher: Pro Stunde verbraucht die Maschine Energie – das sind Fixkosten. Das Material, welches verbraucht wird, ist dagegen abhängig von Produktionsmenge – das sind variable Kosten. Im Falle von Personenstunden sprechen wir von Fixkosten – egal wie viel unser Mitarbeiter arbeitet, er kostet pro Stunde immer gleich viel.

Die restlichen Einstellungen belassen wir so, speichern die Daten und verlassen die Anwendung. Für die anderen von Ihnen angelegten Geschäftsjahre pflegen Sie den Tarif entsprechend (legen Sie auf jeden Fall noch das Geschäftsjahr 2009 mit denselben Daten an).

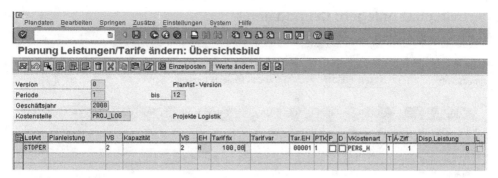

Abb. 3.51 Übers. Planung Leistung/Tarife ändern

Arbeitsplatz anlegen Nun hinterlegen wir den bereits erwähnten Arbeitsplatz. Diese Anwendung finden wir ebenfalls im EASY ACCESS.

▶ EASY ACCESS • Rechnungswesen Projektsystem • Grunddaten • Stammdaten • Arbeitsplatz • Stammsatz • Anlegen (CNR1)

Arbeitsplätze werden Werken zugeordnet – in unserem Fall also dem Werk 1204. Unser neuer Arbeitsplatz benötigt ein Kürzel. Da es der erste Arbeitsplatz in der Abteilung Projekte Logistik ist, nennen wir ihn *PR_LOG01*. SAP ERP möchte von uns entweder eine Vorlage, also einen bereits existierenden Arbeitsplatz, oder eine Arbeitsplatzart, um den Arbeitsplatz anlegen zu können. Als Arbeitsplatzart können wir nur *0006-Projektmanagement* wählen – wird die Anwendung beispielsweise in der Logistik aufgerufen, stehen viele weitere Möglichkeiten zur Verfügung, die im Projektsystem aber nicht relevant sind. Anschließend wechseln wir in die Grunddaten des neuen Arbeitsplatzes (Abb. 3.52).

Hier pflegen wir eine Bezeichnung für den Arbeitsplatz. Im Feld *Verantwortlicher* kann aus einer Liste von hinterlegten Verantwortlichen ein Eintrag ausgewählt werden. Da hier keine speziellen Personen hinterlegt sind, wählen Sie einfach einen der angebotenen Einträge aus. Ein weiteres Mussfeld muss gepflegt werden: die *Planverwendung*. Die *Planverwendung* legt fest, welche Pläne auf diesen Arbeitsplatz referenzieren dürfen. Wir wählen *003– nur Netzpläne*. An dieser Stelle können Sie den Arbeitsplatz zwar sichern und verwenden, für eine Planung im Projektsystem genügen die Daten noch nicht: Es fehlen noch die Daten eines gewöhnlichen Arbeitstags, mit denen eine Terminierung rechnen kann.

Bei einer Vorgangsdauer von zwei Tagen und unserem neuen Arbeitsplatz als ausführende Einheit würde SAP ERP 48 h Aufwand berechnen – ein Traum für jeden Arbeitgeber, aber nicht realistisch. Unser Arbeitsplatz soll eine Arbeitsleistung von 8 h pro Tag bieten. Kapazitäten werden im Reiter *Kapazitäten* gepflegt. Hier wählen wir als Kapazitätsart *002 – Person* aus und bestätigen die Eingabe. SAP ERP legt automatisch eine neue Arbeitsplatzkapazität an und öffnet die zugehörige Pflegemaske (Abb. 3.53). Hier tragen wir die Daten für die Arbeitszeiten ein.

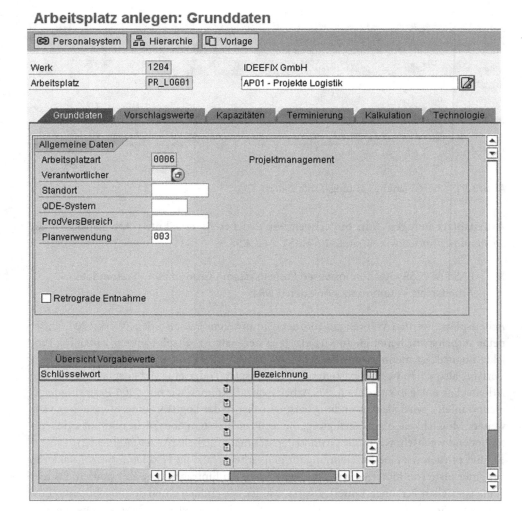

Abb. 3.52 Grunddaten des neuen Arbeitsplatzes

Zunächst benötigt die neue Kapazität einen Namen, beispielsweise *Personentag*. Als Planergruppe verwenden wir *001 – SAP Beispiel*. In der Feldgruppe *Kapazitätsangebot* hinterlegen wir den Standard-Fabrikkalender 01. Die Basismaßeinheit, in der gerechnet werden soll, ist *h – Stunde*. In der Feldgruppe *Standardangebot* tragen wir jetzt die Standard-Arbeitszeiten ein. Im Beispiel wird von einem Acht-Stundentag ausgegangen, mit zwei Stunden Pause (auf den Tag verteilt). Der Nutzungsgrad unseres Mitarbeiters soll bei 100 % liegen – über die acht Stunden kann also voll verfügt werden. Die Einzelkapazität liegt bei 1. Wären an diesem Arbeitsplatz fünf Maschinen, würde man hier fünf hinterlegen. Nach Bestätigung der Daten berechnet SAP ERP die Einsatzzeit, über die bei der Planung verfügt werden kann.

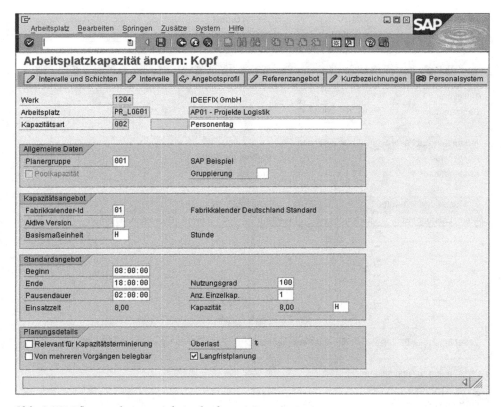

Abb. 3.53 Pflegemaske neue Arbeitsplatzkapazität

Als nächstes muss der Arbeitsplatz einer Kostenstelle und einer Leistungsart zugeordnet werden. Mit Hilfe dieser Verknüpfung kann SAP ERP bei der Kostenberechnung im Vorgang vom Arbeitsaufwand direkt auf die geplanten Kosten schließen. Für die Verknüpfung wechseln wir in den Reiter *Kalkulation* und erhalten die Maske wie in Abb. 3.54 dargestellt. Hier wird zuerst nach einer Gültigkeit für die Kalkulation gefragt. Im Beispiel ist diese vom 1.1.2008–31.12.9999 gewählt. Wichtig dabei ist, dass das Geschäftsjahr 2008 in der Tarifplanung der Kostenstelle berücksichtigt wurde – das Enddatum 9999 wird nicht geprüft.

In der Feldgruppe *Verknüpfung zu Kostenstelle/Leistungsarten* wird die gewünschte Kostenstelle und Leistungsart für diesen Arbeitsplatz hinterlegt. Wir geben im Feld Kostenstelle die neu angelegte Kostenstelle *PROJ_LOG* ein. Im Feld *Leistungsart Eigenbearbeitung* hinterlegen wir die Kostenart *STDPER* und bestätigen die Angaben. SAP ERP meldet sich an dieser Stelle zu Wort: Es muss eine Formel zur Berechnung angegeben werden. Beispielsweise müssen bei einer Maschine zusätzliche Rüstkosten berücksichtigt werden, die beim Anfahren der Maschine entstehen. Oder man berücksichtigt zusätzlich anfallende Prozesskosten etc. In unserem Fall sind einfach die Stunden relevant.

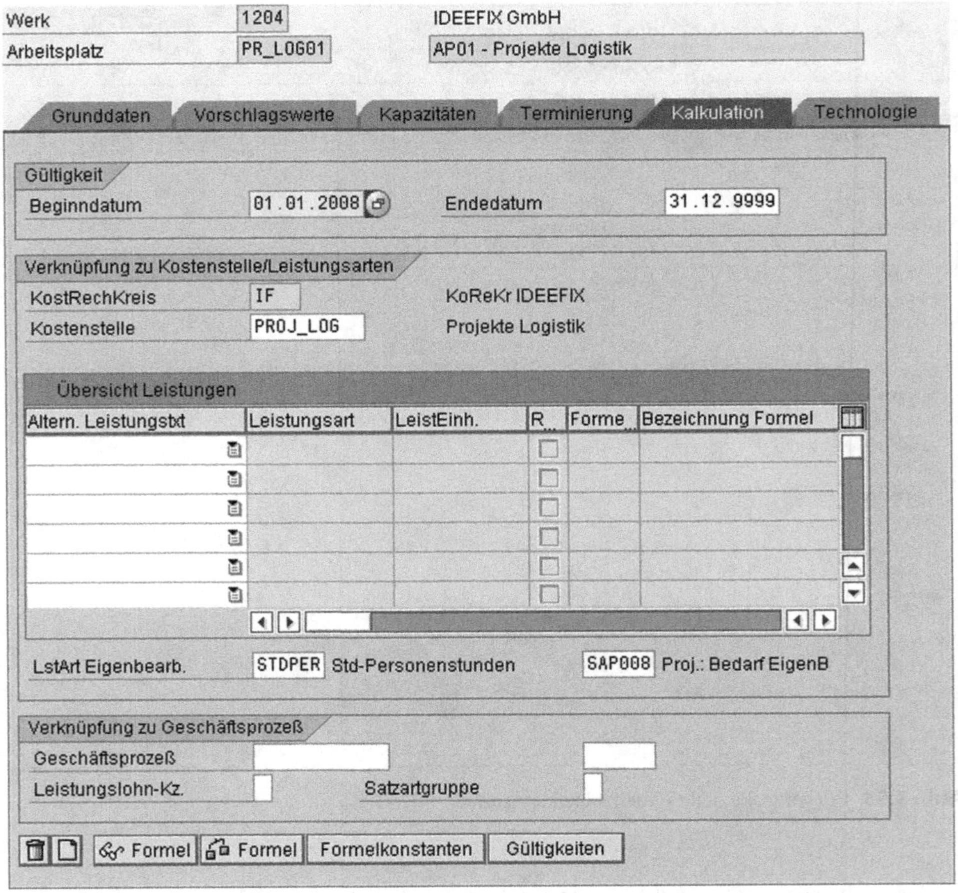

| Werk | 1204 | IDEEFIX GmbH |
| Arbeitsplatz | PR_L0601 | AP01 - Projekte Logistik |

Grunddaten   Vorschlagswerte   Kapazitäten   Terminierung   Kalkulation   Technologie

Gültigkeit

Beginndatum   01.01.2008   Endedatum   31.12.9999

Verknüpfung zu Kostenstelle/Leistungsarten

KostRechKreis   IF   KoReKr IDEEFIX

Kostenstelle   PROJ_LOG   Projekte Logistik

Übersicht Leistungen

Altern. Leistungstxt	Leistungsart	LeistEinh.	R	Forme	Bezeichnung Formel	
			☐			
			☐			
			☐			
			☐			
			☐			
			☐			

LstArt Eigenbearb.   STDPER Std-Personenstunden   SAP008 Proj.: Bedarf EigenB

Verknüpfung zu Geschäftsprozeß

Geschäftsprozeß

Leistungslohn-Kz.   Satzartgruppe

🗑 📄 ✎ Formel ⚙ Formel Formelkonstanten Gültigkeiten

Abb. 3.54 Kalkulation im Arbeitsplatz

Dafür gibt es bereits eine Formel: *SAP008– Proj.: Bedarf EigenB*. Diese Formel nimmt die Arbeitsstunden und errechnet auf Basis des hinterlegten Tarifs der Leistungsart die Kosten.

Für die korrekte Terminierung wählen wir als nächstes folgende Einstellung im Reiter *Terminierung*:

- Im Feld Kapazitätsart wählen wir *Person*.
- Als Dimension der Arbeit wählen wir TIME und als Maßeinheit h für Stunde.

Ist als Dimension TIME hinterlegt, muss die geplante Arbeit im Projektsystem für diesen Arbeitsplatz ebenfalls auf Zeitbasis auszuführen sein. Die Einheit dient als Vorschlagswert.

Legen Sie für das Beispiel zwei weitere Arbeitsplätze an mit denselben Einstellungen und den Namen *PR_LOG02* und *PR_LOG03*. Benutzen Sie den Arbeitsplatz *PR_LOG01* bei der Anlage als Kopiervorlage.

3.6   Der Kundenauftrag

Die IDEEFIX GmbH, die uns in diesem Buch begleiten wird, erhält von einem Interessenten den Auftrag, eine kundenindividuelle Logistik-Software zu erstellen. Für ein neu gebautes Lager soll eine Lagerverwaltungssoftware (LVS) entwickelt werden. Das Lager wird als Pufferlager für die Produktion von Werbeartikeln verwendet. Das Lager soll chaotisch geführt werden, d. h. ein Artikel kann auf einem beliebigen Lagerplatz eingelagert werden. Das System schlägt beim Wareneingang die Lagerplätze automatisch vor. Beim Warenausgang werden die Lagerplätze ebenfalls automatisch vorgeschlagen. Das System wird dabei immer versuchen, möglichst wenige Lagerplätze anzufahren. Dadurch entstehen viele Kleinbestände auf den Lagerplätzen, die durch eine Umlagerung zusammengeführt werden sollen.

Bestellt werden Artikel durch Endkunden, Wiederverkäufer etc. Alle Kundendaten sollen in der Software hinterlegt werden, damit Rechnungen, Lieferscheine und Etiketten für die Sendungen erzeugt werden können.

Außerdem soll die Software weitere Dokumente anbieten, die beispielsweise Auskunft über wenig und häufig bestellte Artikel, den momentanen Bestandswert etc. geben.

In einer ersten Bestandsaufnahme wurden folgende Funktionen besprochen:

Stammdatenverwaltung
Lagerplätze
Artikel
Kundendaten
Prozesse
Wareneingang
Warenausgang
Interne Umlagerung (mit Optimierungsvorschlägen)
Dokumente für den Prozess
Einlagerungsauftrag
Auslagerungsauftrag
Lieferschein
Rechnung
Einfaches Adressetikett
Statistik-Dokumente
Artikelumschlag nach Artikel
Lagerbestand
Hilfesystem

Das Projekt soll im Mai 2009 beginnen. Das Lager soll mit der Software im September produktiv gehen und spätestens Ende September 2009 komplett durchgeführt sein.

Aufbau einer Projektstruktur in SAP ERP

4

In diesem Kapitel widmen wir uns dem Aufbau einer Projektstruktur im Projektmodul von SAP ERP. Die Funktionen des Moduls werden in der Reihenfolge vorgestellt, wie sie in einem konkreten Projekt benutzt werden.

► Lesen Sie zunächst den ersten Teil durch und nehmen Sie dann die Einstellungen im Customizing vor. Anschließend können Sie die Beispiele im ersten Teil praktisch nachvollziehen

4.1 Das Projektsystem im Überblick

Das Projektsystem PS befindet sich in SAP ERP sowohl im Modul *Rechnungswesen* als auch im Modul *Logistik* (Abb. 4.1 und 4.2). Es handelt sich bei beiden Einträgen um dieselbe Anwendung, die aufgerufen wird.

Ein Projekt in SAP ERP besteht aus einer *Projektdefinition*, einem *Projektstrukturplan* und *Netzplänen*. Die Projektdefinition bildet dabei den organisatorischen Rahmen ab, der Projektstrukturplan den Aufbau des Projekts und die Netzpläne den Ablauf. Abbildung 4.3 zeigt den Zusammenhang als Objektmodell.

Objektmodell Eine Projektdefinition besteht aus keinem, einem oder beliebig vielen Teilprojekten (PSP-Elementen). Im Customizing kann festgelegt werden, dass es nur ein PSP-Element direkt unter der Projektdefinition geben darf. PSP-Elemente besitzen eine Selbstreferenz, das bedeutet, dass ein PSP-Element wiederum in kein, ein oder mehrere PSP-Elemente unterteilt werden kann. Ein PSP-Element kann durch einen Netzplan detailliert werden, der selbst aus einzelnen Vorgängen besteht.

Das Modell zeigt, dass ein Netzplan auch direkt zu einer Projektdefinition gehören kann. Das ist dann sinnvoll, wenn es aufgrund der Projektgröße keinen Sinn machen würde, die Struktur durch PSP-Elemente hierarchisch zu verfeinern.

H. Gubbels, *SAP® ERP – Praxishandbuch Projektmanagement*,
DOI 10.1007/978-3-8348-2160-7_4, © Springer Fachmedien Wiesbaden 2013

Abb. 4.1 Projektsystem in der
Logistik

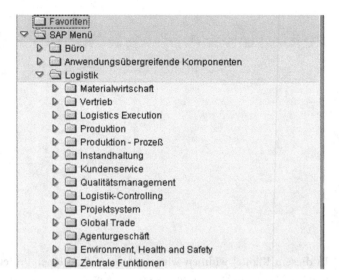

Abb. 4.2 Projektsystem im
Rechnungswesen

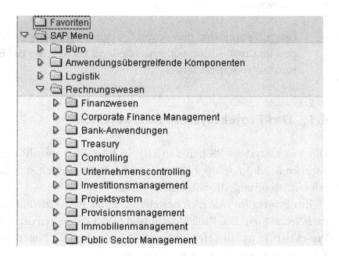

4.2   Der Aufbau eines Projekts

4.2.1   Die Projektdefinition

Zu jedem Projekt in SAP ERP gehört eine *Projektdefinition*. Sie bildet den Rahmen eines
Projekts. Durch sie werden Eckdaten eines Projekts festgelegt wie der Starttermin, der
Endtermin, ein Verantwortlicher, die Art des zu verwendenden Kalenders und so weiter.
Viele dieser Daten, wie beispielsweise der Verantwortliche des Projekts, dienen nur als
Vorschlagswert, die später bei der Anlage von Teilprojekten (PSP-Elementen) übernom-
men werden, dort aber wieder verändert werden können.

Abb. 4.3 Objektmodell einer
Projektdefinition

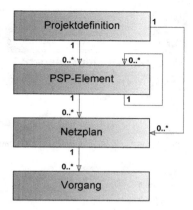

Projektnummer Jede Projektdefinition erhält eine in SAP ERP eindeutige Nummer, die je nach Einstellung im Customizing anders gebildet werden kann. Sinnvollerweise definiert ein Unternehmen eine Richtlinie für die Vergabe von Projektnummern. Dabei ist es von Vorteil, sogenannte *sprechende Nummern* zu verwenden, also Nummern, die bereits Auskunft geben über beispielsweise die Projektart, Abteilung, Geschäftsjahr etc. Unsere IDEEFIX GmbH unterscheidet beispielsweise zwischen internen Organisationsprojekten, Kundenprojekten, Forschungsprojekten und Investitionsprojekten. Als Kennzeichen vergibt sie daher ein Präfix in der Projektnummer:

- O – für Organisationsprojekt
- K – für Kundenprojekt
- F – für Forschungsprojekt
- I – für Investitionsprojekt

An das Präfix wird dann noch das Jahr und der Monat des Starttermins sowie eine laufende Nummer angehängt werden, damit mehrere Projekte im gleichen Monat beginnen können. So könnte eine Projektnummer für das erste Kundenprojekt im Mai 2006 *K-2006-05-001* lauten.

Diese Nummer wird auch als Identifikation aller Teilprojekte verwendet. Hier werden an die Projektnummern entsprechend der Teilhierarchie weitere laufende Nummern oder alphanumerische Kennzeichen angehängt.

Die IDEEFIX GmbH unterscheidet zusätzlich zwischen Logistik- und Finanzprojekten. Daher wird im Unternehmen ein zusätzliches Kennzeichen eingeführt:

- L – für Logistikprojekte
- F – für Finanzprojekte

In Abschn. 4.4.1 erstellen wir für die IDEEFIX GmbH das komplette Projektnummern-kreis-Schema, wie es im Beispiel verwendet wird. Mit folgender Anwendung legen wir eine neue Projektdefinition an (Abb. 4.4):

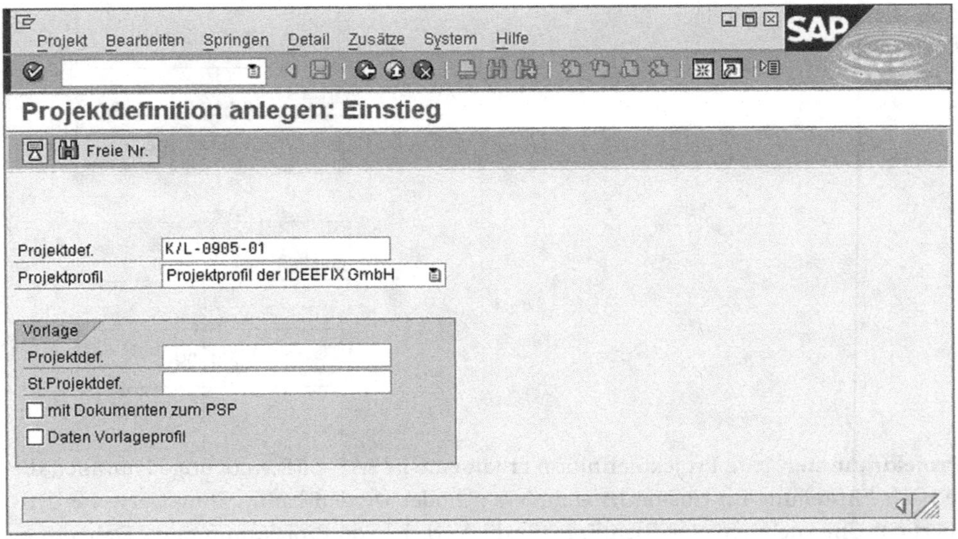

Abb. 4.4 Neuanlage einer Projektdefinition

▶   EASY-ACESS • Rechnungswesen • Projektsystem • Spezielle Pflegefunktionen •
     Projektstrukturplan • Projektdefinition Anlegen (CJ06)

Bei der Anlage einer Projektdefinition muss neben der neu zu vergebenden Nummer auch
ein *Projektprofil* gewählt werden. Ein Projektprofil bringt Standardeinstellungen mit, die
automatisch in die Projektdefinition übernommen werden. Standardeinstellungen sind
beispielsweise ein Kostenrechnungskreis, ein Buchungskreis oder die Art der Terminplanung. SAP liefert mit dem Referenzmandanten automatisch die Projektprofile *Standard-
Projektprofil* und *Investitionsprojekte* aus. Wir verwenden hier das Projektprofil der IDEE-
FIX GmbH, welches in Abschn. 4.3.6 eingerichtet wird.

Bei der Anlage einer Projektdefinition kann optional eine andere Projektdefinition
als Kopiervorlage verwendet werden. Das ist hilfreich, wenn sich Projekte ähneln und
damit immer wiederkehrende Aufgaben minimiert werden können. Bei Verwendung
einer vorhandenen Projektdefinition als Vorlage werden außerdem Fehler bei der Anlage
vermieden.

Unser Beispielprojekt startet im Mai 2009 und ist ein Logistikprojekt. Damit lautet die
Projektnummer bei der IDEEFIX GmbH **K/L-0905-01**

Über die Schaltfläche ⌷ wird die Projektdefinition angelegt. Abbildung 4.5 zeigt die
Pflegemaske für die neue Projektdefinition. Zunächst wird für das Projekt in das Textfeld
neben der Projektnummer ein sprechender Name eingegeben. Unser Kundenprojekt nennen wir *LVS-Software*.

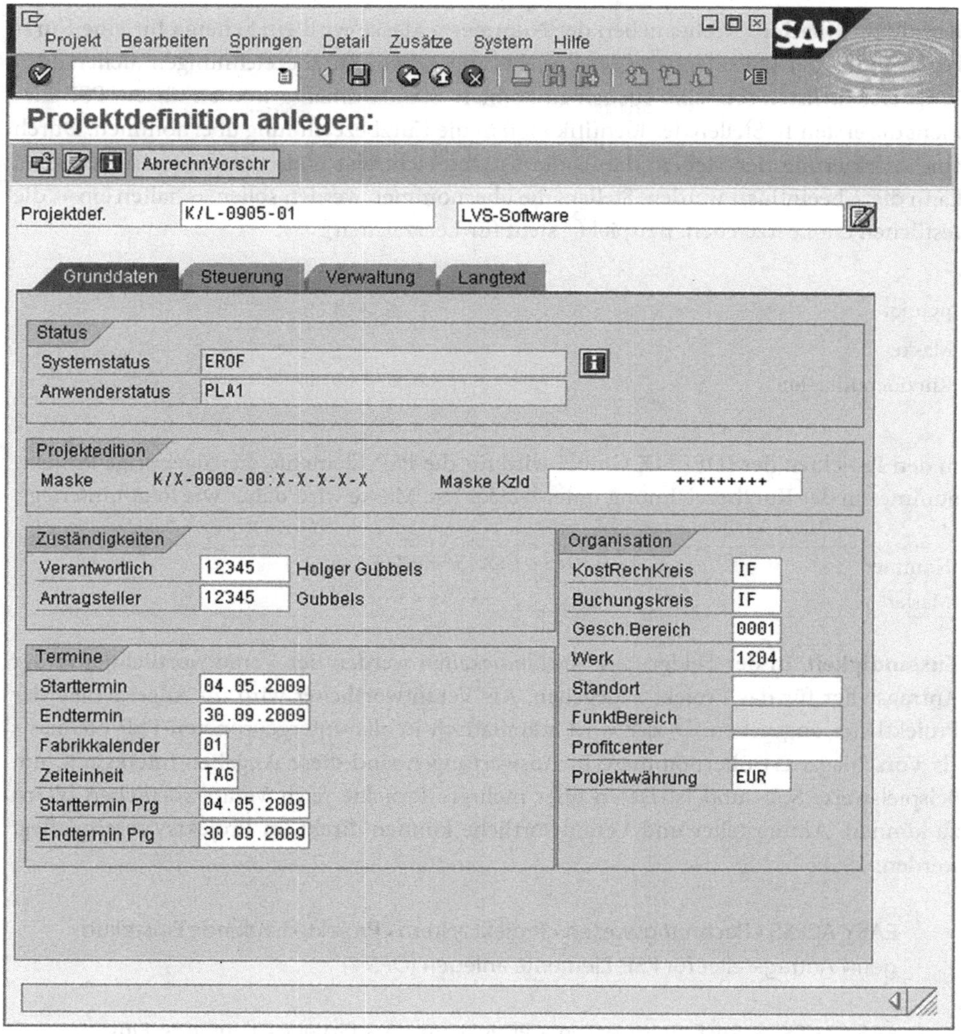

Abb. 4.5 Projektdefinition anlegen

Die Daten der Projektdefinition werden in vier verschiedene Reiter unterteilt. Im ersten Reiter, dem Reiter *Grunddaten*, werden die Stammdaten des Projekts hinterlegt. Die bereits eingetragenen Daten wurden aus dem gewählten Projektprofil übernommen und können, falls notwendig, überschrieben werden. In der Feldgruppe *Projektedition* wird die Maske dargestellt, die als Schema für die Projektnummerierung gewählt wurde. Diese Einstellung ist nach Anlage der Projektdefinition nicht mehr änderbar.

Kurzidentifikation Rechts neben der Nummern-Maske wird ein Schema für eine Kurzbezeichnung der PSP-Elemente des Projekts angegeben. Kurzbezeichnungen dienen dazu in Übersichtslisten schneller suchen zu können. Standardmäßig werden für ein PSP-Element die ersten 16 Stellen der Identifikation in die Kurzbezeichnung übernommen. Durch eine Markierung der Stellen, die in die Kurzbezeichnung übernommen werden sollen, kann diese beeinflusst werden. Stellen, die übernommen werden sollen, erhalten ein +, die restlichen ein Leerzeichen. Beispiel (_ steht für Leerzeichen):

PSP-Nr	1 2 3 4 5 6 7 8 9
Maske	_ + _ _ _ + + _ +
Kurzidentifikation	2 6 7 9

In den Projekten der IDEEFIX GmbH wird für die PSP-Elemente die zugehörige Projektnummer in der Kurzbezeichnung unterdrückt. Die Maske wird daher wie folgt hinterlegt:

Nummer	K/L-0705-01:X-X-X-X-X
Maske	_____+++++++++

Zuständigkeit In der Feldgruppe *Zuständigkeiten* werden der Verantwortliche und der Antragsteller für das Projekt angegeben. Als Verantwortlicher wird im Allgemeinen der Projektleiter angegeben. Dieser wird automatisch in alle untergeordneten PSP-Elemente als Vorschlagswert übernommen. In Auswertungen sind diese Angaben interessant, um beispielsweise Soll- und Ist-Daten über mehrere Projekte nach Verantwortlichen filtern zu können. Antragsteller und Verantwortliche können direkt im Projektsystem gepflegt werden:

▶   EASY-ACESS • Rechnungswesen • Projektsystem • Projekt • Laufende Einstellungen • Antragsteller für PSP-Elemente anlegen (OPS 7)

▶   EASY-ACESS • Rechnungswesen • Projektsystem • Projekt • Laufende Einstellungen • Antragsteller für PSP-Elemente anlegen • Verantwortlichen für PSP-Elemente anlegen (OPS 6)

Aus dem Standardmandanten wurden zwei Antragsteller und zwei Verantwortliche übernommen. Über die Schaltfläche Neue Einträge wird ein neuer Antragsteller bzw. Verantwortlicher angelegt (Abb. 4.6).

Für die IDEEFIX GmbH fügen wir einen Antragsteller und zwei Verantwortliche ein. Für einen Antragsteller muss nur der Name, für einen Verantwortlichen kann zusätzlich noch dessen Benutzernamen eingetragen werden. Abbildung 4.7 zeigt die Anlage eines Antragstellers. Die Anlage eines Verantwortlichen erfolgt analog. Legen Sie mindestens zwei verschiedene Verantwortliche an und verteilen diese später in den PSP-Elementen. Dadurch erhalten wir in Kap. 7 eine aussagekräftige Projektverdichtung.

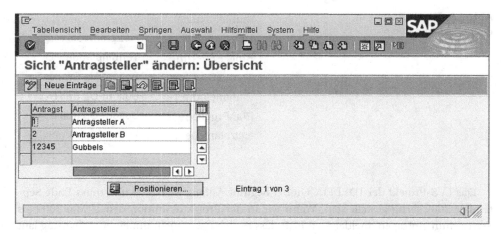

Abb. 4.6 Antragsteller anlegen

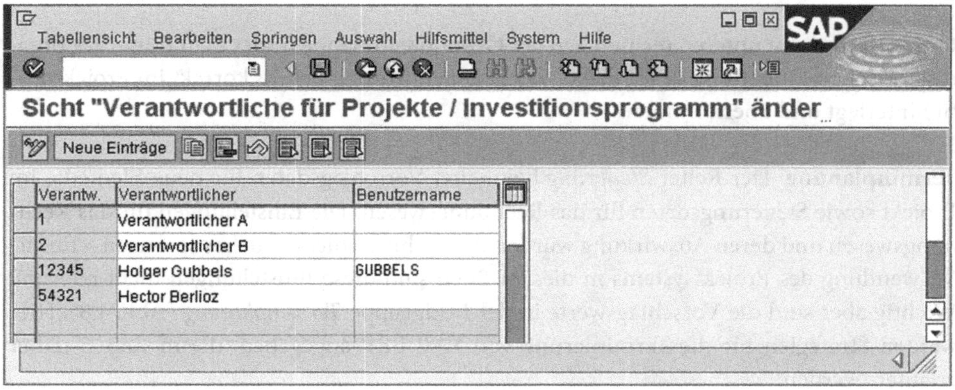

Abb. 4.7 Antragsteller anlegen

Projekttermine In den Grunddaten werden die Termine für das Projekt gepflegt. SAP ERP unterscheidet in der Projektdefinition zwischen den Terminarten *Eck-Termin* und *Prognosetermin*. Eck-Termine in der Projektdefinition bestimmen den *geplanten* Zeitraum des Projekts. Prognose-Termine werden in Kap. 5 vorgestellt.

Im Feld *Starttermin* und *Endtermin* werden die Daten für den Start bzw. das Ende des Projekts eingegeben. SAP ERP achtet darauf, dass nur gültige Arbeitstage angegeben werden. Diese Prüfung basiert auf dem eingestellten Werkskalender im Feld Fabrikkalender. Hier wird ein im System hinterlegter Kalender gewählt. Das Feld *Zeiteinheit* gibt an, auf welcher Einheit die Terminplanung basieren soll. In den allermeisten Fällen wird hier TAG eingetragen, da es im Allgemeinen keinen Sinn macht, Projekte auf Stunden- oder Wochenbasis zu planen.

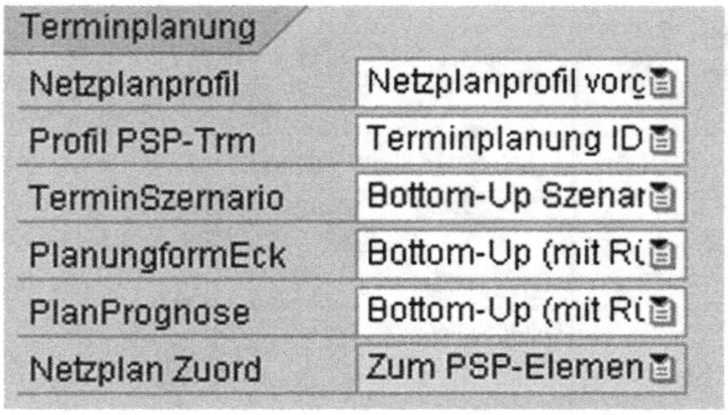

Abb. 4.8 Terminplanung in
der Projektdefinition

Terminplanung	
Netzplanprofil	Netzplanprofil vorg
Profil PSP-Trm	Terminplanung ID
TerminSzenario	Bottom-Up Szenar
PlanungformEck	Bottom-Up (mit Rü
PlanPrognose	Bottom-Up (mit Rü
Netzplan Zuord	Zum PSP-Elemen

Das LVS-Projekt der IDEEFIX GmbH beginnt Anfang Mai 2009 und muss Ende September 2009 fertig gestellt sein. Wenn wir in der Projektdefinition den 1. Mai 2009 als Starttermin eintragen, meldet SAP ERP, dass es sich dabei nicht um einen Arbeitstag laut hinterlegtem Fabrikkalender handelt und schlägt den 30. April 2009 als möglichen Alternativ-Termin vor. Wir wählen den 4. Mai 2009 als Starttermin. Der 30. September 2009 kann übernommen werden.

Organisation Im unteren rechten Teil der Grunddatenmappe findet man Daten zur organisatorischen Einbettung des Projekts. Diese Daten wurden bereits korrekt im Projektprofil hinterlegt und übernommen.

Terminplanung Der Reiter *Steuerung* beinhaltet Vorschlagsdaten für neue Elemente im Projekt sowie Steuerungsdaten für das Rechnungswesen. Die Einstellungen für das Rechnungswesen und deren Auswirkung würden den Rahmen dieses Buches sprengen – für die Verwendung des Projektsystems in diesem Buch sind diese Einstellungen nicht relevant. Wichtig aber sind die Vorschlagswerte in der Feldgruppe *Terminplanung* (Abb. 4.8). Hier werden Strategien für die Terminierung von SAP ERP angegeben, die in Kap. 5 näher erläutert werden.

Die Werte, die hier angegeben werden, sind Defaultwerte, wie sie in neue PSP-Elemente und Netzplanvorgänge übernommen werden. Im Feld Netzplanprofil gibt es zwei Wahlmöglichkeiten:

- Netzplanprofil *vorgangskontiert*
- Netzplanprofil *kopfkontiert*

Dieser Parameter legt fest, ob Ist-Buchungen, beispielsweise rückgemeldete Arbeitszeiten, auf dem Vorgangskopf (also dem Netzplan selbst) oder auf Vorgangsebene gebucht werden sollen.

Das Feld *Profil PSP-TRM* definiert einen Vorschlagswert, welches Terminierungsprofil eingestellt werden soll. Hier gibt es momentan nur einen Eintrag: Standard-Profil-Terminplanung. Das gewählte Profil gibt an, wie die Terminberechnung durchgeführt wird: ob durch Rückwärts- oder Vorwärtsrechnung, ob Ecktermine des PSP-Elements oder eines

Vorgangs in einem Netzplan maßgeblich sind etc. Diese Profile können im Customizing gepflegt werden. Das Feld *TerminSzenario* bietet drei Auswahlmöglichkeiten:

- Bottom Up
- Top Down
- Terminierungsparameter frei wählbar

Die Einstellung *Bottom-Up* bewirkt, dass Ecktermine der Vorgänge an das zugehörige PSP-Element weitergegeben werden, dem sie zugeordnet sind, und dass das PSP-Element die Eckdaten wiederum an übergeordnete PSP-Elemente propagiert. Dabei prüft SAP ERP, ob die Termine der übergeordneten Elemente die Start- bzw. Endtermine der untergeordneten Elemente umfassen und passt die Termine der übergeordneten Elementen gegebenenfalls an. Dies wird bis zur Projektdefinition selbst propagiert.

Die Einstellung *Top-Down* bewirkt genau das Gegenteil: Hier verläuft die Planung von der Wurzel (also der Projektdefinition) zum Blatt (Vorgangsebene). Die Eckdaten der jeweils untergeordneten Elemente müssen sich innerhalb der Ecktermine der übergeordneten Elemente befinden.

Eine Bottom-Up-Planung führt man im Allgemeinen bei einer Aufwandsschätzung durch. Zunächst bricht man das Problem in kleinere Probleme auf, schätzt die jeweilige Dauer und verdichtet die Daten anschließend nach oben. Dadurch erhält man einen Gesamtaufwand. Diese Kostenschätzung wird an den Kunden weitergegeben oder an ein Entscheidungsgremium. Wird der Kostenplan akzeptiert, erhält man ein Budget. Mit einer Top-Down-Planung verteilt man anschließend dieses Budget wieder auf die einzelnen Elemente.

Wird die *Terminierung frei wählbar* gehalten, können für die einzelnen Elemente die Termine frei gewählt werden – SAP ERP übernimmt keine Überprüfung.

Das Feld *PlanungformEck* bezieht sich ausschließlich auf PSP-Elemente. Hier wird wie beim Feld *TerminSzenario* ausgewählt, ob Bottom-Up oder Top-Down geplant wird. Bei PlanungformEck gibt es aber die zusätzliche Auswahl *Strikte Bottom-Up*. Diese Planungsform prüft wie bei der Planungsform Bottom-Up, ob die Eckdaten der übergeordneten Elemente das Start- bzw. Enddatum des aktuellen PSP-Elements umfassen. Ist das nicht der Fall, werden die Termine der übergeordneten Elemente angepasst, selbst wenn hier bereits Daten angegeben worden sind.

PlanPrognose bezieht sich wie *PlanungsformEck* nur auf PSP-Elemente. Hier werden nicht die Eck-Termine herangezogen, sondern die Prognose-Termine, die auf jedem PSP-Element gepflegt werden können. Der Unterschied zwischen Prognose- und Ecktermin wird in Kap. 5 erläutert Ansonsten findet man hier dieselben Strategien für die Terminplanung.

Für das LVS-Projekt bestimmt die IDEEFIX GmbH, dass nur vorgangskontierte Netzpläne verwendet werden – Buchungen sollen also direkt auf einzelne Arbeitspakete verbucht werden. Als Terminplanungsszenario wird ein eigenes Profil der IDEEFIX GmbH verwandt, welches wir in Kap. 5 anlegen. Als Terminierungs-Szenario wählen wir

Bottom-Up, als PlanungsformEck auch Bottom-Up, aber mit Rücksicht auf übergeordnete PSP-Elemente. Für die Prognose-Termine verwenden wir dieselbe Einstellung. Diese Einstellungen werden automatisch durch das Projektprofil der IDEEFIX GmbH übernommen.

Verwaltung & Langtext Im Reiter Verwaltung speichert SAP ERP Informationen zum Erfasser, Datum der Anlage, der letzten Änderung etc. Außerdem wird das Datum der letzten Gesamtplanterminierung abgelegt.

Im Reiter Langtext steht in der ersten Zeile der Name der Projektdefinition. Im Langtext kann eine Beschreibung des Projekts angegeben werden oder eine Art Historie gepflegt werden. Es kann sinnvoll sein, zugehörige E-Mails, wie den Auftrag oder die Abnahme eines Kunden hier zu speichern, um später leicht wieder darauf Zugriff zu haben.

Speichern Sie die Projektdefinition über die Schaltfläche 🖫 und beenden Sie die Anwendung, so dass Sie wieder zum Ausgangspunkt gelangen, dem EASY ACCESS-Menü.

4.2.2   Der Projektstrukturplan

Nach der Anlage der Projektdefinition wird der *Projektstrukturplan (PSP)* angelegt. Der PSP unterteilt das Gesamtprojekt hierarchisch in mehrere Teilprojekte, die selbst wieder in Teilprojekte untergliedert werden können. Das oberste PSP-Element ist der Projektdefinition untergeordnet. Im Customizing lässt sich einstellen, ob ein Projekt mehrere PSP-Elemente unterhalb der Projektdefinition haben darf oder nicht.

PSP-Elemente können über mehrere Anwendungen angelegt werden. Zunächst wird nur ein einziges PSP-Element angelegt (Abb. 4.9).

▶   EASY-ACESS • Rechnungswesen • Projektsystem • Projekt • Projektstrukturplan
    • Einzelnes Element • Anlegen (CJ11)

Für ein neues PSP-Element muss eine Projektdefinition angegeben werden. Ist diese nicht vorhanden, kann sie je nach Einstellung mit Anlage des PSP-Elements automatisch angelegt werden, indem das Projektprofil mitangegeben wird. Wir verwenden die Projektdefinition der LVS-Software und geben das Profil daher nicht an.

Die Nummer des neuen PSP-Elements wird direkt angegeben. SAP ERP bietet die Möglichkeit eine neue, freie Nummer zu suchen – je nach hinterlegtem Schema für die Nummerierung. Geben wir als PSP-Nummer für unser LVS-Projekt einfach 1 ein, erhalten wir die Fehlermeldung, dass diese Nummer nicht verwendet werden darf – sie entspricht nicht der Masken-Definition für die Projektnummern. Daher verwenden wir *K/L-0705-01:1* als Nummer für unser neues PSP-Element. Geben Sie testweise die neue Nummer folgendermaßen an: *KL0705011*. Mit Bestätigung der Daten korrigiert SAP ERP anhand des hinterlegten Formats die neue Nummer – eine schöne Eingabehilfe.

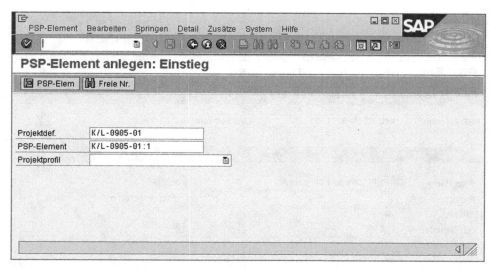

Abb. 4.9 Einstieg – PSP-Element anlegen

Nach Bestätigung der Angaben öffnet sich die zugehörige Datenmaske (Abb. 4.10). Hier kann die ausgewählte Nummer nochmals verändert und ein sprechender Langtext für das neue Element gepflegt werden.

Im Reiter *Grunddaten* werden Daten aus der Projektdefinition bzw. aus dem Projektprofil automatisch übernommen, wie beispielsweise der Verantwortliche und der Antragsteller. Diese können Sie an dieser Stelle überschreiben.

Jedes PSP-Element wird einer Projektart zugeordnet – dieses Kennzeichen hat keine Auswirkung auf die Behandlung des PSP-Elements, sondern dient als reines Kennzeichen für späteres Reporting und wird im Customizing eingestellt.

Mit dem Feld *Priorität* kann eine Priorisierung vorgenommen werden. Auch dieses Feld hat keine Auswirkung auf den Ablauf innerhalb von SAP ERP und kann wie die Projektart im Customizing frei gepflegt werden.

Im Feld *Kurzidentifikation* wird die Kurzbezeichnung der PSP-Elements angegeben, wie sie in der Projektdefinition hinterlegt worden ist. Bei der IDEEFIX GmbH haben wir in der Projektdefinition angegeben, dass die Projektnummer für die Kurzidentifikation weggelassen werden soll. Korrekterweise steht als Kurzidentifikation in unserem neuen Element daher die Nr. 1.

Die verantwortliche Kostenstelle sowie der zugehörige Buchungskreis können im Bereich Zuständigkeiten gepflegt werden. Das PSP-Element wird der verantwortlichen Kostenstelle organisatorisch zugeordnet. Eine anfordernde Kostenstelle ist nur dann interessant, wenn es sich bei dem PSP-Element um eine Investitionsmaßnahme handelt. Beispielsweise benötigt Kostenstelle A ein neues Softwaresystem, welches von Kostenstelle B entwickelt wird. Dann ist Kostenstelle B für das PSP-Element verantwortlich und Kostenstelle A die anfordernde. Für die LVS-Software müssen wir diese Daten nicht pflegen.

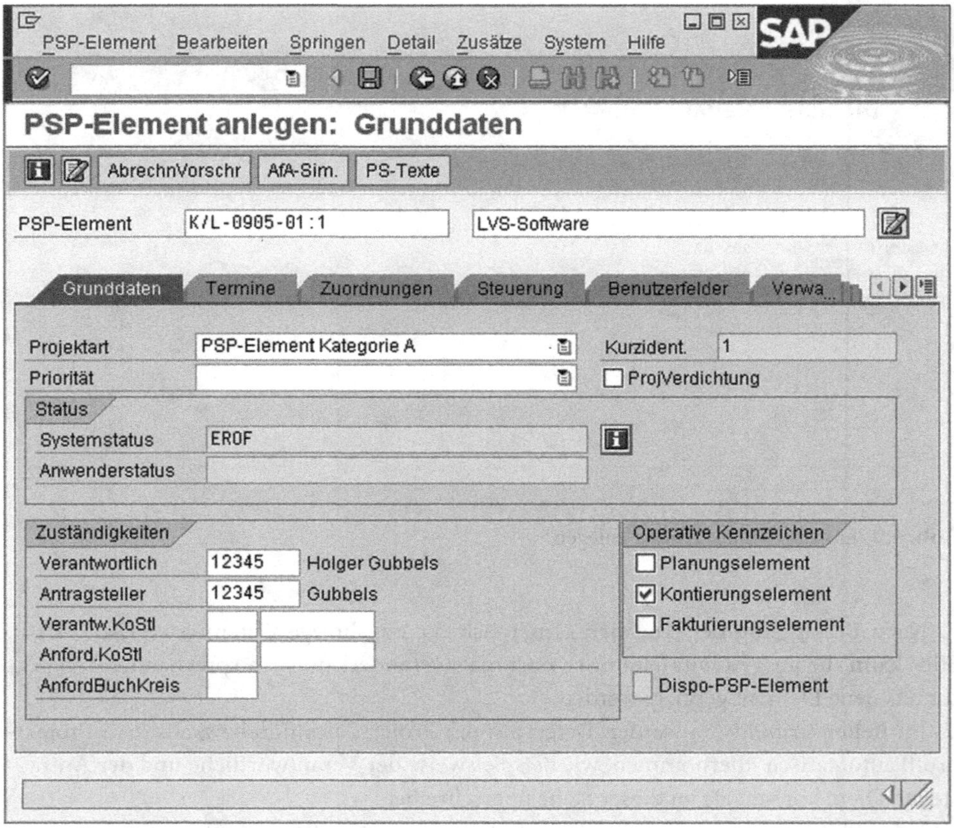

Abb. 4.10 Grunddaten eines PSP-Elements

Operative Kennzeichen Die *Operativen Kennzeichen* legen den Typ eines PSP-Elements fest. Möchte man das PSP-Element in eine Projektplanung einbeziehen, kennzeichnet man es *als Planungs-Element*. Je nach Einstellung im Customizing werden bei der Kostenplanung nur PSP-Elemente herangezogen, die dieses Kennzeichen ausweisen.

PSP-Elemente dienen häufig als reine Strukturierungselemente, die in weitere Teilprojekte untergliedert sind. Soll verhindert werden, dass auf das aktuelle PSP-Element in der Realisierungsphase Ist-Buchungen abgesetzt werden, entfernt man das Kennzeichen *Kontierungselement*. Damit kann man den Detaillierungsgrad der Ist-Buchungen steuern. Ein PSP-Element, dem ein Netzplan zugeordnet werden soll, muss als Kontierungselement gekennzeichnet sein!

Das Kennzeichen *Fakturierungselement* gibt an, dass das aktuelle PSP-Element mit Abschluss fakturiert werden kann. Die Rückmeldung eines solchen PSP-Elements löst dann je nach Abrechnungsvorschrift oder Fakturierungsplan eine Faktura-Buchung aus. Solche PSP-Elemente gibt es sinnvollerweise an verschiedenen Stellen im Projekt: am Ende, pro fertiggestelltem Teilprojekt oder zu festgelegten Zeitpunkten.

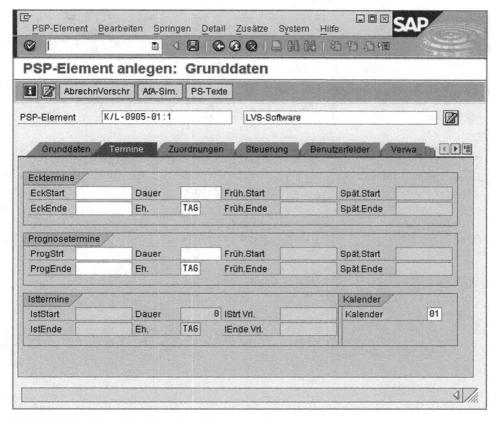

Abb. 4.11 Termine im Projektstrukturplan

Es handelt sich beim aktuellen angelegten PSP-Element um das Wurzel-Element des LVS-Projekts. Buchungen sollen in diesem Projekt auf Arbeitspaket-Ebene vorgenommen werden – nicht auf Ebene der PSP-Elemente. Daher wird das Kontierungs-Kennzeichen nicht gesetzt. Ebenfalls soll dem Wurzel-Element keine Abrechnungsregel hinterlegt werden, und damit soll es auch nicht als Fakturierungselement gekennzeichnet sein. Außerdem soll das Wurzel-Element nicht für die Planung herangezogen werden. Für unser Beispiel setzen Sie also keines der operativen Kennzeichen.

Terminplanung   Im Reiter *Termine* (Abb. 4.11) können wie bei der Projektdefinition Ecktermine sowie Prognosetermine für das Element eingegeben werden. Im Feld *Dauer* wird die Bearbeitungszeit des Teilprojekts angegeben in der Einheit, wie in Feld *EH* gewählt.

Die Felder mit den frühesten Start- bzw. Endterminen sind nicht beschreibbar, sondern werden durch die Terminierung gesetzt. Anhand der eingegeben Ecktermine und der Abhängigkeiten werden die Termine automatisch von SAP ERP errechnet.

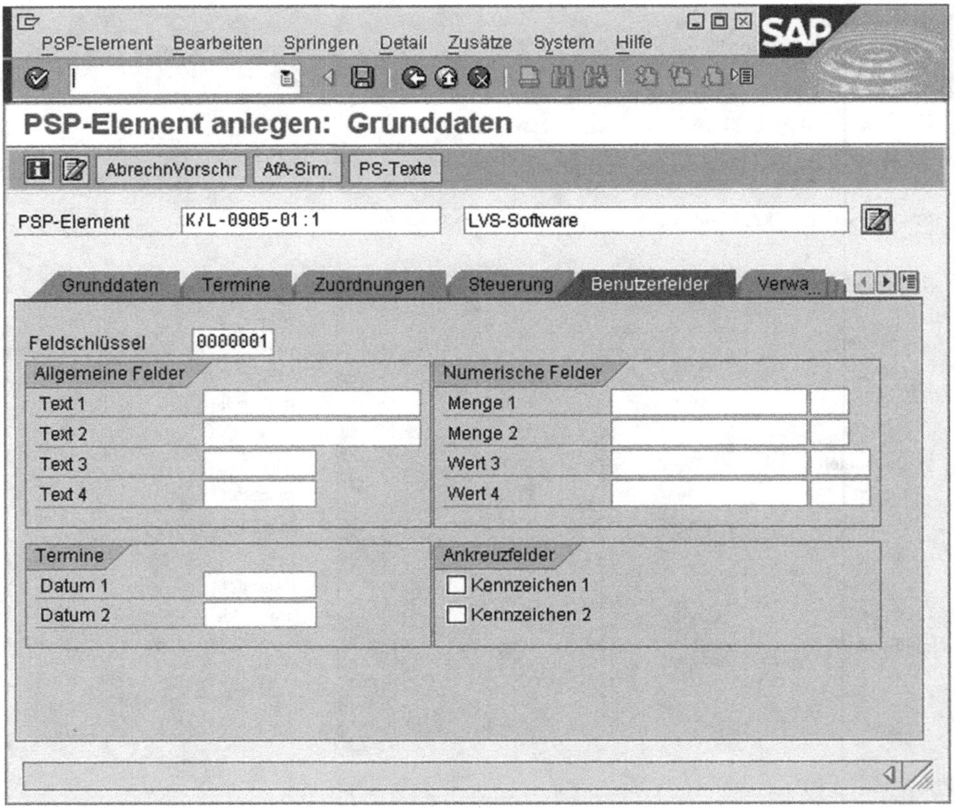

Abb. 4.12 Benutzerfelder im PSP-Element

Für unser Beispielprojekt hinterlegen wir auf Ebene der PSP-Elemente keine Eckdaten. Die PSP-Elemente werden angelegt, später verfeinert durch Netzpläne und anschließend über eine Bottom-Up-Terminierung mit Terminen versehen.

Benutzerfelder Oft ist es nützlich, zusätzlich zu den angebotenen Feldern weitere Informationen zum Projekt zu hinterlegen. Beispielsweise wäre es schön, die Vertretung des Verantwortlichen zu hinterlegen, um während seines Urlaubs einen Ansprechpartner zu haben. Dazu sieht SAP ERP sog. *Benutzerfelder* vor (Abb. 4.12). Angeboten werden vier Textfelder zwei verschiedener Längen, vier numerische Felder, zwei Terminfelder sowie zwei Ankreuzfelder. Die Anzahl dieser Felder ist nicht änderbar – sehr wohl aber die Beschriftung und die Freigabe der verschiedenen Felder. Diese Einstellungen werden im Customizing gepflegt. Es werden Schemata für die Felder angelegt, die unter einem Feldschlüssel gespeichert werden. Wie Sie diese Einstellung vornehmen, wird in Abschn 4.3.3

dargestellt. Wir speichern an dieser Stelle unser neues PSP-Element und verlassen die Anwendung – und gelangen zurück ins EASY ACCESS.

Massenpflege   Um für ein Projekt viele PSP-Elemente anzulegen, wie im Fall unseres LVS-Projekts, wäre der angesprochene Weg sehr aufwändig. Für eine schnellere Anlage der PSP-Elemente bietet SAP ERP eine weitere Projektstrukturplanpflege, die die Anlage der Projektdefinition und der zugehörigen PSP-Elemente verbindet.

▶   EASY-ACESS • Rechnungswesen • Projektsystem • Projekt • Projektstrukturplan
        • Anlegen (CJ01)

Mit dieser Anwendung werden die Projektdefinition und der dazugehörige Projektstrukturplan angelegt. In unserem Fall haben wir bereits eine Projektdefinition – und sogar schon ein PSP-Element. Daher verwenden wir die Anwendung, um das vorhandene Projekt zu ändern.

▶   EASY-ACESS • Rechnungswesen • Projektsystem • Projekt • Projektstrukturplan
        • Ändern (CJ02)

Hier geben wir unsere Projektdefinition K/L-0705-01 ein. Über die Schaltfläche ⌗ gelangen wir zu den Daten der Projektdefinition und über die Schaltfläche △ direkt zu den zugehörigen PSP-Elementen, wie in Abb. 4.13 dargestellt. Hier werden die PSP-Elemente nacheinander in einer Liste angezeigt und können hier angelegt werden.

Trotz der flachen Listendarstellung kann eine Hierarchie aufgebaut werden. Dazu wird die Hierarchiestufe jedes PSP-Elements in der zweiten Spalte (ST) angegeben. Unser bereits angelegtes PSP-Element ist der Hierarchiestufe 1 zugeordnet – es ist also ein Wurzelelement. Ein PSP-Element der Stufe $n + 1$ wird automatisch dem vorherigen PSP-Element mit der Stufe n zugeordnet. Legen wir ein neues PSP-Element unter dem vorhandenen mit der Hierarchiestufe 2 an, wird dieses dem bereits vorhandenen Wurzelelement zugeordnet.

In der Tabelle werden die wichtigsten Daten für jedes PSP-Element angegeben. Der bereits vorgestellte Dialog für die PSP-Elemente kann von dieser Liste aus ebenfalls erreicht werden. Der Dialog öffnet sich entweder über einen Doppelklick auf den Eintrag oder über die Schaltfläche ▧ unterhalb der Tabelle, nachdem der gewünschte Eintrag markiert wurde.

PSP-Elemente im Beispielprojekt   Das LVS-Projekt soll im Standard-Phasen-Modell ablaufen. Das bedeutet, dass die Entwicklungsphasen sequentiell verlaufen und die folgende Phase erst mit Abschluss der vorherigen freigegeben wird. Daher legen wir unter das Wurzelelement für jede Phase ein eigenes PSP-Element an, wie in folgender Tabelle dargestellt.

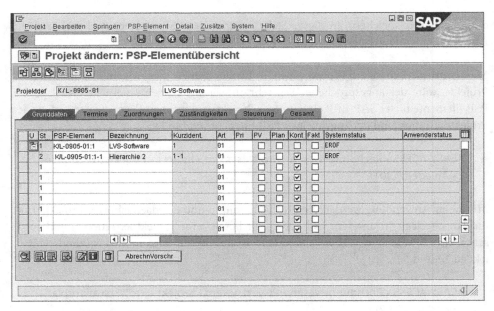

Abb. 4.13 Liste der PSP-Elemente

Nr	Stufe	Bezeichnung	Kennzeichen
K/L-0705-01:1	1	LVS-Software	–
K/L-0705-01:1-1	2	Spezifikations-Phase	Kontierung
K/L-0705-01:1-2	2	Entwurfs-Phase	Kontierung
K/L-0705-01:1-3	2	Implementierungs-Phase	Kontierung
K/L-0705-01:1-4	2	Test-Phase	Kontierung
K/L-0705-01:1-5	2	Einführungs-Phase	Kontierung

In Abb. 4.14 ist dargestellt, wie die Daten in SAP ERP für das Beispielprojekt aussehen.

Nachdem die PSP-Elemente gespeichert wurden, kann die Hierarchiestufe von hier aus nicht mehr verändert werden. Sollte eine Änderung der Hierarchie dennoch notwendig werden, bietet SAP ERP dies über die Hierarchie-Darstellung der PSP-Elemente, die über die Schaltfläche 🖧 oder die Menüfunktion *Springen ->Hierarchiegrafik* erreichbar ist. Abbildung 4.15 zeigt die Darstellung unserer PSP-Elemente in der Hierarchiegrafik.

Die Verwendung der Hierarchiegrafik wird an dieser Stelle nicht weiter vertieft, sondern zusammen mit dem Project Builder in Kap. 5 besprochen.

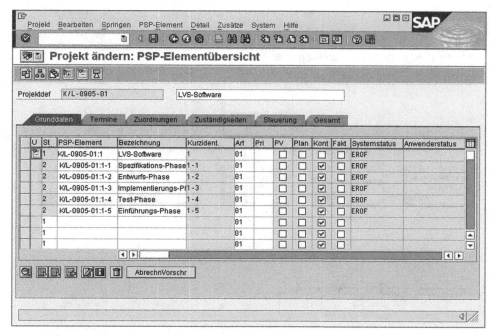

Abb. 4.14 PSP-Elemente für das LVS-Projekt

4.2.3 Meilensteine für PSP-Elemente

Meilensteine kennzeichnen Punkte im Verlauf eines Projekts, an dem bestimmte Aufgaben fertiggestellt sind oder ein definierter Fertigstellungsgrad erreicht wurde. Mit Meilensteinen lässt sich der Fortschritt des Projekts feststellen – Fortschritt anhand der Arbeitsergebnisse und nicht anhand der bereits vergangenen Projektzeit. Dies entspricht der Metapher: Ein Meilenstein an einer Straße wird nur erreicht, wenn man genügend Weg hinter sich gelassen hat, nicht wenn genügend Zeit verstrichen ist. Meilensteine werden zur Fortschrittsmessung herangezogen und kennzeichnen beispielsweise Entscheidungspunkte, an denen ein Gremium über die Fortführung des Projekts oder über die Einleitung der nächsten Phase entscheiden muss.

Um einen Meilenstein anzulegen und einem PSP-Element zuzuordnen muss man das gewünschte PSP-Element bearbeiten (CJ12) oder in der Liste der PSP-Elemente einer Projektdefinition das gewünschte PSP-Element markieren (CJ02). Die zugeordneten Meilensteine erreicht man anschließend über die Menüfunktion *Springen – Meilensteinübersicht*. Es erscheint eine Meilensteinliste, also alle Meilensteine für das gewählte PSP-Element (Abb. 4.16). Eine Übersicht über alle Meilensteine in einem Projekt gibt es leider nicht. In der Liste können nun ein oder mehrere Meilensteine zum PSP-Element angelegt werden – bei mehreren Meilensteinen üblicherweise mit verschiedenen Fertigstellungsgraden.

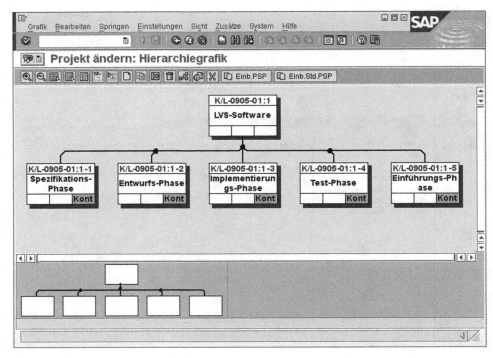

Abb. 4.15 Hierarchiegrafik der PSP-Elemente

Verwendet man im Unternehmen bestimmte Meilensteine in allen Projekten, können diese als Standard-Meilensteine hinterlegt werden. Um einen solchen Meilenstein für das aktuell geöffnete PSP-Element auszuwählen, bietet SAP ERP unterhalb der Meilenstein-liste die Schaltfläche *Std. Meilenstein*. Es erscheint eine Liste mit hinterlegten Standard-Meilensteinen, die übernommen werden können.

Definiert man mehrere Standard-Meilensteine für gestimmte Projektphasen, können diese an dieser Stelle einzeln übernommen werden. Um diesen Vorgang zu vereinfachen, bietet SAP ERP Meilensteingruppen an. Mehrere Standard-Meilensteine werden in einer Meilensteingruppe zusammengefasst und können in der Pflege der konkreten Meilenstei-ne für ein PSP-Element mit Auswahl der Meilensteingruppe gesammelt angelegt werden. Über die Schaltfläche *Meilensteingruppe* wird eine solche Gruppe ausgewählt.

Meilenstein im Detail Über der kleinen Lupe unterhalb der erhält man den zugehö-rigen Pflegedialog (Abb. 4.17). Im oberen Bereich wird ein sprechender Name für den Meilenstein vergeben. Die Nummerierung nimmt SAP ERP selbst vor. Jeder Meilen-stein kann einer *Verwendung* zugeordnet werden. Verwendungen können beispielsweise die Abnahme einer Phase sein oder Meilensteine, die durch ein Gremium geprüft wer-den müssen. Oder man unterscheidet zwischen internen und externen Meilensteinen,

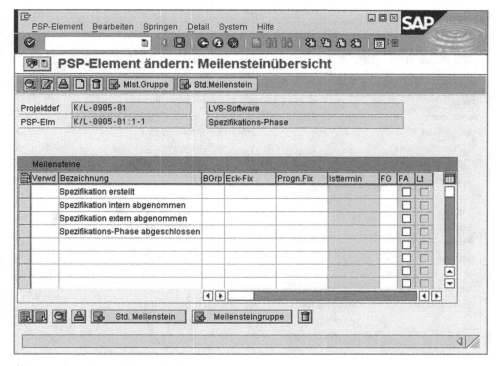

Abb. 4.16 Meilensteinübersicht zu PSP-Elemente

also Meilensteinen, die nur innerhalb des Projekts verwendet werden oder für den Auftraggeber sichtbar sind. Diese Einträge können im Customizing gepflegt werden und haben nur informativen Charakter, das heißt Meilensteine können damit gezielt in Übersichtsmasken über den Verwendungsschlüssel selektiert oder im Informationssystem mittels des Schlüssels ausgewertet werden.

Die Feldgruppe mit dem Namen *Verwendung* bietet drei Auswahlmöglichkeiten an:

- **FortschrAnalyse**: Ist ein Meilenstein für die Fortschrittsanalyse relevant, wird dieses Kennzeichen gesetzt. Damit werden die Felder *Fertigstellungsgrad in Prozent*, *Fixtermin* und *Isttermin* ausgewertet. Wie eine Fortschrittsanalyse durchgeführt wird, schauen wir uns in Kap. 6 an.
- **Termin VerkBeleg**: Ist der Meilenstein über ein PSP-Element an einen Verkaufsbeleg, beispielsweise einen Kundenauftrag gebunden, gibt dieses Kennzeichen an, ob der Termin in den Rechnungsplan oder Fakturierungsplan übernommen werden soll.
- **Trendanalyse**: Ist dieses Kennzeichen gesetzt, wird der Meilenstein in die Meilensteintrendanalyse einbezogen. Die Meilensteintrendanalyse in SAP ERP wird in Kap. 6 besprochen.

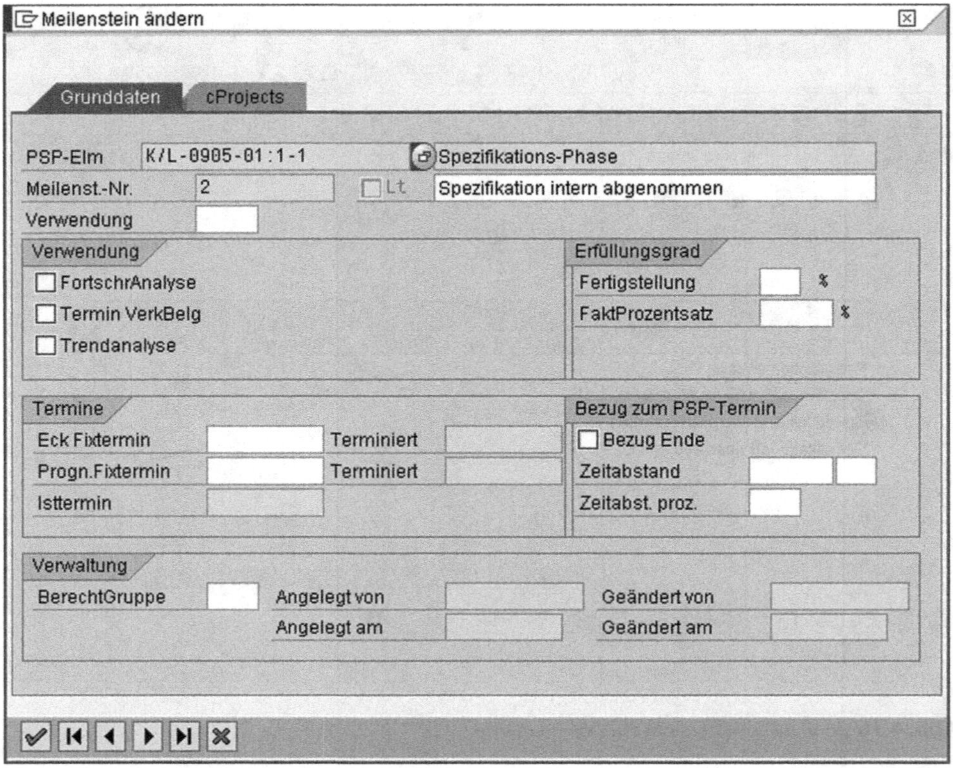

Abb. 4.17 Pflegedialog für einen PSP-Meilenstein

Die beiden Feldgruppen *Termine* und *Bezug zum PSP-Termin* stehen in Abhängigkeit zueinander. Ein Meilenstein kann einen Fixtermin haben – einen Eck-Fixtermin als auch einen Prognose-Fixtermin. Die Fixtermine müssen innerhalb des auf dem zugehörigen PSP-Element definierten Zeitintervall liegen, wobei sich die Eck-Fixtermine auf die Eck-Termine des PSP-Elements beziehen und die Prognose-Fixtermine auf die Prognose-Termine des PSP-Elements.

In der Feldgruppe *Bezug zum PSP-Termin* kann der Termin für den Meilenstein in Abhängigkeit vom Termin des zugehörigen PSP-Elements gesetzt werden. Es kann ein absoluter Zeitabstand in einer zu wählenden Einheit angegeben werden oder ein prozentualer Wert, der berechnet wird. Mit dem Kennzeichen *Bezug Ende* wird angegeben, dass sich die Berechnung auf den Endtermin bezieht. Ohne Angabe wird der Starttermin des zugehörigen PSP-Elements herangezogen. Wird ein Bezug zum Termin des PSP-Elements hinterlegt, kann kein Fixtermin gepflegt werden (weder Prognose noch Eck) – die Angaben schließen sich jeweils aus.

4.2.4   Status-Verwaltung

Wie wir bereits in den Abschnitten über Projektdefinitionen, PSP-Elemente und Netzpläne gesehen haben, wird allen Elementen in SAP ERP ein Status zugewiesen. Dabei wurde zwischen System- und Anwenderstatus unterschieden. Mit System- und Anwenderstatus kann ein Prozess gesteuert und für jedes Element zu bestimmten Zeitpunkten betriebswirtschaftliche Vorgänge freigegeben oder gesperrt werden. Anwenderstatus können frei im Customizing definiert werden – Systemstatus dagegen sind fest hinterlegt. SAP ERP unterscheidet im Projektsystem zwischen vier Systemstatus:

- **EROF – eröffnet**: der Initialstatus, der automatisch bei Anlage eines neuen Elements vergeben wird.
- **FREI – freigegeben**: Ist die Planungsphase abgeschlossen, können Zeiten und sonstige Kosten auf das Element verbucht werden. Ein einmal freigegebenes Element kann nicht mehr auf EROF zurückgesetzt werden!
- **TABG – technisch abgeschlossen**: In diesem Status geht man davon aus, dass Tätigkeiten zum großen Teil abgeschlossen sind. Planwerte dürfen nicht mehr verändert, Ist-Daten können aber weiterhin verbucht werden. Der Status TABG darf wieder in den Status FREI zurückgesetzt werden.
- **ABGS – abgeschlossen**: Ist dieser Status gesetzt, dürfen für das Element keine kostenrelevanten Buchungen mehr erfasst werden. Abgeschlossene Elemente dürfen wieder in den Status TABG zurückgesetzt werden.

Wird ein Systemstatus auf der Projektdefinition gesetzt, wird er automatisch an alle PSP-Elemente, Netzpläne und Vorgänge propagiert. Wird der Status auf einem PSP-Element gesetzt, wird er nur auf die darunter liegenden PSP-Elemente und Vorgänge weitergeleitet. Ein PSP-Element einer höheren Hierarchiestufe oder die Projektdefinition selbst erhalten in einem solchen Fall den Status *TFRE* für *teilweise freigegeben*.

Systemstatus setzen   Möchte man für ein PSP-Element den Status setzen, öffnet man den Projektstrukturplan in der Änderungsansicht (Transaktion CJ02).

In der Liste der PSP-Elemente wählt man das gewünscht PSP-Element aus. Der Systemstatus kann dann über die Menüfunktion *Bearbeiten – >Status* gesetzt werden (Abb. 4.18). Ein PSP-Element, welches nicht eröffnet ist, kann nicht abgeschlossen werden. Wird n solcher Status gewählt, erscheint eine Fehlermeldung inklusive der Information, warum der Vorgang nicht durchgeführt werden konnte.

Den aktuellen Status eines Elements kann man sich im zugehörigen Pflegedialog (Doppelklick auf den Eintrag) im Feld Systemstatus ansehen. Hier werden die verschiedenen Status angezeigt, die ein Element im Moment inne hat. Das bedeutet, dass ein Element mehrere Status gleichzeitig haben kann – nicht aber mehrere der vier Hauptstatus. Hier kann immer nur einer gleichzeitig gelten.

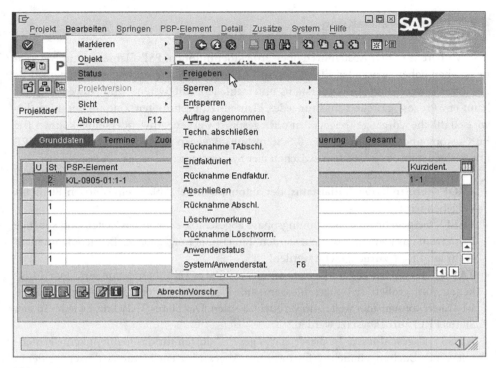

Abb. 4.18 Systemstatus setzen

Auf einem gewählten Element kann man sich zusätzliche Informationen zu den aktuell gesetzten Status anzeigen lassen – insbesondere alle erlaubten und verbotenen betriebs- wirtschaftlichen Funktionen. Im Pflegedialog des jeweiligen Elements, beispielsweise eines PSP-Elements, befindet sich rechts vom Feld für den Systemstatus eine Info-Schaltfläche. Mit dieser Schaltfläche werden zusätzliche Informationen zum aktuellen Status angezeigt (Abb. 4.19).

Hier werden auf der linken Seite die aktiven Status angezeigt, inklusive des Langtextes. Im Reiter *Betriebswirtschaftliche Vorgänge* (Abb. 4.20) werden die jeweils erlaubten und verbotenen Funktionen in einer Liste dargestellt. Blättern Sie über die Schaltfläche, die mit einem kleinen Pfeil dargestellt wird, nach unten, um Vorgänge angezeigt zu bekommen, die nicht erlaubt sind. Hier finden wir auch den Vorgang *Abschließen*, der mit einer roten Ampel dargestellt wird.

Die Ampel in der Liste zeigt, ob ein Vorgang erlaubt ist oder nicht.

4.3   Einstellungen im Customizing

In den vorigen Abschnitten haben wir ein Beispielprojekt für unsere Beispielfirma der IDEEFIX GmbH angelegt. Im Folgenden wird gezeigt, wo diese Einstellungen vorgenom- men werden und erläutert, was genau diese bewirken.

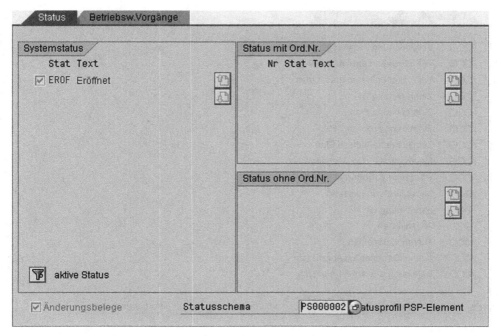

Abb. 4.19 Informationen zum Systemstatus

4.3.1 Projektnummern

Jedes Projekt und jedes Teilprojekt in SAP ERP erhält eine eindeutige Nummer. Wir haben gesehen, dass es sinnvoll ist, in einem Unternehmen mit vielen Projekten sogenannte *sprechende Projektnummern* zu vergeben, also Nummern, die wichtige Informationen beispielsweise zum Projekttyp, oder Datum der Anlage im Kürzel einschließen. Dazu ist es notwendig, innerhalb eines Unternehmens die verschiedenen Projekttypen zu identifizieren und sich gemeinsam auf ein Namensschema zu einigen. In der Beispielfirma IDEEFIX GmbH kommen vier Projektarten vor: Organisations-, Kunden-, Forschungs- und Investitionsprojekte. Die jeweilige Projektart wird daher der Projektnummer als Präfix vorangestellt:

- *O* – für Organisationsprojekte
- *K* – für Kundenprojekte
- *F* – für Forschungsprojekte
- *I* – für Investitionsprojekte

Die IDEEFIX GmbH ist sowohl in Finanz- als auch in Logistikprojekten tätig. Daher werden zusätzliche Kennzeichen aufgenommen:

- *L* – für Logistikprojekte
- *F* – für Finanzprojekte

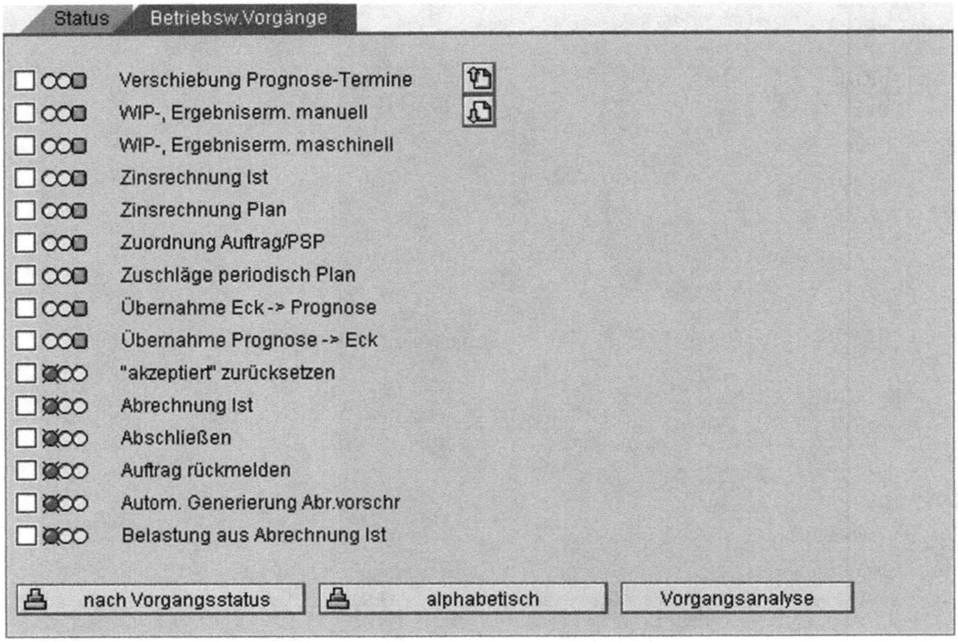

Abb. 4.20 Erlaubte/Verbotene Vorgänge

Als weiteres Merkmal soll das Jahr und der Monat der Anlage in amerikanischer Schreibweise (yymm) und anschließend eine laufende Nummer angehängt werden. Da in einem Monat von einem Projekttyp nicht mehr als 99 Projekte angelegt werden, genügt eine zweistellige Zahl als laufende Nummer. Damit ergibt sich bis hier für die Projektnummerierung folgende Maske:

<TYP>/<Bereich>–<DATUM>–<LFD-NUMMER>

Für die Identifikation der Teilprojekte wird diese Nummer weiter hierarchisch untergliedert, indem für jede Hierarchiestufe die Projektnummer um eine alphanumerische Ziffer erweitert wird – begrenzt auf fünf weitere Hierarchien. Damit ergibt sich folgende Maske (<X>steht für eine alphanumerische Ziffer):

<TYP>/<BEREICH>–<DATUM>–<LFD-NR><X>.<X>.<X>.<X>.<X>

Für unser Logistik-Kundenprojekt vom Mai 2009 ergibt sich damit das Kürzel *K/L-0905-01* und für das erste Projektstrukturplan-Element das Kürzel *K/L-0905-01:1*.

Nummer-Maske anlegen Die Masken für die Projektnummern werden in SAP ERP im Einführungsleitfaden gepflegt (Abb. 4.21).

Abb. 4.21 Projektmasken

▶ IMG • Projektsystem • Strukturen • Operative Strukturen • Projektstrukturplan • Projektedition • Projektcodierung für Projekt festlegen

Mit der Schaltfläche *Neue Einträge* wird die Tabelle editierbar und wir können die Projekt-nummer-Masken für die IDEEFIX GmbH eingeben. In der ersten Spalte wird das Kürzel des Projekttyps angegeben. Diese Kürzel dient SAP ERP als Kennzeichen bei der Anlage eines Projekts, welche Nummern-Maske verwendet werden soll – daher muss dieses Kenn-zeichen eindeutig sein. Die Maske selbst in der zweiten Spalte besteht aus Sonderzeichen und Platzhaltern für numerische (0) und alphanumerische (X) Zeichen (Abb. 4.22). Die Optionen in den letzten beiden Spalten dienen als Sperrkennzeichen, wenn eine bestimm-te Maske zukünftig nicht mehr verwendet werden soll – das eine für Projektdefinition und PSP-Elemente, das andere für Standard-Projektdefinitionen und PSP-Elemente.

Eine bestehende Nummern-Maske kann, wenn von mindestens einem Projekt ver-wendet, nicht mehr gelöscht und nur eingeschränkt geändert werden. Es ist dann bei-spielsweise nicht mehr zulässig eine alphanumerische Codierung in eine numerische zu ändern – andersherum ist das möglich, da der Raum der Projektnummern dadurch nicht einschränkt, sondern erweitert wird.

SAP ERP ermöglicht durch die Verwendung von Masken auch eine komfortable Einga-beunterstützung im Projektsystem. Beispielsweise wird eine Projektnummer KL061201a37 automatisch in K/L-0612-01:A-3-7 umformatiert.

Sonderzeichen Der Aufbau der Projektmasken selbst kann ebenfalls definiert werden. Dabei lassen sich beispielsweise die Länge der Kürzel oder die verwendbaren Sonderzei-chen festgelegen.

▶ IMG • Projektsystem • Strukturen • Operative Strukturen • Projektstrukturplan • Projektedition • Sonderzeichen für Projekt festlegen

In den verschiedenen Feldern (Abb. 4.23) können Angaben über die Beschaffenheit der Projektcodierung gemacht werden:

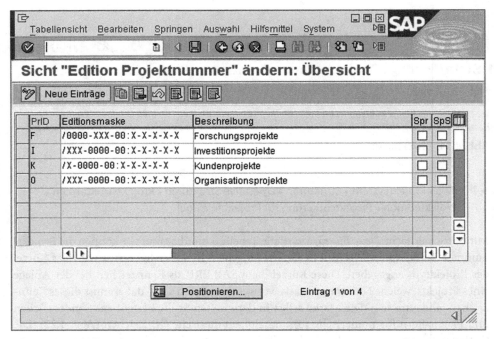

Abb. 4.22 Projektmaske pflegen

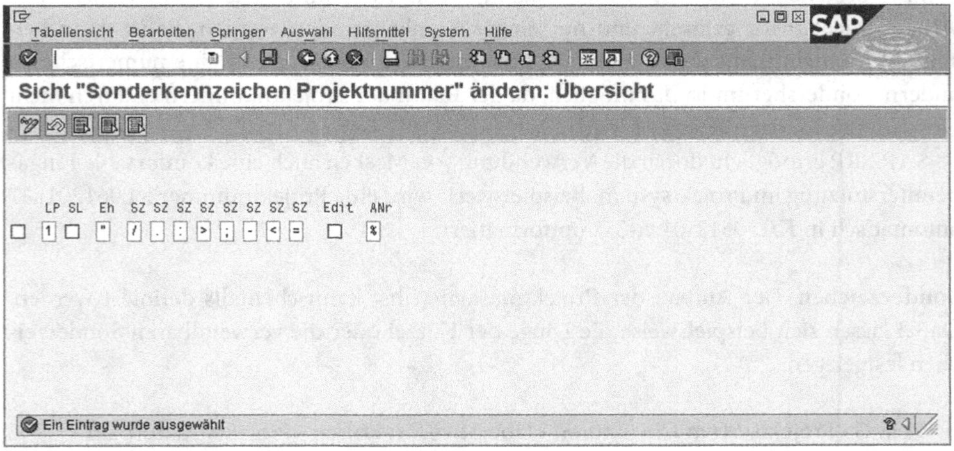

Abb. 4.23 Sonderzeichen in der Projektmaske

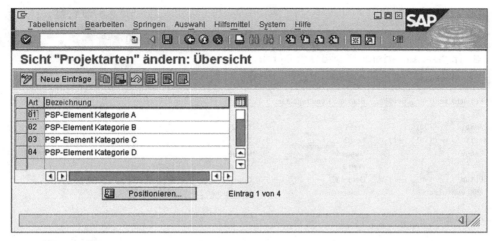

Abb. 4.24 Projektarten

LP	Länge des Schlüssels für die Codierung (max. 5)
SL	mit dieser Option wird festgelegt, ob die Schlüssellänge immer eingehalten werden muss oder ob das Kürzel auch kürzer sein darf.
EH	Zeichen für die Eingabehilfe. Mit diesem Zeichen wird der Schlüssel des übergeordneten PSP-Elements oder bei der ersten Stufe der Schlüssel der Projektdefinition angegeben.
SZ	Sonderzeichen, die in der Editionsmaske verwendet werden dürfen, um verschiedene Abschnitte zu kennzeichnen.
Edit	gibt an, ob eine Projektcodierung verwendet werden muss
ANr	ist in diesem Feld ein Zeichen angegeben, sucht SAP ERP bei der Anlage eines neuen PSP-Elements automatisch nach einer neuen Nummer und hängt diese an den Schlüssel des übergeordneten Elements an. Wird keine Nummer gefunden, wird eine Hilfsnummer unter Angabe des hier eingetragenen Zeichens angezeigt.

4.3.2   Projektarten

Einem PSP-Element wird eine Projektart hinterlegt. Projektarten werden im Customizing gepflegt.

▶   IMG • Projektsystem • Strukturen • Operative Strukturen • Projektstrukturplan •
Projektarten für PSP-Element anlegen

Im Standard findet man vier Projektarten: PSP-Element Kategorie A, Kategorie B, Kategorie C, und Kategorie D (Abb. 4.24).

Eine Projektart wird für jedes PSP-Element gesetzt und auf der Projektdefinition als Default-Einstellung hinterlegt. Sie hat keinen Einfluss auf die Steuerung des Projekts und dient lediglich als Kennzeichen, das später im Informationssystem als Filterkriterium für Auswertungen verwendet werden kann.

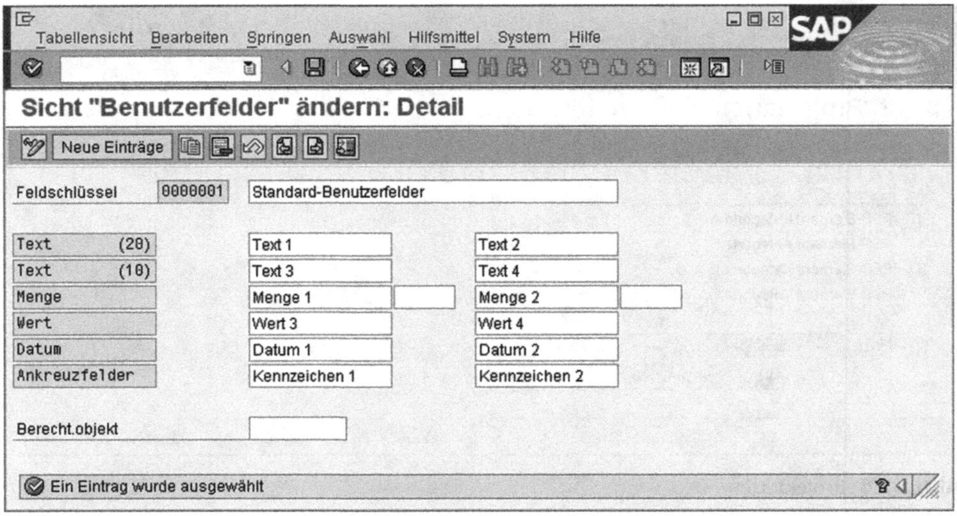

Abb. 4.25 Feldschlüssel für Benutzerfelder

4.3.3   Benutzerfelder

Für jedes PSP-Element (und jedes Netzplanelement) können zusätzlich zu den Standard-
SAP ERP-Feldern sogenannte *Benutzerfelder* gepflegt werden. Dabei handelt es sich um
zusätzliche Ankreuz-, Text-, Mengen- und Datumsfelder. Der Inhalt dieser Felder wird
von SAP ERP nicht geprüft. In diesen Feldern können zusätzliche Informationen hinterlegen werden, wie beispielsweise der Namen der Vertretung im Fall von Krankheit oder
Urlaub oder der interne Ansprechpartner. Die Benutzerfelder haben standardmäßig Namen wie *Text1*, *Text2*, *Datum1*, *Ankreuzfeld* etc. Um den Benutzerfeldern eine Semantik
zu geben, können im Einführungsleitfaden sprechende Namen vergeben werden. Dazu
werden Profile angelegt.

▶   IMG • Projektsystem • Strukturen • Operative Strukturen • Projektstrukturplan
        • Einstellungen zur Benutzeroberfläche • Benutzerfelder für PSP-Elemente
        definieren

Nach Start der Anwendung (Abb. 4.25) erscheint in unserem Fall sofort der Eintrag *Stan-
dard-Benutzerfelder*, da er der einzig hinterlegte ist. Der aktuelle Eintrag kann kopiert,
verändert oder gelöscht werden. Jedes editierbare Feld spiegelt ein Benutzerfeld im PSP-
Element oder Netzplan-Element wieder. Der Inhalt entspricht dem Namen des Feldes, wie
es in der Pflege-Maske des PSP-Elements (oder Netzplanvorgangs) angezeigt wird. Löscht
man den Namen eines Benutzerfeldes, wird dieses Feld später in der Element-Maske als
nicht editierbar angezeigt.

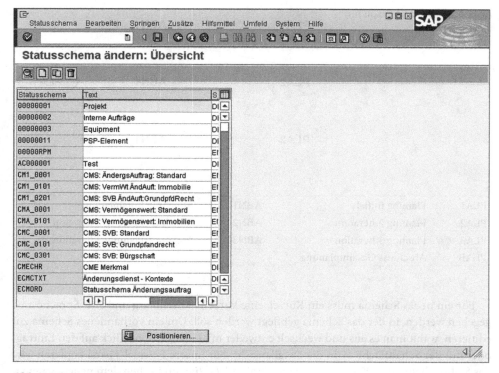

Abb. 4.26 Liste der Statusschemata

Es können verschiedene Profile hinterlegt werden, die für PSP-Elemente bzw. Netz-plan-Vorgänge vorgeschlagen werden können.

4.3.4 Status-Verwaltung

Um die betriebswirtschaftlichen Vorgänge in SAP ERP steuern zu können, erhalten Ob-jekte in SAP ERP einen (oder mehrere) Status. SAP ERP unterscheidet zwischen dem *Sys-temstatus* und dem *Anwenderstatus*. Der Systemstatus wird vom System vorgegeben und legt fest, welche Funktionen durchgeführt werden können. Mit Anwenderstatus werden zusätzliche Status eingeführt, um den firmeneigenen Prozess zu unterstützen.

▶   IMG • Projektsystem • Strukturen • Operative Strukturen • Projektstrukturplan • Anwenderstatus Projektstrukturplan • Statusschema anlegen (OK02)

Die Pflege der Statusschemata für Anwenderstatus findet man an mehreren Stellen im Ein-führungsleitfaden. Es handelt sich aber bei allen um dieselbe Anwendung. Abbildung 4.26 zeigt die Liste der Anwenderstatus, die aus dem Referenzmandanten kopiert wurden. Ein neues Schema wird über die Schaltfläche mit dem kleinen Dokument angelegt und mit den zwei kleinen Dokumenten kopiert, nachdem ein Quellschema ausgewählt wurde.

Abb. 4.27 Zustandsgraph für
Anwenderstatus

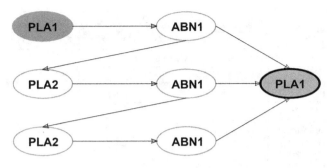

PLA1	Planung initial	ABN1	Abnahme Initalplanung
PLA2	Planung 2.Iteration	ABN2	Abnahme Planung 2.Iteration
PLA3	Planung 3.Iteration	ABN3	Abnahme Planung 3.Iteration
PLAB	Abschluss Gesamtplanung		

Für ein neues Schema muss ein Kürzel, eine kurze Beschreibung und eine Sprache angegeben werden, in der das Schema gepflegt werden soll. Um ein vorhandenes Schema zu
editieren, wählt man es aus und wechselt entweder mit einem Doppelklick auf den Eintrag
oder mit der Schaltfläche 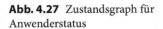 in die Detailansicht. Für unsere Beispiel-Firma kopieren wir
das Statusschema *PS 000001– Statusprofil Projektdefinition* und geben dem neuen Schema
das Kürzel *PSIF0001* und die Bezeichnung *Status Projekte IDEEFIX*.

Ein Status ist nichts anderes als der Zustand eines Elements. Daher ist es sinnvoll, als
Planungshilfsmittel für neue Anwenderstatus eine Art Zustandsgraphen anzufertigen. Ab-
bildung 4.27 zeigt einen solchen möglichen Graphen. Gemäß diesem Schaubild sollen die
Anwenderstatus für Projektdefinitionen in SAP ERP angelegt werden.

Jede Planungsiteration kann in die nächste führen oder in den Planungsabschluss. Insgesamt werden dafür sieben Status benötigt, die in der Liste angelegt werden können. Sie
erhalten die Ordnungsnummern 10 bis 70.

Um die Regeln für den Status-Übergang wie in der obigen Graphik umzusetzen, können in SAP ERP höchste und niedrigste Ordnungsnummern vergeben werden. Das daraus
entstehende Intervall bestimmt die Ordnungsnummern der Status in die ausgehend vom
aktuellen Status gesprungen werden darf. Abbildung 4.28 zeigt die Liste der Anwenderstatus im Einführungsleitfaden.

Im Statusschema der IDEEFIX GmbH darf beispielsweise vom Status PLA1 nicht in den
Status PLA2 gesprungen werden. Daher legen wir für den Status PLA1 die Ordnungsnummer 10 an und als höchste Ordnungsnummer 20, also die Ordnungsnummer der ersten
Abnahme. Damit kann nicht in den Status PLA2 gesprungen werden, da dieser die Ordnungsnummer 30 hat. Leider lassen sich die Statusübergänge nicht ganz so hinterlegen,
wie in obiger Grafik dargestellt: Damit vom Status ABN1 auch direkt in Status PLAB

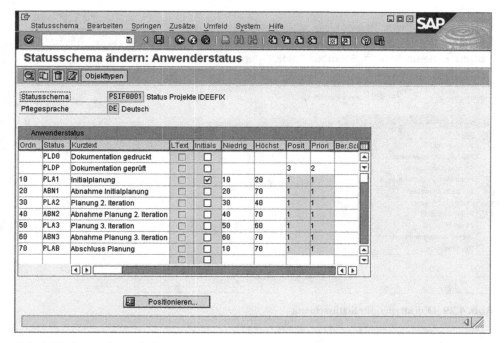

Abb. 4.28 Statusschema ändern

gesprungen werden kann (wenn die Planung bereits hier gut genug ist), muss als höchste Ordnungsnummer 70 hinterlegt werden. Damit kann ausgehend vom Status ABN1 auch in jeden anderen Status gesprungen werden.

Der Initialstatus wird in der Spalte mit dem entsprechenden Namen gesetzt. Es darf nur einen Status geben, der eine Ordnungsnummer besitzt und der dieses Kennzeichen gesetzt hat.

Es gibt auch Status ohne Ordnungsnummer. Im vorgestellten Statusschema verbergen sich zwei Status ohne Ordnungsnummer. Objekte können zur selben Zeit mehrere Status besitzen. Von diesen aktiven Status darf aber nur einer eine Ordnungsnummer haben. Die beiden zusätzlich hinterlegten Status können parallel zu den anderen Status aktiv sein. Status ohne Ordnungsnummer dürfen keine höchste und keine niedrigste Ordnungsnummer angeben – was ja auch keinen Sinn machen würde.

In der Spalte Position kann angegeben werden, in welcher Reihenfolge die verschiedenen Status im Feld der entsprechenden Objekte angezeigt werden sollen. Im Fall, dass zwei Status dieselbe Position hinterlegt haben, entscheidet die Spalte *Priorität*, welche von beiden überhaupt angezeigt wird.

Bis jetzt kann das Statusschema für alle Objekte in SAP ERP verwendet werden. Im Allgemeinen handelt es sich bei den Anwenderstatusschemata um spezielle Schemata für bestimmte Objekttypen. Um unser aktuelles Statusschema auf Projektdefinitionen einzugrenzen, wechseln wir über die Schaltfläche Objekttypen in die Sicht der möglichen

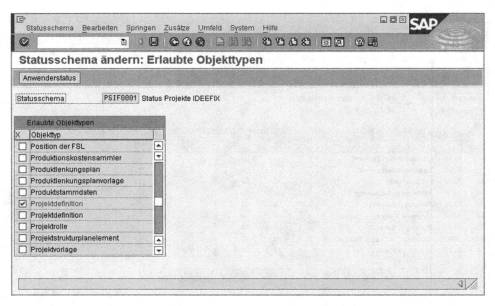

Abb. 4.29 Objekttypen für Statusschema

Objekttypen (Abb. 4.29). Hier werden die gewünschten Einträge gekennzeichnet, die das aktuelle Statusschema wählen können. Wir wählen hier nur die Projektdefinition aus.

Betriebswirtschaftliche Vorgänge steuern   Für jeden Anwenderstatus können betriebswirtschaftliche Vorgänge zugelassen oder verboten werden. In der Übersicht der angelegten Status wählt man dazu den gewünschten Eintrag aus und wechselt mit einem Doppelklick oder der Lupe in der Toolbar in die Detailansicht des Status. Hier werden mit der Schaltfläche ☐ die möglichen betriebswirtschaftlichen Vorgänge in der Tabelle angezeigt. (Abb. 4.30).

Hier kann im Bereich *Beeinflussung* für jeden Vorgang hinterlegt werden, ob dieser

- überhaupt Einfluss hat,
- erlaubt ist,
- eine Warnung erzeugt beim Ausführen,
- verboten ist.

Im Bereich *Folgeaktion* wird definiert, ob der aktuelle Status durch die Ausführung eines betriebswirtschaftlichen Vorgangs automatisch aktiviert werden soll. Beispielsweise kann man hinterlegen, dass beim Setzen des Systemstatus *Freigeben* der Anwenderstatus *Abschluss Planung* gesetzt werden soll. Besitzt das zugehörige Objekt zu diesem Zeitpunkt einen Anwenderstatus, der nicht erlaubt, dass in den Status *Abschluss Planung* gewechselt werden kann, kann damit die Freigabe des Projekts verhindert werden.

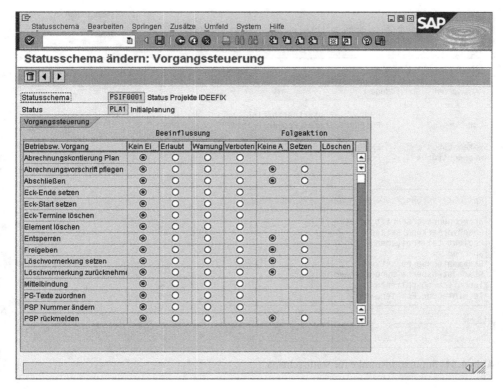

Abb. 4.30   Betriebsw. Vorgänge zu Anwenderstatus

Für die IDEEFIX GmbH definieren wir genau so ein Verhalten: Eine Projektdefinition darf nur dann freigegeben werden, wenn sich die Planung in einer Abnahme befindet. Daher lassen wir den Anwenderstatus *PLAB* durch den Systemstatus *Freigabe* der Projektdefinition automatisch setzen. Dieser Anwenderstatus kann aber nur gesetzt werden, wenn der Anwenderstatus auf *ABN1, ABN2* oder *ABN3* befindet. Damit ist festgelegt, dass das Projekt nur dann freigegeben werden kann, wenn sich die Definition in einem Abnahmestatus befindet. Versuchen Sie es einmal: Öffnen Sie das Projekt und setzen für die Projektdefinition den Systemstatus *FREIGEGEBEN* über das Menü. SAP ERP wird das nicht erlauben.

Status Simulation   Im Anschluss an die Pflege der Anwenderstatus können wir über eine Simulations-Anwendung die Zustands-Übergangs-Kette praktisch überprüfen. Diese wird aufgerufen über die Menüfunktion *Zusätze –> Statussimulation*. Hier wird der Objekttyp angegeben, für den die Simulation durchgeführt werden soll – für uns also *PDN* für *Projektdefinition*. Es erscheint die Simulationsmaske des Objekttyps mit den gesetzten Initialstatus (Abb. 4.31).

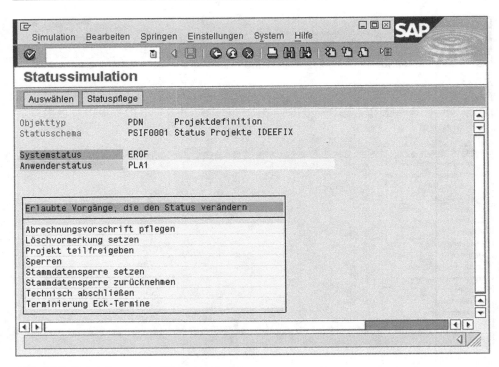

Abb. 4.31 Simulationsmaske für Statusschema

Durch einen Doppelklick auf die Vorgänge werden diese ausgeführt. Hat man Status hinterlegt, die darauf reagieren sollen, muss sich das in den oben angezeigten Status widerspiegeln.

Um den Status manuell zu setzen, klickt man doppelt auf den System- oder Anwendungsstatus oder wählt die Funktion *Statuspflege* in der Toolbar. Abbildung 4.32 zeigt die Maske für diese Anwendung. Auf der linken Seite befindet sich der Systemstatus. Im rechten oberen Bereich werden die Anwenderstatus angezeigt – der aktive jeweils blau hinterlegt. Im rechten unteren Bereich werden die Status ohne Ordnungsnummer dargestellt, die immer zusätzlich gesetzt werden können. Wählt man im oberen Bereich einen anderen Status aus und bestätigt die Eingabe, wird der Status nur dann gewechselt, wenn dies laut den hinterlegten Regeln erlaubt ist. Hat der Wechsel funktioniert, wird der neue Status blau hinterlegt angezeigt. Auf diese Weise kann man den gewünschten Statusverlauf überprüfen.

Im Reiter *Betriebsw. Vorgänge* werden die Vorgänge aufgelistet, die im aktuell gesetzten Status erlaubt sind. Haben Sie den Status PLAB korrekt gepflegt, dürfen Sie aufgrund der Regeln in den Status PLA1, PLA2 und PLA3 den betriebswirtschaftlichen Vorgang *Freigeben* nicht sehen können. Wechseln Sie hingegen auf einen der Status ABN1, ABN2 oder ABN3 wird der Vorgang angezeigt.

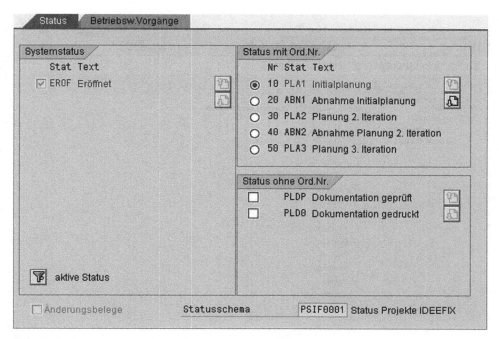

Abb. 4.32 Statuspflege in der Simulation

4.3.5 Versionsprofile

Nach der Fertigstellung der Planung wird diese bis zum Abschluss des Projekts mehrmals angepasst und nachgeführt. Am Ende der Realisierungsphase soll der Projektplan der
Realität, also dem Ist-Stand entsprechen. Es ist daher wichtig im Projektverlauf mehrere
Versionen des Planes zu sichern, um im Nachhinein beispielsweise die Planungsqualität
oder etwaige Trends analysieren zu können. Dafür bietet SAP ERP eine Versionierung:
Verschiedene Objekte werden zu definierten Zeitpunkten als Version ablegt. Für eine Versionierung muss ein Profil hinterlegt werden, welches Informationen über die zu versio-
nierenden Objekte beinhaltet.

▶   IMG • Projektsystem • Projektversionen • Profil für Projektversion anlegen
    (OPTS)

Versionen können manuell oder zu bestimmten Zeitpunkten angelegt werden. Zeitpunkte, an denen Versionen automatisch gesichert werden können, sind Statusänderungen. Es
kann sich dabei sowohl um den Systemstatus als auch um einen Anwenderstatus handeln.
Abbildung 4.33 zeigt die Daten eines Versionsprofils.

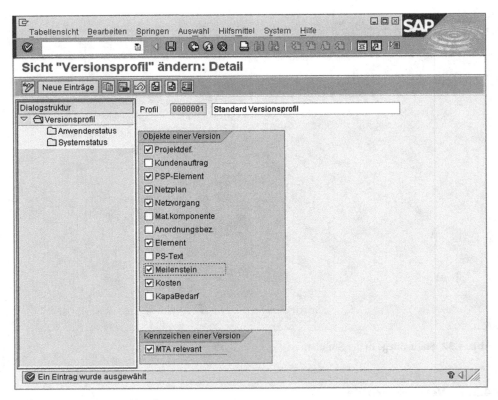

Abb. 4.33 Versionsprofil ändern

Im Versionsprofil wird hinterlegt, welche Daten für eine Version gespeichert werden sollen. Es macht beispielsweise nicht unbedingt Sinn, Anordnungsbeziehungen in eine Version einfließen zu lassen, da Änderungen dieser Beziehungen nicht unbedingt ausgewertet werden – sollte es dennoch der Fall sein, kann man auch diese Elemente mit ablegen. Insbesondere Kosten sind sicherlich für eine Versionierung von Vorteil. Das Kennzeichen *MTA relevant* legt fest, ob eine Version für die Meilensteintrendanalyse relevant ist oder nicht. Laut SAP beeinträchtigt dieses Kennzeichen die Performance nicht, kann also grundsätzlich gesetzt werden. Das Kennzeichen MTA-relevant müssen wir setzen, damit die Versionen später für eine Meilenstein-Trend-Analyse herangezogen werden können. Dazu müssen wir aber ebenfalls das Kennzeichen *Meilenstein* setzen, da Meilenstein-Elemente sonst in der Version nicht mitgesichert werden.

Wechselt man auf der linken Seite auf den Eintrag *Systemstatus* erhält man die Systemstatus, bei denen eine Version angelegt wird. Im Standard-Versionsprofil gibt es in unserem Fall genau einen Eintrag, der automatisch selektiert und angezeigt wird. Hier ist hinterlegt, dass bei der Freigabe automatisch eine Version abgelegt wird – und zwar mit dem Versionsname *RELEASED*. Über die Schaltfläche *Neue Einträge* kann man hier Versionen für weitere Systemstatus definieren. Für die IDEEFIX GmbH hinterlegen wir noch den Systemstatus *TFRE-Teilfrei*. Dieser wird gesetzt, wenn ein PSP-Element freigegeben wird, nicht aber die komplette Projektdefinition.

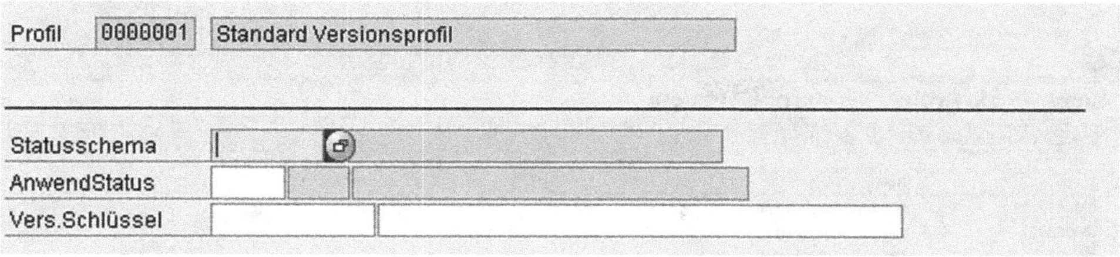

Profil	0000001	Standard Versionsprofil

Statusschema		⟨ᴓ⟩
AnwendStatus		
Vers.Schlüssel		

Abb. 4.34 Version für Anwenderstatus

Für eine Version in Abhängigkeit eines Anwenderstatus geht man entsprechend vor. Abb. 4.34 zeigt die Maske, nachdem man die Schaltfläche *Neue Einträge* gewählt hat. Wie beim Systemstatus muss hier ein Status für die Versionierung angegeben werden, ein Kürzel und eine Bezeichnung für die zu erstellende Version. Zusätzlich muss beim Anwenderstatus auch das Statusschema angegeben werden – anders als beim Systemstatus sind Anwenderstatus nicht fest hinterlegt, sondern können individuell gepflegt werden.

4.3.6   Projektprofile

Bei der Anlage einer neuen Projektdefinition fordert SAP ERP die Angabe eines Projektprofils. Über die Kopie aus dem Referenzmandanten werden standardmäßig drei Profile angelegt: *Standard-Projektprofil*, *Investitionsprojekte* und ein Profil für die Integration von cProjects.

▶   IMG • Projektsystem • Strukturen • Operative Strukturen • Projektstrukturplan • Projektprofil anlegen

In den Projektprofilen werden Vorgabewerte gepflegt, die bei der Anlage einer Projektdefinition automatisch übernommen werden. Bestehende Profile sollten nie verändert werden, da eventuell bestehende Projekte auf dieses Profil zugreifen. SAP ERP bietet auch hier eine komfortable Kopierfunktion an. Der zu kopierende Eintrag (Abb. 4.35) wird markiert und anschließend die Kopieren-Schaltfläche gewählt. Der Eintrag wird kopiert und automatisch zu Bearbeitung geöffnet. Hier werden ein neues Kürzel und eine neue Bezeichnung hinterlegt. Mit Bestätigung der Daten werden diese gespeichert und die Maske wird wieder geschlossen. Anschließend findet man den neuen Eintrag in der Liste der Projektprofile. Wählt man hier mit Doppelklick oder über die Lupe in der Toolbar den neuen Eintrag aus, erscheinen die Daten des gewählten Profils. Im Projektprofil werden Einstellungen zu Terminierung und zur Plantafel vorgenommen, die erst in Kap. 5 vorgestellt werden. Diesen Vorgriff müssen wir an dieser Stelle in Kauf nehmen.

Grunddaten In den Grunddaten werden Vorschlagswerte für die Projektdefinition und die PSP-Elemente hinterlegt. Die wichtigsten werden hier kurz erläutert (Abb. 4.36):

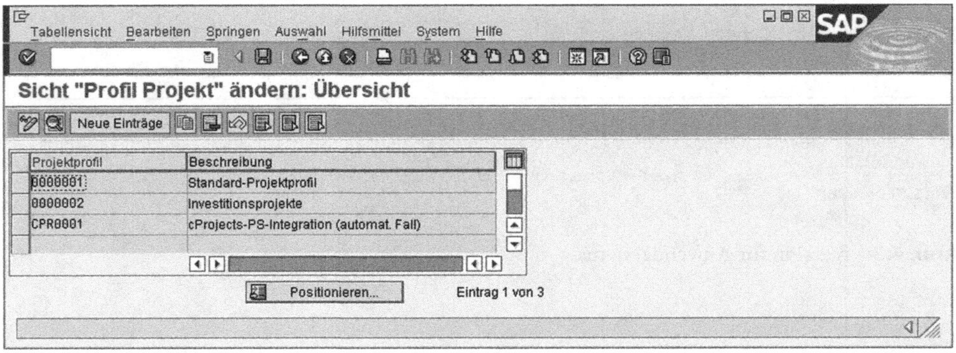

Abb. 4.35 Projektprofile

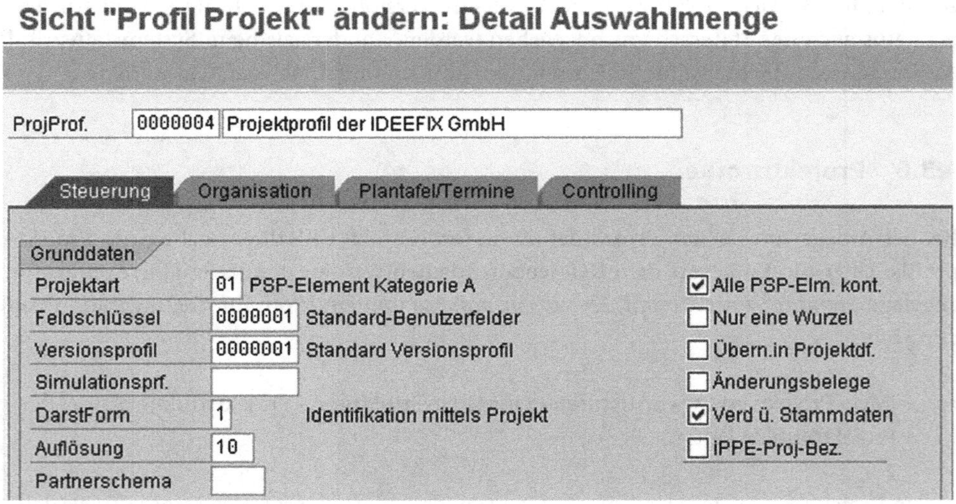

Sicht "Profil Projekt" ändern: Detail Auswahlmenge

ProjProf. | 0000004 | Projektprofil der IDEEFIX GmbH

Steuerung   Organisation   Plantafel/Termine   Controlling

Grunddaten

Projektart	01	PSP-Element Kategorie A		☑ Alle PSP-Elm. kont.
Feldschlüssel	0000001	Standard-Benutzerfelder		☐ Nur eine Wurzel
Versionsprofil	0000001	Standard Versionsprofil		☐ Übern.in Projektdf.
Simulationsprf.				☐ Änderungsbelege
DarstForm	1	Identifikation mittels Projekt		☑ Verd ü. Stammdaten
Auflösung	10			☐ iPPE-Proj-Bez.
Partnerschema				

Abb. 4.36 Grunddaten des Projektprofils

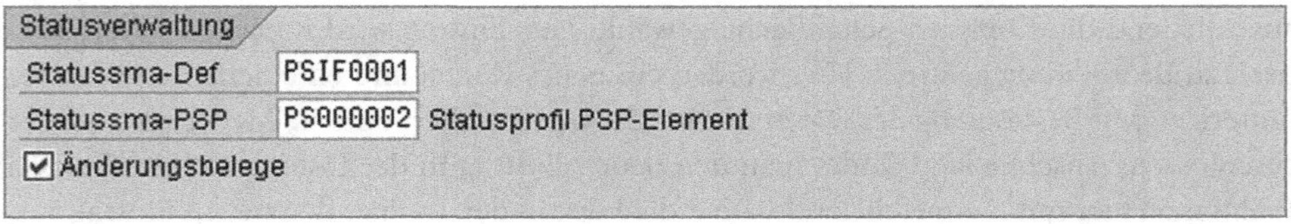

Statusverwaltung

Statussma-Def	PSIF0001	
Statussma-PSP	PS000002	Statusprofil PSP-Element
☑ Änderungsbelege		

Abb. 4.37 Statusverwaltung im Projektprofil

Projektart	wurde weiter oben in diesem Kapitel gepflegt. Hier wird die Art als Vorschlagswert für neue PSP-Elemente hinterlegt.
Feldschlüssel	das gewünschte Schema für die Benutzerfelder der PSP-Elemente
Versionsprofil	legt fest, wie Projekte mit diesem Projektprofil versioniert werden sollen.
Darstellungsform	legt fest, wie ein PSP-Element am Bildschirm dargestellt werden soll: mit seiner Projektnummer, mit seiner Kurzidentifikation oder einfach mit der hinterlegten Bezeichnung. Für das Beispiel hinterlegen Sie hier bitte *02* für die Darstellungsform *Identifikation mittels Projekt*
Auflösung	Anzahl der Stufen in der Projekthierarchie, die angezeigt werden
Alle PSP-Elemente Kontierung	Vorschlagswert für alle PSP-Elemente: neue Elemente werden automatisch als Kontierungselement gekennzeichnet.
Nur eine Wurzel	Direkt unter der Projektdefinition kann es entweder mehrere PSP-Elemente auf gleicher Stufe geben oder nur eines. Mit diesem Kennzeichen verbietet man mehrere PSP-Elemente als oberstes Element.
Übername in Projektdefinition.	Ist dieses Kennzeichen gesetzt, wird automatisch für neue PSP-Elemente eine Projektdefinition mit selbem Namen generiert. Änderungen auf dem PSP-Element wirken sich ebenfalls auf der Projektdefinition aus.
Änderungsbelege	Ist ein Projekt freigegeben, werden alle Änderungen an den Projektdaten als Änderungsbeleg gespeichert. Dies ist sinnvoll, um Änderungen nachverfolgen zu können – verlängert u. U. aber die Antwortzeit enorm. Außerdem wirkt sich diese Änderung auf alle Projekte aus, die das aktuelle Projektprofil bereits verwenden.
Verdichtung über Stammdaten	legt fest, dass bei eine Projektverdichtung in einer Auswertung über die Stammdaten erfolgt. Ist das Kennzeichen nicht gesetzt, wird die Verdichtung anhand einer Projektklassifizierung vorgenommen, was seitens SAP nicht gewünscht ist und langfristig nicht mehr unterstützt wird.

Eine weitere wichtige Feldgruppe ist die Statusverwaltung. An dieser Stelle wird festgelegt, welche Anwenderstatus-Schemata für das Projekt und für die PSP-Elemente verwendet werden sollen (Abb. 4.37). Für die Projektdefinition wählen wir das Statusschema für Projektdefinitionen der IDEEFIX GmbH.

Das Kennzeichen *Änderungsbelege* legt fest, ob bei einer Statusänderung Änderungsbelege geschrieben werden sollen. Das ist sinnvoll, da eine lückenlose Statusverfolgung damit gewährleistet ist. Im Reiter *Organisation* werden die Vorschlagswerte für die übergeordneten Organisationseinheiten hinterlegt. Für das Beispiel wurden die Daten hier auf die Daten der IDEEFIX GmbH abgeändert (Abb. 4.38).

Plantafel/Termine Im Reiter *Plantafel/Termine* können Einstellungen für die Terminierung und für die Plantafel gepflegt werden. Die Einstellungen für das Aussehen der Projektplantafel werden aus Gründen der Relevanz hier übersprungen.

Abbildung 4.39 zeigt die Feldgruppen mit den Feldern zur Terminierung. Im Feld *Profil PSP-Terminierung* kann ein Terminierungsprofil hinterlegt werden – für unser Beispiel die Terminierung der IDEEFIX GmbH, das in Kap. 5 angelegt wird. Sie können hier ein anderes wählen und, nachdem Sie Kap. 5 gelesen haben, die Einstellung ergänzen. Als *Terminierungsszenario* kann zwischen den bereits vorgestellten Szenarien gewählt werden:

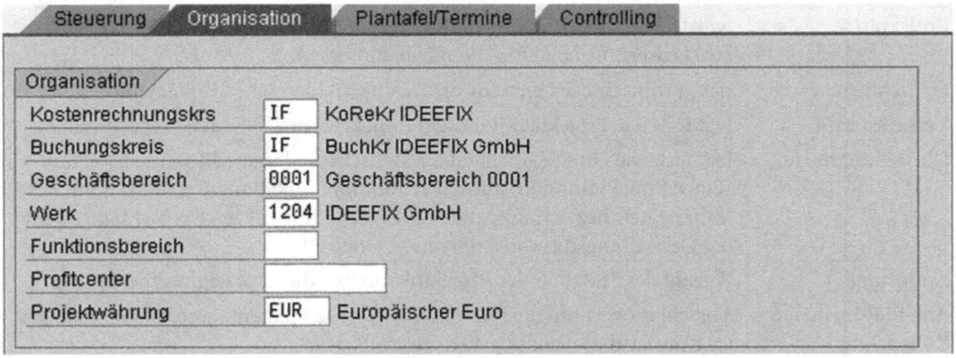

Abb. 4.38 Organisationsdaten im Projektprofil

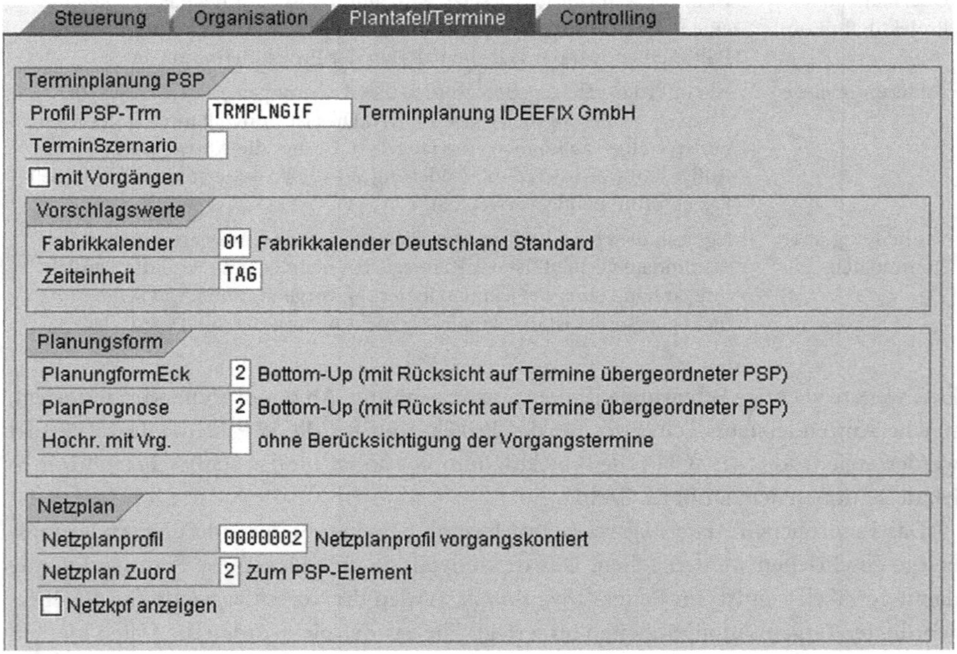

Abb. 4.39 Plantafel/Termine

Bottom Up, *Top Down* oder *frei wählbar*. Das Kennzeichen mit Vorgängen legt fest, ob die zu PSP-Elementen gehörenden Vorgänge automatisch beim Laden des Projekts mitgeladen werden sollen. Insbesondere bei Projekten, die durch viele Vorgänge detailliert sind ist das nicht sinnvoll. Selbstverständlich werden die Vorgänge bei notwendigen Zugriffen nachgeladen – die Einstellung dient nur der Performance beim Laden des Projekts. Die Felder in der Feldgruppe *Vorschlagswerte* sind selbsterklärend. In der Feldgruppe *Planungsform* hingegen finden wir eine Besonderheit: Die beiden Planungsformen für die

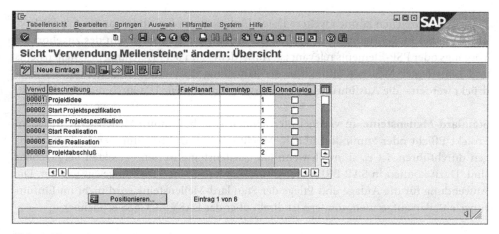

Abb. 4.40 Meilenstein-Verwendung

Eck- und Prognosetermine können nicht verändert werden. Dies hängt mit der Auswahl des Terminierungsszenarios zusammen. Dort wurde *Bottom Up* gewählt. Mit der Wahl des Terminierungsszenarios werden die Eck- und Prognose Planungsformen festgelegt. Möchte man die Planungsformen selbst setzen, muss als Terminierungsszenario *Terminierungsparameter frei wählbar* ausgewählt werden. Mit dem Feld *Hochrechnung mit Vorgängen* wird festgelegt, ob die Termine der untergeordneten Vorgänge in die Terminierung der PSP-Elemente einfließen. Für das Beispiel wählen wir *2* für Benutzerentscheidung.

In der Feldgruppe *Netzplan* werden Vorschlagswerte für Netzpläne im Projekt hinterlegt. Das *Netzplanprofil* wird jedem neuen Netzplan hinterlegt, welches innerhalb des Projekts angelegt wird. Für das Beispiel hinterlegen wir hier das Netzplanprofil, welches in Kap. 5 vorgestellt wird. Leider ist es notwendig diesen Vorgriff zu verlangen

Sie können an dieser Stelle einfach ein vorhandenes wählen und das Netzplanprofil später abändern, nachdem Sie das zugehörige Kapitel gelesen haben. Das Feld *Netzplan Zuordnung* steuert, ob bei der Anlage eines Vorgangs die Netzpläne der Projektdefinition oder des PSP-Elements angezeigt werden sollen. Mit dem Kennzeichen *Netzplan Kopf* wird festgelegt, ob der Netzplankopf bei der PSP-Terminierung angezeigt wird oder nicht.

4.3.7 Meilensteine

In Abschn. 4.2.3 wurde erläutert, wie Meilensteine angelegt werden. Für Meilensteine kann eine Verwendung zugeordnet werden, um phasen- oder projektübergreifend Auswertungen erstellen zu können. Meilensteinverwendungen werden im Customizing gepflegt (Abb. 4.40).

▶ IMG • Projektsystem • Strukturen • Operative Strukturen • Meilensteine • Verwendung der Meilensteine festlegen

Zu dem Kennzeichen können weitere Daten hinterlegt werden und zwar die Art der Fakturierung bei Meilensteinfaktura und ob der Anfangs- oder Endtermin des zugehörigen Vorgangs oder PSP-Elements relevant ist. Außerdem kann bei Erreichung des Meilensteins und hinterlegter Meilensteinfunktion die Mitteilung über einen Dialog explizit unterdrückt werden – die Ausführung der Meilensteinfunktion wird dadurch nicht beeinflusst.

Standard-Meilensteine In vielen Unternehmen sind bestimmte Meilensteine in jedem Projekt Pflicht oder zumindest üblich. Möchte man Projekt-übergreifende Auswertungen durchführen, ist es sinnvoll, wenn alle Meilensteine in den Projekten vergleichbar sind. Dazu können in SAP ERP sogenannte Standard-*Meilensteine* angelegt werden. Die Anwendung für die Anlage und Pflege der Standard-Meilensteine wird nicht im Einführungsleitfaden aufgerufen, sondern ist direkt über das EASY ACCESS erreichbar.

▶   EASY-ACESS • Rechnungswesen • Projektsystem • Grunddaten • Vorlagen •
     Standardmeilenstein • Anlegen (CN11)

Standard-Meilensteine werden wie projektbezogene Meilensteine angelegt, wobei für Standardmeilensteine eine Verwendung gepflegt sein muss. In der Maske eines Standard-Meilensteins können über die Schaltfläche *Funktionen* sogenannte Meilenstein-Funktionen gepflegt werden. Meilenstein-Funktionen werden in Kap. 5 vorgestellt und beziehen sich ausschließlich auf Netzplan-Vorgänge.

Meilenstein Gruppen Viele verschiedene Meilensteine können in SAP ERP zu Gruppen zusammengefasst werden. Verwendet man in einem Unternehmen beispielsweise dieselben Meilensteine in vielen Projekten, die beispielsweise nach dem Standard-Phasen-Modell ablaufen, können die Meilensteine in einer Meilenstein-Gruppe zusammengefasst werden. Oder verwendet man für die Fortschrittsanalyse basierend auf Meilensteinen mehrere Meilensteine mit verschiedenen Fertigstellungsgraden, können diese ebenfalls in einer Gruppe zusammengefasst werden. In den Standard-Meilensteinen wird die zugehörige Meilenstein-Gruppe zugeordnet. Meilenstein-Gruppen werden im Einführungsleitfaden angelegt und gepflegt.

▶   IMG • Projektsystem • Vorlagen Standardmeilenstein Meilensteingruppen für
     Standardmeilensteine definieren (OPT6)

Der Vorteil liegt darin, dass alle Meilensteine automatisch angelegt werden, wenn man in der Anlagemaske der Meilensteine für ein PSP-Element eine solche Meilenstein-Gruppe wählt. Anstatt der Anlage jedes einzelnen Meilensteins oder der mehrmaligen Auswahl der gewünschten Standard-Meilensteine wird einfach die Meilenstein-Gruppe ausgewählt und dadurch alle zugehörigen Standard-Meilensteine dem PSP-Element zugeordnet. Dadurch werden insbesondere Fehler bei der Anlage vermieden, die später bei projektübergreifenden Auswertungen fatal sind.

Netzpläne, Terminplanung und der Project Builder

5

In Kap. 4 haben wir mit Hilfe eines Projektstrukturplans den strukturellen Aufbau eines Projekts geplant – man könnte von der *Aufbauorganisation* oder der *statischen Sicht* auf das Projekt reden. Im nächsten Schritt muss der Ablauf des Projekts geplant werden – die *Ablauforganisation* oder die *dynamische Sicht* auf das Projekt. Dazu verwenden wir, wie in Kap. 2 beschrieben, Netzpläne.

▶ Lesen Sie wie bei Kap. 4 zunächst den ersten Teil durch und nehmen Sie dann die Einstellungen im Customizing vor. Anschließend können Sie die Beispiele im ersten Teil praktisch nachvollziehen.

5.1 Anlage eines Netzplans

Netzpläne können entweder einem PSP-Element oder direkt einer Projektdefinition zugeordnet werden. Die direkte Zuordnung zur Projektdefinition ist dann sinnvoll, wenn es aufgrund der Projektgröße keinen Sinn macht, eine hierarchische Verfeinerung mittels PSP-Elementen durchzuführen. Im Falle unseres LVS-Projekts werden die Netzpläne den bereits angelegten PSP-Elementen zugeordnet. Dazu legen wir zunächst einen Netzplan an.

▶ EASY ACESS • Rechnungswesen • Projektsystem • Projekt • Spezielle Pflege-funktionen • Netzplan • Anlegen (CN21)

Um einen neuen Netzplan anlegen zu können, muss zunächst ein Netzplanprofil gewählt werden. SAP ERP bezieht aus dem Netzplanprofil wie beim Projektprofil notwendige Daten. Aus den Daten des Referenzmandanten werden zwei Profile angeboten:

- Netzplan vorgangskontiert
- Netzplan kopfkontiert

H. Gubbels, *SAP® ERP – Praxishandbuch Projektmanagement*,
DOI 10.1007/978-3-8348-2160-7_5, © Springer Fachmedien Wiesbaden 2013

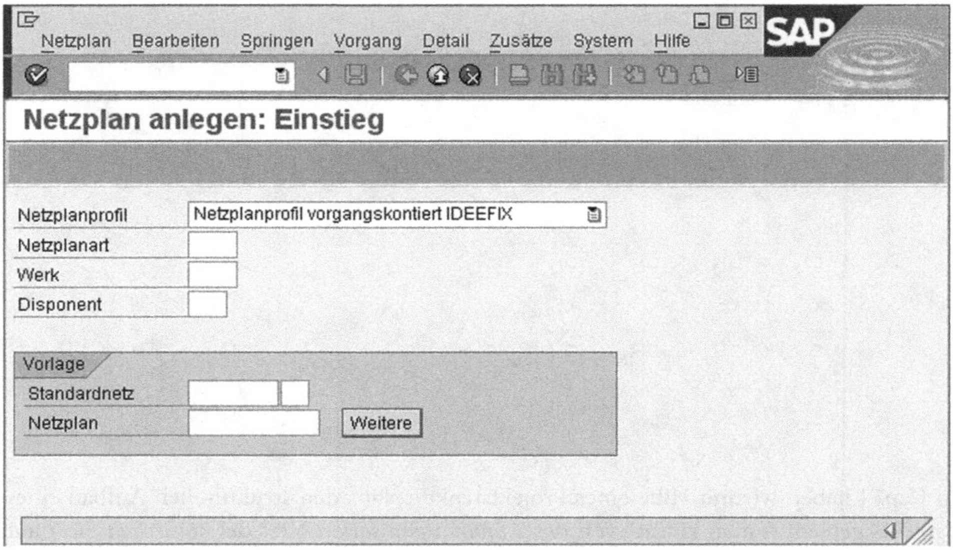

Abb. 5.1 Netzplan anlegen

In Abschn. 5.7.4 wird das Netzplanprofil für die IDEEFIX GmbH angelegt, das für die Netzpläne innerhalb des LVS-Beispielprojekts verwendet wird (Abb. 5.1). Ist das Netzplanprofil der IDEEFIX GmbH hinterlegt, werden vorgangskontierte Netzpläne angelegt, also Netzpläne, bei denen Ist-Buchungen direkt auf den Vorgängen vorgenommen werden dürfen. Damit ist eine differenzierte Betrachtung der geleisteten Arbeit pro Vorgang möglich. Kopfkontierte Netzpläne erlauben keine Verbuchung auf Vorgangsebene, sondern kumulieren die Buchungen auf den Netzplankopf.

In dem Netzplanprofil der IDEEFIX GmbH sind weitere Daten hinterlegt – darunter auch die Netzplanart und das Werk. Daher müssen diese Daten an dieser Stelle bei der Anlage nicht angegeben werden, können aber überschrieben werden.

Wie bei der Anlage einer Projektdefinition können für Netzpläne Vorlagen gepflegt oder bereits angelegte Netzpläne als Vorlage verwendet werden. Dadurch kann man bei sehr ähnlichen und immer wiederkehrenden Aufgaben den Erfassungsaufwand verringern und die Fehlerquote minimieren. Zusätzlich sei erwähnt, dass die Verwendung gleicher Strukturen für immer wiederkehrende Aufgaben eine spätere Auswertung einfacher gestaltet – es oft sogar überhaupt ermöglicht.

Abbildung 5.2 zeigt die Daten des neu angelegten Netzplans. Zu Beginn des LVS-Projekts muss in jedem Fall eine Spezifikation erstellt werden. Dies haben wir bereits durch das PSP-Element dargestellt. Das PSP-Element verfeinern wir durch diesen Netzplan. Im oberen Bereich der Kopfdaten werden wie bei den anderen bereits beschriebenen Objekten des Projektsystems ein Systemstatus und ein Anwenderstatus angezeigt. Unterhalb der Statusanzeige werden die Eck-Termine für den Netzplan gepflegt. Je nach eingestellter

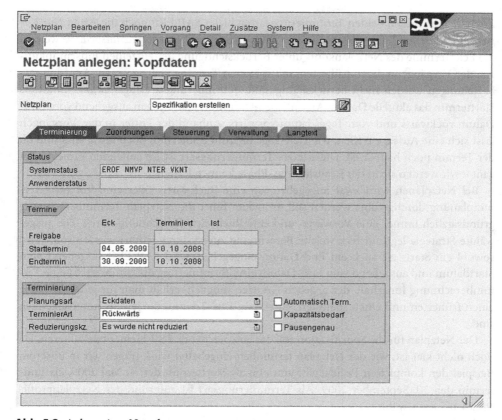

Abb. 5.2 Anlage eines Netzplans

Terminierungsart muss entweder der Start- oder der Endtermin angegeben werden. SAP ERP bietet vier verschiedene Terminierungsarten an:

- Vorwärts
- Rückwärts
- Nur Kapazitätsbedarfe
- Tagesdatum

Die Terminierungsarten *Vorwärts* und *Rückwärts* entsprechen den Strategien wie in Kap. 2 beschrieben:

- *Vorwärts* berechnet für alle Vorgänge die Termine ausgehend vom Startdatum unter Berücksichtigung der Anordnungsbeziehungen und Einschränkungen auf den Vorgängen (beispielsweise Fixtermine).
- Bei der *Rückwärts*-Terminierung wird das End-Datum herangezogen und die Terminierung ausgehend vom letzten Vorgang rückwärts berechnet.

Zusätzlich zu diesen beiden Terminierungsarten bietet SAP ERP noch die Arten *Nur Ka-pazitätsbedarfe* und *Tagesdatum*. Bei der Terminierungsart *Nur Kapazitätsbedarfe* werden die Eck-Termine des Netzplankopfs unter Berücksichtigung der einzelnen Einschränkun-gen der Vorgänge in deren frühesten und spätesten Termine übernommen. Anordnungs-beziehungen werden nicht berücksichtigt. Die Terminierungsart *Tagesdatum* nimmt als Starttermin das aktuelle Datum. Anschließend terminiert das System ausgehend vom End-Datum rückwärts und vom Tagesdatum vorwärts. Anhand der Puffer in den Vorgängen lässt sich eine Aussage treffen, wie viele Tage bis zum Endtermin noch übrig sind und ob der Termin noch haltbar ist. Diese letzte Terminierungsart ist im laufenden Projekt rele-vant – wir werden sie in der Realisierungs-Phase kennen lernen.

Bei Netzplänen wird zwar angegeben, ob eine Rückwärts- oder eine Vorwärts-Ter-minplanung durchgeführt werden soll, trotzdem führt die Netzplan-Terminberechnung grundsätzlich immer eine Vorwärts- und eine Rückwärts-Berechnung durch. Die ausge-wählte Strategie legt nur fest, welche Berechnung zuerst durchgeführt werden soll. Wird sowohl ein Start- als auch ein End-Datum eingegeben, wird SAP ERP ausgehend vom Startdatum und ausgehend vom End-Datum eine Terminierung durchführen. Ist eine Ter-minberechnung innerhalb der gegeben Grenzen möglich, erhält man für jeden Vorgang einen frühesten und einen spätesten Start- bzw. End-Termin, die jeweils unterschiedlich sind.

Der Netzplan für die Spezifikation soll das entsprechende PSP-Element detaillieren. Da noch nicht klar ist, wie der Netzplan terminlich eingebettet wird, tragen wir in unserem Beispiel den kompletten Projektzeitraum ein: als Starttermin den 4. Mai 2009, als End-termin den 30. September 2009. Als Terminierungsart ist aufgrund des Netzplanprofils *Rückwärts* ausgewählt.

Zu diesem Zeitpunkt schwebt der Netzplan allerdings noch frei im Raum – er ist noch keinem Projekt und keinem PSP-Element zugeordnet. Die Zuordnung erfolgt im Reiter Zuordnungen auf dem Netzplankopf (Abb. 5.3).

Hier werden die Projektdefinition und das PSP-Element angegeben, das mit dem Netz-plan verknüpft werden soll. Beim Bestätigen der Änderung bietet SAP ERP an, die auf dem Netzplan gepflegten Termine auf das PSP-Element zu übernehmen. Für unser Beispielpro-jekt verneinen wir dies – wir holen es zu einem späteren Zeitpunkt nach.

5.2 Netzplanvorgänge anlegen

Ein Netzplan besteht aus Vorgängen, die in einer zeitlichen Abhängigkeit zueinander ste-hen (siehe Kap. 2). Das Schreiben der Spezifikation lässt sich in mehrere Teile gliedern, die unabhängig voneinander geschrieben werden können. Diese Tätigkeit kann paralleli-siert werden. Das Zusammenfügen der einzelnen Teile kann erst mit Abschluss aller Teile erfolgen. Dies wollen wir in einem Netzplan darstellen. Um dazu Vorgänge anzulegen, wählt man ausgehend von der Netzplandefinition über die Toolbar die Vorgangsübersicht (Abb. 5.4).

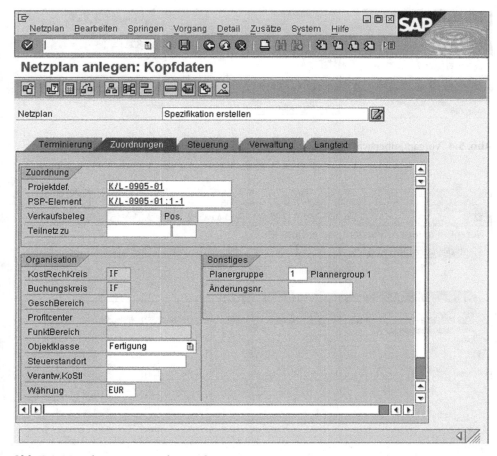

Abb. 5.3 Netzplan einem Projekt zuordnen

Hier werden die Vorgänge des aktuell ausgewählten Netzplans in einer Tabelle angezeigt und können angelegt werden (Abb. 5.5). SAP ERP unterscheidet zwischen vier Vor-
gangsarten, die in verschiedenen Reitern angelegt werden können:

- Eigenbearbeitung
- Fremdbearbeitung
- Dienstleistung
- Kostenvorgänge

Eigenbearbeitete Vorgänge sind Vorgänge, die von einer eigenen Arbeitskraft oder einer
eigenen Maschine durchgeführt werden. Fremdbearbeitete Vorgänge sind Vorgänge,
die von einer externen Firma durchgeführt, die also zugekauft sind. Vorgänge vom Typ

Abb. 5.4 Vorgangsübersicht wählen

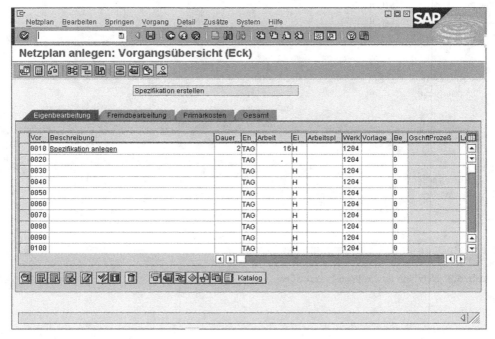

Abb. 5.5 Vorgänge anlegen

Dienstleistung unterscheiden sich von Fremdbearbeitung dadurch, dass automatisch Ausschreibungs-, Vergabe- und Abnahmeverfahren angestoßen werden.

Kostenvorgänge dienen der Planung. Werden alle Kosten auf Netzplanvorgänge geplant, können reine Kosten, wie beispielsweise Spesen nicht dargestellt werden. Kosten für einen Vorgang werden berechnet aus den Kosten eines Arbeitsplatzes pro Zeiteinheit zuzüglich etwaiger Fixkosten, Rüst- oder Abrüst-Kosten (beispielsweise für An- und Abfahrten). Um weitere Kosten planen zu können werden Kostenvorgänge benutzt. Ihnen wird statt eines Arbeitsplatzes und einer Dauer Kosten zugeordnet. Im weiteren Verlauf der Buches werden wir uns auf die eigenbearbeiteten Vorgänge beschränken.

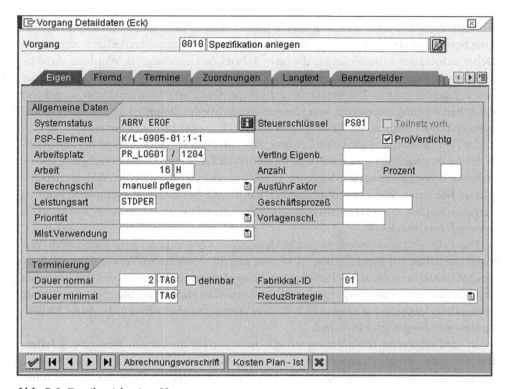

Abb. 5.6 Detailansicht eines Vorgangs

Vorgänge werden in den einzelnen Zeilen angelegt. In der ersten Spalte wird eine Vorgangsnummer vorgeschlagen – diese wird so beibehalten, eine Änderung ist nicht notwendig. In der Beschreibung wird für den jeweiligen Vorgang ein sprechender Name vergeben. Für unser LVS-Beispielprojekt benötigen wir auf jeden Fall einen Arbeitsvorgang, in dem die Spezifikation angelegt wird – also das Grundgerüst des Dokuments. Als Dauer wählen wir zwei Tage und als Arbeitsleistung 16 Stunden.

Um die weiteren Werte in den Spalten eines Vorgangs besser darstellen zu können, wählen wir den Vorgang aus und öffnen die Detailansicht über die Schaltfläche mit der Lupe (Abb. 5.6).

Im Reiter *Eigen* werden die Daten für eigenbearbeitete Vorgänge dargestellt. Zunächst findet sich hier wie in allen Objekten ein Systemstatus wieder. Im Feld PSP-Element wird die Zuordnung zum PSP-Element dargestellt. Im Feld *Arbeitsplatz* wird der Arbeitsplatz im gewählten Werk angegeben werden, der für die Durchführung zuständig ist. Wir wählen hier den Arbeitsplatz *PROJ_LOG01*, den wir in Kap. 3 angelegt haben. Mit dem Arbeitsplatz ist automatisch festgelegt, wie SAP ERP die Kosten für die 8h-Leistung errechnen muss, welche Arbeitszeiten die Terminierung beachten muss usw.

Im Feld *Berechnungsschl.* wird eine Berechnungsstrategie für den Aufwand hinterlegt. *Manuell Pflegen* bedeutet, dass die Arbeitsleistung und die Dauer für die Arbeitsleistung manuell angegeben wird. Möchten Sie die Dauer für den Vorgang anhand der Arbeitsleistung berechnen lassen, wählen Sie den Eintrag *Dauer berechnen*. SAP ERP errechnet die Dauer anhand der Arbeitsleistung, die beim Arbeitsplatz hinterlegt ist. Wurde als Arbeitsleistung beispielsweise 16h eingegeben, wird beim Arbeitsplatz PROJ_LOG01 eine Dauer von 2 Tagen errechnet. Die Berechnungsstrategie *Arbeit berechnen* errechnet umgekehrt die Arbeitsleistung anhand der angegebenen Dauer. Mit der Strategie können auch Kapazitäten errechnet werden, auf die in diesem Buch nicht weiter eingegangen wird.

Im Feld *Leistungsart* wird eine Leistungsart hinterlegt, anhand der eine Kostenstellen-Buchung durchgeführt und anhand der hinterlegten Tarife eine Kostenberechnung für die Arbeitsleistung berechnet werden kann. Die Leistungsart wird durch die Wahl des Arbeitsplatzes bestimmt. Wie bei PSP-Elementen kann auch bei einem Vorgang eine Priorität vergeben werden, die später Auswertungszwecken dient bzw. als planerisches Kennzeichen verwendet werden kann.

Das Feld *Mlst.Verwendung* steht für Meilenstein-Verwendung. Eine Meilenstein-Verwendung haben wir bereits in Kap. 4 kennen gelernt. Meilenstein-Verwendung gruppieren Meilensteine in vordefinierte Gruppen, beispielsweise in Phasen, in denen sie relevant sind. Ordnet man dem Vorgang eine Meilenstein-Verwendung zu, bietet das System an, vorhandene Meilensteine automatisch für den Vorgang zu übernehmen, die dieser Meilensteinverwendung zugeordnet sind.

In der Feldgruppe *Terminierung* werden die Daten für die Termin-Berechnung festgelegt. Für jeden Vorgang kann eine normale und eine minimale Dauer angegeben werden. Die normale Dauer ist eine geschätzte Zeit für die Bearbeitung des Vorgangs. Mit der minimalen Dauer kann man die Zeit angeben, die die Bearbeitung des Vorgangs im günstigsten Fall mindestens benötigt. Das Kennzeichen dehnbar legt fest, ob durch die Terminierung die Dauer des Vorgangs verlängert werden darf.

Die *Reduzierungsstrategie* wird im Abschnitt Terminierungsparameter näher erläutert.

Termin-Einschränkungen Für jeden Vorgang können zusätzliche Einschränkungen für die Termin-Berechnung hinterlegt werden. Im Reiter *Termine* (Abb. 5.7) können im Feld *Anfang* vier verschiedene Einschränkungen hinterlegt werden:

- Muss beginnen am
- Start nicht früher
- Start nicht später
- Start aus Einsatzplanung

Wird eine der Optionen angegeben, muss rechts daneben ein entsprechender Datumswert für die Einschränkungen angegeben werden. Die ersten drei Einstellungen sind selbsterklärend. Der Eintrag *Start aus Einsatzplanung* bedarf einer näheren Betrachtung: Wurde für den Vorgang ein Arbeitsplatz ausgewählt, wird die Einschränkung aus dem Einsatzplan des Arbeitsplatzes entnommen. Damit wird die Verfügbarkeit des jeweiligen Arbeitsplatzes bzw. Personals berücksichtigt und in die Termineinschränkungen übernommen. Der Eintrag darf nicht im Vorgang selbst gesetzt werden, sondern wird durch die Einsatzplanung gesteuert und von der Einsatzplanung im jeweiligen Vorgang automatisch angepasst.

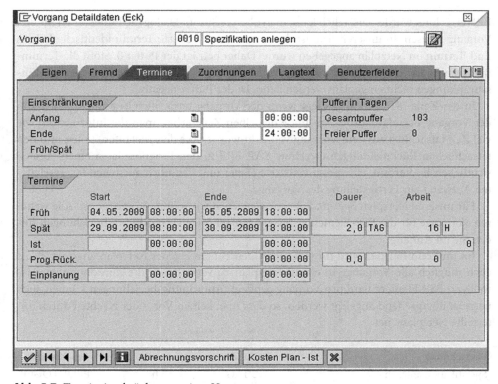

Abb. 5.7 Termineinschränkungen eines Vorgangs

Die Einschränkung *Ende* bietet die vier Auswahlmöglichkeiten

- Muss enden am
- Ende nicht früher
- Ende nicht später
- Ende aus Rückmeldung

Auch hier sind die ersten drei Einstellungen selbsterklärend. Die Strategie *Ende aus Rück-meldung* wird ebenfalls aus Einsatzplanung gesteuert und darf nicht im Vorgang gesetzt werden.

Zusätzlich zu Anfangs- und Ende-Einschränkungen kann beim Vorgang angegeben werden, ob er möglichst früh oder möglichst spät eingeplant werden soll. Wenn bei der Termin-Berechnung ein zeitliches Intervall für den Vorgang berechnet wird, das größer ist als die Dauer, kann mit diesem Eintrag festgelegt werden, ob die früheste oder späteste Lage gewählt werden soll.

Im unteren Bereich des Termin-Reiters werden die errechneten Termine nach einer Termin-Berechnung angezeigt. Hier wird angegeben wann der früheste Anfangs- und der früheste Endtermin bzw. wann der späteste Anfangs- und der späteste Endtermin von SAP

ERP errechnet wurde. Zusätzlich kann man oben rechts im Dialog die Pufferzeiten für den Vorgang ablesen. In unserem Fall ist der späteste und früheste Termin identisch, da kein End-Termin im Netzplan angegeben wurde. Daher beträgt der Puffer 0. Stößt die Termin-Berechnung auf einen Fehler, nämlich dann, wenn der Vorgang unter den gegeben Einschränkungen nicht eingeplant werden kann, ist der Puffer negativ.

In der Zeile *IST* wird abgelesen, wann der Vorgang tatsächlich begonnen bzw. wann der Vorgang beendet wurde. Am Ende derselben Zeile erhält man die Information, wie viel Zeit tatsächlich auf dem Vorgang verbucht wurde. Aus den geplanten Zeiten und den tatsächlichen Rückmeldungen errechnet SAP ERP in den Prognosedaten einen voraussichtlichen Endtermin, eine prognostizierte Dauer und den noch ausstehenden geschätzten Aufwand zur Fertigstellung des Vorgangs.

Für unseren Netzplan *Spezifikation erstellen* legen wir weitere Vorgänge an. Alle weiteren Vorgänge für die PSP-Elemente sowie die zugehörigen Anordnungsbeziehungen finden Sie im Anhang.

Im unserem Beispiel wird für jedes PSP-Element ein eigener Netzplan angelegt. Es ist auch möglich alle Vorgänge in einem Netzplan zu verwalten – die Zuordnung zum jeweiligen PSP-Element wird pro Vorgang gepflegt. Anordnungsbeziehungen können auch netzplanübergreifend angelegt werden, so dass man keinen Vor- oder Nachteil durch unterteilte Netzpläne hat.

Bezeichnung	Dauer	Arbeit	Arbeitsplatz
Spezifikation anlegen	2 TAG	16 h	PROJ_LOG01
Wareneingang beschreiben	4 TAG	16 h	PROJ_LOG02
Warenausgang beschreiben	6 TAG	48 h	PROJ_LOG01
Lagerverwaltung beschreiben	5 TAG	40 h	PROJ_LOG03
Berichte definieren	5 TAG	40 h	PROJ_LOG02
Spezifikation zusammenführen	4 TAG	32 h	PROJ_LOG03
Spezifikation prüfen und korrigieren	6 TAG	48 h	PROJ_LOG01

Die Vorgänge für den Netzplan sind in Abb. 5.8 dargestellt.

Terminkreis SAP ERP bietet die Möglichkeit, mit *Prognoseterminen* zu arbeiten, wie wir bereits bei den PSP-Elementen gesehen haben. Prognosetermine dienen beispielsweise dazu, einfache Simulationen während der Planung oder der Realisierung durchzuführen.

Bei den PSP-Elementen konnten Prognosetermine parallel zu Eckterminen gepflegt werden. Bei Netzplanvorgängen muss dazu der aktive *Terminkreis* geändert werden. Auf dem Netzplankopf (Transaktion CN22 oder CN23) kann der aktuelle Terminkreis über den Menüpfad *Bearbeiten – Einstellungen – Terminkreis* (Abb. 5.9) umgeschaltet werden.

Anschließend ändert sich die Ansicht auf dem Netzplankopf und allen untergeordneten Vorgängen. Bei allen Terminen sowie allen angegeben Zeitdauern wird dann mit Prognose-Terminen und Prognose-Dauern gearbeitet. Bei der Terminberechnung werden die geplanten Eck-Termine nicht verändert. Nur die Prognose-Termine werden berücksichtigt.

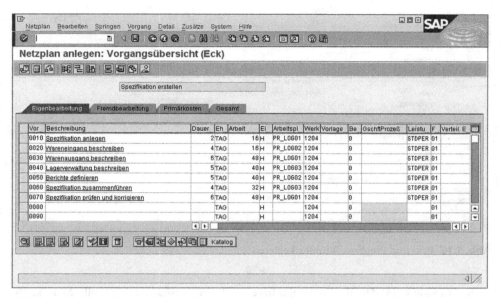

Abb. 5.8 Vorgänge für Spezifikation erstellen

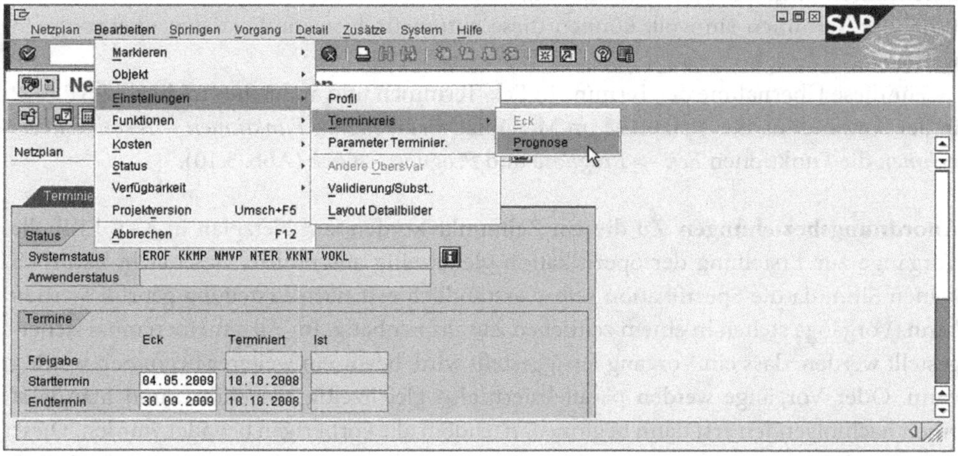

Abb. 5.9 Terminkreis wechseln

Eine praktische Vorgehensweise ist beispielsweise, während der Planung Prognosetermine zu verwenden und im Anschluss diese in die Eck-Termine zu übertragen. Eine anderes Beispiel wäre auf den Eck-Terminen eine Vorwärtsplanung durchzuführen und auf den Prognosedaten eine Rückwärtsrechnung.

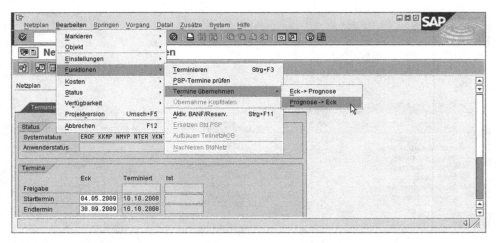

Abb. 5.10 Eck- und Prognose-Termine kopieren

Insbesondere in der Realisierungsphase sind Prognosedaten wertvoll: Man kann hier veränderte Werte angeben (beispielsweise aus Rückmeldungen) und aus den neuen Erkenntnissen, gewonnen aus den Ist-Daten der Realisierung, eine Prognose-Planung durchführen ohne die bisherige Planung verändern zu müssen. Ist die Planung mit den Prognose-Terminen sinnvoll, können diese automatisch in die Eckdaten übernommen werden.

Für diese Übernahme der Termine in Eck-Terminen und andersherum bietet SAP ERP in der Anwendung der Netzpläne im Menüpfad *Bearbeiten – Funktionen – Termine übernehmen* die Funktionen *Eck -> Prognose* und *Prognose -> Eck* (Abb. 5.10).

Anordnungsbeziehungen Zu diesem Zeitpunkt werden laut Netzplan in SAP ERP alle Vorgänge zur Erstellung der Spezifikation gleichzeitig ausgeführt. Das macht natürlich keinen Sinn, da die Spezifikation selbstverständlich erst nach Erstellung geprüft werden kann. Vorgänge stehen in einem zeitlichen Zusammenhang. Im Allgemeinen muss sichergestellt werden, dass ein Vorgang fertiggestellt wird, bevor ein weiterer begonnen werden kann. Oder Vorgänge werden parallelisiert, also gleichzeitig ausgeführt, und man lässt einen nachfolgenden erst dann beginnen, nachdem alle vorherigen beendet wurden. Diese Vorgangs-Beziehungen werden in SAP ERP *Anordnungsbeziehung* genannt. SAP ERP unterstützt die Anordnungsbeziehungen

- Anfangsfolge (AF)
- Endfolge (EF)
- Normalfolge (SF)
- Sprungfolge (SF)

Anordnungsbeziehungen wurden bereits in Kap. 2 erläutert, daher nur kurz zur Wiederholung: Eine Anfangsfolge verbindet die Anfänge zweier Vorgänge – sie müssen also zum gleichen Zeitpunkt beginnen. Eine Endfolge bestimmt, dass zwei Vorgänge zum selben Zeitpunkt abgeschlossen sind. Eine Normalfolge definiert eine Sequenz von Vorgängen. Sie bestimmt, dass der erste Vorgang abgeschlossen sein muss, bevor der zweite beginnen kann. Eine Sprungfolge verbindet den Anfang eines Vorgangs mit dem Ende eines anderen Vorgangs. Mit Sprungfolgen werden im Allgemeinen Maximalabstände definiert.

Um für Vorgänge Anordnungsbeziehungen zu pflegen, wechselt man vom Netzplankopf (Transaktion CN22 oder CN23) zur Vorgangssicht. Hier wird ein Vorgang markiert, für dessen Anordnungsbeziehungen man sich interessiert. Über den Menüpunkt *Vorgang –> AOB Übersicht* gelangt man in die Pflegemaske für die Anordnungsbeziehungen.

In unserem Netzplan möchten wir zuerst die Spezifikation erstellen (das Grundgerüst) und anschließend den Wareneingang, den Warenausgang und die Lagerabwicklung parallel beschreiben lassen. Die Definition der Berichte sollte erst nach der Spezifikation dieser Hauptteile erstellt werden. Für die Erstellung der Anordnungsbeziehungen markieren wir daher den Vorgang *Spezifikation anlegen* und springen in die Anordnungsübersicht. Als Nachfolger wählen wir *Wareneingang beschreiben*, *Warenausgang beschreiben* und *Lagerverwaltung beschreiben*. Dazu kann entweder in der oberen Tabelle direkt die Vorgangsnummer eingetragen oder der gewünschte Vorgang in der unteren Tabelle markiert und über die Schaltfläche ⬜ übernommen werden (Abb. 5.11).

Zunächst handelt es sich bei den drei gewählten Vorgängen um Vorgänger des gewählten Vorgangs *Spezifikation anlegen*. Um die Vorgänge als Nachfolger zu definieren wird das Kennzeichen *Nch* gesetzt. In der nächsten Spalte *Art* wird der Typ der Anordnungsbeziehung gewählt. Es wird immer automatisch NF – für Normalfolge angeboten, da es die am meisten verwendete Art ist.

Für jede Anordnungsbeziehung kann eine zeitliche Einschränkung gepflegt werden. Im Feld *Zeitabst.* kann zusätzlich ein Zeitabstand gepflegt werden, beispielsweise ein Puffer. Bei Normalfolgen bestimmt man damit die Zeit zwischen dem Ende des Vorgängers und dem Anfang des Nachfolgers, bei Sprungfolgen die Maximaldauer der verbundenen Vorgänge.

SAP ERP bietet an dieser Stelle auch die Möglichkeit den Zeitabstand nicht nur absolut anzugeben, sondern ebenso als prozentuales Verhältnis zum Vorgänger bzw. Nachfolger. Diese Eigenschaft wird über das Schlüsselfeld *Schl. Zeitabst.* gesetzt.

Anordnungsbeziehungen auf diese Weise für viele Vorgänge anzulegen, ist nicht sehr komfortabel – insbesondere, weil man leicht den Überblick verliert. Daher bietet SAP ERP eine bessere Möglichkeit an, Anordnungsbeziehungen anzuzeigen und zu pflegen. Über die Toolbar (Abb. 5.12) kann der gewählte Netzplan graphisch dargestellt werden.

In Abb. 5.13 wird die graphische Darstellung unseres Netzplans dargestellt. Zu diesem Zeitpunkt sind nur 4 Vorgänge miteinander verbunden.

Im Abschnitt *Anordnungsbeziehungen anlegen* wird der Umgang mit der Anwendung ausführlich erläutert. Im Anhang, Kap. A 1.3, finden Sie die Anordnungsbeziehungen für die angelegten Vorgänge.

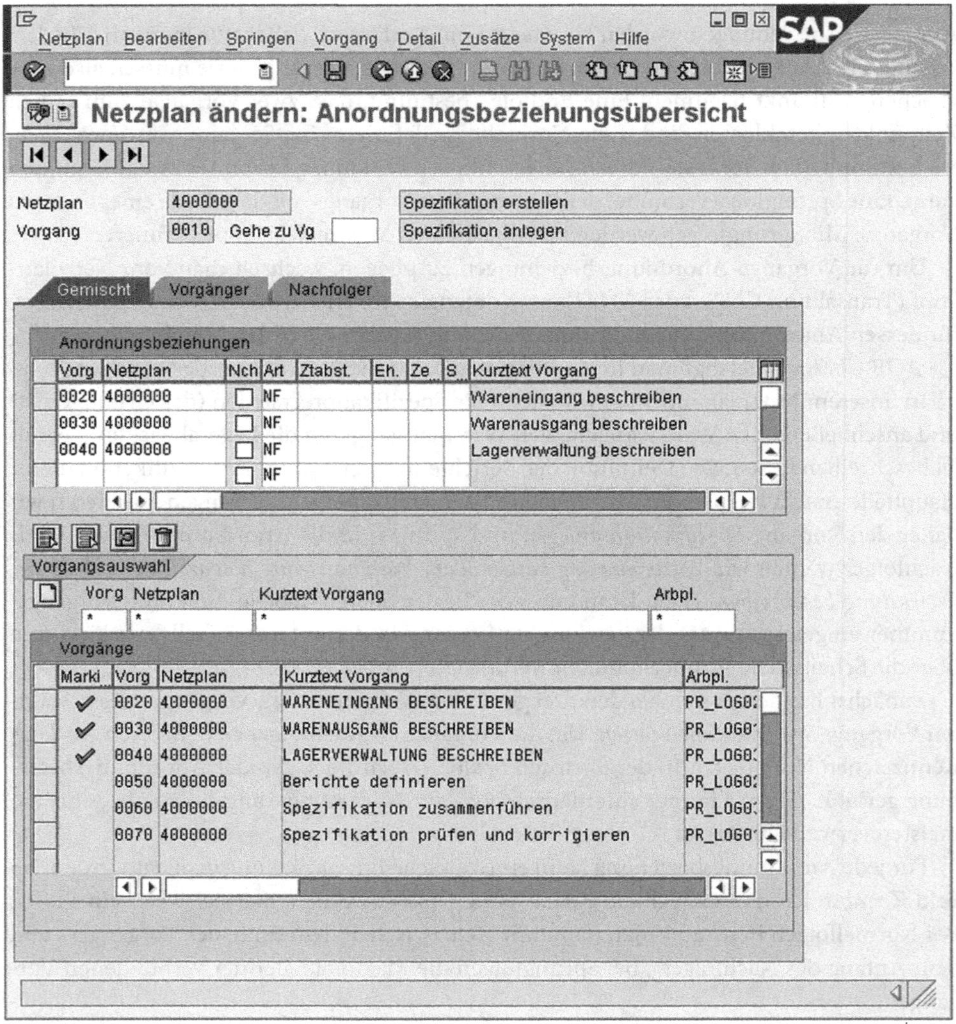

Abb. 5.11 Anordnungsbeziehungen pflegen

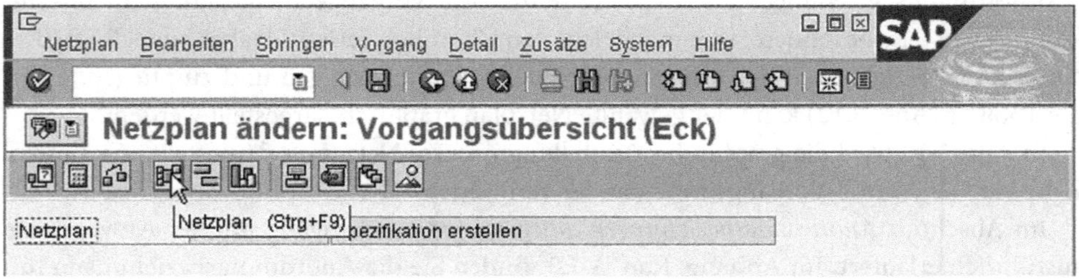

Abb. 5.12 Auswahl Balkenplan

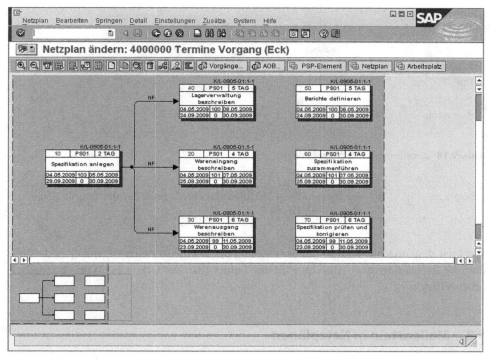

Abb. 5.13 Graphische Darstellung eines Netzplans

Teilnetzpläne Projektplanung verläuft üblicherweise iterativ. Jede Iteration verfeinert den Projektplan und erhöht die Planungssicherheit. PSP-Elemente können hierarchisch verfeinert werden und werden letztlich mit Netzplänen beschrieben. Auch auf Vorgangsebene kann die Planung detailliert werden – mit *Teilnetzplänen*.

Teilnetzpläne sind Netzpläne, die einen Vorgang eines übergeordneten Netzplans detaillierter beschreiben. Ein Vorgang *Buch schreiben* kann beispielsweise in das Schreiben einzelner Kapitel heruntergebrochen werden. Um einen Teilnetzplan anzulegen, muss das Teilnetz selbst zunächst angelegt werden wie ein normaler Netzplan (Transaktion CN21). Nachdem alle Vorgänge und Anordnungsbeziehungen angelegt sind, wechselt man auf den Netzplankopf und hier auf den Reiter *Zuordnungen* (Abb. 5.14). In der Feldgruppe werden die Zuordnungen des Netzplans angezeigt:

Projektdefinition	die Projektdefinition, zu der der Netzplan gehören soll
PSP-Element	das PSP-Element in der Projektdefinition, zu der der Netzplan gehören soll
Verkaufsbeleg	ein etwaiger Kundenauftrag, dem der Netzplan zugeordnet werden soll
Position	die Position des Kundenauftrags, zu welcher der Netzplan zugeordnet werden soll

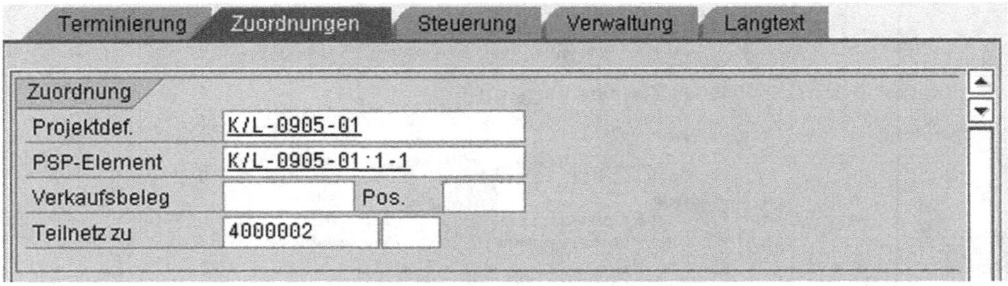

Abb. 5.14 Zuordnungen im Netzplankopf

Teilnetz zu	der übergeordnete Netzplan und der Vorgang, den der aktuelle Netz-
	plan verfeinern soll.

Wechselt man anschließend in die Bearbeitung des übergeordneten Netzplans und wählt dort die *Balkendiagramm*-Ansicht, wird der Teilnetzplan zur Grafik auf Wunsch (Dialog) hinzugefügt.

5.3   Meilenstein in Netzplänen

In Kap. 4 haben wir gesehen, wie Meilensteine PSP-Elementen zugeordnet werden. Meilensteine können auch mit Netzplanvorgängen verknüpft werden. Anders als bei PSP-Meilensteinen sind Vorgangs-Meilensteine durch ihre Verknüpfung mit einem Vorgang eingebettet in den zeitlichen Verlauf eines Projekts.

5.3.1   Vorgangs-Meilensteine anlegen

Um einen Meilenstein für einen Vorgang anzulegen oder zu bearbeiten, öffnet man die Vorgänge eines Netzplans zur Bearbeitung (Transaktion CN22). In der Übersicht der Vorgänge wählt man den Vorgang aus, für den ein Meilenstein angelegt werden soll, und wählt im Menü die Funktion *Vorgang – > Meilensteinübersicht* aus.

Meilensteine für Netzplanvorgänge entsprechen im Grunde den Meilensteinen für PSP-Elemente, sie besitzen allerdings ein paar Felder mehr – diese werden über den zugehörigen Dialog erläutert. Den Dialog erhalten wir entsprechend wie bei PSP-Meilensteinen, indem wir einen Eintrag in der Liste anlegen und diesen mit einem Doppelklick öffnen. Für das LVS-Beispielprojekt hinterlegen wir für den Vorgang *Spezifikation prüfen und korrigieren* einen Meilenstein (Abb. 5.15).

Wie in der Pflegemaske eines PSP-Meilensteins wird eine Verwendung hinterlegt, nach der später im Infosystem selektiert werden kann. In der Feldgruppe Verwendung finden sich die Einträge *Trendanalyse*, *Termin Verkaufsbeleg* und *Fortschrittanalyse* wieder.

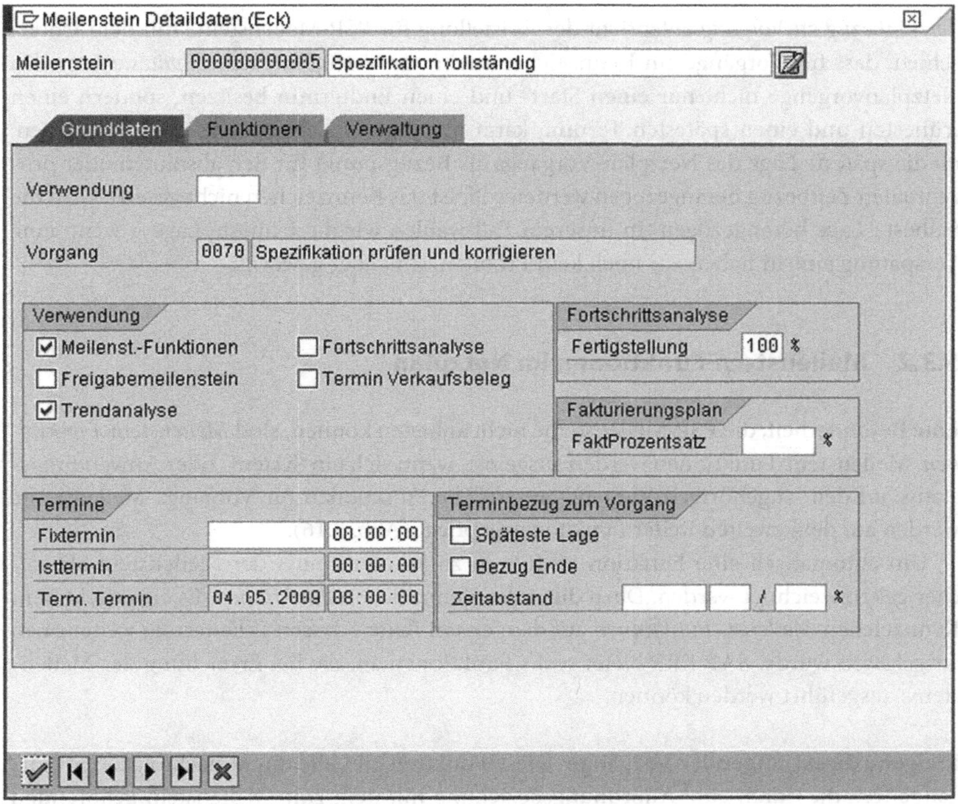

Abb. 5.15 Pflegedialog eines Vorgangs-Meilenstein

Bei den Vorgangs-Meilensteinen gibt es zwei weitere Kennzeichen: *Meilenst. Funktionen* und *Freigabemeilenstein*. Die Erläuterung wird kurz zurückgestellt, da die Felder eng verbunden sind mit den Funktionen, die im zweiten Reiter des Dialogs gepflegt werden. Für unseren Meilenstein „Abschluss der Spezifikation" wird das Kennzeichen *Meilensteinfunktion ausführen* gesetzt. Außerdem verwenden wir diesen Meilenstein in Kap. 6 für die Meilensteintrendanalyse (Kennzeichen Trendanalyse wird gesetzt).

Das Feld *Fertigstellung in Prozent* gibt wie bei PSP-Meilensteinen den Fertigstellungsgrad an, wenn der Meilenstein erreicht wurde, der *Fakturierungsprozentsatz* entsprechend den Teil, der mit Erreichen des Meilensteins fakturiert wird. Unser Meilenstein für die Spezifikation gilt dann als erreicht, wenn 100 % der Spezifikation fertiggestellt wurde.

Anders als bei PSP-Meilensteinen können bei Vorgangs-Meilensteinen Prognose- oder Ecktermine nur in Abhängigkeit des eingestellten Terminkreises gepflegt werden – dies entspricht auch der Terminpflege der Vorgänge und des Netzplankopfes.

Auch für Vorgangs-Meilensteine können Fixtermine hinterlegt werden, die sich innerhalb des Zeitraums des zugehörigen Vorgangs befinden müssen. Die Feldgruppe

Terminbezug zu Vorgang entspricht der Einstellung für PSP-Meilensteine mit dem Unterschied, dass für Vorgänge ein Kennzeichen mehr zur Verfügung steht: *Späteste Lage*. Da Netzplanvorgänge nicht nur einen Start- und einen Endtermin besitzen, sondern einen frühesten und einen spätesten Termin, kann mit diesem Kennzeichen gewählt werden, ob die späteste Lage des Netzplan-Vorgangs als Bezugspunkt für den absoluten oder prozentualen Zeitbezug herangezogen werden soll. Ist das Kennzeichen nicht gesetzt, wird die früheste Lage herangezogen. In unserem Fall wählen wir die früheste Lage – wenn eine Verspätung eintritt haben wir noch kein Problem, sind aber gewarnt.

5.3.2   Meilenstein-Funktionen im Netzplan

Eine Besonderheit, die PSP-Meilensteine nicht anbieten können, sind *Meilenstein-Funktionen*. Meilenstein-Funktionen werden ausgelöst, wenn sich ein System- oder Anwendungsstatus auf dem zugehörigen Vorgang ändert. Die Funktionen für Vorgangs-Meilensteine werden auf dem zweiten Reiter *Funktionen* gepflegt (Abb. 5.16).

Um automatisch eine Funktion ausführen zu können, muss der Meilenstein als solcher gekennzeichnet werden. Dazu dient das Kennzeichen *Funktionen*. Es entspricht dem Kennzeichen *Meilenst.-Funktionen* auf dem ersten Reiter, dessen Erläuterung weiter oben ausgelassen wurde. SAP ERP bietet sechs Funktionen an, die bei Erreichung des Meilensteins ausgeführt werden können.

Freigabe direkt folgender Vorgänge   Diese Funktion gibt alle direkt nachfolgenden Vorgänge frei, die durch eine Anordnungsbeziehung mit dem zum Meilenstein gehörenden Vorgang verbunden sind. Freigeben bedeutet, auch für die weiteren Funktionen, dass der Status der Vorgänge von FREI auf EROF gesetzt wird. Auf diese Weise wird verhindert, dass Vorgänge, die erst mit Abschluss des Vorgängers begonnen werden dürfen, bebucht werden können.

Freigabe bis Freigabemeilenstein   Ein Meilenstein kann in den Grunddaten als Freigabemeilenstein definiert werden. Ist beim Meilenstein eines vorherigen Vorgangs die Funktion *Freigabe bis Freigabemeilenstein* hinterlegt, werden alle Vorgänge auf allen Pfaden der Anordnungsbeziehungen bis zu dem Vorgang, der mit dem Freigabe-Meilenstein verbunden ist, freigegeben. Ist kein nachfolgender Meilenstein als Freigabemeilenstein definiert, werden alle Vorgänge bis zum Ende laut Anordnungsbeziehungen freigegeben.

Standardnetz einbinden   Diese Funktion bietet die Möglichkeit, dass ein Standardnetzplan unter Angabe eines Start- und eines Zielvorgangs mit Normalfolgen eingebunden wird. Start- und Zielvorgang wird in den *Parametern der Funktion* gepflegt. Die Parameter können für alle Funktionen aufgerufen werden, indem die gewünschte Funktion markiert und die Schaltfläche *Parameter* ausgewählt wird. Bei der Funktion *Standardnetz einbinden* gibt es zusätzliche Einstellungen, die bei den anderen Funktionen nicht angeboten

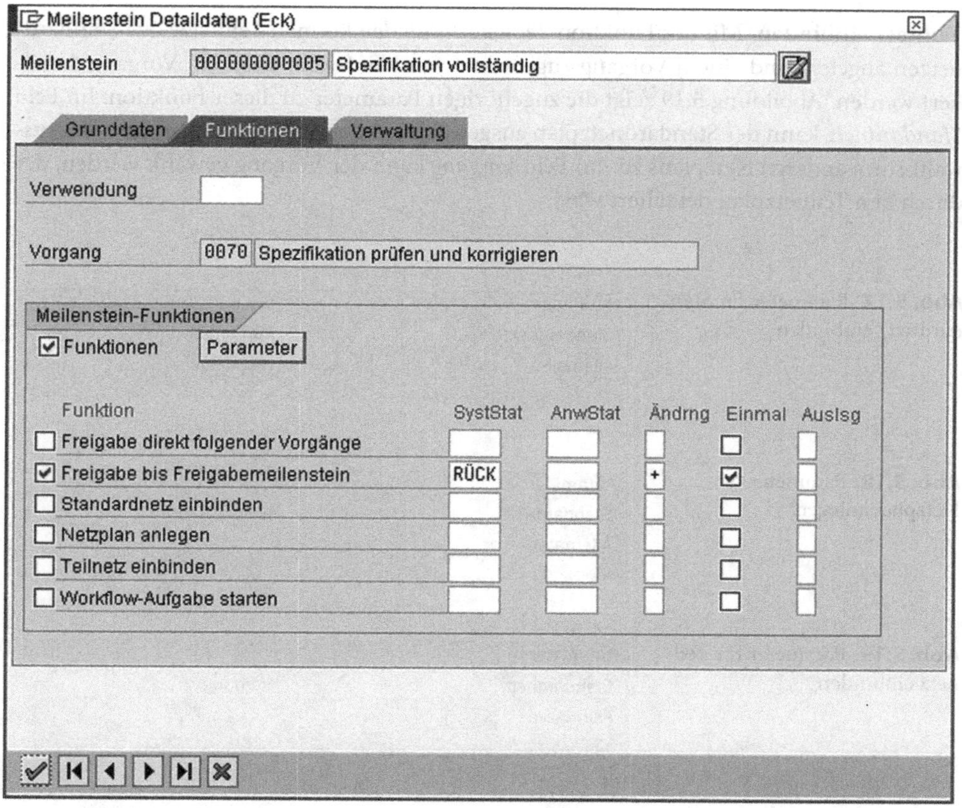

Abb. 5.16 Meilenstein-Funktionen

werden (Abb. 5.17). In den zusätzlichen Parametern in der Feldgruppe *Parameter* wird im Feld *Standardnetz* der einzubindende Netzplan ausgewählt. In den Feldern *Vorgänger* und *Nachfolger* können dann die Vorgänge des aktuellen Netzplans eingetragen werden, zwischen denen der Standardnetzplan eingebunden werden soll. Wird kein Standardnetzplan eingebunden, kann über das Feld *Alternative* auch die Nummer eines anderen Netzplans angegeben werden.

Netzplan anlegen Diese Funktion legt einen neuen Netzplan mit einen Standardnetzplan als Vorlage an. Verzweigt der Standardnetzplan in einen anderen Standardnetzplan, so werden die Anordnungsbeziehungen des neu angelegten Netzplans entsprechend verzweigt. Abbildung 5.18 zeigt die spezifischen Parameter, die für diese Funktion gepflegt werden müssen.

Im Feld *Standardnetz* wird der Netzplan ausgewählt, der als Vorlage für den neuen Netzplan dienen soll. Wie in der vorherigen Funktion kann auch hier über das Feld *Alternative* ein anderer Netzplan gewählt werden. Das Feld *Netzplanart* gibt Auskunft über das Netzplanprofil, welches in den neuen Netzplan übernommen werden soll.

Teilnetz einbinden Mit der Funktion *Teilnetz einbinden* können Teilnetze aus Standard-netzen angelegt und einem Vorgang zugeordnet werden. Damit kann ein Vorgang detail-liert werden. Abbildung 5.19 zeigt die zugehörigen Parameter zu dieser Funktion. Im Feld *Standardnetz* kann der Standardnetzplan ausgewählt werden, die *Alternative* lässt die Aus-wahl eines anderen Netzplans zu. Im Feld *Vorgang* kann der Vorgang gewählt werden, der durch den Teilnetzplan detailliert wird.

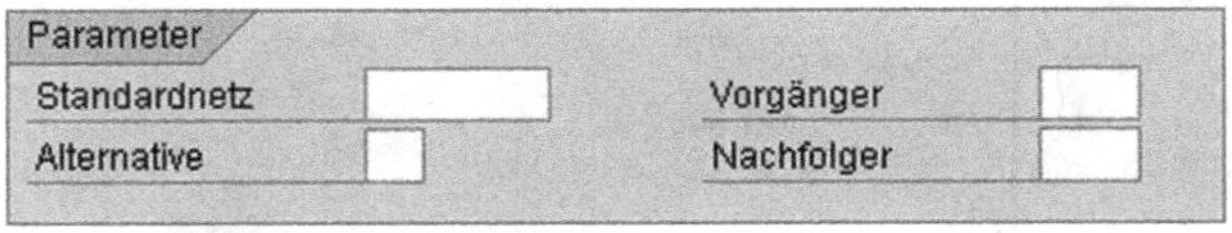

Abb. 5.17 Parameter für Standardnetz einbinden

Parameter			
Standardnetz		Vorgänger	
Alternative		Nachfolger	

Abb. 5.18 Parameter für
Netzplan anlegen

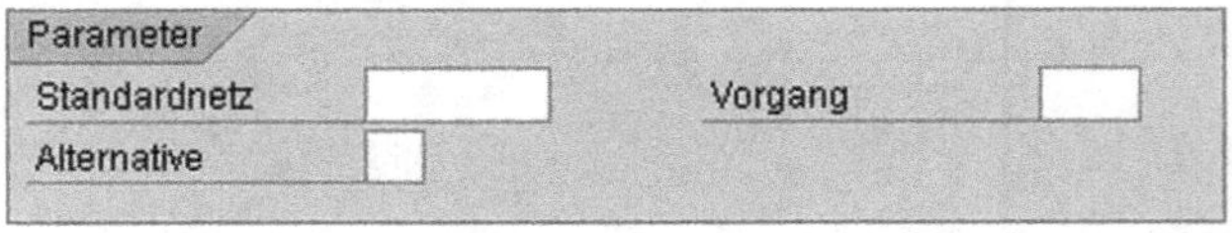

Parameter		
Standardnetz		Netzplanart
Alternative		

Abb. 5.19 Parameter für Teilnetz einbinden

Parameter		
Standardnetz		Vorgang
Alternative		

Abb. 5.20 Parameter für
Workflow-Aufgabe

Parameter	
Aufgabe	

Workflow-Aufgabe starten Die Funktion *Workflow-Aufgabe starten* startet einen selbst-definierten oder einen Standard-Workflow. SAP ERP bietet dazu umfangreiche Werk-zeuge, um Arbeitsabläufe in SAP ERP widerzuspiegeln und Aufgaben automatisiert nacheinander anzustoßen. Workflows würden aber den Rahmen dieses Buches sprengen. In Abb. 5.20 werden die zugehörigen Parameter dargestellt. Hier kann eine Aufgabe (ein Workflow) gewählt werden, die ausgeführt werden soll. Eine Aufgabe kann sein, dass eine Projektversion abgelegt wird oder ein Entscheidungsgremium über den Fortschritt infor-miert wird etc.

Allgemeine Parameter Für unser LVS-Beispielprojekt haben wir entschieden, dass der Meilenstein Spezifikation vollständig auf dem Vorgang Spezifikation prüfen und korrigie-ren eine Funktion erhält: Erst wenn dieser Vorgang vollständig ist, darf mit dem Entwurf

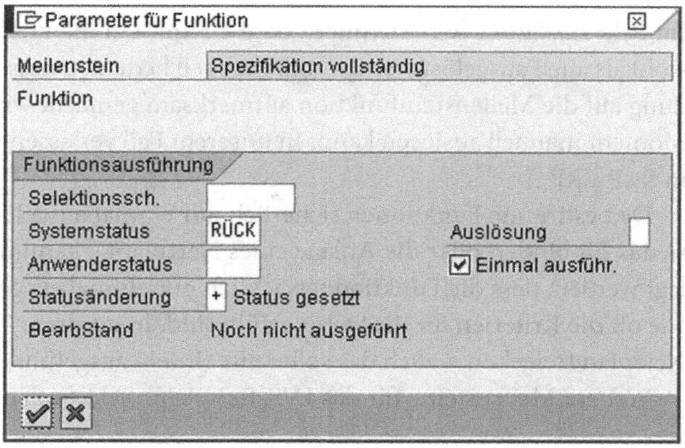

Abb. 5.21 Parameter für
Meilenstein-Funktion

begonnen werden. Es soll allerdings nicht nur der nächste Vorgang freigegeben werden, sondern der Netzplan des Entwurfs bis zum Vorgang Entwurf prüfen und korrigieren. Daher muss auf diesem Vorgang ebenfalls ein Meilenstein angelegt werden, der als Freigabemeilenstein gekennzeichnet ist. Alle Meilensteine zum LVS-Beispielprojekt finden Sie im Anhang.

Zu Beginn des Abschnitts wurde erwähnt, dass zur Ausführung der jeweiligen Funktion ein Statuswechsel stattfinden muss. Dieser muss für die Funktion gewählt werden. Der Status wird direkt neben der Funktion gepflegt oder über den entsprechenden Parameter-Dialog. Abbildung 5.21 zeigt den Parameter-Dialog mit dem Teil, der für alle Funktionen gültig ist.

Im Feld *Selektionsschema* kann ein Schema aus Statuskombinationen ausgewählt werden. Das Feld *Systemstatus* gibt den Status an, ab dem die Funktion ausgeführt werden soll. Alternativ zum Systemstatus kann im Feld *Anwenderstatus* auch ein vom Anwender definierter Status für die Auslösung der Funktion gewählt werden. Unsere Meilenstein-Funktion für die vollständige Spezifikation soll ausgelöst werden, wenn der Vorgang rückgemeldet wurde, also den Systemstatus *RÜCK* erhalten hat. Diesen erhält der Vorgang erst mit der sogenannten *Endrückmeldung*. Ist der Vorgang nur teilrückgemeldet, würde er den Status *TRÜCK* erhalten. Rückmeldungen werden in Kap. 6 erläutert.

Als nächstes muss die Ursache der Statusänderung angegeben werden. SAP ERP bietet drei Möglichkeiten für die Auslösung der Funktion:

- *Status rückgesetzt* – wenn der Status beispielsweise von TABG auch FREI zurückgesetzt wurde
- *Status gesetzt* – also gerade beim Erreichen des Status
- *Status gesetzt oder rückgesetzt* – also grundsätzlich beim Erreichen des Status, unabhängig aus welcher Richtung.

Im Feld *Auslösung* wird definiert, ob die Funktion manuell, durch Statuswechsel oder sowohl als auch ausgelöst werden soll. Manuell bedeutet, dass der Benutzer bei der Rückmeldung auf die Meilensteinfunktion aufmerksam gemacht wird und die Funktion in diesem Moment manuell auslösen kann. In unserem Fall verlassen wir uns auf den Automatismus in SAP ERP.

Da bestimmte Funktionen sicherlich nur einmal ausgelöst werden sollen (beispielsweise das Einbinden oder die Anlage eines Netzplans), kann im Feld *Einmal auslösen* festgelegt werden, dass die Funktion tatsächlich nur einmal ausgelöst werden kann unabhängig, wie oft die Kriterien für die Status erfüllt sind. In unserem Fall möchten wir den folgenden Netzplan freigeben – auch das sollte nur einmal ausgeführt werden.

Weitere Meilensteine für das LVS-Beispielprojekt finden Sie im Anhang.

5.4   Terminierung

Terminierung ist in der deutschen Sprache unter Umständen missverständlich. Terminieren bedeutet in unserem Fall nicht etwas abschließen oder zerstören (wie ein *Terminator*). Terminierung übersetzen wir am besten mit *Termin-Berechnung*. In SAP ERP wird das Wort Terminierung verwendet – daher werden wir das Wort in diesem Buch ebenfalls verwenden.

Projektstrukturplan-Elemente und Netzpläne können automatisch durch Angabe der Ecktermine oder Prognose-Termine durch SAP ERP terminiert werden. Je nach Auswahl der Strategie werden Termine *Top-Down*, also von der Projektdefinition zu den Vorgängen, oder *Bottom-Up*, von den Vorgängen über die PSP-Elemente bis zur Projektdefinition, propagiert. Für das Ergebnis der Terminierung ist außerdem die Berechnungsrichtung ausschlaggebend: Rückwärts- oder Vorwärts-Berechnung.

Netzplan -Terminberechnung   Die Terminberechnung eines Netzplans kann zunächst losgelöst von den zugeordneten PSP-Elementen betrachtet werden – wir erinnern uns: Ein Netzplan muss nicht zwingend einem Projekt oder einem PSP-Element zugeordnet sein. Auf dem Netzplankopf haben wir eine Berechnungsstrategie angegeben: *Vorwärts* oder *Rückwärts*. Die Art der Berechnung wurde durch das gewählte Netzplanprofil vorgegeben, konnte aber überschrieben werden.

Je nach Wahl der Berechnungsstrategie berechnet SAP ERP ausgehend vom Anfangs- oder vom Endtermin den frühesten sowie spätesten Anfangs- und Endtermin jedes Vorgangs. Daher muss bei der Vorwärts-Terminierung ein Startdatum und bei der Rückwärsterminierung ein Enddatum angegeben werden. Im Anschluss an die Anlage des Netzplankopfes werden die einzelnen Vorgänge angelegt. Jeder Vorgang erhält eine normale Dauer, eine minimale Dauer und eine Arbeitsleistung, die der ebenfalls gewählte Arbeitsplatz erbringen soll. Pro Vorgang können dann zusätzlich Einschränkungen gepflegt werden, wie beispielsweise Fixtermine, früheste Anfangs- oder späteste End-Termine. Von Vorteil ist sicherlich, Fixtermine als erstes zu hinterlegen und die weitere Planung darauf aufzubauen. Über die Anlage von Anordnungsbeziehungen schränkt man den Ablauf der Vorgänge weiter ein.

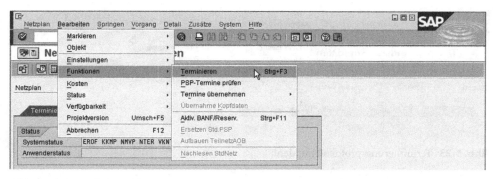

Abb. 5.22 Netzplan terminieren

Sind alle Eckdaten, Fixtermine sowie die Dauer für die jeweiligen Vorgänge gepflegt, kann SAP ERP eine Terminierung vornehmen. Dazu bietet SAP ERP in der Anwendung für die Anlage bzw. der Pflege von Netzplänen (CN21/CN22) unter dem Menüpunkt *Bearbeiten – Funktionen* die Funktion *Terminieren*, wie in Abb. 5.22 dargestellt.

Im Falle einer Rückwärts-Berechnung sucht SAP ERP den Vorgang, der laut Anordnungsbeziehungen keinen Nachfolger aufweist. Diesen terminiert es so, dass das geplante Ende des Vorgangs mit dem Enddatum des Netzplankopfes zusammenfällt und berechnet über die Dauer seinen Starttermin. Über die Vorgänger-Anordnungsbeziehungen werden anschließend alle Endtermine der vorherigen Vorgänge berechnet und über deren Dauer die zugehörigen Starttermine. Dies wird fortgesetzt bis die Vorgänge erreicht werden, die keinen Vorgänger besitzen. Bei einer Vorwärts-Berechnung findet dieser Prozess umgekehrt statt: Ausgehend von den Vorgängen ohne Vorgänger wird der Starttermin des Netzplankopfes als Anfangstermin übernommen und der Endtermin aus der Dauer ermittelt. Aus dem Endtermin wird der Starttermin des Nachfolge-Vorgangs errechnet bis zu den Vorgängen, die keine Nachfolger besitzen.

Bei Netzplänen wird grundsätzlich eine Vorwärts- und Rückwärtsterminierung durchgeführt – die eingestellte Berechnungsart definiert damit nur, ob ein Anfangs- oder Endtermin angegeben werden muss. Nach der gewählten Berechnungs-Strategie wird entweder vom berechneten Endtermin eine Rückwärtsberechnung oder vom berechneten Anfangstermin eine Vorwärtsberechnung durchgeführt. Nur wenn man auf dem Netzplankopf sowohl einen Start- als auch einen Endtermin angibt, können Puffer entstehen.

Wenn Vorgänge Fixtermine oder andere Einschränkungen haben, muss SAP ERP dies in der Termin-Berechnung berücksichtigen. Bei zu vielen oder sich ausschließenden Einschränkungen kommt es bei der Terminierung zu Problemen. Gibt man beispielsweise als Anfangstermin für den Vorgang *Spezifikation anlegen* ein Datum, welches vor dem 4. Mai 2009 liegt, kommt es in jedem Fall zu Fehlern bei der Terminierung – oder der späteste Anfang des Vorgangs *Spezifikation prüfen und korrigieren* liegt innerhalb des Zeitraums der vorherigen Vorgänge, kann die Terminierung ebenfalls nicht erfolgreich durchgeführt werden. Der Puffer der Vorgänge oder nur des einen Vorgangs wird negativ, weil der späteste Anfangstermin vor dem frühesten Anfangstermin liegt. Stößt die Terminierung bei

Abb. 5.23 Terminierungsprotokoll im Menü

Abb. 5.24 Typen der Protokolleinträge

der Berechnung auf einen Fehler, wird ein Fehlerprotokoll erzeugt. Darauf weist SAP ERP am Ende der Terminierung in der Statuszeile hin. Das Protokoll ist im Menu unter *Zusätze – > Protokolle – > Zur Terminierung* zu finden ist (Abb. 5.23).

Es erscheint zunächst eine Übersicht mit den einzelnen Fehlertypen und der Anzahl der Einträge im Protokoll.

Das zugehörige Protokoll wird über die Schaltfläche rechts neben den Fehlertypen aufgerufen (Abb. 5.24). Abbildung 5.25 zeigt beispielhaft, wie das Protokoll nach einer Termin-Berechnung aussieht. Als Beispiel wurde der Anfangstermin des Vorgangs *Wareneingang beschreiben* einen Tag vor den frühesten Anfangstermin des Vorgangs *Spezifikation anlegen* gewählt, um einen Fehler zu provozieren.

Die Spalte *Exception* gibt Auskunft über den Typ des Eintrags: Grün steht für Informations-Eintrag, Gelb für Warnung und Rot für eine Fehlernachricht. Als *Msg-Typ* ist für beide Einträge ein W für Warnung hinterlegt. Das *Arbeitsgebiet* sowie die *Msg-Nr* identifizieren die Herkunft der Nachricht. Wird eine Nachricht häufiger erzeugt, wird einfach der Zähler in der Spalte *Anzahl* erhöht. In der Spalte *Auftrag* steht die Nummer des Netzplans,

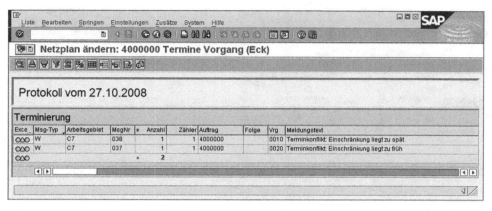

Abb. 5.25 Protokoll der Terminierung

auf den sich die Meldungen beziehen. Die Spalte *Folge* und *Vrg* (für Vorgangsnummer) beziehen sich auf Ablaufpläne in der Produktionssteuerung, auf die hier nicht weiter eingegangen werden kann. Im Meldungstext wird ein Fehlertext geschrieben.

Terminierungsparameter Um etwaige Fehler zu bereinigen, müssen entweder die Ecktermine angepasst oder die Dauer der Vorgänge geändert werden. SAP ERP gibt dem Benutzer Möglichkeiten an die Hand, mittels Parameter in die Terminierung steuernd einzugreifen. Diese Parameter können im Menü unter *Bearbeiten – > Einstellungen – > Parameter Terminierung* gepflegt werden (Abb. 5.26).

Im Dialog der Terminierungs-Parameter kann in die Art der Terminierung sowie in die Reduzierung eingegriffen werden (Abb. 5.27). Zunächst kann angegeben werden, wie viel Tage bei einer Rückwärtsterminierung der Starttermin in der Vergangenheit liegen darf. Liegt der Termin weiter in der Vergangenheit als hier angegeben, wird automatisch die Terminierungsstrategie des Netzplans auf die *Heute-Terminierung* geändert. Das bedeutet, dass für der Plan ausgehend vom Tagesdatum als Startdatum neu berechnet wird.

Bei der Terminierung kann SAP ERP automatisch die Ecktermine des Netzplans anpassen. Dazu werden im Feld *Term. anpassen* vier Strategien angeboten. Folgende Strategien werden angeboten:

- Ecktermine anpassen, Sekundärbedarf auf Vorgangstermine
- Ecktermine anpassen, Sekundärbedarf auf Eckstart
- Ecktermine nicht anpassen, Sekundärbedarf auf Vorgangstermine
- Ecktermine nicht anpassen, Sekundärbedarf auf Eckstart

Da Sekundärbedarfe hier keine Rolle spielen, reduzieren sich die Strategien auf zwei: Ecktermine anpassen oder nicht. Bei einer Vorwärtsterminierung wird im Falle der Strategie *Ecktermine anpassen* der Eckendtermin verändert, im Falle einer Rückwärtsterminierung der Eckstarttermin (wird der Prognose-Terminkreis verwendet, gelten die Regeln entsprechend für die Prognosetermine).

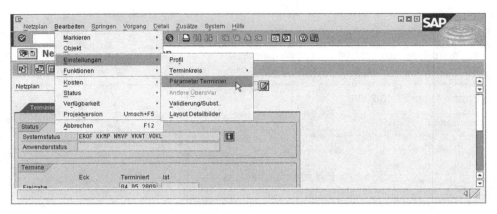

Abb. 5.26 Terminierungsparameter im Menü

Abb. 5.27 Terminierungsparameter

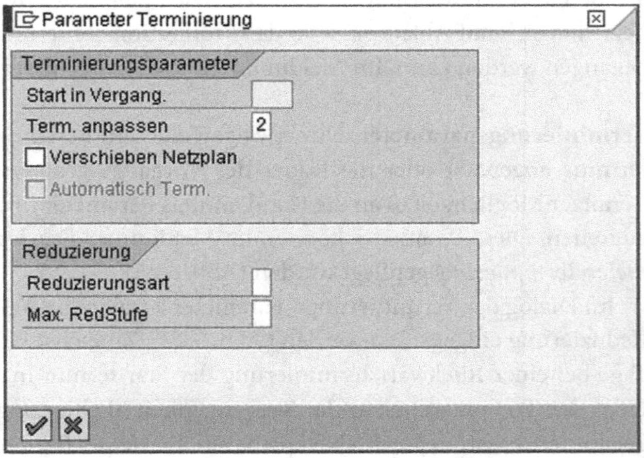

Das Kennzeichen *Verschieben Netzplan* steuert, ob durch Rückmeldungen erfasste Ist-Termine bei der Terminierung berücksichtigt werden sollen oder nicht. Ist das Kennzeichen gesetzt, werden sie nicht berücksichtigt.

Ist der Zeitraum aus Start- und Endtermin für die Vorgänge zu kurz, kann als weitere Strategie neben der Anpassung der Ecktermine auch die Anpassung der Vorgangsdauer genutzt werden. Dazu hat jeder Vorgang eine normale und eine minimale Dauer. Mittels einer *Reduzierungsstrategie* kann die normale Dauer stufenweise auf die minimale Dauer reduziert werden. SAP ERP bietet maximal sechs Reduzierungsstrategien, die im Customizing gepflegt werden können. Über die Kopie des Referenzmandanten sind fünf Stufen definiert:

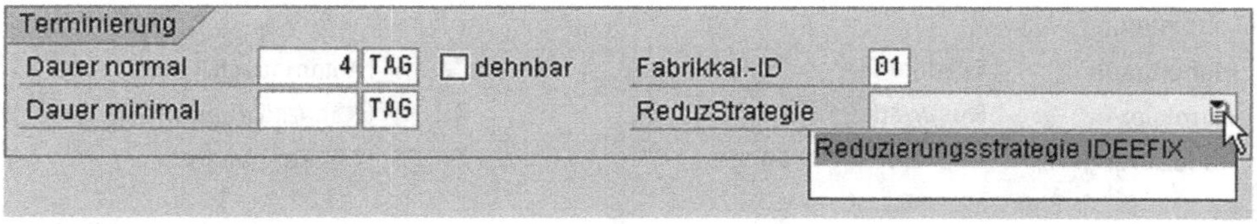

Abb. 5.28 Reduzierungsstrategie im Vorgang

- Reduzierungstufe 1 20 %
- Reduzierungstufe 2 40 %
- Reduzierungstufe 3 60 %
- Reduzierungstufe 4 80 %
- Reduzierungstufe 5 100 %

In den Terminierungsparametern kann im Feld *Max.RedStufe* eingestellt werden, bis zu welcher Stufe maximal reduziert werden darf. Welche Vorgänge reduziert werden dürfen, kann über den Vorgang selbst ausgewählt werden. Dazu befindet sich in den Grunddaten jedes Vorgangs ein Auswahlfeld, ob und welche Reduzierungsstrategie gewählt werden soll – die Stufe kann allerdings nicht festgelegt werden (Abb. 5.28).

In den Terminierungsparametern können mit der Einstellung im Feld *Reduzierungsart* die Vorgänge weiter auf eine Auswahl beschränkt werden, die auf dem sogenannten *Kritischen Pfad* liegen. Den kritischen Pfad in einem Netzplan bilden die Vorgänge, deren Verzögerung direkte Auswirkung auf den Projektendtermin haben (siehe Kap. 2).

Eine Reduzierung verläuft dann wie folgt: SAP ERP versucht zunächst die Terminierung normal auszuführen. Liegen die Ecktermine zu eng, startet SAP ERP die Reduzierung. Das bedeutet, die Dauer der Vorgänge, bei denen eine Reduzierung erlaubt ist, wird reduziert. Als erstes wird die Reduzierungsstufe 1 angewandt – die Dauer wird also um 20 % gekürzt – vorausgesetzt die minimale Dauer wird dadurch nicht unterschritten. Anschließend wird die Terminierung erneut durchgeführt. Wenn die Kürzung nicht ausgereicht hat, werden die Vorgänge durch Reduzierungsstufe 2 um 40 % gekürzt (immer ausgehend vom ursprünglichen Ausgangswert). Reicht auch diese Kürzung für eine fehlerfreie Terminierung nicht aus, muss die nächste Reduzierungsstufe gewählt werden. Dieser Vorgang wird wiederholt bis entweder die minimale Dauer unterschritten werden müsste oder die maximale Reduzierungsstufe laut Terminierungsparameter erreicht wurde. Welche Stufe tatsächlich angewandt wurde, wird im Netzplankopf ausgewiesen (Abb. 5.29).

Es ist leicht ersichtlich, dass mit automatischen Reduzierungen vorsichtig umgegangen werden muss. Schnell ist die minimale Dauer einer Vorgangs nicht realistisch und maximal unter absolut idealen Bedingungen einhaltbar. Eine automatische Kürzung der Durchlaufzeiten kann eine solch kurze Dauer schnell einfordern. Daher sollte man sich gut überlegen, welche Vorgänge einer Reduktion unterworfen werden dürfen, wenn man diesen Automatismus verwenden möchte. Sinnvoll kann es sein, Puffer als eigene Vorgänge zu planen und nur diese reduzieren zu lassen. Dies bleibt aber dem Planer überlassen.

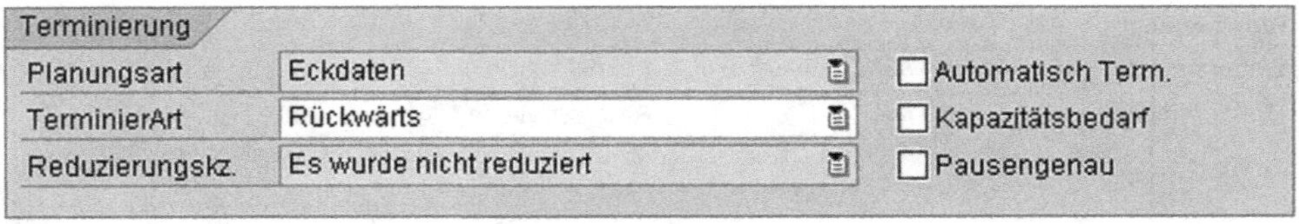

Terminierung			
Planungsart	Eckdaten	▣	☐ Automatisch Term.
TerminierArt	Rückwärts	▣	☐ Kapazitätsbedarf
Reduzierungskz.	Es wurde nicht reduziert	▣	☐ Pausengenau

Abb. 5.29 Anzeige der Reduzierungsstufe

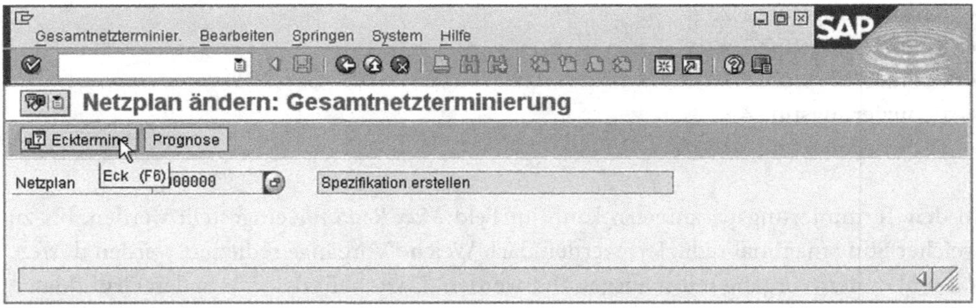

Abb. 5.30 Einstieg Gesamtnetzterminierung

Gesamtnetzplanterminierung Unser Beispiel-Projekt haben wir zu diesem Zeitpunkt
mit genügend Informationen versehen, um eine Terminplanung durchführen zu können.
Die vorgestellte Netzplanterminierung führt uns allerdings nicht zum Ziel. Wenn wir den
Netzplan Entwurfs-Phase aufrufen, wird sich die Planung an den Eckterminen des Netzplankopfes orientieren. Hier haben wir die Ecktermine des Gesamtprojekts hinterlegt, da
wir nicht wissen, wie die Entwurfs-Phase terminlich eingebettet wird. Die Netzpläne in
unserem Beispielprojekt haben komplexere Abhängigkeiten, da die Anordnungsbeziehungen netzplanübergreifend sind. Daher müssen wir eine Gesamtterminierung vornehmen,
also eine Termin-Berechnung, die alle abhängigen Vorgänge in den verbundenen Netzplänen berücksichtigt. Dafür bietet SAP ERP eine *Gesamtnetzterminierung*.

▶   EASY-ACESS • Rechnungswesen • Projektsystem • Termine • Gesamtnetztermi-
         nierung (CN24)

Die Gesamtnetzterminierung funktioniert wie die beschriebene Netzplan-Terminierung – sie berücksichtigt aber zusätzlich netzplanübergreifende Abhängigkeiten. Abbildung 5.30 zeigt den Einstieg der Anwendung. Zunächst wird ein Netzplan ausgewählt.
In unserem Beispielprojekt ist es eigentlich unwichtig, welchen Netzplan wir nehmen, da
alle Netzpläne eine Abhängigkeit aufweisen. Nehmen wir daher einfach den ersten: *Spezifikation erstellen*. Für die Terminierung kann über die beiden Schaltflächen *Ecktermine*
und *Prognose* bestimmt werden, ob die Terminierung im Prognose- oder im Eck-Termin-
kreis stattfinden soll. Wir entscheiden uns für die Ecktermine. In der Anwendung können

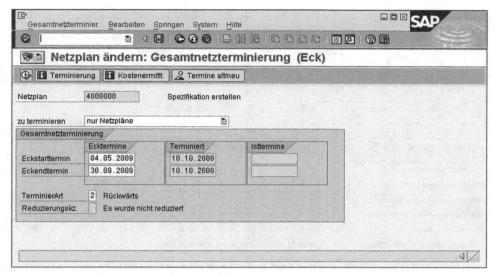

Abb. 5.31 Gesamtnetzterminierung

die Einstellungen für die Terminierung angepasst werden. Als Eck-Starttermin wird der kleinste gemeinsame Termin der verbundenen Netzpläne, als Eck-Endtermin der größte gemeinsame Termin als Vorschlag übernommen. Die Berechnungsstrategie wird hier netzplanübergreifend gewählt (Abb. 5.31).

Wie bei der einfachen Netzplan-Terminierung können auch hier im Menü die Terminierungsparameter (max. Reduzierung, Termin in der Vergangenheit etc.) verändert werden. Über die Schaltfläche 🕘 wird die Terminberechnung ausgelöst.

Im Anschluss an die Terminierung können über die Schaltflächen in der Toolbar direkt die zugehörigen Protokolle aufgerufen werden – sofern Fehler aufgetreten sind. Achtung: Die Termine für die Netzpläne sind zu diesem Zeitpunkt noch nicht gespeichert. Um das Ergebnis der Terminierung anzuzeigen, bietet SAP ERP einen Neu-Alt-Vergleich an, der über die Menüfunktion *Springen -> Terminübers. alt/neu* aufgerufen wird (Abb. 5.32). Die jeweils erste Zeile zeigt die Ursprungstermine, die nachfolgende Zeile die neuen Termine.

Über die Schaltfläche 🔄 gelangen wir wieder zurück zur Anwendung und können die Termine über die *Speichern*-Schaltfläche sichern.

PSP-Elemente terminieren Die Netzplanstruktur haben wir in unserem Projekt übergreifend mit der Gesamtnetzplanung geplant. Die PSP-Elemente besitzen aber noch keine Eck-Daten. Um die PSP-Elemente zu terminieren, gibt es verschiedene Möglichkeiten – eine davon ist die Anwendung *Ecktermine ändern*.

▶   EASY-ACESS • Rechnungswesen • Projektsystem • Termine • Ecktermine ändern
     (CJ21)

Netzplan	Kurztext	EckStart		Eckende
4000000	Spezifikation erstellen	04.05.2009		30.09.2009

Vrg	Kurztext Vorgang	Früh.Start	Früh. Ende	Spät.Start	Spät.Ende
0010	Spezifikation anlegen	04.05.2009	05.05.2009	29.09.2009	30.09.2009
		04.05.2009	05.05.2009	20.05.2009	22.05.2009
0020	Wareneingang beschreiben	04.05.2009	07.05.2009	25.09.2009	30.09.2009
		06.05.2009	11.05.2009	27.05.2009	02.06.2009
0030	Warenausgang beschreiben	04.05.2009	11.05.2009	23.09.2009	30.09.2009
		06.05.2009	13.05.2009	25.05.2009	02.06.2009
0040	Lagerverwaltung beschreiben	04.05.2009	08.05.2009	24.09.2009	30.09.2009
		06.05.2009	12.05.2009	26.05.2009	02.06.2009
0050	Berichte definieren	04.05.2009	08.05.2009	24.09.2009	30.09.2009
		14.05.2009	20.05.2009	03.06.2009	09.06.2009
0060	Spezifikation zusammenführen	04.05.2009	07.05.2009	25.09.2009	30.09.2009
		22.05.2009	27.05.2009	10.06.2009	16.06.2009
0070	Spezifikation prüfen und korrigieren	04.05.2009	11.05.2009	23.09.2009	30.09.2009
		28.05.2009	05.06.2009	17.06.2009	24.06.2009

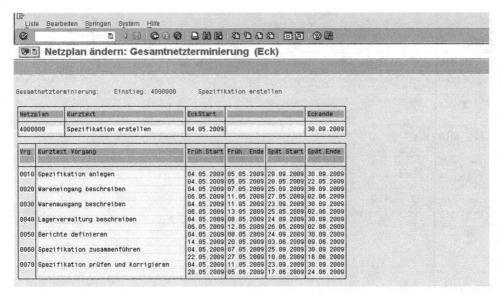

Abb. 5.32 Terminübersicht Alt/Neu

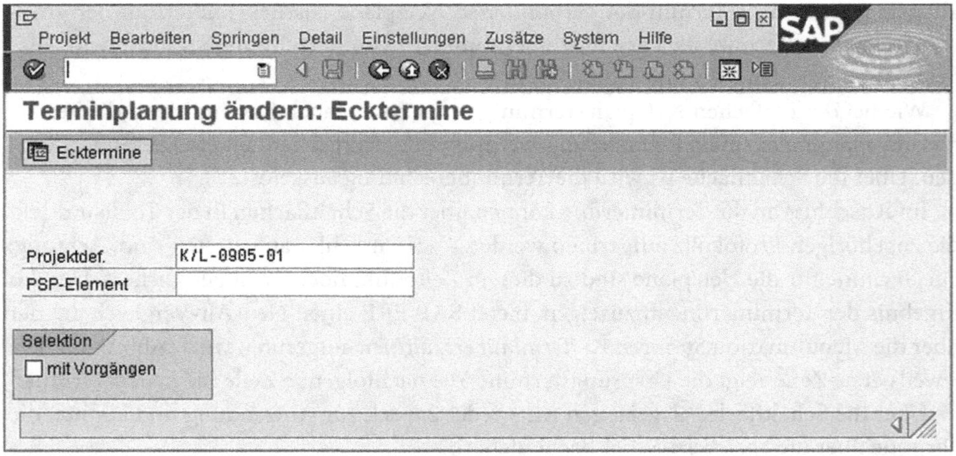

Abb. 5.33 Einstieg Ecktermine ändern

Beim Einstieg in die Anwendung wird zunächst das Projekt gewählt, welches bearbeitet werden soll. Um nur eine Unterstruktur zu bearbeiten, kann die Selektion auf ein PSP-Element eingeschränkt werden (Abb. 5.33).

Das Kennzeichen *mit Vorgängen* in der Feldgruppe *Selektion* bewirkt, dass beim Laden des Projekts die Vorgänge mitgeladen werden. Bei sehr großen Projekten wirkt sich das Kennzeichen stark auf die Performance aus. Ist das Kennzeichen nicht gesetzt, werden die Vorgänge erst bei Bedarf nachgeladen.

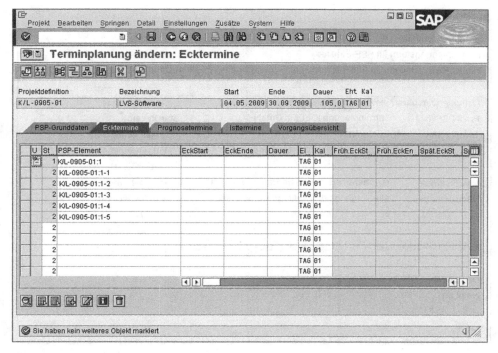

Abb. 5.34 Ecktermine der PSP-Elemente

Abbildung 5.34 zeigt die Liste der PSP-Elemente mit ihren Eckterminen. Um zu den zugehörigen Vorgängen zu wechseln, muss erst ein PSP-Element ausgewählt werden, bevor man in den Reiter *Vorgänge* wechseln kann. In diesem Reiter werden dann genau die Vorgänge des ausgewählten PSP-Elements angezeigt.

Über die Menüfunktion *Bearbeiten -> Terminieren* werden alle ausgewählten PSP-Elemente inklusive der zugehörigen Vorgänge terminiert. In unserem Beispiel-Projekt würde der komplette Netzplan neu terminiert und insbesondere die Ecktermine angepasst werden.

Auch hier können die Terminierungsparameter, die prinzipiell im Customizing hinterlegt werden, situativ beeinflusst werden. Die Parameter finden sich im Menü unter *Einstellungen/Optionen* (Abb. 5.35). Um die Terminierung für unser Beispielprojekt durchzuführen wählen wir alle PSP-Elemente aus und starten die Terminierung über die Schaltfläche mit dem kleinen Kalendersymbol bzw. einer 7 im Symbol. Die terminierten Termine der PSP-Elemente haben sich gemäß den Terminen auf den zugehörigen Netzplänen verändert.

Um die terminierten Termine der PSP-Elemente in die Ecktermine zu übernehmen, markieren wir erneut die PSP-Elemente und wählen die Menüfunktion *Bearbeiten -> Termine abstimmen -> Terminierte Termine übernehmen*. Anschließend speichern wir die Daten und haben ein vollständig geplantes Projekt. Abbildung 5.36 zeigt die Termine, wie Sie nach der Terminierung für das Beispielprojekt aussehen sollten.

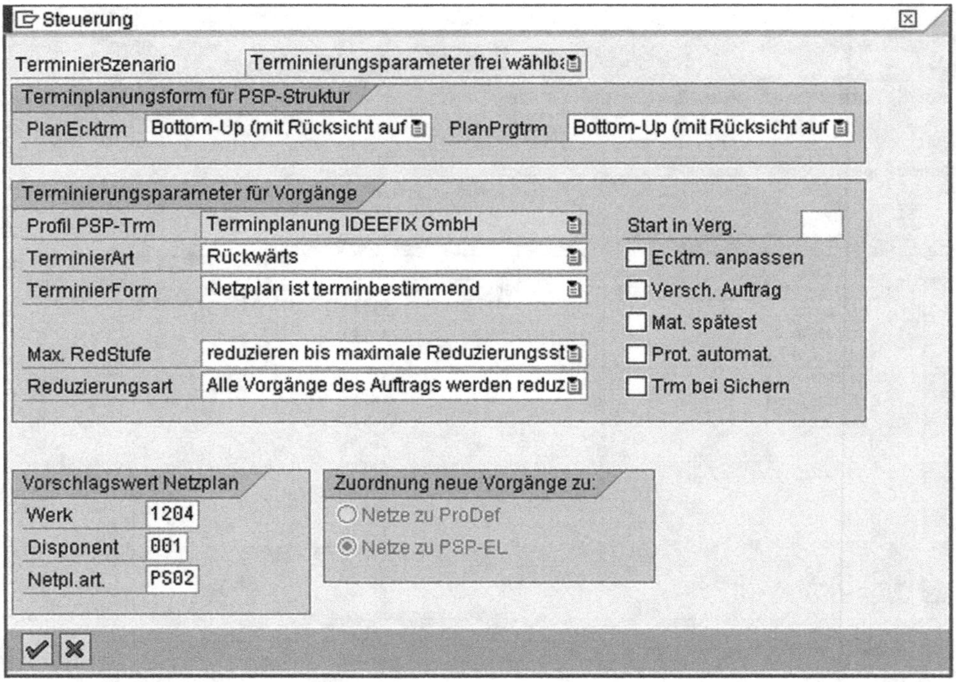

Abb. 5.35 Steuerung für die Terminierung

PSP-Element	EckStart	EckEnde	Dauer	Ei	Kal	Früh.EckStart	Früh.EckEn	Spät.EckSt	Spät.EckEn	Dauer	Eh.	V	T
K/L-0905-01:1	04.05.2009	14.09.2009	93	TAG	01	04.05.2009	14.09.2009	04.05.2009	14.09.2009	93,0	TAG	☐	☐
K/L-0905-01:1-1	04.05.2009	05.06.2009	23	TAG	01	04.05.2009	05.06.2009	04.05.2009	05.06.2009	23,0	TAG	☑	☐
K/L-0905-01:1-2	08.06.2009	29.06.2009	15	TAG	01	08.06.2009	29.06.2009	08.06.2009	29.06.2009	15,0	TAG	☑	☐
K/L-0905-01:1-3	30.06.2009	14.09.2009	55	TAG	01	30.06.2009	06.08.2009	30.06.2009	14.09.2009	28,0	TAG	☑	☐
K/L-0905-01:1-4	07.08.2009	25.08.2009	13	TAG	01	07.08.2009	25.08.2009	07.08.2009	25.08.2009	13,0	TAG	☑	☐
K/L-0905-01:1-5	26.08.2009	14.09.2009	14	TAG	01	26.08.2009	14.09.2009	26.08.2009	14.09.2009	14,0	TAG	☑	☐

Abb. 5.36 Ecktermine für das LVS-Beispielprojekt

5.5   Kosten planen

Zu Beginn jedes Projekts müssen neben dem zeitlichen Ablauf auch Kosten geplant werden. Material und vor allem Ressourcen verschlingen Kosten, die rechtzeitig fakturiert oder innerhalb des Unternehmens kompensiert werden müssen. Weiter bildet ein Kostenplan neben dem Terminplan die Basis für eine objektive Fortschrittsanalyse. In unserem Beispiel-Projekt haben wir bereits alle notwendigen Daten hinterlegt, um die Gesamtkosten ermitteln zu können: Jeder Netzplanvorgang hat eine geplante Arbeitsleistung sowie einen Arbeitsplatz. Der Arbeitsplatz ist mit einer Kostenstelle und einer Leistungsart verknüpft, die wiederum in Abhängigkeit des Geschäftsjahrs einen hinterlegten

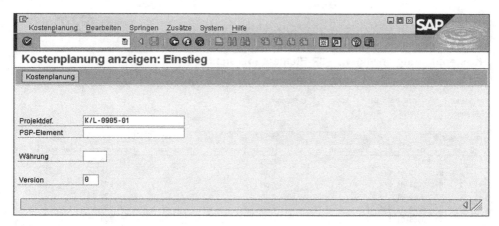

Abb. 5.37 Einstieg Gesamtkosten im PSP anzeigen

Tarif besitzt. Damit kann SAP ERP anhand der Arbeitsstunden die Kosten der Vorgänge berechnen. Um die Kosten einzusehen, rufen wir die Anwendung *Gesamtkosten im PSP anzeigen* auf.

▶   EASY-ACESS • Rechnungswesen • Projektsystem • Controlling • Planung • Kosten im PSP • Gesamt • Anzeigen (CJ41)

Abbildung 5.37 zeigt die Einstiegsmaske. Hier wird zuerst das gewünschte Projekt ausgewählt und ggf. ein PSP-Element, für das die Kosten analysiert werden sollen. Im Feld Version wird die Plan-Version eingetragen. Im Unternehmen können mehrere Planversionen gepflegt werden, um beispielsweise Simulationen durchführen zu können. Mit der Version 0 wird üblicherweise die aktuelle Plan/Ist-Version gekennzeichnet – so auch in unserem Beispielprojekt.

Über die Schalfläche *Kostenplanung* gelangen wir zu dem Kostenbericht für unser Projekt. Hier ist im oberen Teil im Feld *Zeitraum* (Auswahl des Geschäftsjahres) das aktuelle Jahr voreingestellt. Um in die Jahresplanung für 2009 zu gelangen, müssen wir dieses Feld abändern. Anschließend erhalten wir die Kostenplanung für unser Projekt. Abbildung 5.38 zeigt die Plankosten, wie sie zu diesem Zeitpunkt aussehen müssen.

Budget Dieser Kostenplan kann manuell angepasst werden. In vielen Unternehmen wird mit Hilfe dieser Kosteninformation ein Projektantrag gestellt. Wird dieser genehmigt, erhält das Projekt ein Budget. Dazu bietet SAP ERP im Projektsystem entsprechend weitere Anwendungen.

▶   EASY-ACESS • Rechnungswesen • Projektsystem • Controlling • Budgetierung • Originalbudget • Ändern (CJ30)

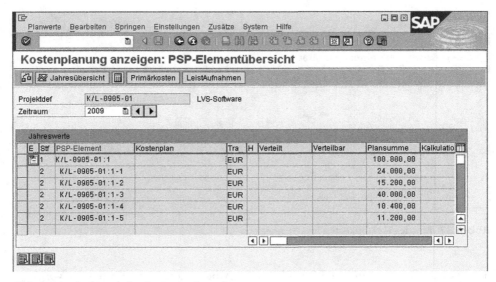

Abb. 5.38 Plankosten für das Beispielprojekt

Wie bei der Kostenplanung wird auch zunächst das Projekt und ggf. ein PSP-Element ausgewählt. Über die Schaltfläche *Orginalbudget* gelangt man in die PSP-Element Übersicht,
um das Originalbudget zu ändern. In der Spalte *Plansumme* werden die geplanten Kosten
dargestellt. Diese können vollständig budgetiert werden, indem die Spalte *Plansumme* und
ein gewünschtes PSP-Element markiert werden. Um alle PSP-Elemente zu budgetieren,
werden zusätzlich zu der Spalte alle PSP-Element einfach markiert werden (Abb. 5.39).

Anschließend werden die Werte über die Menüfunktion *Bearbeiten -> Kopieren Sicht*
in die Budget-Spalte übernommen. Beim Ausführen der Funktion erscheint eine Auswahl,
aus welchem Feld man die Daten kopieren möchte – in unserem Fall aus den Planzahlen.
Anschließend erscheint der Dialog in Abb. 5.40. Hier kann angegeben werden, ob etwaige
vorhandene Werte überschrieben oder addiert werden sollen. Außerdem kann ein Prozentsatz angegeben werden, um die Plansumme im Budget prozentual zu verändern. Für
unser Beispiel wählen wir 100 %.

Nachdem das Projekt budgetiert wurde, erhalten die PSP-Elemente einen zusätzlichen
Systemstatus *BUDG – für budgetiert*. Nach der Budgetierung kann das Projekt das Budget
freigeben.

5.6   Project Builder und die Projektplantafel

Im vorigen Abschnitt wurde gezeigt, wie Projektstrukturpläne und Netzpläne unabhängig
voneinander angelegt und wie Netzpläne terminiert werden. Für diese Tätigkeiten bietet
SAP ERP ein Werkzeug, das diese Einzeltätigkeiten zusammenfasst in wenige, integrierte
Sichten. Um die Struktur eines Projekts aufzubauen bietet SAP ERP den *Project Builder*

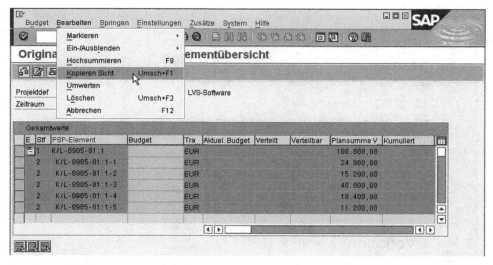

Abb. 5.39 Plansummen kopieren

Abb. 5.40 Werte Kopieren

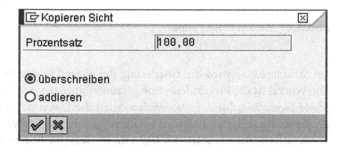

▶   EASY-ACESS • Rechnungswesen • Projektsystem • Projekt • Project Builder
        (CJ20N)

Wenn Sie den Project Builder zum ersten Mal öffnen, erscheint ein Dialog für benutzer-
spezifische Einstellungen, beispielsweise welche Sicht beim Start geöffnet werden soll.
Diesen Dialog können Sie bestätigen – die Standardeinstellungen sind ausreichend. Über
den Menüpfad *Einstellungen –> Optionen* können diese Einstellungen jederzeit im Nachhinein verändert werden.

Der Project Builder gliedert sich in drei Arbeitsbereiche (Abb. 5.41):

- Strukturbaum
- Arbeitsbereich
- Vorlagen/Arbeitsvorrat

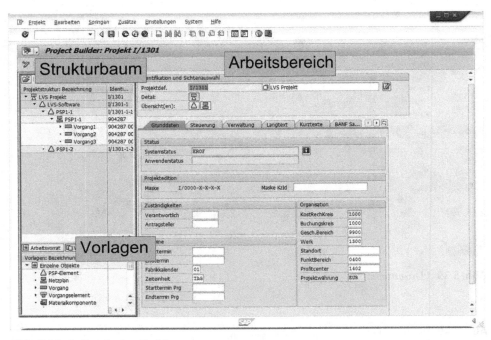

Abb. 5.41 Aufbau Project Builder

Im *Strukturbaum* wird die Gliederung des aktuell zu bearbeitenden Projekts angezeigt. Die Wurzel ist die Projektdefinition, darunter gliedern sich Projektstrukturplan-Elemente sowie Netzpläne. Im *Arbeitsbereich* werden die Daten des im Strukturbaum markierten Elements angezeigt und können bearbeitet werden. Im *Arbeitsvorrat* befinden sich zuletzt verwendete Elemente sowie Vorlagen für die schnelle Bearbeitung eines Projekts.

Anlage eines Projekts Um im Project Builder ein neues Projekt anzulegen, wird im Strukturbaum über die zugehörige Schaltfläche der Eintrag *Projekt* in der Elementauswahl gewählt (Abb. 5.42).

Ein anderer, komfortabler Weg ist die Verwendung der Vorlagen. Hier finden wir den Eintrag *Projektdefinition*, der via Drag&Drop (Ziehen und Loslassen der Maus) in den Strukturbaum gezogen werden kann. Dadurch wird ebenfalls ein neues Projekt angelegt. Diese Vorgehensweise gilt für alle Elemente in den Vorlagen.

Mit Anlage einer neuen Projektdefinition erscheint automatisch auf der linken Seite das Element an oberster Stelle im Strukturbaum. Über die Schaltfläche *Öffnen* wird ein vorhandenes Projekt geöffnet. Im Arbeitsbereich werden die Daten für die Projektdefinition eingegeben – die Daten entsprechen den in Kap. 4 vorgestellten. In den Daten der Projektdefinition kann auf der rechten Seite im Arbeitsbereich über die Schaltfläche mit dem kleinen Dreieck in die Liste der Projektstrukturplan-Elemente direkt gewechselt werden. Öffnen Sie unser Beispielprojekt im Project Builder und wechseln in die PSP-Ansicht. Abbildung 5.43 zeigt die Liste der PSP-Elemente in unserem Beispielprojekt.

Abb. 5.42 Neues Projekt im Project Builder

Wie in der Einzelanwendung in Kap. 4 vorgestellt, können im Project Builder die PSP-Elemente ebenfalls in einer Liste schnell hintereinander eingegeben werden. Die Hierarchie der PSP-Elemente wird entsprechend über die Spalte *ST-Stufe* festgelegt. Die Einordnung in die Hierarchie kann im Nachhinein leicht im Strukturbaum über das Kontextmenü (*Hierarchie -> Herauf-/Herabstufen*) geändert werden, die Reihenfolge einfach via Drag&Drop. Auch hier können neue PSP-Elemente über die Vorlagen aus dem Arbeitsvorrat sowie über die Toolbar im Strukturbaum einzeln angelegt werden. Für die Anlage vieler Elemente in einem größeren Projekt bietet sich die Listenform an.

Nachteilig am Project Builder ist, dass durch Speichern das aktuelle Projekt geschlossen wird. Es lässt sich zwar leicht erneut durch die Liste zuletzt bearbeiteter Projekte im Arbeitsvorrat öffnen, trotzdem ist es etwas umständlich. Explizites Speichern ist trotzdem wichtig, da das reine Wechseln zwischen den einzelnen Elementen keinem permanentem Speichervorgang entspricht.

Anlage eines Netzplans Um Projektstrukturplan-Elemente durch Vorgänge zu verfeinern und zu planen, wählt man zuerst das betroffene Projektstrukturplan-Element im Strukturbaum aus und wählt die Schaltfläche mit dem kleinen grünen Balken. Dies entspricht der Vorgehensweise wie in Abschn. 5.2 vorgestellt. Bestätigt man die Vorgänge mit [ENTER], legt der Project Builder automatisch einen neuen Netzplankopf unter dem zugehörigen PSP-Element an. Alle Vorgänge sowie der Netzplankopf erhalten zunächst eine temporäre Nummer. Diese Nummer wird beim Speichern verändert.

Teilnetzpläne werden auf dieselbe Weise, wie in Abschn. 5.2 erläutert, im Project Builder angelegt: Zunächst wird das Teilnetz unabhängig angelegt und anschließend über die

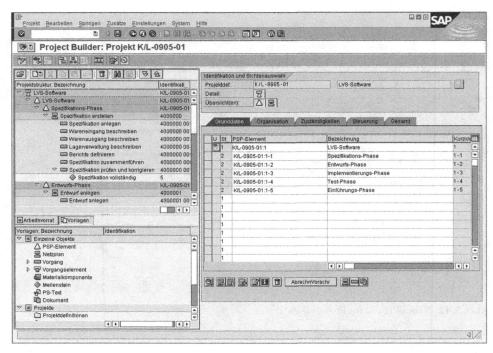

Abb. 5.43 Liste der PSP-Elemente

Zuordnung dem entsprechenden Vorgang zugeordnet. Im Strukturbaum auf der linken Seite wird dieser Umstand direkt sichtbar (Abb. 5.44).

Anordnungsbeziehungen anlegen Anordnungsbeziehungen können im Project Builder über den Dialog, wie in Abschn. 5.2 beschrieben, angelegt werden, der über die Schalfläche mit den beiden Kettenelementen in der Liste der Netzplanvorgänge erreichbar ist. Aber auch vom Project Builder ist die graphische Sicht des Netzplans erreichbar. In die Netzplangraphik gelangt man, wenn im Strukturbaum entweder der Netzplankopf oder ein Vorgang markiert ist, über die Schaltfläche 🎫. Angezeigt werden nur im Strukturbaum expandierte Netzpläne. Expandieren Sie daher den gesamten Strukturplan im Project Builder und öffnen Sie anschließend die Netzplangrafik (Abb. 5.45).

Im oberen Teil wird der Netzplan im Detail angezeigt. Da, wie in unserem Fall, die meisten Netzpläne größer sind als der sichtbare obere Bereich, bietet SAP ERP im unteren Bereich eine Vogelperspektive an, mit der ein sichtbarer Ausschnitt gewählt werden kann. Jeder eigenständige Netzplan ist durch einen grauen Kasten begrenzt. Diese Begrenzung bezieht sich standardmäßig auf die Netzplanzugehörigkeit. Möchte man die Zusammengehörigkeit beispielsweise gruppiert nach Arbeitsplatz oder PSP-Element dargestellt haben, kann man die Sicht über die Schaltflächen *Arbeitsplatz*, *PSP-Element* oder *Netzplan* umschalten.

▽ 😂 Schritt1.2		4000064
▷ 🗀 Vorgang 1		4000064 0010
▽ 🗀 Vorgang 2		4000064 0020
▽ 😂 Teilnetz		4000080
	🗀 Teilnetz Vorgang 1	4000080 0010
	🗀 Teilnetz Vorgang2	4000080 0020
🗀 Vorgang 3		4000064 0030

Abb. 5.44 Teilnetz im Strukturbaum

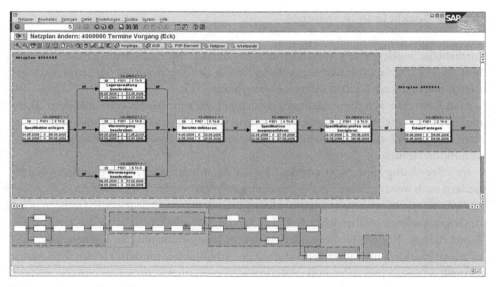

Abb. 5.45 Netzplangrafik

Jeder Vorgang wird als Rechteck dargestellt. Im oberen linken Feld befindet sich die Nummer des Vorgangs, im mittleren Teil der Steuerschlüssel, im rechten oberen Feld die normale Dauer des Vorgangs, in der Mitte die Bezeichnung des Vorgangs und in den unteren Feldern die Termine – die oberen sind die Termine für die frühe Lage, die unteren für die späte Lage und das jeweils mittlere Feld der Puffer, der für die Lage berechnet wurde. Um Anordnungsbeziehungen anlegen zu können, muss mit der Schaltfläche ⊞ in den *Verbinden-Modus* gewechselt werden. Der Mauszeiger wird im oberen Bereich als Stift dargestellt. Eine Anordnungsbeziehung wird nun erstellt, indem man auf den Startvorgang klickt und den Stift auf den Zielvorgang zieht. Dabei muss man sich die Darstellung der Vorgänge wie in Abb. 5.46 unterteilt vorstellen.

Die Rechtecke unterteilen sich in einen Anfangs- und einen Endbereich. Wird der Endbereich des Startvorgangs mit dem Anfangsbereich des Zielvorgangs verbunden, wird eine

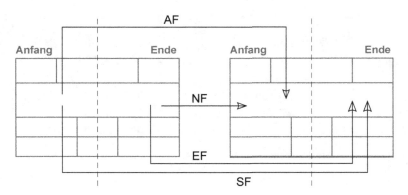

Abb. 5.46 Bereiche in der Netzplangrafik

Normalfolge angelegt (NF). Verbindet man Endbereich mit Endbereich, erhält man eine Endfolge (EF), Anfangsbereich mit Anfangsbereich eine Anfangsfolge (AF) und Anfangsbereich mit Endbereich erhält man eine Sprungfolge (SF).

Man kann den Typ der Anordnungsbeziehung auch im Nachhinein abändern. Dazu markiert man eine Anordnungsbeziehung und wählt die Schaltfläche *Detail* oder führt einen Doppelklick auf das Element aus. Abbildung 5.47 zeigt den Pflegedialog einer Anordnungsbeziehung.

Im Pflegedialog kann nicht nur der Typ der Anordnungsbeziehung geändert werden, sondern auch weitere Daten für die Beziehung angelegt werden (siehe Abschn. 5.2).

Wenn wie in unserem Fall viele Anordnungsbeziehungen angelegt werden müssen, wird die Graphik schnell unübersichtlich. Daher kann man die Netzpläne über die Schaltfläche ▣ aus richten. Um ein Element oder eine Anordnungsbeziehung zu löschen, wird dieses zuerst markiert und anschließend über die Schaltfläche mit dem kleinen Papierkorb gelöscht.

Kosten planen Auch die Kostenplanung kann über den Project Builder direkt aufgerufen werden Dazu muss entweder ein bestimmter Vorgang oder ein Netzplankopf im Strukturbaum markiert werden und die Kalkulation über die Menüfunktion *Bearbeiten –> Kosten –> Kosten ermitteln* angestoßen werden. Das Ergebnis der Kostenkalkulation wird im Bericht *Bearbeiten –> Kosten –> Plan/Ist –> Vorgang/Element* ausgewählt. In Abb. 5.48 ist dieser Bericht für den Vorgang *Spezifikation anlegen* dargestellt.

In dieser Auswertung werden die geplanten Kosten mit den tatsächlichen Ist-Kosten jeweils in Zusammenhang mit der Kostenart dargestellt. So erhält man einen guten Überblick über die Kosten auch im Verlauf der Projektrealisierung. Für den gesamten Netzplan erhält man einen Bericht über die Menüfunktion *Bearbeiten –> Kosten –> Einzelnachweis*, wie in Abb. 5.49 dargestellt.

Bei Änderungen auf den Vorgängen müssen diese Kosten aktualisiert werden, sonst erhält man falsche Daten in den Berichten. Über die Menüfunktion *Bearbeiten –> Kosten –> Kosten aktualisieren* werden die Daten neu berechnet.

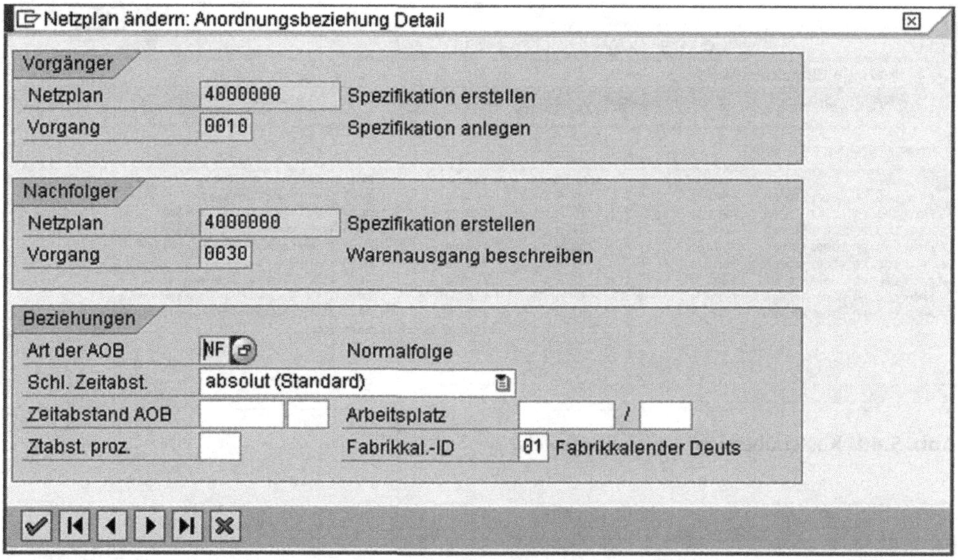

Abb. 5.47 Pflegedialog einer Anordnungsbeziehung

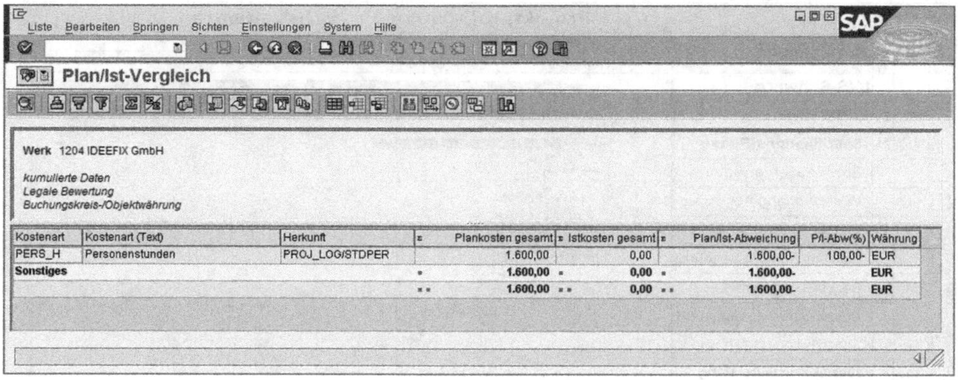

Abb. 5.48 Plan/Ist Auswertung eines Vorgangs

Projektplantafel Auch direkt vom Project Builder kann ein Projekt terminiert werden. Dazu springen wir über die Schaltfläche ▣ in die *Projektplantafel*.

Die Projektplantafel zeigt ein Gantt-Diagramm wie in Kap. 2 vorgestellt (Abb. 5.50). Auf der linken Seite befinden sich die Bezeichnungen der PSP-Elemente, der Projektdefinition sowie der Vorgänge und auf der rechten Seite die Termine als Balken mit den zugehörigen Anordnungsbeziehungen.

Um die Spaltenauswahl auf der linken Seite zu verändern führt man entweder einen Doppelklick auf die Spaltenüberschriften aus oder wählt die Schaltfläche ▦. Über den erscheinenden Dialog in Abb. 5.51 lassen sich aus den möglichen Feldern auf der rechten

P	Ressource	Kostenart	Menge	EH	Wert gesamt	Wert fix	Währ.	Ressource (Text)
	PROJ_LOG PR_LOG01 STDPER	PERS_H	16	H	1.600,00	1.600,00	EUR	Spezifikation anlegen
E	PROJ_LOG PR_LOG02 STDPER	PERS_H	16	H	1.600,00	1.600,00	EUR	Wareneingang beschreiben
E	PROJ_LOG PR_LOG01 STDPER	PERS_H	48	H	4.800,00	4.800,00	EUR	Warenausgang beschreiben
E	PROJ_LOG PR_LOG03 STDPER	PERS_H	40	H	4.000,00	4.000,00	EUR	Lagerverwaltung beschreiben
E	PROJ_LOG PR_LOG02 STDPER	PERS_H	40	H	4.000,00	4.000,00	EUR	Berichte definieren
E	PROJ_LOG PR_LOG03 STDPER	PERS_H	32	H	3.200,00	3.200,00	EUR	Spezifikation zusammenführen
E	PROJ_LOG PR_LOG01 STDPER	PERS_H	16	H	1.600,00	1.600,00	EUR	Spezifikation prüfen und korrigieren
E	PROJ_LOG PR_LOG01 STDPER	PERS_H	32	H	3.200,00	3.200,00	EUR	Spezifikation prüfen und korrigieren
					24.000,00	**24.000,00**	**EUR**	

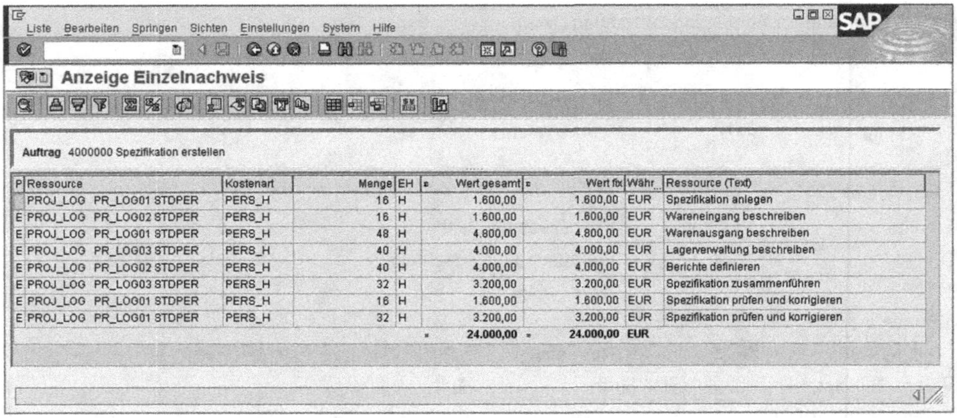

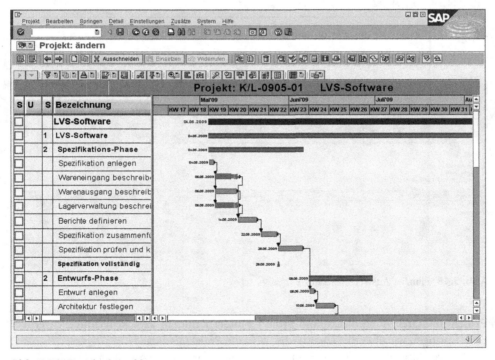

Abb. 5.49 Kostenübersicht – Einzelnachweis

Abb. 5.50 Projektplantafel

Seite maximal 16 Felder anzeigen, indem man das gewünschte Feld in die Liste auf der linken Seite übernimmt.

Das untere Feld *Aktuelle/Maximale Anzahl* gibt Auskunft über die Anzahl der gewählten Felder und der maximal möglichen.

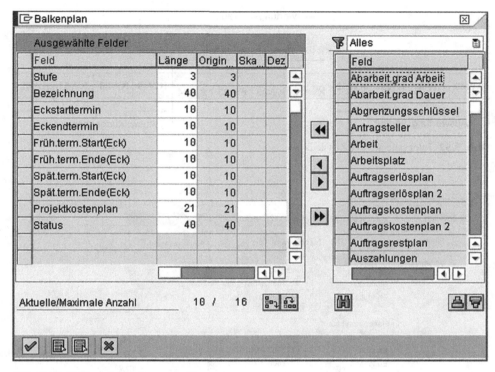

Abb. 5.51 Dialog zur Spaltenauswahl

Auf der rechten Seite im GANNT-Diagramm befindet sich die Balkendarstellung. Die Zeitachse im oberen Bereich kann ebenfalls an aktuelle Bedürfnisse angepasst werden. SAP ERP unterscheidet vier verschiedene Intervalle auf der Zeitskala:

- Auswertungszeitraum
- Auswertungsvorlauf
- Auswertungsnachlauf
- Planungszeitraum

Abbildung 5.52 zeigt den Zusammenhang.

Einstellungen zu den Zeiträumen werden im Menü unter *Einstellungen –> Optionen* vorgenommen. Auf der linken Seite wird *Plantafel* ausgewählt und auf der rechten Seite der Reiter *Planungszeitraum*. Hier kann der Auswertungszeitraum sowie der Planungszeitraum hinterlegt werden (Abb. 5.53).

Die Intervalle Auswertungsvorlauf und -nachlauf errechnen sich jeweils aus den Intervallen Auswertzeitraum und Planungszeitraum.

Mit einem Doppelklick auf die Zeitskala oder über die Schaltfläche ▦ gelangt man zum Zeitskalenassistent (Abb. 5.54). Hier können weitere Einstellungen zur Darstellung

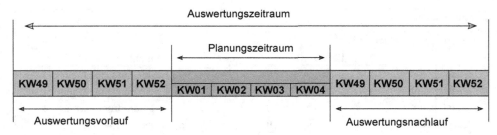

Abb. 5.52 Intervalle auf der Zeitskala

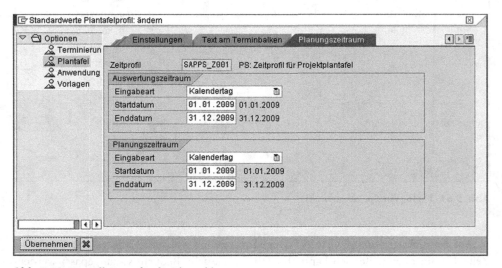

Abb. 5.53 Einstellungen für die Plantafel

der Zeitskala vorgenommen werden. Insbesondere die Auswahl der Skaleneinheiten (Monat, Tag, Woche etc.) spielt hier eine wichtige Rolle. Standardmäßig wird die Vor- und die Nachlaufzeit nicht in derselben Skaleneinheit dargestellt, wie der Planungszeitraum, was in den meisten Fällen aber gewünscht sein wird.

Die Balken zu PSP-Elementen, zur Projektdefinition oder zu Vorgängen haben unterschiedliche Farben. In Abb. 5.55 ist ein Beispiel dargestellt. Die Projektdefinition ist hier dunkelblau dargestellt, das PSP-Element in zwei verschiedenen Blautönen. Die Vorgänge sind einmal blau und einmal rosa dargestellt, wobei gelegentlich kleine Pfeile angezeigt werden. Rosafarbene Vorgänge sind hier Vorgänge, die sich auf dem kritischen Pfad befinden (siehe Kap. 2), kleine Pfeile deuten an (je nach Farbe), wo sich die späteste Lage des Puffers oder des Gesamtpuffers befindet. Es gibt noch viele weitere Symbole, die leicht verwirren können – und die man sicherlich nicht alle auswendig kennen wird.

Um nicht alle Symbole auswendig kennen zu müssen, bietet SAP ERP in der Projektplantafel ein Hilfsmittel an: eine Legende, die über die Schaltfläche 🔲 oder über den Menüpfad *Zusätze – Legende* aufgerufen wird. Es erscheint eine Übersicht mit allen Symbolen, die im

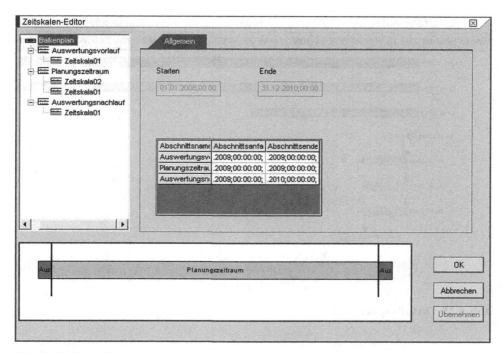

Abb. 5.54 Zeitskalenassistent

Diagramm verwendet werden, und eine kurze Erklärung (Abb. 5.56). Alle Farben können in den Einstellungen angepasst werden.

Um in der Projektplantafel eine Terminierung durchzuführen, werden die gewünschten Elemente, die terminiert werden sollen markiert. Wenn wir eine Gesamtterminierung durchführen wollen, markieren wir alle Elemente über die Schaltfläche ▦ oder über den Menüpunkt *Bearbeiten -> Markieren -> Alle markieren*. In unserem Beispielprojekt haben wir gesehen, dass wir unsere Pufferzeiten verlieren könnten, weil die Ecktermine angepasst werden. Über die Menüfunktion *Einstellungen -> Optionen* erreichen wir im Ordner *Terminierung* den Dialog wie in Abschn. 5.4 vorgestellt. Hier wählen wir wieder die *Freie Terminierung* und achten darauf, dass die Eck-Termine nicht angepasst werden. Diese Einstellungen gelten in diesem Fall natürlich nur für unser Beispielprojekt. Spielen Sie ruhig mit den Terminierungsparametern etwas herum, um mit den Auswirkungen vertraut zu werden. Sie können Ihr Beispielprojekt leicht über die Neuanlage eines Projekts mit unserem Beispielprojekt als Vorlage kopieren.

Die Terminierung stoßen wir über den Menüpunkt *Bearbeiten -> Funktionen -> Terminieren* oder die Schaltfläche ▦ an. Die frühesten Start- und Endtermine werden berechnet. Mit der Menüfunktion *Bearbeiten -> Markieren -> PSP-Element* werden alle PSP-Elemente markiert. Wird anschließend die Menü-Funktion *Bearbeiten -> Termin abstimmen/ prüfen -> Terminierte Termine übernehmen* ausgeführt, werden die frühesten Start- sowie die spätesten Endtermine auf die PSP-Elemente übernommen.

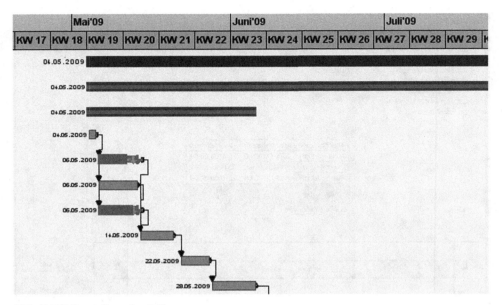

Abb. 5.55 Darstellung der Balken

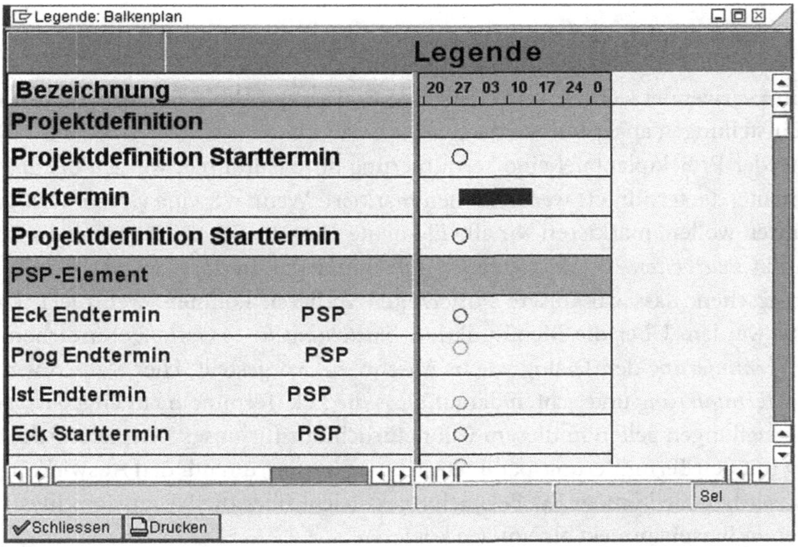

Abb. 5.56 Legende zum Balkendiagramm

5.7   Einstellungen im Customizing

5.7.1   Terminierungsprofile

Für Netzpläne und für PSP-Elemente können verschiedene Terminierungsprofile hinterlegt werden. Die Einstellungen werden jeweils auf der Projektdefinition und im PSP-Element als auch im Netzplankopf als Vorschlagwert angeboten.

Profil für PSP-Elemente

▶   IMG • Projektsystem • Termine • Terminplanung im Projektstrukturplan • Parameter für PSP-Terminierung festlegen

Ein Terminierungsprofil bestimmt, nach welchen Regeln die Terminierung in einem Projekt durchgeführt werden soll. Aus dem Referenzmandanten wurde ein Standard-Terminierungsprofil übernommen. Wie bei den anderen Profilen, sollte das Standardprofil über die Schaltfläche 🗐 kopiert und angepasst anstatt überschrieben werden.

Für das neue Profil wird beim Kopiervorgang ein neues, nicht veränderbares Kürzel vergeben. Nach der Kopie werden die zugehörigen Daten angepasst. Abbildung 5.57 zeigt die Daten des Profils, wie sie für die IDEEFIX GmbH verwendet werden. Im Feld *Terminierungsart* wird festgelegt, ob die Terminierung vorwärts oder rückwärts durchgeführt werden soll. Für die IDEEFIX GmbH wählen wir hier die Terminierungsart *Rückwärts* aus. Das Feld *Start in Vergangenheit* legt fest, wie viele Tage der Projektanfang bei der Terminierung in der Vergangenheit liegen darf. Liegt der Termin weiter in der Vergangenheit, schaltet SAP ERP bei der Terminierung automatisch auf die Terminierungsart *Tagesdatum* um.

Die *Terminierungsform* bestimmt, ob die Eckdaten des PSP-Elements oder des Netzplankopfs terminbestimmend bei der Terminierung sein sollen. Für die IDEEFIX GmbH soll der Netzplan terminbestimmend sein. Für die PSP-Terminierung können weitere Kennzeichen gepflegt werden:

- *Ecktermin anpassen* – diese Einstellung bewirkt, dass die Ecktermine bei einer Bottom-Up-Terminierung mit den terminierten Terminen überschrieben werden.
- *Terminierung bei Sichern* – ist dieses Kennzeichen aktiv, wird bei jedem Speichern automatisch eine Terminierung durchgeführt.
- *Protokoll automatisch anzeigen* – bei der Terminierung wird im Fehlerfall ein Terminierungsprotokoll geschrieben. Ist das Kennzeichen gesetzt, wird das Protokoll automatisch angezeigt, nachdem eine Terminierung nicht fehlerfrei durchgeführt wurde.
- *Material spätest* – mit diesem Kennzeichen wird festgelegt, wann Material zur Verfügung gestellt werden muss. Wird Material benötigt für den Vorgang, wird es zum spätesten Starttermin bei gesetztem und zum frühesten Starttermin bei nicht gesetztem Kennzeichen bereitgestellt. Wird das Material produziert, gilt der späteste Endtermin bei gesetztem und der früheste bei nicht gesetztem Kennzeichen. Mit Material kommen wir bei der IDEEFIX GmbH nicht in Berührung.

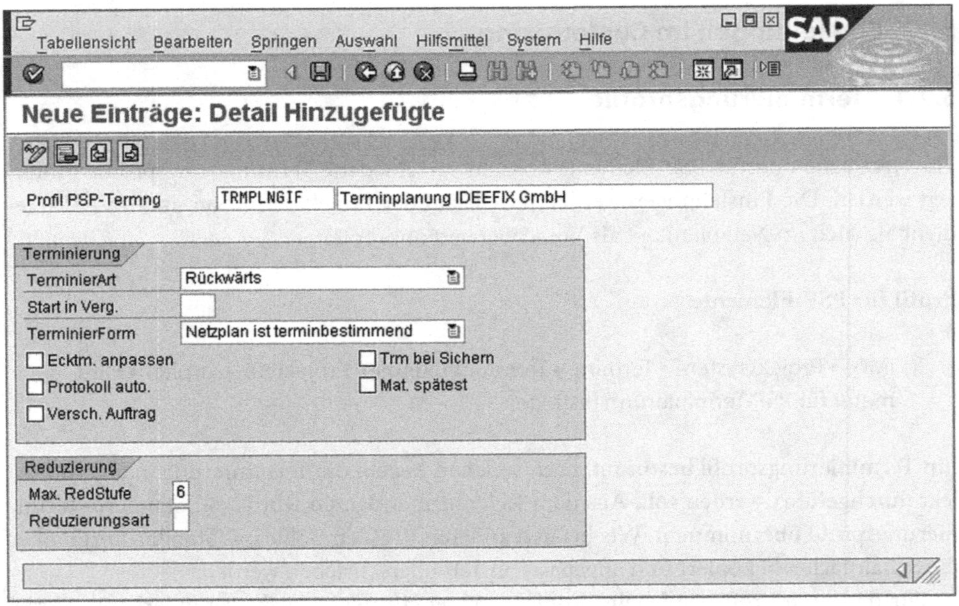

Abb. 5.57 Terminierungsprofil

- *Verschieben Auftrag* – mit diesem Kennzeichen wird gesteuert, ob Ist-Termine durch vorhandene Rückmeldungen bei der Terminierung berücksichtigt werden. Ist das Kennzeichen gesetzt, werden sie nicht berücksichtigt.

Die Einstellungen in der Feldgruppe *Reduzierung* wurden bereits in Abschn. 5.4 ausführlich erläutert.

Profil für Netzpläne Im Einführungsleitfaden pflegen wir auch die Terminierungsprofile für Netzpläne. Terminierungsprofile können für jede Werk/Netzplanart-Kombination gepflegt werden. Netzplanarten werden später in diesem Kapitel erläutert. Über die Mandantenkopie wurden bereits fünf Netzplanarten angelegt.

▶   IMG • Projektsystem • Termine • Terminierung • Terminierungsparameter für den Netzplan festlegen (OPU6)

In der Liste der Terminierungsprofile finden wir für jede Werk-Netzplanart-Kombination einen Eintrag in der Liste. In unserem Beispiel verwenden wir die Netzplanart *PS 02* im Werk *1204*. Abbildung 5.58 zeigt die Daten für dieses Terminierungsprofil. Im Feld *Termine anpassen* wird voreingestellt, ob die Ecktermine bei der Terminierung angepasst werden sollen. Das stellen wir für die IDEEFIX GmbH nicht ein. Sekundärbedarfe sind für uns nicht relevant.

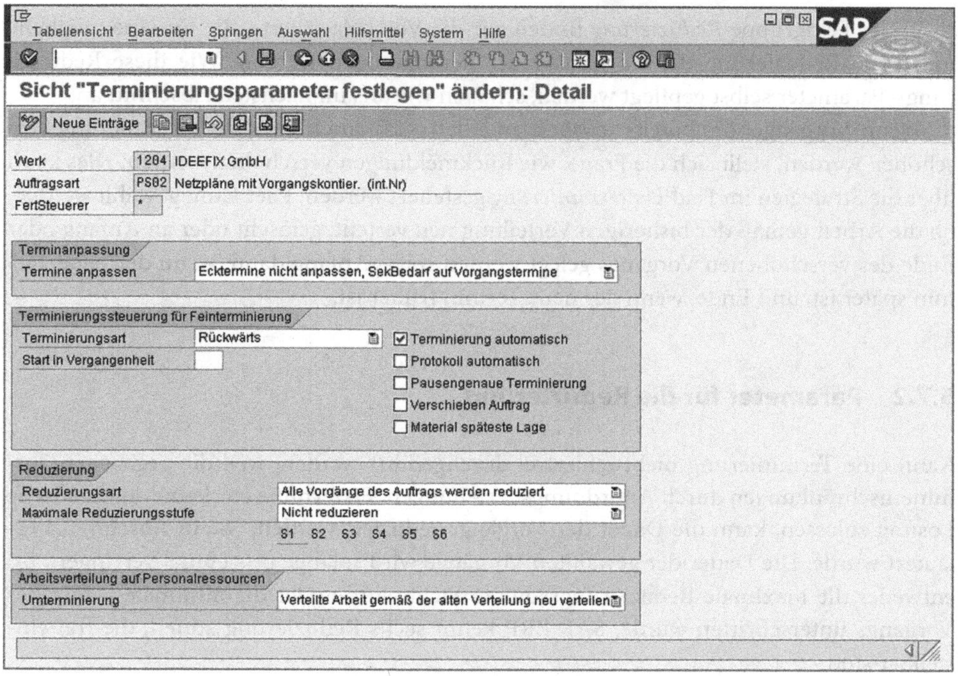

Abb. 5.58 Terminierungsparameter für Netzpläne

In der Terminierungsart können wir die Berechnungsrichtung für die Terminierung einstellen, die als Vorschlag in die Netzpläne übernommen wird. Hier kann auch ein Vorschlagswert für die Anzahl der Tage in der Vergangenheit bei der Rückwärtsterminierung hinterlegt werden. Das Kennzeichen *Terminierung automatisch* legt fest, dass zusätzlich zur manuellen Terminierung die Funktion bei jedem Sichern automatisch ausgeführt wird.

Das Kennzeichen *Protokoll automatisch* steuert, ob das Terminierungs-Protokoll automatisch angezeigt werden soll, wenn durch Fehler bei der Terminierung ein solches erstellt wurde – für die Arbeit mit unserer IDEEFIX GmbH nicht notwendig. Die *Pausengenaue Terminierung* achtet peinlichst auf Pausenzeiten. Termine dürfen diese nicht überschneiden. Das ist für Softwareprojekte sicher nicht notwendig und damit für die IDEEFIX GmbH nicht relevant.

Wurden für einen Vorgang bereits Rückmeldungen erfasst, muss SAP ERP wissen, ob diese durch die Terminierung verschoben werden dürfen oder nicht. Mit gesetztem Kennzeichen *Verschieben Auftrag* werden die Ist-Termine durch Teilrückmeldungen nicht berücksichtigt.

Auch das Kennzeichen *Material späteste Lage* ist für die IDEEFIX GmbH nicht relevant. Das Kennzeichen legt fest, wann benötigtes Material für den Vorgang zur Verfügung gestellt werden soll.

In der Feldgruppe *Reduzierung* finden wir die Vorschlagswerte, die für eine mögliche maximale Reduzierung der Vorgangsdauer herangezogen werden. Wie diese Reduzierungs-Parameter selbst gepflegt werden, schauen wir uns im nächsten Abschnitt an.

Wenn Vorgänge, die bereits teilrückgemeldet sind, durch eine Neuterminierung verschoben werden, stellt sich die Frage, wie Rückmeldungen verschoben werden. Dies kann über die Strategien im Feld *Umterminierung* gesteuert werden. Hier kann gewählt werden, ob die Arbeit gemäß der bisherigen Verteilung neu verteilt, gelöscht oder an Anfang oder Ende des verschobenen Vorgangs gelegt werden soll – Anfang dann, wenn der neue Termin später ist, und Ende, wenn der neue Termin früher ist.

5.7.2   Parameter für die Reduzierung

Kann eine Terminierung nicht fehlerfrei durchgeführt werden, weil die gegebenen Termineinschränkungen durch Anordnungsbeziehungen, Fixtermine etc. keine automatische Lösung zulassen, kann die Dauer der Vorgänge reduziert werden, wie in Abschn. 5.4 erläutert wurde. Die Dauer der gewählten Vorgänge wird solange prozentual verringert, bis entweder die maximale Reduzierungsstufe erreicht wurde oder die minimale Dauer des Vorgangs unterschritten würde. SAP ERP kennt sechs Reduzierungsstufen, die frei einstellbar sind.

▶   IMG • Projektsystem • Termine • Terminierung • Reduzierungsstrategien definieren (OPUL)

Für jedes Werk kann eine andere Strategie hinterlegt werden. In der Liste finden wir unser Werk *1204– IDEEFIX GmbH*.

Wenn wir das Werk 1204 auswählen und einen Doppelklick auf den Eintrag Reduzierungsstufen im linken Baum ausführen, gelangen wir zu den definierten Stufen für unser Werk (Abb. 5.59). Über die Schaltfläche *Neue Einträge* werden neue Stufen definiert. Diese müssen immer einer Stufe in SAP ERP zugeordnet werden, so dass maximal sechs Stufen für ein Werk definiert werden können. In unserem Fall gibt es fünf Stufen, die die Dauer jeweils um 20 % mehr kürzen. Diese Stufen belassen wir für die Beispielfirma.

5.7.3   Netzplanart

Jeder Netzplan ist einer *Netzplanart* zugeordnet. Diese wird beim Erfassen eines neuen Netzplans angegeben. Netzplanarten werden im Einführungsleitfaden gepflegt.

▶   IMG • Projektsystem • Strukturen • Operative Strukturen • Netzplan • Steuerung für Netzpläne • Netzplanarten pflegen

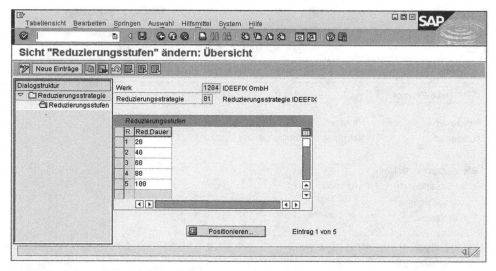

Abb. 5.59 Reduzierungsstufen definieren

Aus dem Referenzmandanten wurden bereits fünf Netzplanarten übernommen. Abbildung 5.60 zeigt die Bearbeitungs-Sicht des ersten Eintrags *PS 01– Netzpläne mit Kopfkontierung (int.Nr)*.

SAP ERP unterscheidet verschiedene Auftragstypen – Netzpläne haben den Auftragstyp 20. Dieser wird auch bei einer Neuanlage fest hinterlegt. Einem Auftragstyp können mehrere Auftragsarten zugeordnet werden – Auftragsart entspricht im Falle von Netzplänen dem Begriff Netzplanart.

Für jede Netzplanart werden ein Kürzel und eine Bezeichnung hinterlegt. In der Feldgruppe *Steuerungskennzeichen* werden verschiedene Parameter für das Controlling hinterlegt. Mit dem Feld *CO-Partnerfortschreibung* wird gesteuert, welche Summensätze bei Verbuchungen zwischen Auftrag und Partner erzeugt werden. Das Feld *Klassifizierung* kennzeichnet Netzpläne dieser Netzplanart als klassifizierte Netze – dies dient der Selektion in der Auswertung im Controlling und kann hier nicht weiter behandelt werden. *Vorplanung* kennzeichnet einen Netzplan als rein planerischen Netzplan. Alle geplanten Werte werden kumuliert auf das zugehörige PSP-Element geschrieben, inklusive aller Materialkosten.

Die Feldgruppe *Reorganisation* definiert zwei Residenzzeiten. Sollen Aufträge in SAP ERP gelöscht werden (damit sie nicht unnötigen Speicher in Anspruch nehmen), muss ein Löschkennzeichen gesetzt werden. Dieses kann zurückgenommen werden, bis ein endgültiges Löschkennzeichen gesetzt wird. Anschließend werden die Daten archiviert und gelöscht. Damit definiert SAP ERP drei Stufen bis zur endgültigen Löschung der Daten. Die *Residenzzeit1* bestimmt die Zeit, die zwischen Löschvormerkung und endgültiger Löschvormerkung vergehen muss, die *Residenzzeit2* die Zeit, die zwischen endgültiger Löschvormerkung und tatsächlicher Löschung aus dem System vergehen muss.

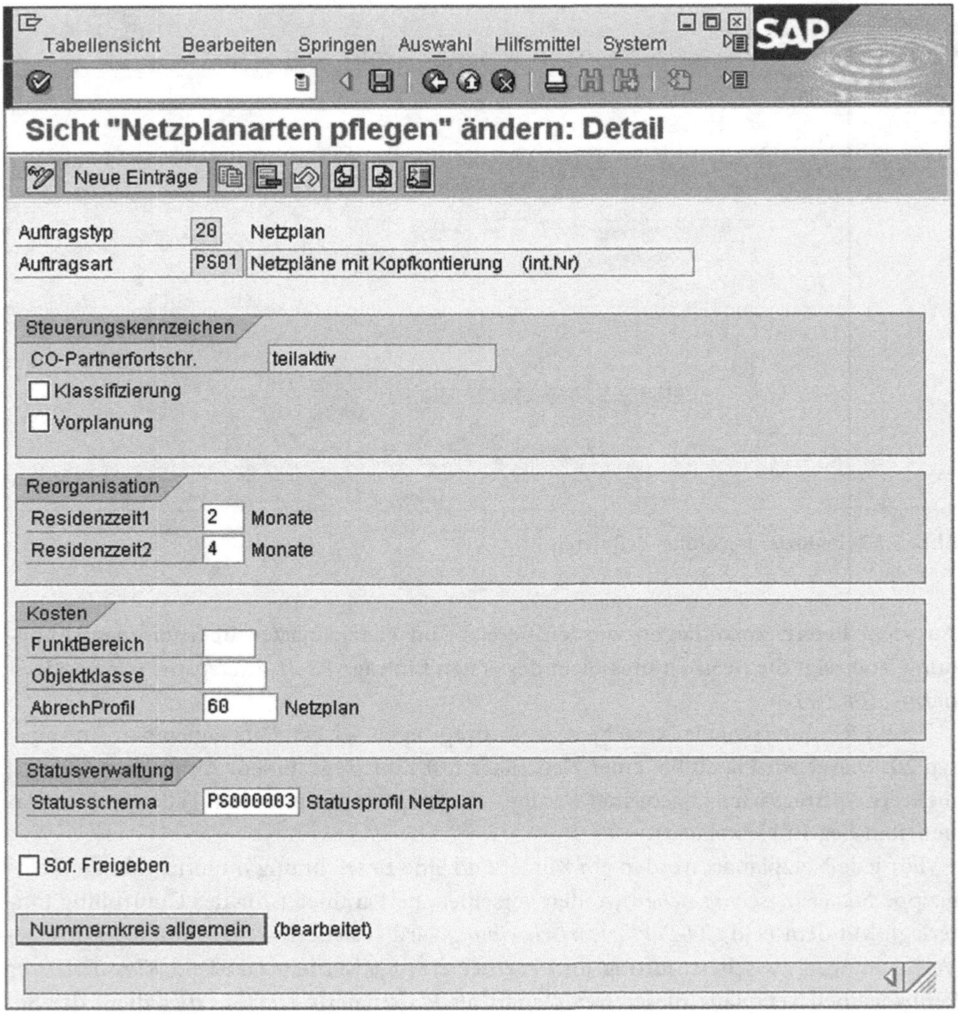

Abb. 5.60 Netzplanart pflegen

In der Feldgruppe *Kosten* werden Felder für die Einordnung des Auftrags in das Gesamtunternehmen hinterlegt. Bei einem Unternehmen pflegt man beispielsweise im Feld *Funktionsbereich* die Zugehörigkeit der Aufträge der aktuellen Auftragsart zu Forschung und Entwicklung, Vertrieb, Entwicklung etc. Das Feld *Objektklasse* kennzeichnet den Auftrag für das Controlling, um beispielsweise Kostenflüsse analysieren zu können. Im Feld Abrechnungsprofil können für die Auftragsarten verschiedene *Abrechnungsprofile* hinterlegt werden, die von der Finanzbuchhaltung vorgegeben werden. Das Feld *Statusverwal-*

tung legt wie bei PSP-Elementen oder Projektdefinitionen das Statusschema für den Netzplan fest. Das Kennzeichen *Sofort Freigeben* bestimmt den Statusfortschritt bei der Anlage
eines Netzplans: Ist es nicht gesetzt, besitzt ein Netzplan dieses Typ den Status *EROF – eröffnet*. Ist das Kennzeichen gesetzt, wird der Netzplan sofort freigegeben.

Parameter für Netzplanarten Auffällig an den Netzplanarten ist, dass bei den Namen
bereits von einer Kopf- und Vorgangskontierung gesprochen wird, eine solche Einstellung
aber an dieser Stelle nicht möglich ist. Der Grund dafür ist, dass für Netzplanarten weitere
Parameter an einer anderen Stelle gepflegt werden.

▶   IMG • Projektsystem • Strukturen • Operative Strukturen • Netzplan • Steuerung
       für Netzpläne • Parameter für Netzplanart festlegen

Das liegt daran, dass Netzplanarten nicht einem Kostenrechnungskreis oder einem Werk,
sondern dem Mandanten zugeordnet sind. Damit können Netzplanarten kostenstellen-
übergreifend eingesetzt werden. Spezifische Parameter, die von Werk zu Werk verschieden
sein können, werden daher in SAP ERP in gesonderte Parameter ausgelagert, die nur für
das spezifische Werk gelten. Mit anderen Worten: Für eine Netzplanart kann es mehrere
Parameter-Einstellungen geben. Wenn Sie in Kap. 3 das Werk 0001 kopiert haben, werden
Sie in Ihrem System für das Werk 1204 fünf Parameter-Einstellungen finden, für jede Netzplanart eine. Abbildung 5.61 zeigt die Parameter für das Werk 1204 und der Netzplanart
PS 02– Netzpläne mit Vorgangskontier. (int.Nr). Bei der Neuanlage eines Parameter-Sets
muss als erstes ein Werk hinterlegt werden, für das die Einstellung gültig ist, und eine
Netzplanart, auf die sich die Einstellungen beziehen sollen. In der Feldgruppe *Parameter
Netzplanart* kann im Feld *Strategie* eingestellt werden, wie die Abrechnungsvorschrift ermittelt werden soll, über die Projektdefinition, über das zugehörige PSP-Element, manu-
ell etc. Das Feld *Defaultregel* gibt für die Abrechnungsvorschrift eine Standardregel an.
Im Feld *Reduzierungsstrategie* wird ein Vorschlagswert für die Reduzierungsstrategie hinterlegt. Der Vorschlagswert kann auf Vorgangsebene überschrieben werden. Die Felder
Kalkulationsvariante Plan sowie *Kalkulationsvariante Ist* legen Kalkulationsvarianten fest,
die Parameter für die Berechnung von Plan- und Ist-Kosten definieren. Das Auswahlfeld
Plankostenermittlung steuert den Zeitpunkt der Kostenermittlung. Auf diese Felder kann
im Rahmen des Buches nicht näher eingegangen werden.
    Auf der rechten Seite der Feldgruppe gibt es noch ein wichtiges Kennzeichen, nach dem
wir bereits gesucht haben: *Vorgangskontierung*. Durch dieses Kennzeichen wird festgelegt,
ob der Netzplan vorgangskontiert sein soll oder nicht. Zur Erinnerung: Die Art der Kon-
tierung legt fest, ob die Ist-Buchungen differenziert auf den Vorgang verbucht oder auf das
zugehörige PSP-Element kumuliert werden sollen. Dieses Kennzeichen gibt der Netzplanart sozusagen ihren Namen.

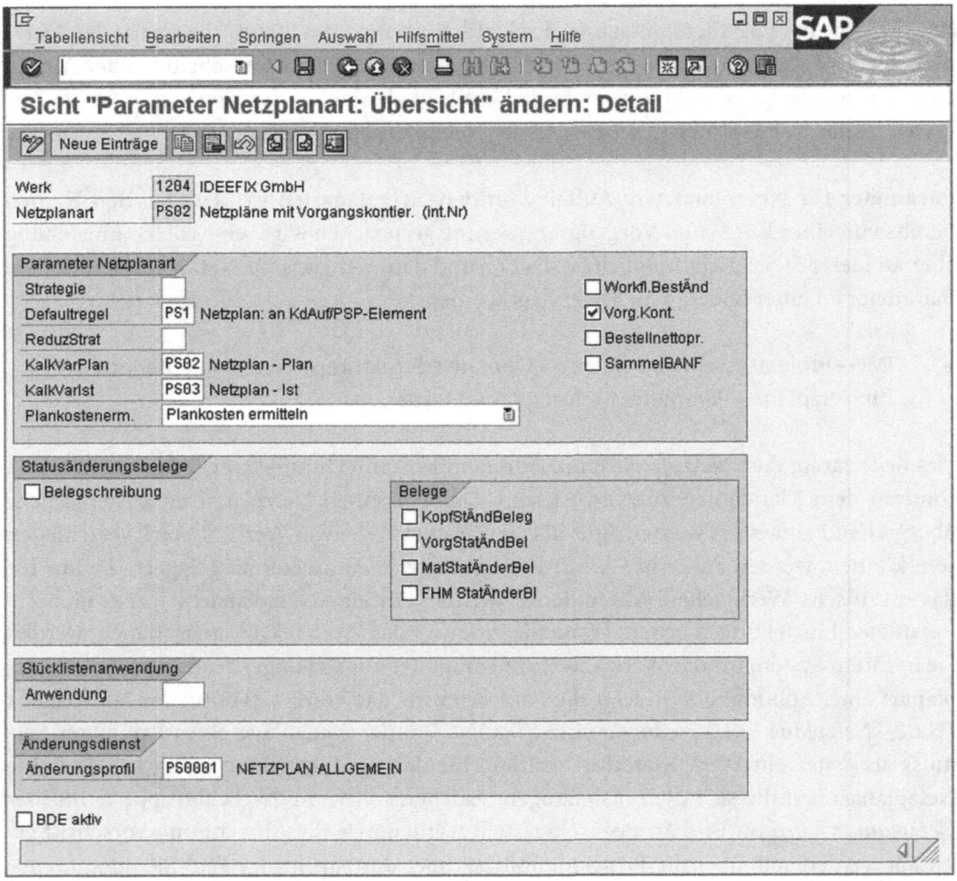

Abb. 5.61 Parameter für Netzplanart pflegen

5.7.4   Netzplanprofil

Wie eine Projektdefinition ist auch ein Netzplan einem Profil zugeordnet. Dieses muss bei der Anlage angegeben werden.

▶   IMG • Projektsystem • Strukturen • Operative Strukturen • Netzplan • Steuerung
     für Netzpläne • Netzplanprofile pflegen

Das Netzplanprofil ist eine Sammlung von Vorschlagswerten, die in den Netzplan übernommen werden. Aus dem Referenzmandanten wurden zwei Netzplanprofile übernommen: *Netzplan kopfkontiert*, *Netzplan vorgangskontiert*. Da die Kontierungsart in den Parametern der Netzplanart festgelegt wird, legt die Bezeichnung bereits fest, welche Netzplanart und vor allem welches Werk (wegen den Parametern) im Profil hinterlegt sein müssen.

Auch Netzplanprofile können leicht kopiert werden. Das sollten wir auch in unserem Fall tun, da bereits bestehende Netzpläne auf die vorhandenen Profile Bezug nehmen könnten. Zum Kopieren wird der Eintrag ausgewählt und die Schaltfläche 🗋 ausgewählt. Die Daten werden kopiert, und der neue Eintrag wird in der Bearbeitung angezeigt. Es wird zuerst ein neues Kürzel vergeben – die Bezeichnung ändern wir entsprechend ab. Bevor die Daten bestätigt werden, tragen wir im Feld *Werk* das Werk der IDEEFIX GmbH *1204* ein. Mit Bestätigung der Daten wird die Bearbeitung geschlossen und ein neuer Eintrag erscheint in der Liste. Es kann sein, dass SAP ERP beim Speichern den Eintrag *MaterialKstArt* im Reiter Vorgänge moniert. Löschen Sie die Kostenstelle und speichern Sie dann erneut. Der neue Eintrag in der Liste kann mit der Lupe in der Toolbar oder mit einem Doppelklick erneut zur Bearbeitung geöffnet werden. Abbildung 5.62 zeigt unsere neu angelegte Kopie des vorgangskontierten Profils.

Im Reiter *Netzplan* finden wir in der Feldgruppe *Parameter Netzplan* die erwarteten Felder: *Werk* und *Netzplanart*. Als Netzplanart ist hier die Netzplanart mit Vorgangskontierung hinterlegt und als *Werk* 1204. Bei der Benennung der Netzplanart, der Kombination mit den zugehörigen Einstellungen für das Werk und der Benennung des Netzplanprofils muss beachtet werden, dass es sich dann auch tatsächlich um ein vorgangskontiertes Profil handelt. Es ist leicht ersichtlich, dass es wenig Sinn macht in einem Werk die Parameter vorgangskontiert zu hinterlegen, in einem anderen kopfkontiert und die zugehörige Netzplanart vorgangskontiert zu taufen. Im Feld *AOB-Sicht* wird gewählt, wie Anordnungsbeziehungen im Vorgang dargestellt werden sollen: ausgehend vom Nachfolger, ausgehend vom Vorgänger, gemischt oder so, wie die Beziehung angelegt wurde. Für unseren Fall nehmen wir den Eintrag gemischt, damit wir die Anordnungsbeziehung auf Vorgänger- und Nachfolger-Sicht analysieren können. Im Feld *Vorgang Schrittweite* wird für Vorgänge festgelegt, wie groß die Schrittweite der Vorgangsnummern gewählt werden soll. Momentan ist die Schrittweite auf 10 eingestellt. Die Schrittweite auf 1 zu verringern ist nicht sinnvoll, da sonst zwischen den Vorgängen keine Lücken mehr ist, in denen im Nachhinein Vorgänge nachgepflegt werden können. Für die IDEEFIX GmbH belassen wir das auf 10. Mit dem Feld *Prüfung PSP-Vorgang* wird gesteuert, wie die Prüfung bei der Terminberechnung aussehen soll. Sind die Vorgangstermine nicht im Intervall der zugehörigen PSP-Elemente, kann das System eine Warnung oder einen Fehler erzeugen. Oder man entscheidet sich, die Prüfung nicht vorzunehmen. Für die IDEEFIX GmbH begnügen wir uns mit einer Warnung.

Zwei weitere Felder sind der *Feldschlüssel* für die Auswahl der dargestellten Benutzerfelder und die Auswahl des *Versionsprofils*. Diese Felder entsprechen denen im PSP-Profil (siehe Kap. 4). Im rechten Bereich finden wir weitere Kennzeichen. Das Kennzeichen *Kapazitätsbedarf* steuert für Netzpläne, ob beim Speichern der Kapazitätsbedarf neu berechnet werden soll. Mit Kapazitäten beschäftigen wir uns im Rahmen dieses Buches nicht – daher lassen wir dies für die IDEEFIX GmbH weg. Das Kennzeichen *Erfassungshilfe* schaltet eine Eingabehilfe ein und aus. Wird ein neuer Vorgang angelegt, springt SAP ERP bei gesetztem Kennzeichen automatisch in dessen Detailbild. Das kann, insbesondere bei der Anlage von vielen Vorgängen nacheinander sehr lästig sein. Daher lassen wir die Erfassungshilfe

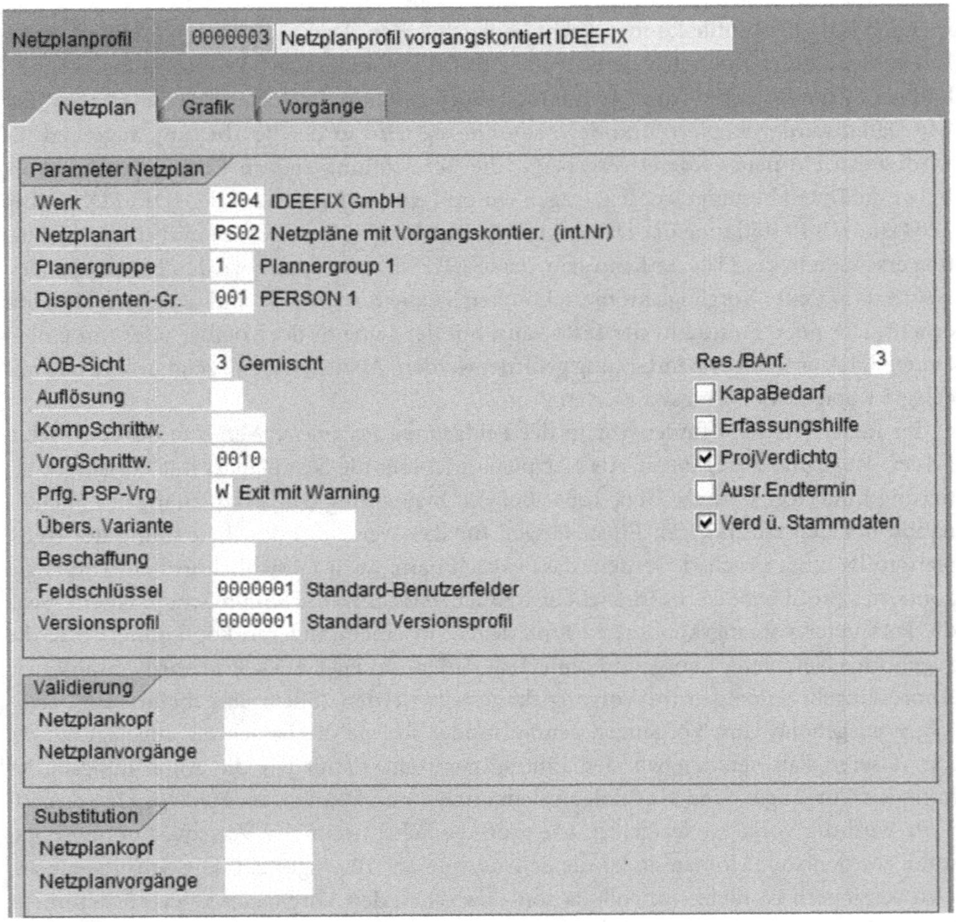

Netzplanprofil	0000003 Netzplanprofil vorgangskontiert IDEEFIX

| Netzplan | Grafik | Vorgänge |

Parameter Netzplan

Werk	1204	IDEEFIX GmbH
Netzplanart	PS02	Netzpläne mit Vorgangskontier. (int.Nr)
Planergruppe	1	Plannergroup 1
Disponenten-Gr.	001	PERSON 1

AOB-Sicht	3 Gemischt		Res./BAnf.	3
Auflösung			☐ KapaBedarf	
KompSchrittw.			☐ Erfassungshilfe	
VorgSchrittw.	0010		☑ ProjVerdichtg	
Prfg. PSP-Vrg	W Exit mit Warning		☐ Ausr.Endtermin	
Übers. Variante			☑ Verd ü. Stammdaten	
Beschaffung				
Feldschlüssel	0000001 Standard-Benutzerfelder			
Versionsprofil	0000001 Standard Versionsprofil			

Validierung

Netzplankopf	
Netzplanvorgänge	

Substitution

Netzplankopf	
Netzplanvorgänge	

Abb. 5.62 Netzplan im Netzplanprofil

ausgeschaltet. Über das Kennzeichen *Projektverdichtung* legen wir fest, ob wir möchten, dass die Vorgänge dieses Netzplans als Teil einer Projektverdichtung hinzugefügt werden. Projektverdichtung bedeutet in SAP ERP, dass verschiedene, meist gleichartige Projekte, verdichtet und dann verglichen werden. Dieses Kennzeichen auf einem Vorgang wird aber nur dann berücksichtigt, wenn es einem PSP-Element zugeordnet ist, welches selbst einer Projektverdichtung zugeordnet wird. Das Kennzeichen *Ausrichtung Endtermin* steuert, dass benötigte Komponenten zum Endtermin bereitgestellt werden – ist es nicht gesetzt, wird der Anfangstermin als Bereitstellungstermin herangezogen. *iPPE-Proj-Bez* legt fest, ob bei Verwendung des *Integrierten Produkt- und Prozess-Engineering* Moduls eine entsprechende Mappe im ProjectBuilder angezeigt werden soll. Dieses Modul unterstützt Sie bei der Modellierung von Product-Life-Cycles – ist also für unsere Beispielfirma irrelevant.

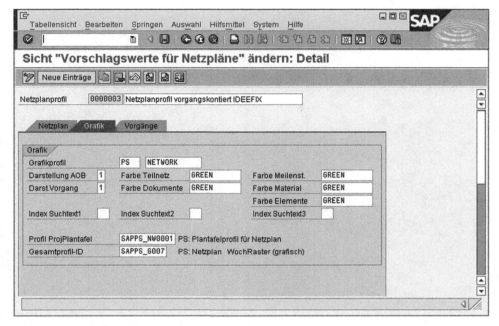

Abb. 5.63 Darstellungs-Parameter im Netzplanprofil

Im Reiter Grafik werden Einstellungen zur graphischen Darstellung des Netzplans vorgenommen (Abb. 5.63). An diesen Parametern brauchen wir für die IDEEFIX GmbH nichts ändern. Um die Auswirkung der einzelnen Einstellungen kennen zu lernen, spielen Sie ruhig ein wenig damit herum und sehen sich anschließend die geänderte Darstellung Ihrer Netzpläne an.

Projekt-Realisierung

6

In Kap. 4 und Kap. 5 haben wir betrachtet, wie ein Projekt in SAP ERP dargestellt und geplant wird. In diesem Kapitel schreiten wir fort zur Projekt-Realisierung. Für unser Beispielprojekt werden Rückmeldungen erfasst und verschiedene Möglichkeiten der Fortschrittsmessung erläutert.

▶   Wie bei Kap. 4 und Kap. 5 werden notwendige Customizing-Einstellungen im Anhang erläutert. Ist-Daten für das Beispielprojekt wurden in den Anhang ausgelagert.

6.1   Rückmeldungen erfassen

Während der Realisierungsphase eines Projekts entstehen durch Materialeinsatz, eigene oder fremdgeleistete Arbeitsstunden sogenannte *Ist-Daten*, die auf das Projekt verbucht werden sollen. Durch die kontinuierliche Verbuchung dieser Daten wird gewährleistet, dass Auswertungen über Projekttrends und Fortschritte aussagekräftig sind und bleiben. Die wichtigsten Rückmeldungen im Projektgeschäft sind Meldungen zur geleisteten Arbeit.

In Kap. 2 wurde bereits erläutert, dass es in Firmen mit einer Projektstruktur sinnvoll ist, dass jeder Mitarbeiter seine projektbezogenen Tätigkeiten auf den jeweiligen Vorgang des Projekts verbucht. Dazu muss im Unternehmen das Modul *Human Ressource Management (HR)* verwendet werden, mit dem das Personal hinterlegt werden kann. Personen können dann über Arbeitszeitblätter geleistete Stunden buchen. SAP ERP bietet dazu das Modul Arbeitszeitblatt (CATS). Hier wird zentral erfasst, wann ein Mitarbeiter anwesend war, welchen Urlaub er bereits in Anspruch genommen hat etc. Dieses Modul bietet SAP ERP auch direkt als Intra-/Internet-Variante an, so dass auch mobil Daten gepflegt werden können. Einstellungen für das HR würden aber den Rahmen dieses Buches sprengen.

H. Gubbels, *SAP® ERP – Praxishandbuch Projektmanagement*,
DOI 10.1007/978-3-8348-2160-7_6, © Springer Fachmedien Wiesbaden 2013

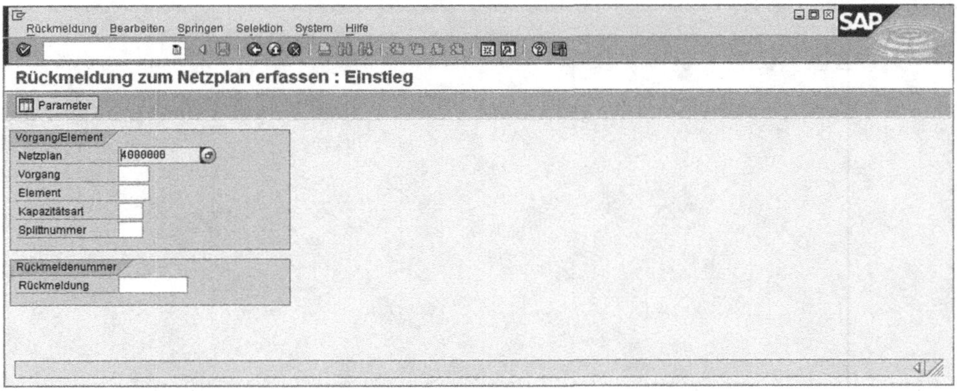

Abb. 6.1 Einstieg – Rückmeldung erfassen

Daher begnügen wir uns mit direkten, „anonymen" Rückmeldungen auf die einzelnen Projektteile.

▶   EASY-ACESS • Rechnungswesen • Projektsystem • Fortschritt • Rückmeldung •
    Einzelerfassung • Erfassen (CN25)

Zunächst wird in der Anwendung definiert, für welchen Netzplan und/oder Vorgang eine Rückmeldung erfasst werden soll (Abb. 6.1).

Wird nur ein Netzplan ausgewählt und bestätigt, muss spätestens im nächsten Bild der tatsächliche Vorgang ausgewählt werden, auf den gebucht werden soll. Ist der Vorgang ausgewählt, wird der eigentliche Dialog für die Rückmeldung angezeigt (Abb. 6.2).

Ist dem Vorgang, für den eine Rückmeldung erfasst werden soll, ein Arbeitsplatz zugeordnet, wird dieser automatisch ausgewählt – kann aber, wenn notwendig, überschrieben werden. Für eine Verbuchung ins Personalsystem, sofern eingerichtet, wird die Rückmeldung mit einer Personalnummer verknüpft. Die Rückmeldung kann damit automatisch Zeitbuchungen im Personalsystem ausführen. Über die *Lohnart* wird hinterlegt, welcher Lohn in das Personalsystem verbucht werden soll. Im Fall von Plan-Ist-Differenzen kann im Feld *Abweichungs-Ursache* eine Ursache für die Abweichung, beispielsweise ein Maschinenschaden, eingegeben werden. Die Abweichungsursachen können im Customizing gepflegt werden. Jede Abweichungsursache kann im Customizing mit einem Anwenderstatus verknüpft werden. Der Status wird gesetzt, wenn eine Rückmeldung mit einer solchen Abweichungsursache verknüpft wird. Dadurch können insbesondere auch Meilensteinfunktionen angestoßen werden.

Ein sehr wichtiges Feld ist der Abarbeitungsgrad. Hier kann eine Prozentzahl für den geschätzten Anteil der Leistungserbringung im Vorgang eingegeben werden. Damit kann eingeschätzt werden, wie viel Restleistung noch zu erbringen ist.

Beispiel Für einen Vorgang sind 10 h Aufwand geplant. Insgesamt dauert die Bearbeitung etwas länger, so dass nach 5 h Bearbeitungszeit erst 40 % der Leistung erbracht wurde.

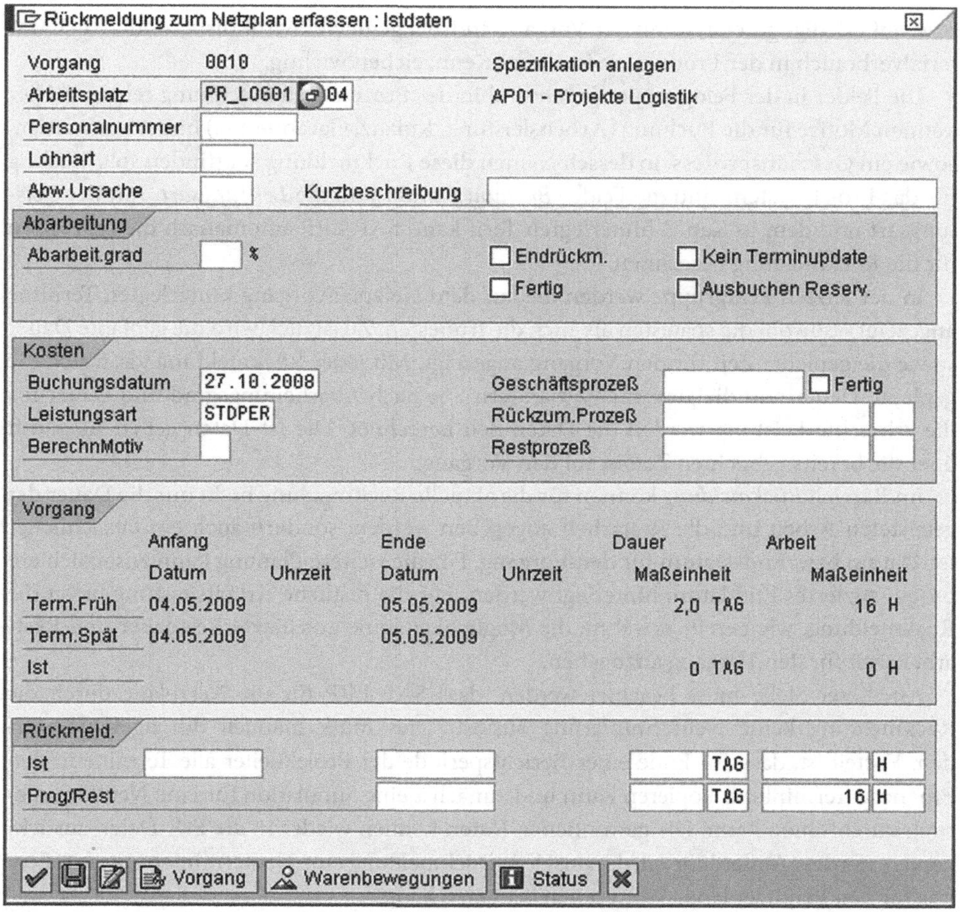

Abb. 6.2 Dialog zur Rückmeldung von Vorgängen

Mit diesen Daten errechnet SAP ERP eine geänderte Gesamtbearbeitungsdauer von 12,5 h und damit eine prognostizierte Restdauer von 7,5 h.

Anstatt des Abarbeitungsgrades kann auch direkt die geschätzte Restdauer eingegeben werden. Werden beide Daten eingegeben, müssen sie konsistent sein. Im Allgemeinen wird nur eines der beiden Felder gepflegt und das jeweils andere automatisch berechnet.

In der Feldgruppe *Abarbeitung* können neben dem Abarbeitungsgrad weitere Kennzeichen für die Rückmeldung gesetzt werden. Ist das Kennzeichen *Endrückmeldung* gesetzt, wird der Vorgang automatisch rückgemeldet. Das bedeutet, dass die Restarbeitszeit gelöscht und der Systemstatus auf *RÜCK – Rückgemeldet* gesetzt wird. Das Kennzeichen *Fertig* löscht die Restarbeitszeit ebenfalls – hier wird der Status allerdings nur auf *TRÜCK – Teilweise Rückgemeldet* gesetzt. Ist das Kennzeichen *Kein Terminupdate* aktiviert, wird der Ist-Termin nicht in den Vorgang übernommen. Mit dem Kennzeichen *Ausbuchen Reservierungen* werden etwaige Vormerkungen für diesen Vorgang gelöscht bzw. auf erledigt gesetzt, wenn der Vorgang endrückgemeldet wird. Insbesondere bei Materialverbrauch in der Produktion ist dieses Kennzeichen wichtig.

Die Felder in der Feldgruppe *Kosten* sind in der Prozesskostenrechnung relevant. Hier können Motive für die Buchung (Arbeitsleistung, Kulanz, Garantie etc.) hinterlegt werden, sowie ein Geschäftsprozess, in dessen Namen diese Rückmeldung stattfinden soll. Wichtig für das Projektsystem sind die Felder *Buchungsdatum* und die *Leistungsart*. Mit der Leistungsart und dem in Kap. 3 hinterlegten Tarif kann SAP ERP automatisch die Ist-Kosten für die Rückmeldung berechnen.

In der letzten Feldgruppe werden die auf dem Netzplanvorgang hinterlegten Termine angezeigt – sowohl die spätesten als auch die frühesten. Zusätzlich wird die geplante Dauer sowie die geplante Zeit für den Vorgang angezeigt. Mit jeder Rückmeldung kann sich die geplante Dauer und die geplante Zeit ändern – je nach Abarbeitungsgrad und Dauer für die erbrachte Leistung werden die Daten neu berechnet. Die Ist-Daten geben Auskunft über die bereits gebuchten Zeiten auf den Vorgang.

Im Bereich *Rückmeldung* können für die aktuelle Rückmeldung nicht nur die Dauer der geleisteten Arbeit und die Restarbeit angegeben werden, sondern auch ein tatsächliches Ist-Datum bzw. End-Datum für den Vorgang. Für die weitere Planung kann zusätzlich ein prognostiziertes Enddatum hinterlegt werden. Für die restliche Arbeitsleistung bietet die Rückmeldung, wie bereits erwähnt, die Möglichkeit, eine geschätzte Restdauer und Restarbeitszeit für den Vorgang anzugeben.

An dieser Stelle muss beachtet werden, dass SAP ERP für die Netzpläne durch die Rückmeldung keine Neuterminierung auslöst. Dies muss manuell durchgeführt werden. Vorteil ist, dass am Ende einer Berichtsperiode der Projektleiter alle Termine in den Prognose-Terminkreis kopieren kann und zunächst eine Simulation für eine Neuterminierung durchführen kann. Die gewonnenen Daten können wieder in die Eck-Daten zurückkopiert werden. Außerdem würde sonst jede Rückmeldung eine Neuterminierung anstoßen, was für den Benutzer lange Wartezeiten bedeuten kann.

Parameter Beim Einstieg zur Rückmeldung können Parameter erfasst werden, wie die Buchung durchgeführt werden soll. Über die Schaltfläche *Parameter* erhält man den Dialog aus Abb. 6.3. Bei den Einstellungen handelt es sich um Vorschlagswerte, die für die Rückmeldung hinterlegt werden. Die meisten können im Rückmeldedialog überschrieben werden.

Ein paar Kennzeichen bestimmen das Verhalten der Rückmeldung und können im Rückmeldedialog selbst nicht gesetzt werden. Die Kennzeichen *Rückmeldefähig* und *Rückgemeldete Vorgänge* schränken die Auswahl der Vorgänge ein, wenn in der Einstiegsmaske nur der Netzplan und kein zugehöriger Vorgang angegeben wurde.

In der Feldgruppe *Vorschlagswerte* bewirkt das Kennzeichen *Endrückmeldung*, dass das entsprechende Kennzeichen im Rückmelden-Dialog aktiviert ist. Dasselbe gilt für das Kennzeichen *offene Reservierungen ausbuchen*. Mit gesetztem Kennzeichen *Termin vorschlagen* setzt SAP ERP im Rückmelden-Dialog automatisch die Ist-Daten aus der Terminierung des Vorgangs – die Daten können selbstverständlich überschrieben werden.

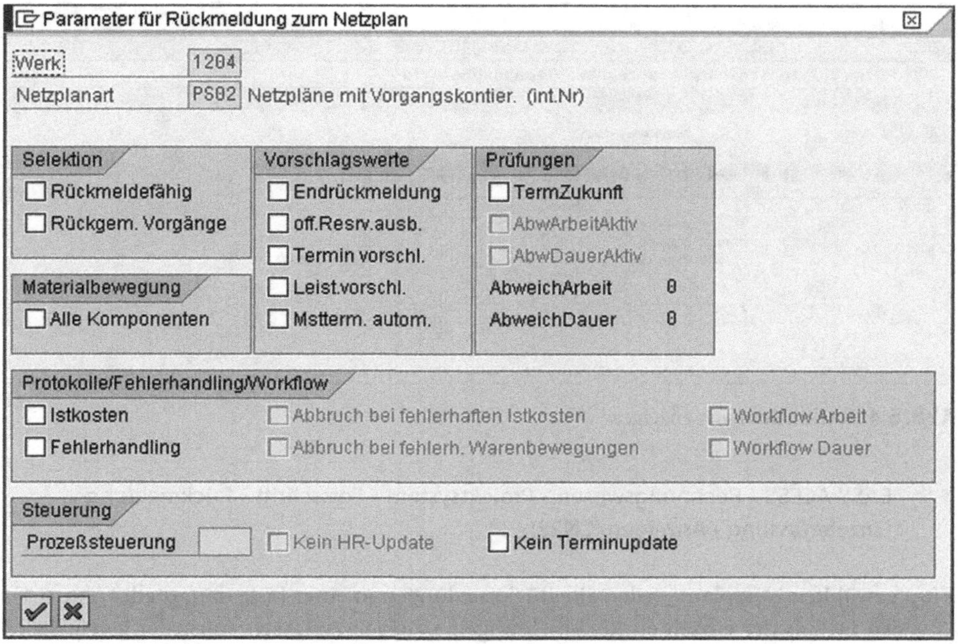

Abb. 6.3 Parameter für die Rückmeldung

Möchte man in der Rückmeldung entsprechend der Ist-Daten auch die restliche Leistung vorgeschlagen haben, die laut Planung noch für den Vorgang zu erbringen ist, setzt man das Kennzeichen *Leistung vorschlagen*.

Sind für einen Vorgang Meilensteine hinterlegt, wird der Benutzer bei jeder Rückmeldung gefragt, ob die Ist-Termine der Meilensteine gepflegt werden sollen. Die Pflege der Ist-Termine kann mit dem Kennzeichen *Meilensteintermin automatisch* ohne Benutzereingabe erfolgen. Hat ein Vorgang beispielsweise drei Meilensteine mit hinterlegtem Fertigstellungsgrad 50 %, 60 % und 70 %, wird der Ist-Termin der Rückmeldung automatisch beim Meilenstein mit den 50 % Fertigstellungsgrad hinterlegt.

In der Feldgruppe *Prüfung* können diverse Prüfungen bei der Rückmeldung ein- und ausgeschaltet werden. Mit gesetztem Kennzeichen *Termin Zukunft* dürfen die Termine der Rückmeldung auch in der Zukunft liegen – ist das Kennzeichen nicht gesetzt, lässt SAP ERP keine Buchungen mit Terminen in der Zukunft zu. Mit den Kennzeichen *AbwArbeitAktiv*, *AbwDauerAktiv* wird gesteuert, dass SAP ERP bei der Rückmeldung die abweichende Dauer bzw. Arbeitszeit überprüft. Die Felder *AbweichArbeit* und *AbweichDauer* geben einen Prozentsatz an, den die Abweichung der Dauer bzw. Arbeitszeit bei der Rückmeldung nicht überschreiten soll. Ist die Abweichung höher, wird eine Warnung ausgegeben.

Anzeigen und Stornieren Wurden für einen Netzplanvorgang mehrere Rückmeldung durchgeführt, kann man sich diese wieder anzeigen lassen – um sie beispielsweise zu stornieren.

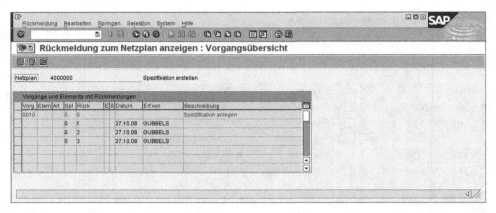

Abb. 6.4 Rückmeldungen anzeigen

▶   EASY-ACESS • Rechnungswesen • Projektsystem • Fortschritt • Rückmeldung •
    Einzelerfassung • Anzeigen (CN28)

Zum gewählten Netzplan werden alle Rückmeldungen in einer Liste dargestellt (Abb. 6.4).
Um sich Details der einzelnen Rückmeldungen anzeigen zu lassen, muss der gewünschte
Eintrag ausgewählt werden und via Doppelklick oder der Schaltfläche 🖼 geöffnet werden.
    Wurde eine Rückmeldung mit falschen Daten erfasst, kann diese storniert werden. Et-
waige Statusbuchungen werden zurückgenommen.

▶   EASY-ACESS • Rechnungswesen • Projektsystem • Fortschritt • Rückmeldung •
    Einzelerfassung • Stornieren (CN29)

Um eine Rückmeldung zu stornieren, muss zunächst der Netzplan ausgewählt werden.
Wurde kein Vorgang explizit ausgewählt, werden entsprechend Abb. 6.4 alle Rückmeldungen zum Netzplan angezeigt. Die zu stornierende Buchung wird anschließend entweder durch einen Doppelklick oder durch Markieren des Eintrags und der Schaltfläche 🖼
geöffnet. Wurden durch die Rückmeldung Statusinformationen verändert, weist SAP ERP
explizit auf diesen Umstand hin. Anschließend kann die geöffnete Rückmeldung, vielmehr
das Storno der Rückmeldung, gespeichert werden.

6.2   Meilensteintrendanalyse

Die Meilensteintrendanalyse als Instrument der Fortschrittsanalyse und Projektüberwachung wurde in Kap. 2 erläutert. Meilensteine stellen ein Ziel in einem Projektverlauf
dar, beispielsweise die Fertigstellung der Spezifikation. Im Rahmen der Planung erhält jeder Meilenstein einen Termin, an dem die Erreichung des Meilensteins geschätzt wird.
Während der Realisierungsphase zeigt sich, ob die Termine der Meilensteine eingehalten

werden können. Ist ein Meilenstein beispielsweise einem Vorgang zugeordnet, der auf
einer Sequenz mehrerer anderer Vorgänge liegt, und ein Vorgänger dieses Vorgangs wird
verschoben, verschiebt sich damit automatisch auch der Termin für die Erreichung dieses
Meilensteins.

In einer guten Projektplanung werden für Vorgänge Puffer eingeplant. Damit können
Schätz-Ungenauigkeiten aufgefangen werden. In manchen (in der Praxis aber seltenen)
Fällen, heben sich verspätete und schneller durchgeführte Vorgänge zeitlich auf.

Damit der Projektleiter während der Realisierung schnell einen Trend für die Erreichung einzelner Meilensteine erfassen kann, um frühzeitig gegensteuern zu können, müssen Zustände oder *Versionen* eines Projekts gesichert werden. Vergleicht man anschließend die Termin-Versionen der einzelnen Meilensteine miteinander, lässt sich schnell ein
Trend ablesen. Die verschiedenen Trends wurden in Kap. 2 vorgestellt.

SAP ERP kann für jedes Projekt beliebig viele Versionen ablegen. Versionen werden
aktionsgesteuert oder *zeitgesteuert* angelegt. In Kap. 4 wurde gezeigt, wie abhängig vom
System- oder Anwenderstatus automatisch Projektversionen gespeichert werden können.
Diese Art der Anlage einer Version wird *aktionsgesteuert* genannt. Im Allgemeinen genügt
die statusabhängige Speicherung der Projektversionen nicht aus, da für eine Trendanalyse
mehr Versionen hinterlegt sein sollten als Anwender- bzw. Systemstatus verfügbar sind.
Daher können zu bestimmten Zeitpunkten Projektversionen manuell gespeichert werden.
Diese Art der Anlage wird *zeitgesteuert* genannt. Vor Projektstart definiert der Projektleiter (wenn nicht vom Unternehmen vorgegeben), wie groß der Berichtszeitraum ist. Bei
Projekten, die beispielsweise eine Laufzeit von zwei Jahren haben, ist es sicher nicht sinnvoll, täglich eine Trendanalyse durchzuführen. Jeweils am Ende des Berichtszeitraums legt
er manuell eine Projektversion an und kann anschließend die verschiedenen Versionen
vergleichen.

Um eine Meilensteintrendanalyse in unserem Beispielprojekt durchführen zu können,
benötigen wir zunächst Ist-Daten. Dazu muss das Projekt zunächst freigegeben werden.
Das Projekt wird allerdings nicht komplett freigegeben, sondern nur das PSP-Element
Spezifikations-Phase. Erst mit Rückmeldung des Meilensteins *Spezifikation vollständig* soll
der folgende Netzplan über die hinterlegte Meilensteinfunktion freigegeben werden. Bevor wir das tun, werden wir erst das Systemdatum des SAP ERP-Servers auf den 1. Mai
2009 verändern, da der Zeitpunkt der Versionserstellung wichtig ist für die spätere Auswertung. Wenn es sich um eine Zukunftsreise handelt, ist der Applikationsserver von SAP
ERP relativ unempfindlich. Ist der 1. Mai 2009 für Sie bereits Vergangenheit, müssen Sie
den Server stoppen, das Datum ändern und den Server anschließend wieder starten. Rei-
sen in die Vergangenheit verkraftet der Applikationsserver nicht. Anschließend öffnen wir
das Projekt im Project Builder und geben das erwähnte PSP-Element frei (Abb. 6.5). Damit
ändert sich der Status der Projektdefinition auf TFREI für teilweise freigegeben. Speichern
Sie das Projekt und verlassen den Project Builder.

Projektversion anlegen Als nächstes legen wir eine manuelle Projektversion an – immer
noch mit dem Systemdatum 1. Mai 2009. Um manuell eine Projektversion zu sichern,
bietet SAP ERP im EASY ACCESS eine entsprechende Anwendung an.

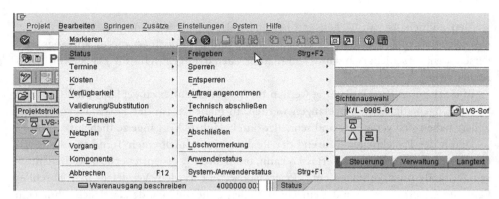

Abb. 6.5 Spezifikations-Phase freigeben

Abb. 6.6 DB-Profil wählen

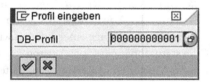

▶   EASY-ACESS • Rechnungswesen • Projektsystem • Projekt • Projektversion •
         Anlegen (CN72)

Beim Öffnen der Anwendung wird ggf. nach einem DB-Profil gefragt. Mit dem DB-Profil
werden die Felder festgelegt, die selektiert werden (Abb. 6.6). Die entsprechenden Felder, die für das jeweilige Unternehmen relevant sind, können im Customizing angepasst
werden. Für das Beispiel (und die meisten Anwendungsfälle) genügt das Standard-Profil
000000000001, welches vom Referenzmandanten übernommen wurde.

Abbildung 6.7 zeigt die Einstellungen, die dem gewählten DB-Profil entsprechen. Aus
der Anwendung für die Anlage der Projektversionen können die Daten aus dem gewählten
DB-Profil über die Schaltfläche *DB-Profil* temporär abgeändert werden.

Im DB-Profil wird festgelegt, welche Felder selektiert werden, welche Schachtelungstie-
fe erlaubt ist usw. Wenn Sie beispielsweise niemals mit Fertigungsaufträgen arbeiten, können Sie diese aus der Selektion entfernen. Dann aber möglichst nicht jedes Mal temporär,
sondern allgemein im Einführungsleitfaden.

Um eine Projektversion mit den angegebenen Daten zu sichern, muss SAP ERP wissen,
um welches Projekt und ggf. welche Unterstruktur es sich handelt. Abbildung 6.8 zeigt die
Anwendung, um eine Projektversion zu sichern.

Um nicht grundsätzlich bei jeder Version eine Sicherung der Daten des gesamten Projekts durchführen zu müssen, können diese weiter eingeschränkt werden. Beispielsweise macht es Sinn, nur die PSP-Elemente des aktiven Projekts zu versionieren, die bereits
freigegeben und Änderungen unterworfen sind. Insgesamt kann die mögliche Datenlast
damit stark verringert werden.

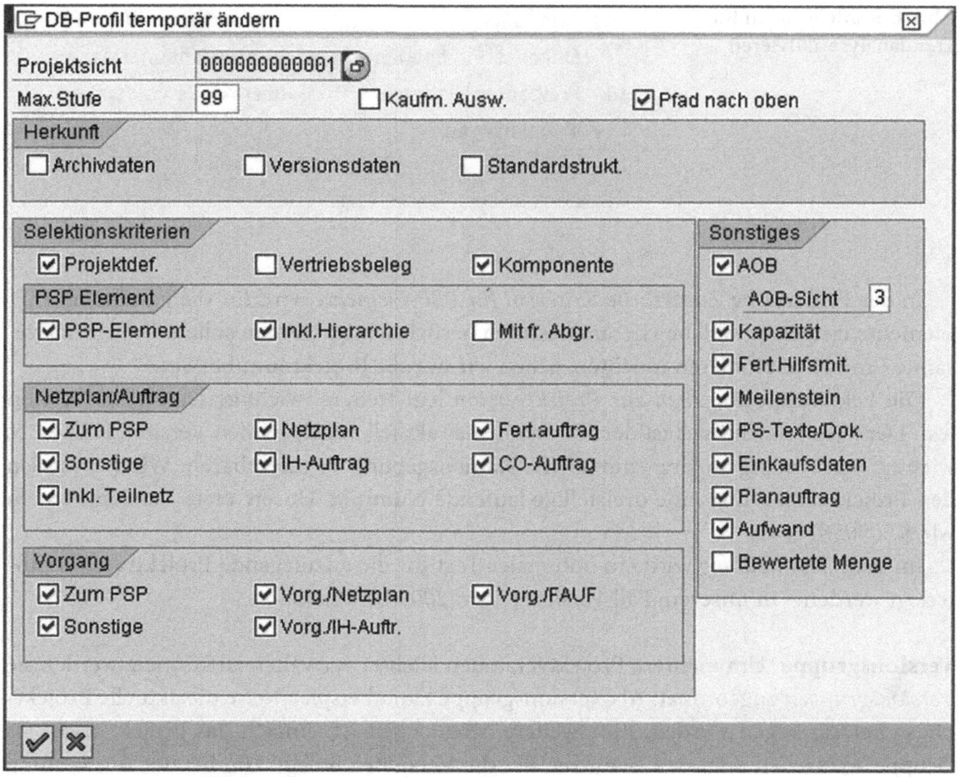

Abb. 6.7 DB-Profil temporär abändern

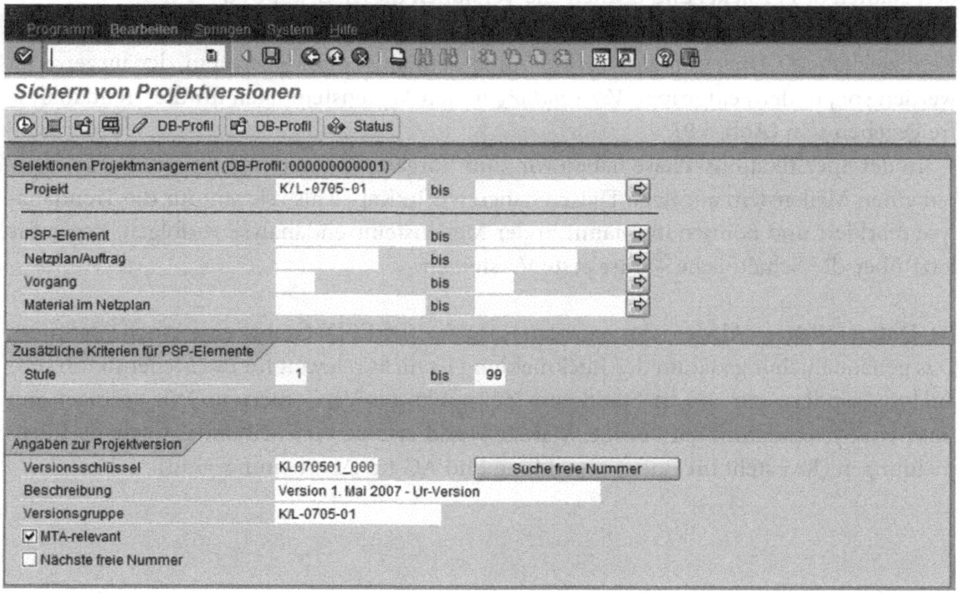

Abb. 6.8 Projektversion sichern

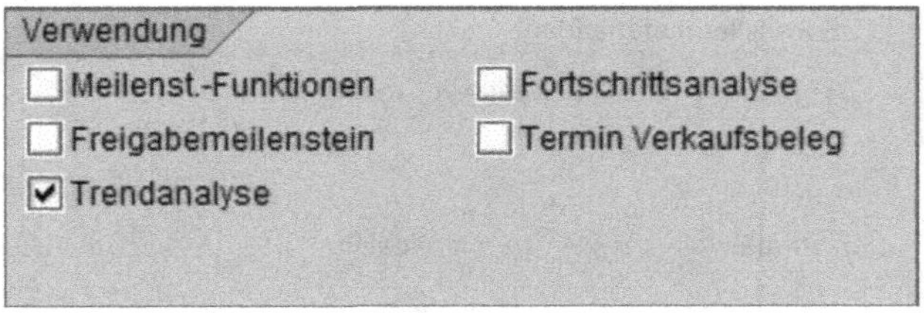

Abb. 6.9 Meilenstein für
Trendanalyse aktivieren

In der Feldgruppe *Zusätzliche Kriterien für PSP-Elemente* wird für die gewählten PSP-Elemente festgelegt, welche Hierarchiestufen berücksichtigt werden sollen. Da wir das gesamte Projekt versionieren möchten, geben wir nur die Projektnummer ein.

Die Feldgruppe *Angaben zur Projektversion* legt weitere, wichtige Daten zur Version fest. Der Versionsschlüssel ist der Kurzname der aktuell anzulegenden Version. Hier ist es wichtig, von Anfang an eine einheitliche Namensgebung zu vereinbaren. Wir verwenden den Projektnamen und eine dreistellige laufende Nummer. Unsere erste Version nennen wir *KL090501_000*.

Im Feld *Beschreibung* wird ein optionaler Text für die anzulegende Projektversion hinterlegt werden – in unserem Fall *Version 1. Mai 2009 Ur-Version*.

Versionsgruppe Um mehrere Projektversionen leichter verwalten zu können, werden sie *Versionsgruppen* zugeordnet. Als Versionsgruppe kann beispielsweise die aktuelle Projektphase herangezogen werden. Eine weitere Möglichkeit ist, einfach das Projekt selbst als Gruppe anzusehen oder den Benutzer, der die Versionen anlegt. Um bei der Auswertung der Projektversionen nicht vor einem Versionsgruppen-Chaos zu stehen, muss auch diese Vorgehensweise zu Projektstart definiert sein. Wir verwenden für die IDEEFIX GmbH den Namen des Projekts und ordnen alle Versionen dieser Gruppe zu.

Damit die Projektversion für die Meilensteintrendanalyse herangezogen wird, muss das Kennzeichen *MTA-relevant* gesetzt sein. Außerdem muss der Meilenstein, der ausgewertet werden soll, in der Feldgruppe *Verwendung* in den Meilensteindaten für die Trendanalyse freigegeben sein (Abb. 6.9).

In der Spezifikations-Phase haben wir zum Vorgang *Spezifikation prüfen und korrigieren* einen Meilenstein angelegt. Diesen haben wir in Kap. 4 als relevant für die Trendanalyse markiert und können ihn damit in der Meilensteintrendanalyse verfolgen. Legen Sie jetzt über die Schaltfläche ⊕ Ihre erste Version an.

Ist-Daten anlegen Als Berichtszeitraum ist in der IDEEFIX GmbH eine Woche definiert. Das genaue Buchungsdatum der Rückmeldung ist nicht relevant für die Meilensteintrendanalyse, sondern nur der Ist-Stand zum Zeitpunkt der Versionierung. Wir springen mit unserem Systemdatum auf den 11. Mai 2009 und erfassen nacheinander folgende Rückmeldungen (RM steht für Endrückmeldung und AG für Abarbeitungsgrad):

Vorg.	Start	Ende	Dauer	Prog. Dauer	Arbeit	AG (%)	RM
0010	04.05.09	05.05.09	2 TAG	–	16 h	100	X
0020	06.05.09	06.05.09	1 TAG	4 TAG	8 h	20	–
0030	06.05.09	06.05.09	1 TAG	9 TAG	8 h	10	–
0040	06.05.09	06.05.09	1 TAG	5 TAG	8 h	17	–

Das wir hier den Plan deutlich verlassen und das offensichtlich früh bemerken, ist natürlich Absicht. Als Projektleiter nehmen wir die Rückmeldungen im Allgemeinen nicht selbst vor. Sie werden entweder durch die einzelnen Mitarbeiter direkt oder über ein entsprechendes Zeiterfassungssystem gebucht.

Da allein durch die Rückmeldungen auf die einzelnen Vorgänge eines Netzplans durch das Projektsystem nicht automatisch eine Neuterminierung durchgeführt wird, müssen wir manuell eine Neuterminierung durchführen. Das ist wichtig, damit auch die Termine der Meilensteine neu berechnet werden. Dazu öffnen wir den Project Builder, klappen die komplette Projekthierarchie auf und wechseln in die Projektplantafel. Öffnen Sie hier im Menü unter Einstellungen die Optionen und ändern die Terminierungsart von *Rückwärts* auf *Tagesdatum*. Die Terminierung belässt dann Ist-Buchungen, terminiert aber ausgehend vom aktuellen Datum den Gesamtnetzplan neu. Anschließend markieren wir alle Elemente und terminieren erneut. Es erscheinen mehrere Warnungen, dass verschiedene Termine nach dem Eckendetermin liegen. Was ist passiert? Durch die Rückmeldungen und die geschätzten Restaufwände, wurden durch die Terminierung die Vorgänge verschoben. Damit End-Termine einzelner Vorgänge hinter dem Ecktermin des zugehörigen PSP-Elements. Das ist das, was wir erwartet hatten. Damit diese Fehlermeldung nicht erhalten bleibt, können Sie die terminierten Termine mit der Menüfunktion *Bearbeiten* → *Termine abstimmen/prüfen* → *Terminierte Termine übernehmen* übernehmen. Besser wäre in diesem Fall, wenn Sie die Daten der PSP-Elemente manuell anpassen. Das hängt ein wenig davon ab, ob Sie Pufferzeiten implizit einrechnen, indem Sie die Dauer der PSP-Elemente größer halten (und damit nicht automatisch die Termine übernehmen dürfen) als die der zugeordneten Vorgänge, oder ob Sie explizit einen Puffer-Vorgang in den Netzplan einbauen, den bei der Terminierung beispielsweise automatisch reduzieren lassen können. In diesem Beispiel habe ich der Einfachheit halber die Termine übernommen – praktisch würde ich das nicht machen.

Wechseln wir nun zurück in den Project Builder und öffnen beispielsweise den Vorgang *Warenausgang beschreiben*, erhalten wir die Daten wie in Abb. 6.10 dargestellt. Anhand des Prognose-Datums der Rückmeldung oder der prognostizierten Restzeit ermittelt SAP ERP das früheste Enddatum neu. Geplantes frühestes Enddatum war der 13. Mai 2009.

Durch die Ist-Rückmeldung und der um 4 Tage längere prognostizierten Dauer wird das früheste Enddatum auf den 19. Mai 2009 verlegt. SAP ERP übernimmt bei einer Neuterminierung das prognostizierte Enddatum bzw. berechnet anhand der prognostizierten Dauer das früheste Enddatum neu. Diese Tätigkeit wird vom Projektleiter immer am Ende eines Berichtszeitraumes durchgeführt, um die Termine des Projekts zu überwachen. Um die jeweiligen Termine zu Analysezwecken festzuhalten, wird die aktuelle Version anschließend als Projektversion gesichert.

Termine	Start		Ende		Dauer		Arbeit	
Früh	06.05.2009	00:00:00	19.05.2009	24:00:00				
Spät	19.05.2009	00:00:00	02.06.2009	24:00:00	9,0	TAG	48	H
Ist	06.05.2009	00:00:00	06.05.2009	24:00:00				8
Prog.Rück.				00:00:00	10	TAG	80	
Einplanung		00:00:00		00:00:00				

Abb. 6.10 Berechnete Termine nach Rückmeldung

An dieser Stelle legen wir eine neue Projektversion an. Dieses Mal mit der Versionsnummer *KL070501_001*. Geben Sie als Bezeichnung *Version 11. Mai 2009* an und achten
Sie darauf, denselben Versionsschlüssel zu verwenden wie bei der ersten Versionierung.

Für eine Meilenstein-Trend-Analyse haben wir noch etwas wenig Daten. Weitere Rückmeldungen für die Meilensteintrendanalyse finden Sie im Appendix 1. Wenn Sie das
Beispiel weiter mitverfolgen möchten, führen Sie die Buchungen jetzt durch, bevor Sie
weiterlesen.

MTA auswerten Nachdem wir nun Rückmeldungen erfasst haben, rufen wir die Meilenstein-Trend-Analyse auf und werten den Meilenstein zum Vorgang *Spezifikation prüfen
und korrigieren* aus.

► EASY-ACESS • Rechnungswesen • Projektsystem • Projekt • Infosystem • Fortschritt • Meilensteintrendanalyse (CNMT)

Für die Meilensteintrendanalyse müssen zunächst die notwendigen Selektionskriterien angegeben werden (Abb. 6.11). Als erstes muss SAP ERP wissen, welches Projekt ausgewertet
werden soll. Die Selektion kann innerhalb des Projekts weiter über PSP-Elemente, Netzpläne bis hin zu Vorgängen verfeinert werden. Für PSP-Elemente kann außerdem eine
Grenze für die Auswahl der Hierarchiestufen gesetzt werden.

In der Feldgruppe *Selektion Termine* wird über das Kennzeichen *aktuelle Daten mit-
verwenden* angegeben, ob in der Auswertung die aktuellen Daten des Projekts mitverwen-
det werden sollen, oder ob nur auf Daten der Projektversionen zurückgegriffen wird. In
unserem Fall setzen wir das Kennzeichen nicht, da die letzte Projektversion die aktuellen
Daten beinhaltet Zusätzlich kann festgelegt werden, ob sich die Auswertung auf den Pro-
gnose- oder Eckterminkreis des Projekts bezieht – in unserem Fall logischerweise auf die
Ecktermine.

Über die Schaltfläche mit dem kleinen Uhr-Symbol wird die Auswertung angestoßen
und der Meilensteintrend graphisch dargestellt. Die Skalierung der Achsen ist initial un-
geeignet. Klicken Sie doppelt auf die Achsen und wechseln Sie im Dialog für die Darstel-
lungseigenschaften in den Reiter *Skalierung*. Ändern Sie hier die Felder neben den Feldern
Kleinstwert und *Höchstwert* auf Anfang Mai und Ende September ab (Abb. 6.12).

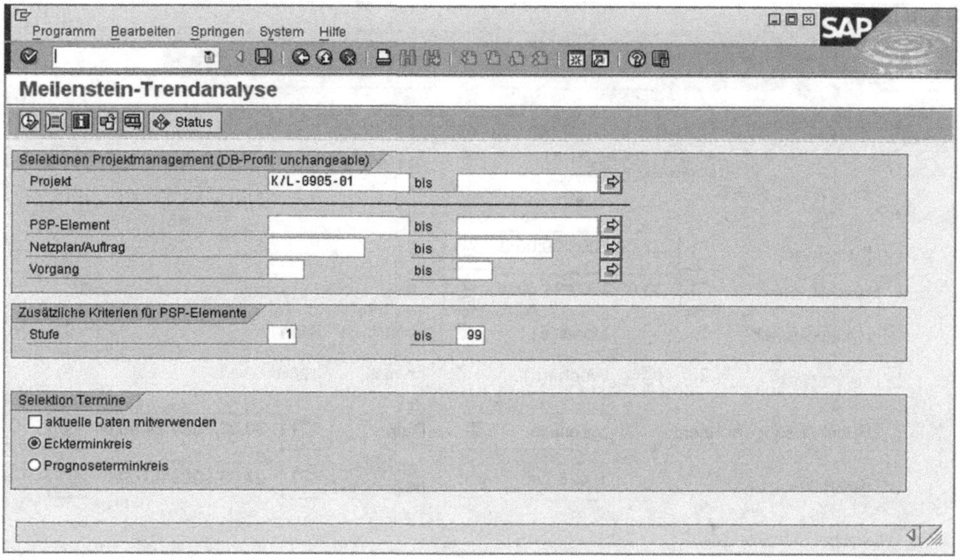

Abb. 6.11 Selektion der Daten für die MTA

Dadurch erhalten wir die Darstellung unserer Meilenstein-Trend-Analyse wie in Abb. 6.13 dargestellt. Es werden nur zwei Meilensteine dargestellt – da nur für diese beiden das Kennzeichen *Trendanalyse* gesetzt wurde.

In Kap. 2 wurde die Darstellung bereits ausführlich erläutert. Hier noch mal kurz zur Erinnerung: Die x-Skala stellt die Ist-Daten dar, die y-Skala die Planwerte. Ein waagerechter Verlauf bedeutet, dass Ist- und Soll-Werte übereinstimmen. Eine Tendenz nach oben deutet auf eine Verspätung, eine Tendenz nach unten auf eine frühere Planerreichung hin. Berührt die Kurve die Diagonale, ist der Meilenstein erreicht.

Die Auswertung in Abb. 6.13 zeigt sehr schön den Trend des Projektverlaufs. Bereits zu Beginn gibt es deutliche Verspätungen. Der weitere Verlauf ist im Plan und gegen Ende konnte sogar ein Vorsprung verarbeitet werden – hier spielen in der Terminierung die Puffer natürlich eine große Rolle. Das sieht man deutlicher am zweiten Meilenstein, der weniger starke Tendenzen aufweist und damit aussagekräftiger ist, als der erste Meilenstein.

Anpassung der Grafik Die Grafik der Meilenstein-Trend-Analyse lässt sich über die erwähnte Einstellung der Skalierung den jeweiligen Ansprüchen weiter anpassen. Es können beispielsweise einzelne Meilensteine ausgeblendet, die Beschriftung geändert, die Einheiten der Gitterlinien gewählt oder der ganze Diagrammtyp angepasst werden. Die Art und Weise der Editierung ähnelt hier stark dem System MS EXCEL – und dürfte damit selbsterklärend sein.

Sie können Meilensteine in der Ansicht ein- bzw. ausschalten. Zusätzlich können Sie für jede Meilensteinkurve Versionen ein- und ausschalten. Dazu wählen Sie entweder die Menüfunktion *Sicht -> Daten auswählen* oder die Schaltfläche ⏳. SAP ERP zeigt den Dialog wie in Abb. 6.14 gezeigt.

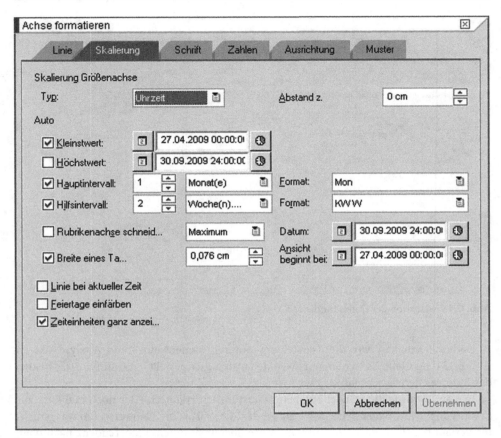

Abb. 6.12 Skalierung der MTA einstellen

Tabellarische Sicht Hier können auf der linken Seite die angezeigten Meilensteine und auf der rechten Seite die dazugehörigen Berichtszeiträume ein- und ausgeblendet werden. In unserem Fall gibt es nur zwei Meilensteine. In den ▼Berichtszeiträumen finden wir übrigens die automatisch erstellte Version *Teilfreigegeben*, die wir im Customizing hinterlegt haben. Diese wurde automatisch bei der Teilfreigabe des PSP-Elements angelegt.

Ausgehend von der MTA-Grafik gelangt man über die Menüfunktion *Springen -> Tabellen* die tabellarische Sicht der Meilensteine (Abb. 6.15). Hier werden die einzelnen Meilensteine und die Termine zum Zeitpunkt der Anlage einer Version aufgeführt. Ausgehend von dieser Tabelle können wir über die Menüfunktion *Bearbeiten –> Auswählen* direkt in die Daten des Meilensteins springen.

Falls Meilensteine zum aktuellen Zeitpunkt das Kennzeichen *Trendanalyse* nicht mehr tragen, werden diese in der Sicht Historische Meilensteine angezeigt. In der Sicht *Historischer Kurvenverlauf* werden alle Meilensteine angezeigt, die zum aktuellen Zeitpunkt das Kennzeichen *Trendanalyse* tragen – auch wenn sie zu einem früheren Zeitpunkt dieses Kennzeichen nicht getragen haben.

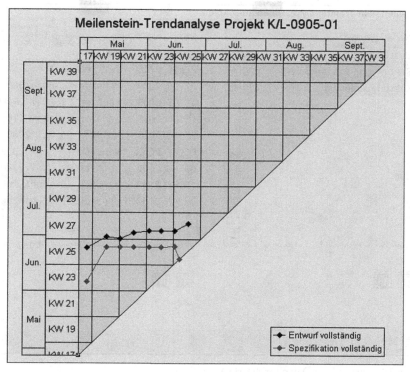

Abb. 6.13 MTA-Auswertung des Beispielprojekts.

6.3   Projektauswertung/Projektversionen

Über die reine Analyse der Meilensteine hinaus ist es sinnvoll, die Daten der angelegten Projektversionen zu vergleichen. Dazu wechseln wir im Infosystem in die Strukturübersicht.

▶   EASY-ACESS • Rechnungswesen • Projektsystem • Infosystem • Strukturen •
Strukturübersicht (CN41)

Geben Sie hier unser Projekt K/L-0905-01 an und führend die Auswertung mit der Schaltfläche ⊕ aus. Wir erhalten die aktuellen Daten des Projekts in einer Strukturübersicht. (Abb. 6.16).

Im Projektfortschritt befinden wir uns im Teilprojekt *Spezifikations-Phase*. Grenzen wir daher die Sicht auf dieses PSP-Element ein, indem wir die Auswertung verlassen und bei der Selektion das PSP-Element K/L-0905-01:1-1 angeben.

Die reine Strukturübersicht bringt für die Auswertung nicht viel – diese Information haben wir auch im Project Builder. In der Auswertung können wir uns weitere Felder anzeigen lassen. Welche Felder in welcher Reihenfolge angezeigt werden, wird benutzerabhängig verändert. Über die Schaltfläche 🔠 gelangen wir in die Feldauswahl (Abb. 6.17).

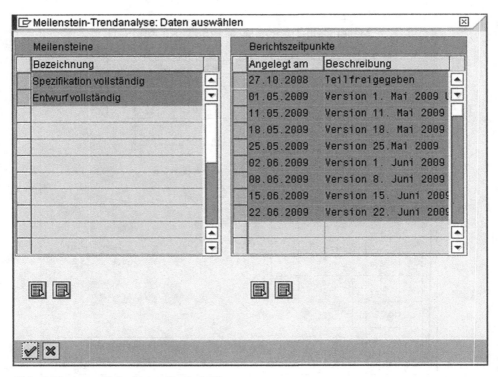

Abb. 6.14 Auswahl der Daten für die MTA

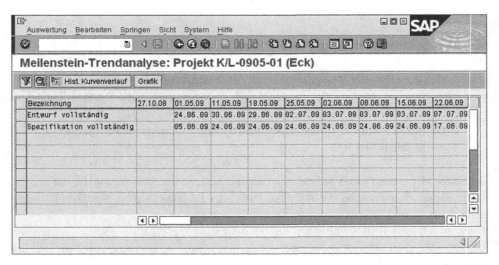

Abb. 6.15 MTA in Tabellenform

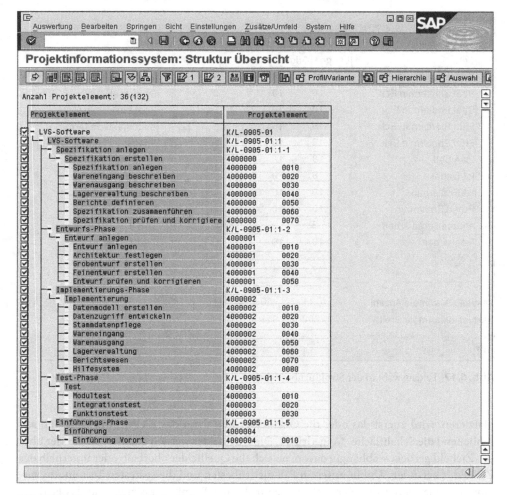

Abb. 6.16 Strukturübersicht im Infosystem

Auf der linken Seite finden sich die Felder, die bereits für die Anzeige ausgewählt wurden, auf der rechten Seite die Felder, die ausgewählt werden können (und noch nicht ausgewählt wurden). Im unteren linken Teil werden die maximale Breite sowie die maximale
Anzahl an Feldern angezeigt, die noch verwendet werden dürfen. Insgesamt ist die Anzahl
der darstellbaren Felder auf 20 beschränkt. In der Tabelle der ausgewählten Felder können
wir für die Darstellung der Werte weitere Parameter hinterlegen: Die Länge, die für das
Feld dargestellt wird, eine Skalierung (bei numerischen Werten) sowie eine Anzahl Dezi-
malstellen (für numerische Werte). Lassen Sie uns die Felder so wählen, wie oben angegeben. Die Felder auf der linken Seite werden in der Reihenfolge angegeben, wie sie ausgewählt wurden. Die Reihenfolge kann verändert werden. Die angebotene Funktion dafür ist
auf den ersten Blick nicht sehr intuitiv, aber einmal verstanden, sehr wirkungsvoll. Die
Schaltfläche ▓ hilft uns dabei. Um ein oder mehrere Felder neben ein anderes zu

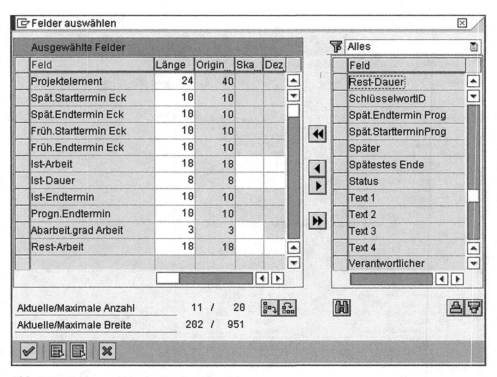

Abb. 6.17 Feldauswahl in der Strukturübersicht

platzieren, wird zuerst das oder die Quellfelder und dann das Zielfeld markiert und anschließend die Schaltfläche ⬚ gedrückt. Die Quellfelder werden dadurch unter oder über das Zielfeld gerückt – abhängig davon, ob sich die Quellfelder oberhalb oder unterhalb des Zielfeldes befanden. Um in unserem Fall die frühesten und die spätesten Termine zu vertauschen, markieren wir zuerst die beiden frühesten Termine, anschließend das Feld *Ist-Arbeit* und vertauschen diese (Abb. 6.18).

Versionen vergleichen Um verschiedene Projektversionen miteinander vergleichen zu können, müssen diese in die Auswertung aufgenommen werden. Über die Menüfunktion *Auswertung -> Projektversion holen…* wird die gewünschte Version ausgewählt. Wir selektieren die Version *KL090501_000*. Um eine weitere Version in die Auswertung aufzunehmen, führen wir die Funktion erneut durch. Holen wir uns noch die Version *KL090501_001* und *KL090501_002*. Die Daten des aktuellen Projektstands bleiben ausgewählt.

Die gewählten Projektversionen werden dem aktuellen Projektstand gegenübergestellt. In Abb. 6.19 sind unsere Projektstände dargestellt. Jede Projektversion erhält zur einfachen Unterscheidung eine eigene Farbe.

In dieser Darstellung sind die kumulierten Informationen der Versionen dargestellt – wichtig, wenn Kosten dargestellt werden. Über die Menüfunktion *Springen -> Periodenaufriss* erhalten wir für ein ausgewähltes Element die Kosten pro Periode dargestellt.

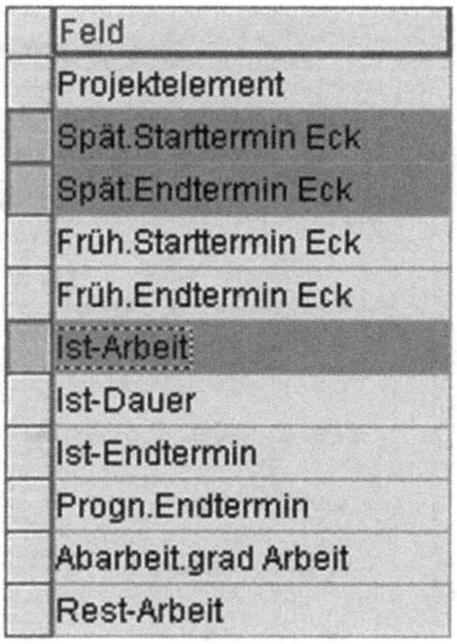

Abb. 6.18 Änderung der
Feld-Reihenfolge

Feld
Projektelement
Spät.Starttermin Eck
Spät.Endtermin Eck
Früh.Starttermin Eck
Früh.Endtermin Eck
Ist-Arbeit
Ist-Dauer
Ist-Endtermin
Progn.Endtermin
Abarbeit.grad Arbeit
Rest-Arbeit

Möchten Sie die Auswahl der angezeigten Versionen kurzfristig einschränken, beispielsweise die aktuellen Daten ausblenden, wählen Sie im Dialog über die Menüfunktion
Sicht -> Projektversionen auswählen die gewünschten Versionen.

Einzelübersicht Häufig ist es sinnvoller, nicht in der ganzen Struktur navigieren zu müssen, sondern nur in bestimmten Elementen. In unserem Fall wäre es interessant, alle Vorgänge des ersten Netzplans separat auszuwerten. In den *Einzelübersichten*, die direkt im
Menü über *Springen -> Einzelübersichten* oder über das EASY ACCESS im Infosystem
des Projektsystems erreichbar sind, haben wir nicht dieselben Funktionen zur Verfügung.
Daher verwenden wir besser die *erweiterten Einzelübersichten*, in unserem Fall die für
Vorgänge.

▶   EASY-ACESS • Rechnungswesen • Projektsystem • Infosystem • Strukturen •
    Erweiterte Einzelübersichten • Vorgänge/Elemente (CN47)

In der Selektion geben wir den Netzplan *Spezifikation erstellen* und die Vorgänge 0010-
0070, wie in Abb. 6.20 dargestellt (die Nummer des Netzplans ist bei Ihnen sicher eine andere). Anschließend führen wir die Auswertung aus und erhalten die Vorgänge des ersten
Netzplans angezeigt. Wie in der Strukturübersicht können auch hier verschiedene Versionen in die Auswertung aufgenommen werden (Abb. 6.21).

Kostenanalyse Auch für die Kostenanalyse bietet SAP ERP im Infosystem umfangreiche
Auswertungen. Alle Berichte vorzustellen, würde das Buchsprengen. Viele der Berichte
sind selbsterklärend – ausprobieren und damit spielen ist ein sehr guter Weg, um sich
zurecht zu finden. Einen Bericht schauen wir uns als Beispiel für einen kostenorientierten
Bericht an.

▶   EASY-ACESS • Rechnungswesen • Projektsystem • Infosystem • Controlling •
    Kosten • Planbezogen • Hierarchisch • Plan/Ist/Abweichung

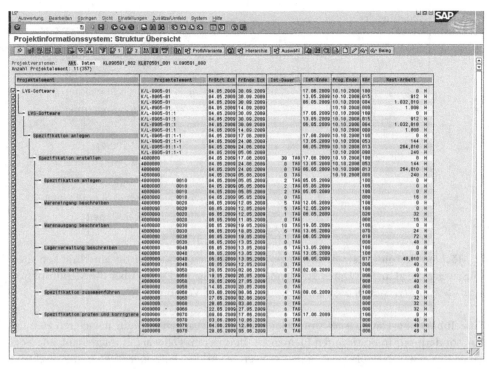

Abb. 6.19 Gegenüberstellung der Projektversionen

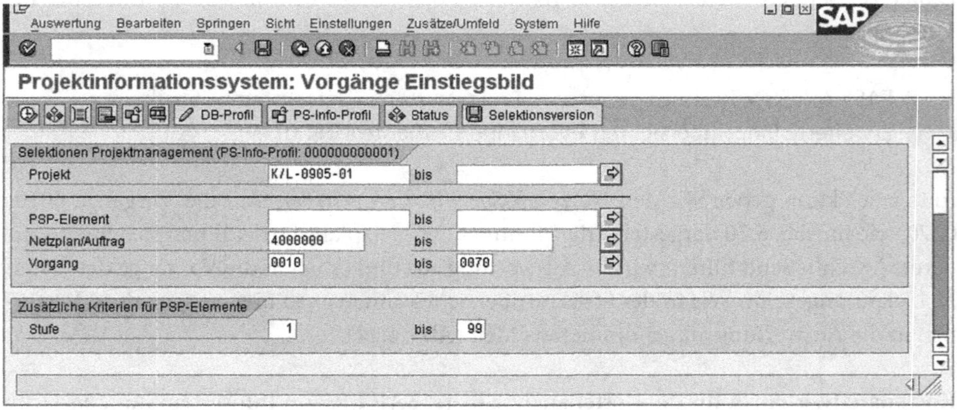

Abb. 6.20 Selektion für erweiterte Einzelübersicht

Bei der Selektion wird zusätzlich zu den Projektdaten eine Planversion angegeben werden. Wir haben schon gesehen, dass es in einem Geschäftsjahr mehrere Planversionen geben kann. Wir haben nur eine, die Version 0. Auf diese Version soll sich SAP ERP beziehen, und wir starten die Auswertung für unser Projekt. Abbildung 6.22 zeigt das Ergebnis.

Auswertung Bearbeiten Springen Sicht Einstellungen Zusätze/Umfeld System Hilfe

Projektinformationssystem: Vorgänge Übersicht

Projektversionen: Akt. Daten KL090501_002 KL070501_001 KL090501_000
Anzahl Vorg Ele: 28 Vorgang Element
Projektdef K/L-0905-01 LVS-Software
PSP-Element K/L-0905-01:1-1 Spezifikation anlegen
Auftrag/Netzpln 4000000 Spezifikation erstellen

Vorg	Ele	MlStn	Text Vorgang	FrStrt Eck	SpEnde Eck	%Ar	Eck-Start	Eck-Ende	FrEnde Eck	FrStrtProg	Ist-Arbeit	RestArbeit
			Summe								536.570 H	648,01 H
0010			Spezifikation anlegen	04.05.2009	05.05.2009	100			05.05.2009		16 H	0 H
0010			Spezifikation anlegen						05.05.2009		16 H	6 H
0010			Spezifikation anlegen	04.05.2009	05.05.2009	100			05.05.2009		16 H	0 H
0010			Spezifikation anlegen	04.05.2009	05.05.2009				05.05.2009		0 H	16 H
0020			Wareneingang beschreiben	06.05.2009	12.05.2009	100			12.05.2009		40 H	0 H
0020			Wareneingang beschreiben	06.05.2009	12.05.2009	100			12.05.2009		40 H	0 H
0020			Wareneingang beschreiben	06.05.2009	02.06.2009	20			12.05.2009		8 H	32 H
0020			Wareneingang beschreiben	06.05.2009	13.05.2009				11.05.2009		0 H	16 H
0030			Warenausgang beschreiben	06.05.2009	19.05.2009	100			19.05.2009		80 H	0 H
0030			Warenausgang beschreiben	06.05.2009	02.06.2009	70			19.05.2009		56 H	24 H
0030			Warenausgang beschreiben	06.05.2009	02.06.2009	10			19.05.2009		8 H	72 H
0030			Warenausgang beschreiben	06.05.2009	13.05.2009				13.05.2009		0 H	48 H
0040			Lagerverwaltung beschreiben	06.05.2009	13.05.2009	100			13.05.2009		40,190 H	0 H
0040			Lagerverwaltung beschreiben	06.05.2009	13.05.2009	100			13.05.2009		40,190 H	0 H
0040			Lagerverwaltung beschreiben	06.05.2009	13.05.2009	17			13.05.2009		8,190 H	40,01 H
0040			Lagerverwaltung beschreiben	06.05.2009	13.05.2009				12.05.2009		0 H	40 H
0050			Berichte definieren	20.05.2009	02.06.2009	100			02.06.2009		64 H	0 H
0050			Berichte definieren	19.05.2009	09.06.2009				26.05.2009		0 H	48 H
0050			Berichte definieren	20.05.2009	09.06.2009				27.05.2009		0 H	48 H
0050			Berichte definieren	14.05.2009	09.06.2009				20.05.2009		0 H	48 H
0060			Spezifikation zusammenführen	03.06.2009	08.06.2009	100			08.06.2009		32 H	0 H
0060			Spezifikation zusammenführen	27.05.2009	16.06.2009				02.06.2009		0 H	32 H
0060			Spezifikation zusammenführen	28.05.2009	16.06.2009				03.06.2009		0 H	32 H
0060			Spezifikation zusammenführen	27.05.2009	16.06.2009				01.06.2009		0 H	32 H
0070			Spezifikation prüfen und korrigieren	09.06.2009	17.06.2009	100			17.06.2009		48 H	0 H
0070			Spezifikation prüfen und korrigieren	03.06.2009	24.06.2009				10.06.2009		0 H	48 H
0070			Spezifikation prüfen und korrigieren	04.06.2009	24.06.2009				12.06.2009		0 H	48 H
0070			Spezifikation prüfen und korrigieren	28.05.2009	05.06.2009				05.06.2009		0 H	48 H

Abb. 6.21 Erweiterte Einzelübersicht

Bericht Bearbeiten Springen Navigieren Zusätze Einstellungen System Hilfe

Plan/Ist/Abweichung ausführen: Übersicht

Zahlenformat .

Plan/Ist/Abweichung
Navigation
Wertkategorie
Periode/Jahr
T.Währung
Btrw Vorgang

Objekt			Summe der Jahre				Vorjahre				2009		
			Plan	Ist	Abweichung	Abw %	Plan	Ist	Abweichung	Abw %	Plan	Ist	Abweichung
PRO K/L-0905-01	LVS-Software		100.800	33.619	67.181	66,6	0	0	0	•/o	100.800	33.619	67.181
PSP K/L-0905-01:1	LVS-Software		100.800	33.619	67.181	66,6	0	0	0	•/o	100.800	33.619	67.181
PSP K/L-0905-01:1-1	Spezifikation anlege		24.000	33.619	9.619-	40,1-	0	0	0	•/o	24.000	33.619	9.619-
Spezifikation anlegen			1.600	1.600	0	0,0	0	0	0	•/o	1.600	1.600	0
Wareneingang beschre			1.600	4.000	2.400-	150,0-	0	0	0	•/o	1.600	4.000	2.400-
Warenausgang beschre			4.800	8.800	4.800-	83,3-	0	0	0	•/o	4.800	8.800	4.800-
Lagerverwaltung besc			4.000	4.819	819-	20,5-	0	0	0	•/o	4.000	4.819	819-
Berichte definieren			4.000	2.400	2.400-	60,0-	0	0	0	•/o	4.000	2.400	2.400-
Spezifikation zusam			3.200	3.200	0	0,0	0	0	0	•/o	3.200	3.200	0
Spezifikation prüfen			4.800	4.800	0	0,0	0	0	0	•/o	4.800	4.800	0
PSP K/L-0905-01:1-2	Entwurfs-Phase		15.200	0	15.200	100,0	0	0	0	•/o	15.200	0	15.200
Entwurf anlegen			1.600	0	1.600	100,0	0	0	0	•/o	1.600	0	1.600
Architektur festlege			3.200	0	3.200	100,0	0	0	0	•/o	3.200	0	3.200
Grobentwurf erstelle			3.200	0	3.200	100,0	0	0	0	•/o	3.200	0	3.200
Feinentwurf erstelle			4.000	0	4.000	100,0	0	0	0	•/o	4.000	0	4.000
Entwurf prüfen und k			3.200	0	3.200	100,0	0	0	0	•/o	3.200	0	3.200
PSP K/L-0905-01:1-3	Implementierungs-Pha		40.000	0	40.000	100,0	0	0	0	•/o	40.000	0	40.000
Datenmodell erstelle			1.600	0	1.600	100,0	0	0	0	•/o	1.600	0	1.600
Datenzugriff entwick			3.200	0	3.200	100,0	0	0	0	•/o	3.200	0	3.200
Stammdatenpflege			3.200	0	3.200	100,0	0	0	0	•/o	3.200	0	3.200
Wareneingang			4.800	0	4.800	100,0	0	0	0	•/o	4.800	0	4.800
Warenausgang			6.400	0	6.400	100,0	0	0	0	•/o	6.400	0	6.400
Lagerverwaltung			4.000	0	4.000	100,0	0	0	0	•/o	4.000	0	4.000
Berichtswesen			9.600	0	9.600	100,0	0	0	0	•/o	9.600	0	9.600
Hilfesystem			3.200	0	3.200	100,0	0	0	0	•/o	3.200	0	3.200
PSP K/L-0905-01:1-4	Test-Phase		10.400	0	10.400	100,0	0	0	0	•/o	10.400	0	10.400
Modultest			3.200	0	3.200	100,0	0	0	0	•/o	3.200	0	3.200
Integrationstest			3.200	0	3.200	100,0	0	0	0	•/o	3.200	0	3.200
Funktionstest			4.000	0	4.000	100,0	0	0	0	•/o	4.000	0	4.000
PSP K/L-0905-01:1-5	Einführungs-Phase		11.200	0	11.200	100,0	0	0	0	•/o	11.200	0	11.200
Einführung Vorort			11.200	0	11.200	100,0	0	0	0	•/o	11.200	0	11.200
Ergebnis			100.800	33.619	67.181	66,6	0	0	0	•/o	100.800	33.619	67.181

Abb. 6.22 Plan/Ist/Abweichung hierarchisch

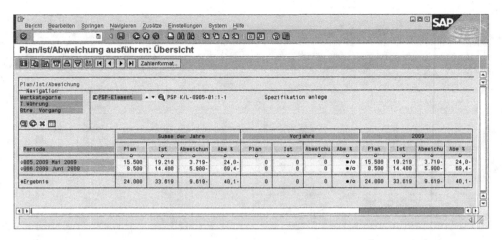

Abb. 6.23 Periodenaufriss bis 2007

Hier sehen wir pro Geschäftsjahr die Plan- und Ist-Kosten hierarchisch für das Gesamtprojekt gegenübergestellt. Markieren wir einmal das PSP-Element *Spezifikations Phase* und
wählen dann die Menü-Funktion *Springen -> Periodenaufriss*. Wir erhalten eine Aufstel-
lung der Plan- und der Ist-Kosten periodengerecht dargestellt (Abb. 6.23). Da die Spezifikationsphase im Juni beendet ist, werden hier nur zwei Perioden angezeigt. Wenn Sie das
ganze Projekt auswählen, erhalten Sie entsprechend 5 Perioden – Mai bis September.

Spannend wäre es, die oben dargestellten Zahlen als Grafik darzustellen. Das ermöglicht SAP ERP durch den *Grafik Viewer*. Markieren wir in dem Periodenaufriss die Spalte
für das Geschäftsjahr 2008, führen die Menü-Funktion *Springen -> Grafik -> Grafik* aus
und wählen dann im Dialog *3D-Grafik*, erhalten wir die Ansicht, wie in Abb. 6.24 dargestellt.

Hier werden die einzelnen Perioden durch Balkendiagramme dargestellt. Durch die
Schaltflächen in der linken Mitte des Diagramms lässt sich die Darstellung einschränken
auf die einzelnen Perioden. Die Schaltflächen in der Toolbar bieten dazu weitere Ansichten, beispielsweise eine 2D-Sicht der Daten an.

6.4   Fortschrittsanalyse

Neben den Daten aus Projektversionen und der grafisch aufbereiteten Meilensteintrendanalyse bietet SAP ERP eine weitere Möglichkeit, den Fortschritt eines Projekts zu prüfen.
In Kap. 2 wurde die *Earned Value*-Analyse als Spielart der Fortschrittsanalyse vorgestellt.
Neben den parallelen Leistungs- und den Kostenauswertungen werden in der Earned Value-Analyse alle Faktoren gleichzeitig betrachtet. Diese Faktoren lassen sich im Infosystem
von SAP ERP ebenfalls berechnen und grafisch darstellen.

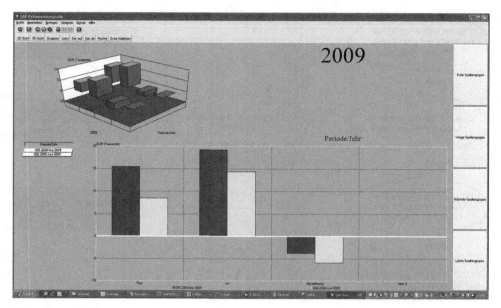

Abb. 6.24 Grafik Viewer

Kosten, geleistete Arbeitsstunden und die Dauer des Projekts lassen sich formal leicht messen, sagen aber nichts über den tatsächlichen Fertigstellungsgrad aus. Meilensteine sind eine gute Möglichkeit, den Fortschritt zu messen. Eine andere Möglichkeit ist eine Befragung des Projektleiters bei seinen Mitarbeitern. Problematisch sind dabei Aussagen wie „Wir sind zu 90 % fertig". SAP ERP bietet im Projektsystem verschiedene Messmethoden an, mit denen der Fortschritt gemessen wird. Dabei unterscheidet SAP ERP zwischen einem *Plan-Fortschritt* und einem *Ist-Fortschritt*. Der Plan-Fortschritt ist definiert als der Fertigstellungsgrad, der laut Plan zum Messzeitpunkt erreicht sein müsste, der Ist-Fortschritt der Fertigstellungsgrad, der zum Messzeitpunkt erreicht ist –immer unter Berücksichtigung der jeweiligen Messmethode.

6.4.1 Messmethoden in der Fortschrittsanalyse

Für jedes Objekt im Projektsystem kann eine eigene, unterschiedliche Messmethode hinterlegt werden. Auch die Messmethoden für den Plan- und den Ist-Fortschritt können jeweils unterschiedlich gewählt werden. Dabei muss beachtet werden, dass verschiedene Messmethoden die Vergleichbarkeit beeinflussen kann. Ist bei einem Objekt keine Messmethode hinterlegt, sucht SAP ERP nach einer globalen Messmethode, die im Customizing hinterlegt wird.

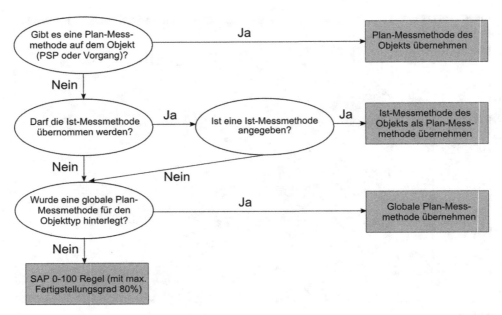

Abb. 6.25 Ermittlung der Messmethode

Kann bei Durchführung der Fortschrittsanalyse weder auf dem Element noch global eine Methode ermittelt werden, verwendet SAP ERP die 0-100 Regel, die später erläutert wird. Je nach Angabe im Customizing wird bei fehlender Plan- bzw. Ist-Methode die jeweils andere zur Messung herangezogen Abb. 6.25 zeigt den Ablauf bei der Ermittlung einer Messmethode.

In den Daten eines PSP-Elements oder eines Netzplanvorganges befindet sich ein Reiter *Fortschritt*. In Abb. 6.26 ist der Reiter eines Netzplanvorganges dargestellt. Ein PSP-Element beinhaltet dieselben Daten. Im obersten Feld *FG-Gewichtung* kann eine Gewichtung für den Fertigstellungsgrad angegeben werden. Bei der Fortschrittsermittlung werden die Fortschrittswerte aggregiert und bis auf Projektebene ermittelt. Bei der Aggregation auf Projektebene kann der Einfluss der Vorgänge oder der PSP-Elemente über diese Gewichtung gesteuert werden. Möchte man beispielsweise vermeiden, dass reine Kostenvorgänge Teil der Fortschrittsermittlung sind, erhält jeder Vorgang die Gewichtung 1 und jeder Kostenvorgang die Gewichtung 0.

In der unteren Tabelle können die gewünschten Messmethoden angegeben werden. Im ersten Feld wird die Fortschrittsversion angegeben. In der Fortschrittsversion ist definiert, auf welcher Basis der Fertigstellungsgrad sowie der Fertigstellungswert berechnet werden soll. Die Gewichtung kann sich beispielsweise auf die Dauer oder die Arbeitsleistung beziehen, die Fertigstellungswerte wiederum auf Gesamtwerte oder Jahreswerte eines Budgets oder eines Kostenplans. Entsprechend der Daten in der Fortschrittsversion werden die Daten bei der Durchführung der Fortschrittsanalyse in SAP ERP fortgeschrieben. Die Fortschrittsversion wird im Customizing gepflegt.

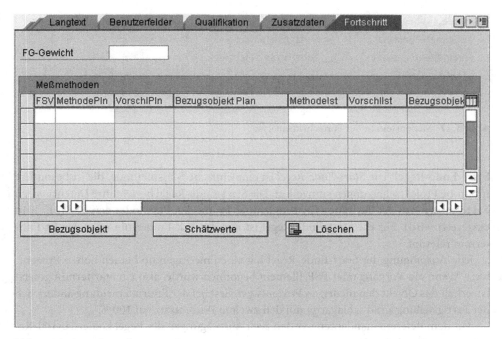

Abb. 6.26 Fortschrittsdaten im Vorgang

In den weiteren beiden editierbaren Feldern der Tabelle werden die Messmethoden für den Plan- sowie den Ist-Fortschritt hinterlegt. Je nach Messmethode müssen weitere Daten wie beispielsweise Schätzwerte angegeben werden. SAP ERP bietet für die Berechnung des Fortschritts folgende Messmethoden an:

- Start-Ende Regel
- Meilenstein-Technik
- Schätzen
- Zeitproportional
- Abarbeitungsgrad
- Mengenproportional
- Sekundärleistungs-Proportional
- Kostenproportional

Alle Messmethoden werden periodengerecht berechnet. Bei einer Periodendauer von einem Monat bedeutet dies, wenn laut Plan am 01.11.2009 20 % und am 21.11.2009 65 % Fertigstellungsgrad erreicht werden soll, der Planfortschritt gemessen am 02.11.2009 für die Periode 11/09 65 % beträgt – also nicht wie vielleicht erwartet 20 % und erst nach dem 21.11.2009 65 %. Dann macht es nur Sinn abgeschlossene Monate zu betrachten.

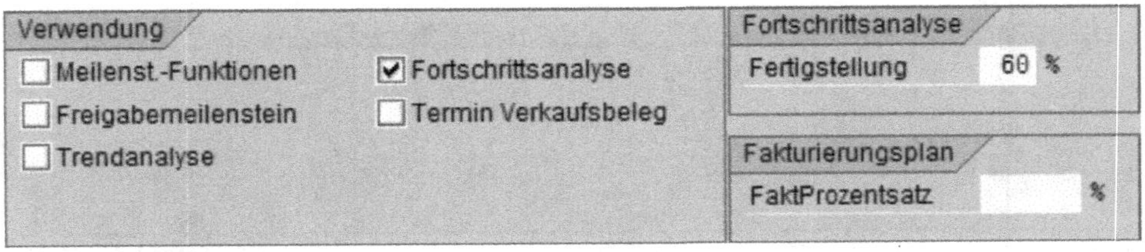

Abb. 6.27 Meilenstein in der Fortschrittsanalyse

Start-Ende-Regel Die *Start-Ende-Regel* ist eine einfache Messmethode, die insbesondere für grobe Projektschätzungen sinnvoll ist. Die Start-Ende-Regel bezieht ihre Daten aus den Eckterminen bzw. Ist-Terminen (je nachdem, ob sie für den Plan- oder den Ist-Fortschritt eingesetzt wird). Für die Start-Ende-Regel ist nur der Eck-Endtermin oder der Ist-Endtermin relevant.

Jede Ausprägung der Start-Ende-Regel hat einen niedrigen und einen hohen Prozentwert. Wenn ein Vorgang oder PSP-Element begonnen wurde, also ein Starttermin gesetzt ist, erhält das Objekt den niedrigen Prozentwert. Erst bei der Endrückmeldung ändert sich der Fertigstellungsgrad schlagartig um den zweiten Prozentsatz auf 100 %.

Aus dem Referenzmandanten wurden zwei Ausprägungen der Regel kopiert: 0-100-Regel und die 20-80-Regel.

Bei der 0-100-Regel bleibt der Fortschritt bei gesetztem Starttermin bei 0 %. Erst die Endrückmeldung ändert diesen auf 100 %. Sinnvoll ist die Methode nur dann, wenn ein Arbeitspaket innerhalb eines Berichtszeitraums bearbeitet und rückgemeldet wird.

Die 20-80-Regel nimmt bei gesetztem Ist-Termin automatisch einen Fortschritt von 20 % an. Wird ein Endtermin gesetzt, erhöht sich der Fertigstellungsgrad um 80 % auf 100 %. Zu Beginn der Durchführung sind die 20 % Fertigstellungsgrad im Arbeitspaket zu hoch. Ist das Arbeitspaket fast fertiggestellt, bleibt der Fertigstellungsgrad aber bis zur Fertigstellung auf 20 % stehen. Damit gleicht sich die Ungenauigkeit aus.

Meilenstein-Technik Meilensteine können sowohl für PSP-Elemente als auch für Vorgänge hinterlegt werden. Damit ein Meilenstein bei der Fortschrittsanalyse berücksichtig wird, muss das Kennzeichen *Fortschrittsanalyse* im Meilenstein gesetzt und ein Fertigstellungsgrad angegeben sein (Abb. 6.27).

Ein Meilenstein zu einem PSP-Element besitzt Ecktermine oder Prognose-Termine, ein Meilenstein zu einem Vorgang entweder einen Fixtermin oder einen Termin mit Bezug zum Vorgang – ob Prognose oder Eck ist jeweils abhängig vom gesetzten Terminkreis. Wird der Termin für den Meilenstein erreicht, steigt der Plan-Fertigstellungsgrad in der Fortschrittsanalyse auf den im Meilenstein angegebenen Wert. Für den Ist-Fertigstellungsgrad wird der Ist-Termin des Meilensteins herangezogen. Der Ist-Termin kann manuell oder automatisch bei der Rückmeldung des Vorgangs gesetzt werden.

Beispiel:

Meilenstein	Plan-Termin	Ist-Termin	FG (%)
M1	01.01.2009	01.02.2009	30
M2	01.03.2009	01.04.2009	70
M3(Endtermin)	01.04.2009	01.05.2009	100

Dann gilt für den Fertigstellungsgrad:

Periode	FG-Plan (%)	FG-Ist (%)
01/2009	30	0
02/2009	30	30
03/2009	70	30
04/2009	100	70
05/2009	100	100

Schätzen Die Messmethode *Schätzen* basiert auf einer rein subjektiven Einschätzung des Fertigstellungsgrades. Grundlage für die Berechnung des Fertigstellungsgrades bilden Schätzungen, die für jede Periode hinterlegt sein müssen. Ist entweder im Plan-, im Ist- oder bei beiden Messmethoden Schätzen hinterlegt, können pro Vorgang bzw. PSP die Schätzdaten pro Periode über die Schaltfläche *Schätzwerte* eingegeben werden. Abbildung 6.28 zeigt den Dialog für die Schätzwerte pro Periode.

Ist sowohl im *Ist* als auch im *Plan* die Messmethode Schätzen hinterlegt, können die Planwerte für alle Perioden, die Ist-Werte nur für die aktuelle Periode hinterlegt werden. Im Customizing kann als Obergrenze zusätzlich ein maximaler Schätzwert angegeben werden. Hier macht beispielsweise eine Obergrenze von 80 % Sinn, um das bereits erwähnte „Wir sind zu 90 % fertig"-Syndrom zu vermeiden.

Abarbeitungsgrad Die Messmethode *Abarbeitungsgrad* kann nur für Netzplanvorgänge verwendet werden und nur für den Ist-Fortschritt. Der Fertigstellungsgrad wird ermittelt aus den Abarbeitungsgraden der Rückmeldungen zum Vorgang (siehe Abb. 6.29).

Wird bei der Rückmeldung kein expliziter Abarbeitungsgrad angegeben, wird dieser aus dem Verhältnis der geleisteten (rückgemeldeten) Arbeit und der geschätzten Restarbeit berechnet. Wird der Vorgang endrückgemeldet, steigt der Abarbeitungsgrad und damit der Fertigstellungsgrad automatisch auf 100 %.

Zeitproportional Der Fertigstellungsgrad bei der Messmethode *Zeitproportional* berechnet sich aus dem Verhältnis *Dauer* und *Gesamtdauer*. Die Gesamtdauer berechnet sich aus den geplanten Start- und Endterminen bzw. aus den Ist-Terminen.

Um diese Messmethode verwenden zu können, müssen im Falle von PSP-Elementen die Ecktermine für den Plan-Fortschritt und die Ist-Termine für den Ist-Fortschritt gepflegt

Abb. 6.28 Schätzwerte für
Messmethode Schätzen

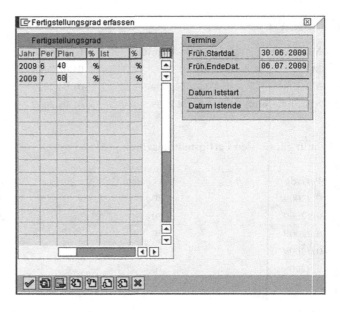

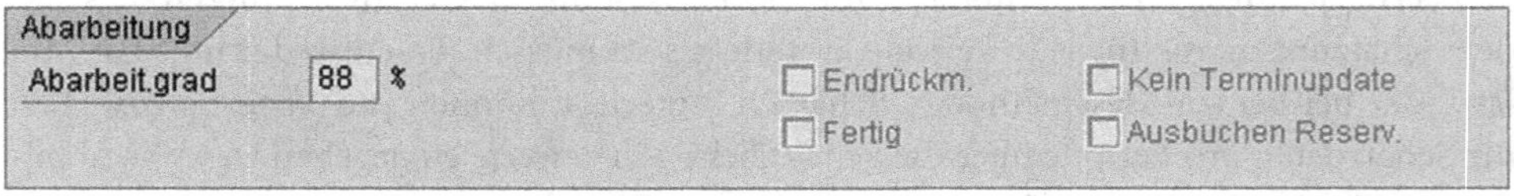

Abb. 6.29 Abarbeitungsgrad in der Rückmeldung

sein. Im Falle von Netzplanvorgängen wird die Gesamtdauer berechnet aus den terminierten Eckterminen für den Planfortschritt und aus dem Starttermin und der geplanten
Dauer bei nicht endrückgemeldeten Vorgängen bzw. aus Start- und Endtermin bei endrückgemeldeten Vorgängen. Der Fertigstellungsgrad wird wie bei den anderen Meß-
methoden periodengenau berechnet. Bei der Berechnung der Dauer wird der hinterlegte
Werkskalender des Objekts berücksichtigt. Hat eine Periode beispielsweise 20 Arbeitstage
und die nächste Periode nur 5, ist der Anstieg des Fertigstellungsgrads der Perioden um
Faktor 4 verschieden.

Beispiel:

Für ein PSP-Element wurden als Ecktermine 28.01.2009– 07.04.2009 hinterlegt. Unter
Berücksichtigung des Werkskalenders (Ostern, Karfreitag) ergibt sich eine Gesamtdauer von 50 Arbeitstagen. Damit gilt für den Fertigstellungsgrad:

Periode	01/07	02/07	03/07	04/07
#Arbeitstage	3	20	22	5
Fertigstellungs grad	6 %	46 %	90 %	100 %

Diese Messmethode macht beispielsweise bei Querschnittsaufgaben wie Qualitätssicherung oder Beratung Sinn, also bei Aufgaben, die sich über das ganze Projekt erstrecken
und kontinuierlich erbracht werden.

Mengenproportional Anders als bei den anderen Messmethoden wird bei der mengen-
proportionalen Messmethode nicht die Arbeit, sondern die produzierte Menge herangezogen. Die Mengenproportionale Messmethode wird angewandt, wenn beispielsweise
im Verlauf eines Vorgangs mehrere gleiche Produkte hintereinander entstehen. Im Projektsystem wird eine Kennzahl hinterlegt, die die erbrachten Mengen aufsummiert. Pro
Periode wird für den Planfortschritt eine Menge angegeben, die produziert werden soll.
Der Fortschritt kann dann einfach anhand der Ist-Menge im Verhältnis zur geplanten
Menge berechnet werden.

Anders als bei den anderen Messmethoden wird die produzierte Menge nicht mit der
vorgestellten Anwendung rückgemeldet, sondern im Projektsystem unter *Controlling ->
Istbuchungen -> Statistische Kennzahlen -> Erfassen*.

Da diese Art der Messung im Bereich von Softwareprojekten keine Anwendung findet,
wird an dieser Stelle nicht weiter darauf eingegangen.

Sekundärleistungs-Proportional Manchmal kann der Fortschritt eines Vorgangs oder
PSP-Elements nicht direkt angegeben werden. Beispielsweise macht es Sinn, den Fortschritt der Spezifikation an den Fortschritt der Prüfung der Spezifikation zu koppeln.
Mit der Messmethode Sekundärproportional wird genau dies ermöglicht. Ein PSP-Element oder Vorgang wird mit einem anderen PSP-Element oder Vorgang gekoppelt – auch
projektübergreifend. Das Objekt, mit dem das PSP-Element oder der Vorgang gekoppelt
ist, wird in SAP ERP *Bezugsobjekt* genannt. Bezugsobjekte werden, wenn die Messmethode Sekundärproportional im Plan oder Ist ausgewählt wurde, über die Schaltfläche
Bezugsobjekt festgelegt (siehe Abb. 6.30).

Kostenproportional Die Messmethode *Kostenproportional* berechnet den Fortschritt auf
gleiche Weise wie die Messmethode *Zeitproportional*. Für das Projekt müssen pro Periode
Kosten geplant sein. Der Plan-Fertigstellungsgrad berechnet sich aus den geplanten Ist-
Kosten im Verhältnis zu den Gesamtkosten. Wie die Gesamtkosten berechnet werden,
hängt von den Einstellungen der Fortschrittsversion im Customizing ab.

Für den Ist-Fertigstellungsgrad werden die Ist-Kosten mit den geplanten Gesamtkosten
ins Verhältnis gesetzt, da die tatsächlichen Gesamtkosten erst zu Projektende bekannt sein
können.

Messmethoden im Beispielprojekt Zu diesem Zeitpunkt haben wir für das Beispielprojekt keine Messmethode hinterlegt. Bei einer Fortschrittsanalyse würde SAP ERP daher
die Standard-Methode 0-100 im Plan und im Ist verwenden. Im Plan und Ist dieselbe
Messmethode zu verwenden erscheint sinnvoll. Wenn man, wie das beispielsweise bei der
IDEEFIX GmbH der Fall sein soll, als Ist-Methode den rückgemeldeten Abarbeitungsgrad heranziehen möchte, ist das nicht möglich – der Abarbeitungsgrad ist im Plan nicht
verfügbar.

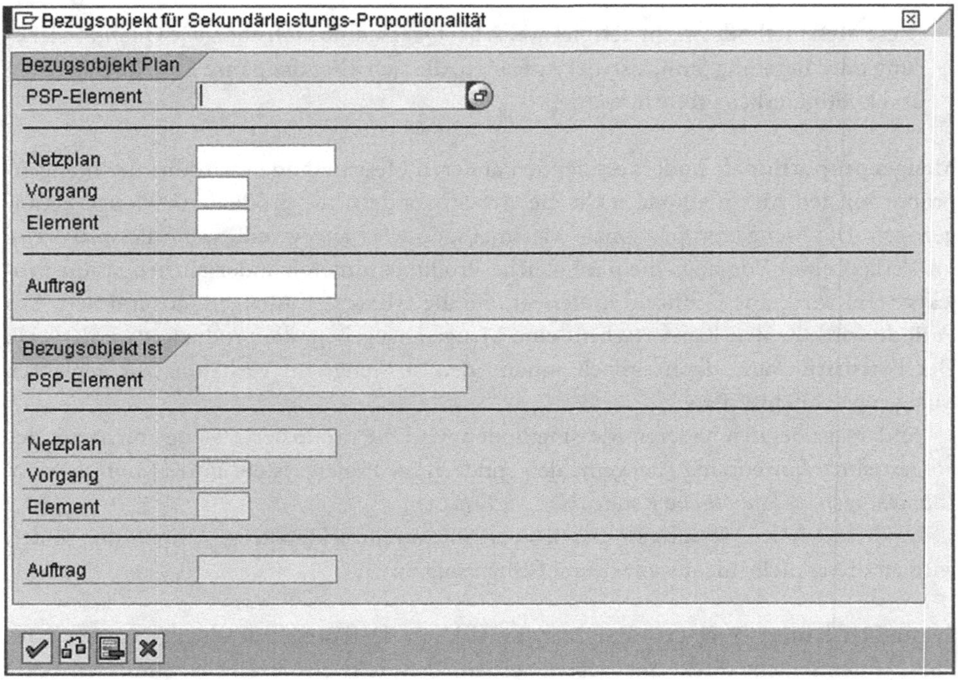

Abb. 6.30 Bezugsobjekt festlegen

Für unser Beispielprojekt wählen wir im Ist den Abarbeitungsgrad aus den Rückmeldungen. Da die Vorgänge eine relativ kurze Dauer haben, verwenden wir im Plan die zeitproportionale Messmethode. Wir richten daher alle Vorgänge wie in Abb. 6.31 dargestellt ein.

Für die Gewichtung der einzelnen Vorgänge bei der Aggregation des Fortschritts auf die PSP-Elemente tragen wir keine abweichenden Werte ein, sondern verwenden die Einstellung in der Fortschrittsversion. Für die Gewichtung der Vorgänge werden die geplanten Gesamt-Arbeitsleistungen herangezogen und entsprechend ins Verhältnis gesetzt.

6.4.2   Fortschritt ermitteln

Daten für die Fortschrittsanalyse werden nicht kontinuierlich geschrieben. Die Berechnung wird explizit angestoßen. Dafür bietet SAP ERP im Projektsystem eine entsprechende Anwendung.

►   EASY-ACESS • Rechnungswesen • Projektsystem • Fortschritt • Fortschrittsermittlung • Einzelverarbeitung (CNE1)

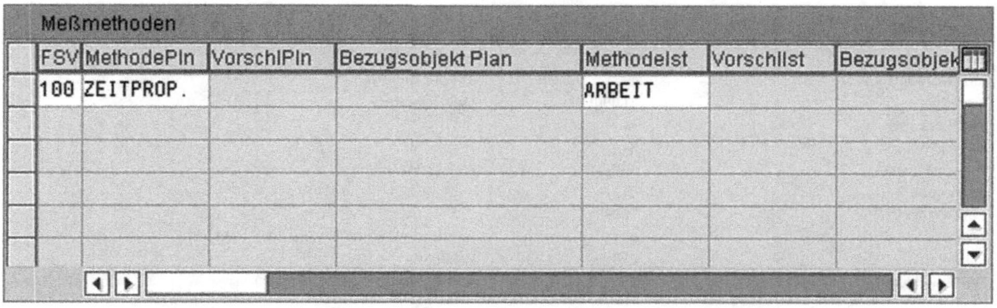

Abb. 6.31 Messmethode im Beispielprojekt

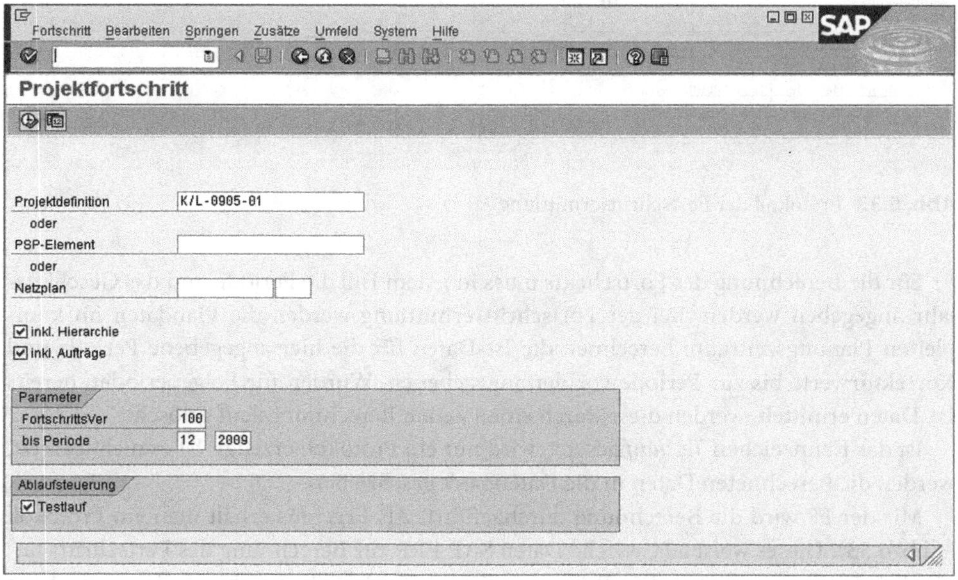

Abb. 6.32 Projektfortschritt ermitteln

Für die Berechnung muss mindestens das Projekt, für welches der Fortschritt berechnet werden soll, angegeben werden (Abb. 6.32). Der Fortschritt kann anstatt für das Projekt auch nur für einzelne PSP-Elemente oder Netzpläne berechnet werden. Wurde ein PSP-Element angegeben, kann über das Kennzeichen *inkl. Hierarchie* gesteuert werden, ob die zum PSP-Element gehörende Hierarchie in die Berechnung einfließen soll oder nicht. Das Kennzeichen *inkl. Aufträge* steuert, ob bei Angabe einer Projektdefinition oder eines PSP-Elements die zugehörigen Netzpläne berücksichtigt werden sollen.

In der Feldgruppe *Parameter* wird die Fortschrittsversion angegeben. In der Fortschrittsversion sind Angaben über die Art der Fortschrittsermittlung hinterlegt. Es kann mehrere Fortschrittsversionen geben, um nach verschiedenen Gesichtspunkten den Fortschritt zu ermitteln. Fortschrittsversionen werden im Customizing gepflegt.

Selektion		
Selektionsparameter	Wert	Bezeichnung
KostRechKreis	IF	KoReKr IDEEFIX
Projektdef.	KL090501	LVS-Software
inkl. Hierarchie	X	
inkl. Aufträge	X	
FortschrittsVers.	100	Fortschrittsversion
bis Periode	012	
Geschäftsjahr	2009	
FW-Basis	04	Kostenplan (aktives Projekt, Jahreswer
Planversion	000	Version
FW-Gewichtung	05	Arbeit, Prognose (aktives Projekt)

Ablaufsteuerung	
Ausführungsart	Ausführen
Verarbeitungsart	Testlauf

Verarbeitungskategorie	□	Anzahl
Mit zugeordneten Methoden		48
Ohne zugeordn. Methoden, Plan/Ist übertragen		
Ohne zugeordn. Methoden, Std.Meth. verwendet		12
	▪	60

Abb. 6.33 Protokoll der Fortschrittsermittlung

Für die Berechnung des Fortschritts muss in jedem Fall die Periode und das Geschäftsjahr angegeben werden. Bei der Fortschrittsermittlung werden die Plandaten im kompletten Planungszeitraum berechnet, die Ist-Daten für die hier angegebene Periode und
Korrekturwerte bis zur Periode vor der angegebenen. Wurden für Folgeperioden bereits
Ist-Daten ermittelt, werden diese durch einen neuen Berechnungslauf gelöscht.

Ist das Kennzeichen *Testlauf* gesetzt, wird nur ein Protokoll erzeugt. Ist es nicht gesetzt,
werden die berechneten Daten in die Datenbank geschrieben.

Mir der F8 wird die Berechnung durchgeführt. Als Ergebnis erhält man ein Protokoll
(Abb. 6.33). Dieses weist aus, welche Daten SAP ERP zur Berechnung des Fortschritts tatsächlich herangezogen hat. Die Felder im oberen Teil beziehen sich auf die eingegebene
Periode, das gewählte Projekt etc. Die Basis für den Fortschrittswert (*FW-Basis*) und die
Gewichtung des Fertigstellungsgrades (für die Aggregation bei hierarchischen Elementen)
werden aus der Fortschrittsversion ermittelt. Im mittleren Teil wird noch mal reflektiert,
ob es sich um einen Testlauf gehandelt hat oder nicht.

Der untere Teil dient der Kontrolle der Messmethoden für die Fortschrittsanalyse. Hier
kann abgelesen werden, wie viele Objekte mit zugeordneten Methoden, wie viele Objekte
die Plan- bzw. Ist-Methode übertragen bekommen haben und für wie viele Objekte die
Standard-Messmethode herangezogen wurde.

Um hier eine detailliertere Auskunft zu erhalten als nur die Anzahl, bietet SAP ERP
über die Schaltfläche 🔳 eine genaue Zuordnung von Objekt zu Methode. Abbildung 6.34
zeigt einen Ausschnitt der Tabelle. Im linken Teil wird das Objekt benannt. Die Abkürzung
PSP bezeichnet Projektstrukturplanelemente, mit NPV werden Netzplanvorgänge bezeichnet. Die mittlere Spalte gibt Auskunft, ob es sich um die Plan- oder Ist-Messmethode

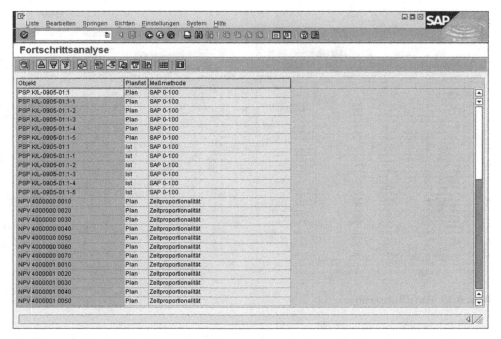

Abb. 6.34 Zuordnung Objekt – Messmethode

handelt. Welche tatsächlich ermittelt wurde, wird in der letzten Spalte dargestellt. Dieser Bericht ist nützlich bei der Suche nach Fehlern, wenn die Fortschrittsanalyse unerwartete Daten liefert.

6.4.3 Fortschritt auswerten

Mit der Durchführung der Berechnung wurden die Daten zur Fortschrittsversion in die Datenbank geschrieben. Um die Daten darzustellen, bietet SAP ERP im Infosystem entsprechende Berichte.

▶   EASY-ACESS • Rechnungswesen • Projektsystem • Infosystem • Fortschritt •
     Fortschrittsanalyse • Strukturübersicht (CNE5)

Beim Start der Anwendung muss eventuell ein Profil angegeben werden. Für die Fortschrittsanalyse eignet sich das Standardprofil *SAPPS_EV0001*.

Anschließend wird wie bei den bereits vorgestellten Berichten im Infosystem das Projekt, evtl. ein PSP-Element, ein Netzplan oder ein Netzplanvorgang für die Auswertung angegeben. Mit der F8 wird der Bericht ausgeführt. Abbildung 6.35 zeigt die Auswertung der Fortschrittsanalyse.

Auswertung Bearbeiten Springen Sicht Einstellungen Zusätze/Umfeld System Hilfe

Projektinformationssystem: Fortschrittsanalyse Übersicht

ProfilVariante   Hierarchie   Auswahl   Beleg

Anzahl Projektelement: 31

Projektelement	Projektelement	MethodePln	MethodeIst	FG-Plan	FG-Plan	FG-Ist.	FG-Ist.	FG-Ist.	FG-Ist.	FG-Ist.	FG-Ist.	FW-Plan
LVS-Software	K/L-0905-01			0,0	0,0	0,0	0,0	0,0	0,0	0,0	0,0	32.000,00
LVS-Software	K/L-0905-01:1			100,0	0,0	100,0	0,0	0,0	0,0	100,0	0,0	32.000,00
Spezifikation anlegen	K/L-0905-01:1-1			100,0	0,0	100,0	0,0	0,0	0,0	100,0	0,0	24.000,00
Spezifikation anlegen	4000000	0010	Zeitprop.	Arbeit	100,0	100,0	100,0	100,0	100,0	100,0	100,0	1.600,00
Wareneingang beschreib	4000000	0020	Zeitprop.	Arbeit	100,0	100,0	100,0	100,0	100,0	100,0	100,0	1.600,00
Warenausgang beschreib	4000000	0030	Zeitprop.	Arbeit	100,0	100,0	100,0	100,0	100,0	100,0	100,0	4.800,00
Lagerverwaltung beschr	4000000	0040	Zeitprop.	Arbeit	100,0	100,0	100,0	100,0	100,0	100,0	100,0	4.000,00
Berichte definieren	4000000	0050	Zeitprop.	Arbeit	100,0	100,0	100,0	100,0	100,0	100,0	100,0	4.000,00
Spezifikation zusammen	4000000	0060	Zeitprop.	Arbeit	100,0	100,0	100,0	100,0	100,0	100,0	100,0	3.200,00
Spezifikation prüfen u	4000000	0070	Zeitprop.	Arbeit	100,0	100,0	100,0	100,0	100,0	100,0	100,0	4.800,00
Entwurfs-Phase	K/L-0905-01:1-2			0,0	0,0	0,0	0,0	0,0	0,0	0,0	0,0	8.000,00
Entwurf anlegen	4000001	0010	Zeitprop.	Arbeit	100,0	100,0	0,0	0,0	0,0	0,0	0,0	1.600,00
Architektur festlegen	4000001	0020	Zeitprop.	Arbeit	100,0	100,0	0,0	0,0	0,0	0,0	0,0	3.200,00
Grobentwurf erstellen	4000001	0030	Zeitprop.	Arbeit	100,0	100,0	0,0	0,0	0,0	0,0	0,0	3.200,00
Feinentwurf erstellen	4000001	0040	Zeitprop.	Arbeit	0,0	0,0	0,0	0,0	0,0	0,0	0,0	0,00
Entwurf prüfen und kor	4000001	0050	Zeitprop.	Arbeit	0,0	0,0	0,0	0,0	0,0	0,0	0,0	0,00
Implementierungs-Phase	K/L-0905-01:1-3			0,0	0,0	0,0	0,0	0,0	0,0	0,0	0,0	0,00
Datenmodell erstellen	4000002	0010	Zeitprop.	Arbeit	0,0	0,0	0,0	0,0	0,0	0,0	0,0	0,00
Datenzugriff entwickel	4000002	0020	Zeitprop.	Arbeit	0,0	0,0	0,0	0,0	0,0	0,0	0,0	0,00
Stammdatenpflege	4000002	0030	Zeitprop.	Arbeit	0,0	0,0	0,0	0,0	0,0	0,0	0,0	0,00
Wareneingang	4000002	0040	Zeitprop.	Arbeit	0,0	0,0	0,0	0,0	0,0	0,0	0,0	0,00
Warenausgang	4000002	0050	Zeitprop.	Arbeit	0,0	0,0	0,0	0,0	0,0	0,0	0,0	0,00
Lagerverwaltung	4000002	0060	Zeitprop.	Arbeit	0,0	0,0	0,0	0,0	0,0	0,0	0,0	0,00
Berichtswesen	4000002	0070	Zeitprop.	Arbeit	0,0	0,0	0,0	0,0	0,0	0,0	0,0	0,00
Hilfesystem	4000002	0080	Zeitprop.	Arbeit	0,0	0,0	0,0	0,0	0,0	0,0	0,0	0,00
Test-Phase	K/L-0905-01:1-4			0,0	0,0	0,0	0,0	0,0	0,0	0,0	0,0	0,00
Integrationstest	4000003	0020	Zeitprop.	Arbeit	0,0	0,0	0,0	0,0	0,0	0,0	0,0	0,00
Funktionstest	4000003	0030	Zeitprop.	Arbeit	0,0	0,0	0,0	0,0	0,0	0,0	0,0	0,00
Modultest	4000003	0040	Zeitprop.	Arbeit	0,0	0,0	0,0	0,0	0,0	0,0	0,0	0,00
Einführungs-Phase	K/L-0905-01:1-5			0,0	0,0	0,0	0,0	0,0	0,0	0,0	0,0	0,00
Einführung Vorort	4000004	0010	Zeitprop.	Arbeit	0,0	0,0	0,0	0,0	0,0	0,0	0,0	0,00

Abb. 6.35 Fortschrittsanalyse

In einer Baumstruktur wird auf der linken Seite die Projekthierarchie wiedergegeben. Für jedes Element – außer der Projektdefinition – wird die Plan- und Ist-Messmethode dargestellt. Anschließend folgen die tatsächlichen Fortschrittswerte. *FG-Plan* ist der Fertigstellungsgrad, der laut Plan erreicht sein müsste. Hier wird unterschieden zwischen einem *aggregierten* und einem *nicht aggregierten Fertigstellungsgrad*. Der nicht aggregierte Fertigstellungsgrad gibt den Fortschritt des aktuellen Elements wieder. Der aggregierte Fertigstellungsgrad gibt den eigenen und den Fortschritt des zugeordneten Teilbaums wieder unter Berücksichtigung der Gewichtung, die beim jeweiligen Element gepflegt wurde.

Der Ist-Fertigstellungsgrad gibt den Fortschritt wieder, der aus der Ist-Messmethode berechnet wurde. Auch hier wird zwischen aggregiertem und nicht aggregiertem Wert unterschieden.

Wurde für das Projekt eine Planänderung durchgeführt, wirkt sich das auch auf den Fertigstellungsgrad der Vorperioden aus. Aus diesem Grund wird bei der Berechnung ein korrigierter Fertigstellungsgrad fortgeschrieben, der sich auf Planänderungen bezieht. Auch dieser Wert wird aggregiert und nicht aggregiert dargestellt.

In der Spalte *FW-Plan* und *FW-Ist* wird der Fertigstellungswert angegeben. Der Fertigstellungswert wird berechnet anhand des Fertigstellungsgrades und der Gesamtkosten, die für das Projekt geplant wurden. Sowohl der Plan als auch der Ist-Fertigstellungswert beziehen sich auf die *geplanten* Gesamtkosten.

In der Spalte Projektkostenplan werden die Gesamtkosten pro Element angegeben, die geplant wurden. Diese Kosten werden hierarchisch summiert. Das gleiche gilt für die letzte Spalte: Die Ist-Kosten, also die bisher tatsächlich angefallen Kosten pro Element, werden ebenfalls hierarchisch summiert.

Earned Value-Analyse In Kap. 2 wurde die *Earned Value-Analyse* vorgestellt. Für die Analyse werden folgende Kennzahlen benötigt:

- **Planausgaben** (Budgeted cost of work scheduled – BCWS): Kosten, die zum Betrachtungszeitpunkt geplant waren
- **Fertigstellungswert** (Budgeted cost of work performed – BCWP): Kosten, die für die bisher erbrachten Leistungen unter Annahme der geplanten Ressourcenkosten angefallen wären
- **Ist-Ausgaben** (Actual cost of work performed – ACWP): Kosten, die bis zum Betrachtungszeitpunkt tatsächlich angefallen sind.

Aus diesen Messgrößen lassen sich dann weitere Kennzahlen für die Earned Value-Analyse bilden:

- **Planabweichung** (Scheduled Variance – SV): SV = BCWP – BCWS oder prozentual: SV% = (BCWP – BCWS)/BCWP
- **Kostenabweichung** (Cost Variance – CV): CV = BCWP – ACWP

Genau diese Kennzahlen sind Teil der Fortschrittsanalyse in SAP ERP und werden hier berechnet. So erhält man auf komfortable und steuerbare Art und Weise alle Daten für die Earned Value-Analyse. In Kap. 2 wurde außerdem die grafische Darstellung der Analyse vorgestellt. Diese kann in SAP ERP ebenfalls erzeugt werden. Dazu wird das gewünschte Element, beispielsweise das ganze Projekt, ausgewählt und in die Darstellung des Periodenaufrisses gewechselt. Der Periodenaufriss ist eine periodengerechte Darstellung des Fortschritts. In der Auswertung werden die Fertigstellungsgrade pro Periode angezeigt.

In den Periodenaufriss gelangt man über einen Doppelklick des gewünschten Elements oder durch Auswahl mit dem Cursor und der Menüfunktion *Springen -> Periodenaufriss*. Abbildung 6.36 zeigt die Darstellung eines Periodenaufrisses. Über die Menüfunktion *Springen -> Grafik -> Periodenaufriss* wechselt man zur grafischen Darstellung der Daten (Abb. 6.37)

6.5   Einstellungen im Customizing

6.5.1   Rückmeldungen

In Abschn. 6.1 haben wir kennen gelernt, wie Rückmeldungen zu Netzplanvorgängen vorgenommen werden. Dabei konnten vorab Parameter angegeben werden, die die Rückmeldung beeinflussen – beispielsweise ein Kennzeichen, mit dem Meilensteintermine automatisch aktualisiert werden. Wenn bestimmte Parameter immer wieder gesetzt werden müssen, ist es sinnvoll, diese generell von SAP ERP vorschlagen zu lassen. Die Pflege der Parameter wird im Einführungsleitfaden vorgenommen.

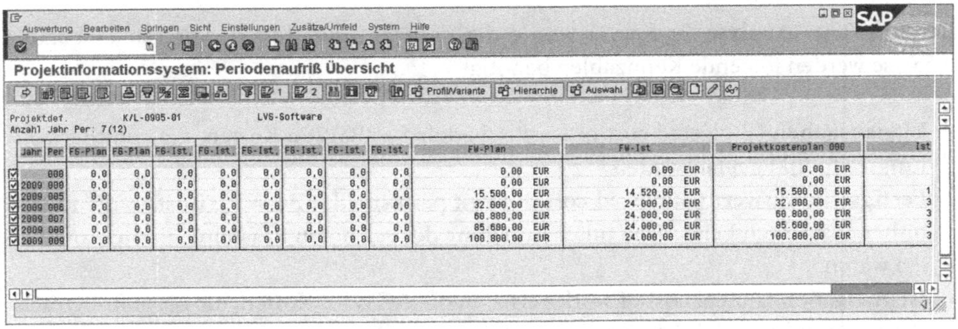

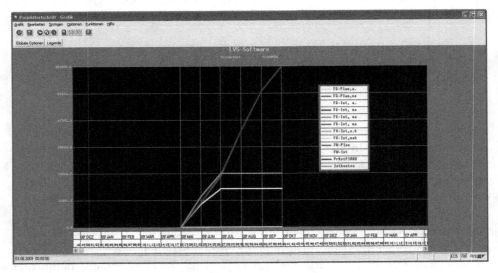

Abb. 6.36 Periodenaufriss in der Fortschrittsanalyse

Abb. 6.37 Fortschritt – grafische Auswertung

▶   IMG • Projektsystem • Rückmeldung • Rückmeldeparameter festlegen

Rückmeldeparameter werden in SAP ERP nicht allgemein hinterlegt, sondern in Abhängigkeit von Werk und Netzplanprofil, welches für den rückzumeldenden Netzplan hinterlegt wurde. Wenn Sie die Anwendung starten, erhalten Sie eine Liste mit den vorhandenen Werk-Netzplanprofil-Kombinationen, für die jeweils eine Parametereinstellung gepflegt werden kann (Abb. 6.38).

Wählen wir hier die Kombination *1204-PS 02* (Netzpläne mit Vorgangskontierung) mit einem Doppelklick oder durch Markieren der Zeile und Verwenden der Schaltfläche ![icon] aus, wird die Pflegemaske für die Parametereinstellung angezeigt (Abb. 6.39).

Abb. 6.38 Einstieg Rückmeldeparameter ändern

An dieser Stelle können nun die Parameter, wie sie standardmäßig für diese Art Netzpläne in der Rückmeldungsmaske eingestellt sein sollen, gepflegt werden. Was die einzelnen Parameter bewirken, wird in Abschn. 6.1 besprochen.

Hier können auch die Parameter für die abweichende Dauer und abweichende Arbeit eingestellt werden, die wir in der Parameter-Maske in Abschn. 6.1 nicht ändern konnten. Mit dem Kennzeichen in der Feldgruppe *Prüfungen* wird zunächst gesetzt, dass SAP ERP eine solche Prüfung vornehmen soll. Im korrespondierenden Feld wird anschließend eine Prozentzahl angegeben. Die rückgemeldete Arbeit bzw. Dauer darf den Planwert um nicht mehr als den hier angegebenen Prozentsatz überschreiten. Diese Zahlen sind in der Parametermaske in der Rückmelden-Anwendung sichtbar – können aber nicht editiert werden.

Für Rückmeldungen in unserem Beispielprojekt sollen die Termine vorgeschlagen und Meilenstein-Termine automatisch aktualisiert werden.

Abweichungsursachen Bei der Rückmeldung von Vorgängen kann im Falle von Abweichungen eine *Abweichungsursache* angegeben werden. Diese werden im Einführungsleitfaden gepflegt.

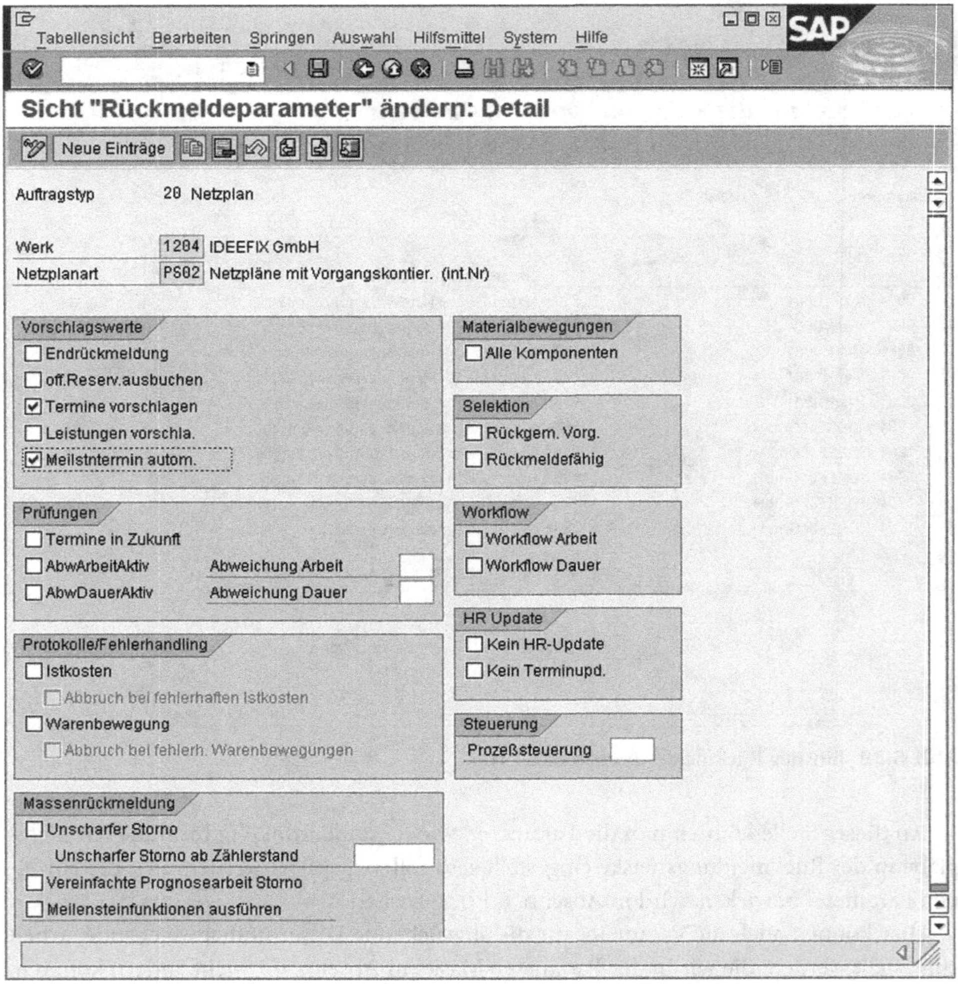

Abb. 6.39 Rückmeldeparameter ändern

▶   IMG • Projektsystem • Rückmeldung • Ursachen für Abweichungen definieren

Abweichungsursachen werden mit dem Werk verknüpft, so dass jedes Werk potentiell andere Abweichungsursachen zur Auswahl hat. Über die Schaltfläche *Neue Einträge* kann ein neuer Eintrag oder mit der *Kopieren*-Schaltfläche ein vorhandener Eintrag kopiert werden (Abb. 6.40).

Mit jeder Abweichungsursache kann außerdem ein Anwenderstatus verknüpft werden. Dieser wird gesetzt, wenn eine Rückmeldung mit der verknüpften Abweichungsursache gebucht wird. Dadurch können beispielsweise automatisch Projekte gesperrt oder Meilensteinfunktionen angestoßen werden. Anwenderstatus werden mit einer Abweichungsursache verknüpft, indem eine Abweichungsursache markiert wird und links im Baum der Eintrag Anwenderstatus mit einem Doppelklick ausgewählt wird.

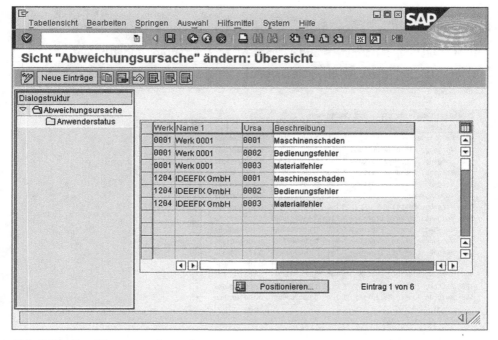

Abb. 6.40 Abweichungsursachen anlegen

6.5.2 Fortschrittsanalyse

Die Einstellungen der Fortschrittsanalyse sind etwas komplexer. Insbesondere falsche Einstellungen zu finden, ist hier äußerst langwierig.

Default Messmethode Als erstes stellen wir für die IDEEFIX GmbH eine Standard-Messmethode ein. Wir haben gesehen, dass für PSP-Element oder Vorgänge eine Messmethode hinterlegt werden kann. Ist das nicht der Fall, wählt SAP ERP eine Standard-Messmethode. Ist dieses ebenfalls nicht hinterlegt, wird die 0-100-Regel verwendet. Die Standard-Messmethode pflegen wir im Einführungsleitfaden.

▶   IMG • Projektsystem • Fortschritt • Fortschrittsanalyse • Messmethode als Vorschlagswert hinterlegen

Beim Start muss zuerst der Kostenrechnungskreis angegeben werden. Wir geben hier den Kostenrechnungskreis der IDEEFIX GmbH ein – wurde das System gemäß Kap. 3 angelegt, werden Sie keinen anderen finden.

In der Pflegemaske werden die verschiedenen Objekt-Typen im Projektsystem die Standard-Messmethoden hinterlegt – sowohl im IST als auch im Plan (Abb. 6.41). Hier ist für alle die Messmethode 0-100 eingetragen. Für die IDEEFIX GmbH belassen wir die Standard-Messmethode, die bereits eingestellt ist.

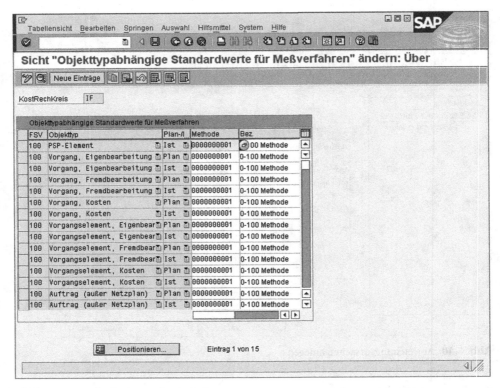

Abb. 6.41 Standard-Messmethode festlegen

Messmethoden pflegen Die Messmethoden, die SAP ERP im Standard anbietet, werden für die meisten Anwendungsfälle ausreichen. Möchten Sie trotzdem eine eigene Messmethode anlegen, oder eine vorhandene abändern, können Sie dies in der Verwaltung der Messmethoden.

▶   IMG • Projektsystem • Fortschritt • Fortschrittsanalyse • Meßmethode pflegen

In der Anwendung erhalten wir zunächst alle vorgestellten Messmethoden aufgelistet (Abb. 6.42).

Eine neue Messmethode wird über die Schaltfläche *Neue Einträge* angelegt (Abb. 6.43). Die neue Messmethode erhält einen Schlüssel, eine Kurzbezeichnung und eine Bezeichnung. In den Parametern wird die Art der Messung ausgewählt. Hier können nur die von SAP ERP angebotenen gewählt werden.

Abb. 6.42   Messmethode pflegen

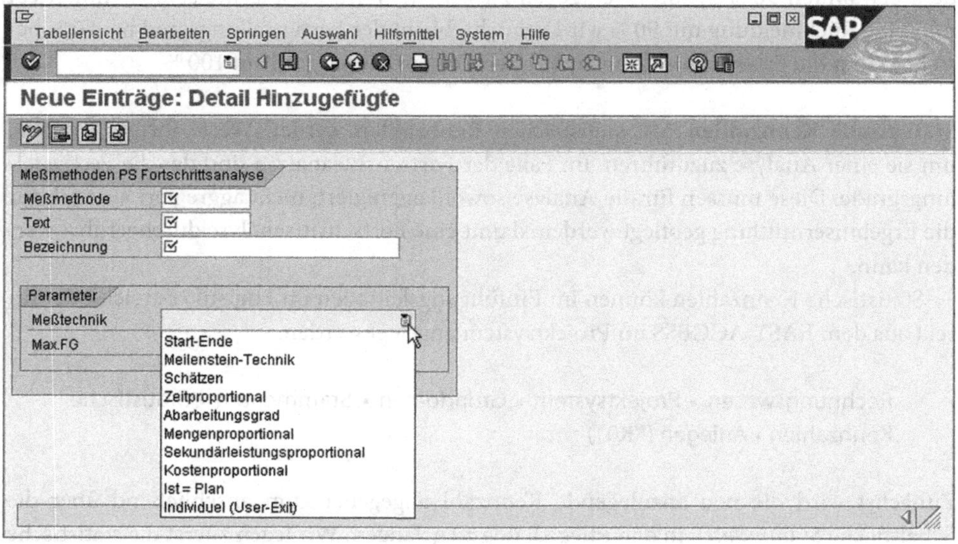

Abb. 6.43   Messmethode anlegen

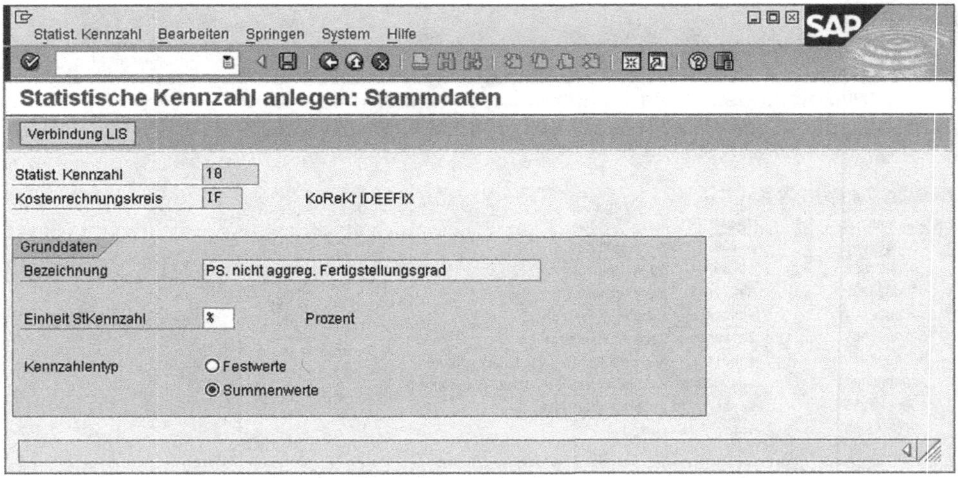

Abb. 6.44 Grunddaten der statistischen Kennzahl

Möchte man eine vollständig benutzerdefinierte Methode verwenden, kann dies über *User Exits* und entsprechende Anpassung durch einen SAP ERP-Entwickler angepasst werden. Zusätzlich kann hier der maximale Fertigstellungsgrad angegeben werden, um dem erwähnten 90 %-Syndrom entgegen zu wirken. Wird beispielsweise 80 % hinterlegt und eine Rückmeldung mit 90 % wird gebucht, bleibt der Fertigstellungsgrad bei 80 % bestehen. Erst die Endrückmeldung ändert den Fertigstellungsgrad auf 100 %.

Statistische Kennzahlen Mit statistischen Kennzahlen werden Werte fortgeschrieben, um sie einer Analyse zuzuführen. Im Falle der Fortschrittsanalyse sind das die Fertigstellungsgrade. Diese müssen für die Analyse sowohl aggregiert, nicht aggregiert als auch für die Ergebnisermittlung gepflegt werden, damit eine Fortschrittsanalyse durchgeführt werden kann.

Statistische Kennzahlen können im Einführungsleitfaden im Logistik-Bereich oder direkt aus dem EASY ACCESS im Projektsystem angelegt werden.

▶   Rechnungswesen • Projektsystem • Grunddaten • Stammdaten • Statistische Kennzahlen • Anlegen (KK01)

Zunächst wird die neu anzulegende Kennzahl angegeben, um anschließend über die Schaltfläche *Stammdaten* in den Pflegedialog zu gelangen. Wir legen zuerst die statistische Kennzahl 10 an.

In den Grunddaten pflegen wir als erstes die Bezeichnung (Abb. 6.44). Als Einheit wählen wir Prozent – entsprechend dem Fertigstellungsgrad. Der *Kennzahlentyp* legt fest, ob wir es mit Fest- oder Summenwerten zu tun haben. Festwerte sind für alle Monate im Geschäftsjahr gleich – beispielsweise die Anzahl der Mitarbeiter. Summenwerte werden pro Monat aufsummiert.

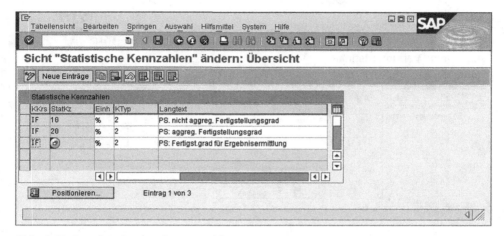

Abb. 6.45 Listpflege Statistische Kennzahlen

Abb. 6.46 Statistische Kennzahl pflegen

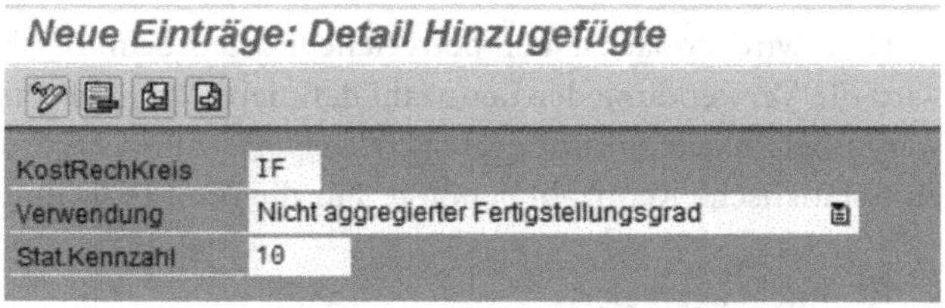

Um mehrere statistische Kennzahlen gleichzeitig pflegen zu konnen, wird eine spezielle Anwendung angeboten.

▶   Rechnungswesen • Projektsystem • Grunddaten • Stammdaten • Statistische Kennzahlen • Listpflege (KAK2)

Hier finden wir unsere gerade angelegte statistische Kennzahl 10 wieder. Über die Schaltfläche *Neue Einträge* pflegen wir die statistischen Kennzahlen für die IDEEFIX GmbH wie in Abb. 6.45 dargestellt und sichern anschließend die Daten.
Anschließend werden die statistischen Kennzahlen für die Fortschrittsanalyse gepflegt.

▶   IMG • Projektsystem • Fortschritt • Fortschrittsanalyse • Statistische Kennzahl für den Fertigstellungsgrad pflegen

Wenn Sie hier bereits Einträge finden, können Sie diese einfach abändern – sonst über die Schaltfläche *Neue Einträge* anlegen Abb. 6.46).

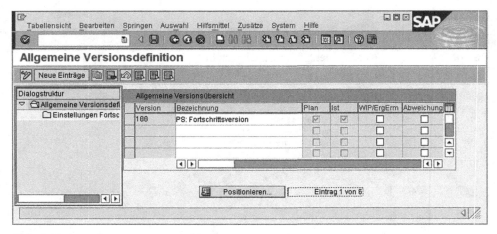

Abb. 6.47 Fortschrittsversion auswählen

Hier wird zunächst der betroffene Kostenrechnungskreis angegeben. Anschließend wird die Verwendung der Kennzahl definiert. Für die Fortschrittsanalyse gibt es drei Auswahlmöglichkeiten: *nicht aggregiert*, *aggregiert* und *Ergebnisermittlung*. Für alle drei wird eine statistische Kennzahl benötigt. Für die IDEEFIX GmbH wählen wir

- 10 – nicht aggregiert
- 20 – aggregiert
- 30 – Ergebnisermittlung

Fortschrittsversion Als letztes muss für die Fortschrittsanalyse eine *Fortschrittsversion* gepflegt werden.

▶   IMG • Projektsystem • Fortschritt • Fortschrittsanalyse • Fortschrittsversion
     pflegen

Aus dem Referenzmandanten kopiert, ist hier bereits eine Fortschrittsversion angelegt (Abb. 6.47). Um zu den Parametern der Version zu gelangen, markieren wir den Eintrag und wählen auf der linken Seite mit einem Doppelklick den Eintrag *Einstellungen Fortschrittsanalyse (Projekte)* aus.

Abbildung 6.48 zeigt die Parameter der Fortschrittsversion. In der Feldgruppe *Fertigstellungswert* wird vorgegeben, anhand welcher Daten der Fertigstellungswert berechnet werden soll.

Der Wert berechnet sich aus dem Fertigstellungsgrad und den erwarteten Gesamtkosten. Die Gesamtkosten lassen sich durch einen Kostenplan oder durch ein Budget definieren. Für die IDEEFIX GmbH wählen wir als Bezugsgröße den Kostenplan des aktiven Projekts (Jahreswerte).

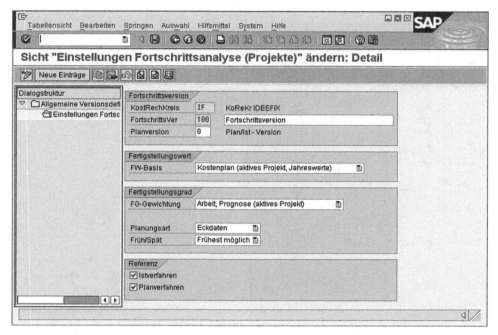

Abb. 6.48 Parameter der Fortschrittsversion

In der Feldgruppe *Fortschrittsversion* muss eine *Planversion* angegeben werden, auf die sich der Kostenplan bezieht. Wir arbeiten in der IDEEFIX GmbH mit der Plan/Ist-Version 0, die wir an dieser Stelle auswählen.

In der Feldgruppe *Fertigstellungsgrad* pflegen wir die Bezugsgrößen für den Fertigstellungsgrad. Für die Aggregation der Fertigstellungsgrade spielt die Gewichtung eine Rolle. Angenommen es sind zwei Vorgänge vorhanden: Der eine mit einem Aufwand von 100h, der andere mit einem Aufwand von 1h, wobei der erste zu 50 %, der zweite zu 70 % durchgeführt ist. Nimmt man den Mittelwert wäre das Gesamtprojekt ohne eine Gewichtung zu 60 % durchgeführt, was ganz offensichtlich nicht richtig ist. Daher kann an dieser Stelle die Bezugsgröße angegeben werden, anhand derer sich eine Gewichtung errechnet. Für die IDEE-FIX GmbH wählen wir die Einstellung *Arbeit Prognose (aktives Projekt)*. Damit setzen wir den geplanten Aufwand der Vorgänge ins Verhältnis und erhalten damit die Gewichtung.

Anschließend pflegen wir die *Planungsart*. Hier legen wir fest, ob uns die Prognose- oder die Eckdaten interessieren. Für die Fortschrittsanalyse wählen wir für die IDEEFIX GmbH die Eckdaten. Auch die Definition, ob der früheste oder späteste Termin zur Berechnung herangezogen werden soll, beeinflusst die Fortschritts-Berechnung. Wir wählen den frühesten Termin.

In der Feldgruppe *Referenz* können wir festlegen, ob im Falle einer fehlenden Plan- bzw. Ist-Messmethode auf dem Zielobjekt die Ist- bzw. Planmethode als Ersatz herangezogen werden soll. Sind beide nicht gepflegt, wird die Standard-Messmethode verwendet oder SAP 0-100, wenn der Standard ebenfalls fehlt.

Abb. 5.48 ...

Projektabschluss　　　　　　　　　　　　　　　　　　　7

Einen sauberen Projektabschluss durchzuführen ist schwierig – notwendige Maßnahmen kosten Zeit und damit Geld, erwirtschaften aber keinen direkt messbaren Gewinn. Hinzu kommt, dass viele Projekte den geplanten Endtermin und die Kosten meist schon überschritten haben. Funktionalitäten wurden bereits weggelassen oder weniger komfortabel ausgeliefert, Testphasen wurden gekürzt usw. Projektmitarbeiter wurden aufgrund der Ressourcenplanung schon in anderen Projekten verplant und können offenen Aufgaben im alten Projekt zeitlich kaum noch nachkommen. Überstunden sind die Regel, unzufriedene Mitarbeiter kommen nur widerwillig den noch offenen Aufgaben nach. Für einen Projektende-Bericht und eine nachgelagerte Analyse des Projektverlaufs kann man dann nur schwer jemanden begeistern.

Trotzdem sind Projektabschlüsse wichtig für zukünftige Projekte, um die Qualität der Planung zu verbessern – damit gerade dieser Projekt-Ende-Effekt nicht mehr auftritt. Aus vergangenen Projekten können Erfahrungswerte abgeleitet werden, die in die Planungen neuer Projekte einfließen. Projektziele werden mit höherer Wahrscheinlichkeit effizient erreicht.

Um Kennzahlen erheben zu können, die über mehrere Projekte gesammelt werden sollen, müssen diese vergleichbar sein. Wir müssen nicht tief in die wissenschaftliche Materie der so genannten *Metriken* eintauchen, um uns klar zu werden, dass die Erhebung von Metriken nur mit definierten Prozessen Sinn machen. Verläuft jedes Projekt anders, kann man sie nicht vergleichen. Der einzige Vergleich, der möglich ist, ist der Vergleich der Plan- und Ist-Daten des Gesamtprojekts.

7.1　Standard-Projektstrukturpläne

In der IDEEFIX GmbH wurde bereits vor langer Zeit ein Arbeitskreis eingeführt, der sich genau mit dieser Thematik beschäftigt hat. Ergebnis des Arbeitskreises war die Definition eines Projektverlaufs – also eines Prozesses. Diesen Prozess haben wir in unserem

H. Gubbels, *SAP® ERP – Praxishandbuch Projektmanagement*,　　　　　　227
DOI 10.1007/978-3-8348-2160-7_7, © Springer Fachmedien Wiesbaden 2013

Beispielprojekt bereits angewandt. Es wird also einfach das Standard-Phasen-Modell verwendet mit den Phasen Spezifikation, Entwurf, Implementierung, Test und Auslieferung. Dabei heißen die Phasen so, wie das Ergebnis der Phase. Am Ende der Spezifikations-Phase soll ein Spezifikationsdokument erstellt sein. Die Phasen bedeuten aber explizit nicht, dass nach der Spezifikationsphase nichts mehr am Dokument geändert werden darf – einer der Hauptkritikpunkte des strikten Ablaufs, der als Wasserfall bekannt ist. Wichtigste Eigenschaft des Phasenmodells ist die Möglichkeit einer Budgetierung pro Phase. Wird in der Entwurfs-Phase etwas an der Spezifikation geändert, werden die Aufwände nicht der Spezifikations- sondern der Entwurfs-Phase zugerechnet. Eine Planung wird dadurch vereinfacht.

Zur Unterstützung von Standard-Prozessen bietet SAP ERP die Möglichkeit Standard-Netze, Standard-Meilensteine und Standard-Projektstrukturpläne zu hinterlegen. In der IDEEFIX GmbH beispielsweise wurde folgender Standard-PSP vereinbart:

- Haupt-PSP
  - Spezifikations-Phase
  - Entwurfs-Phase
  - Implementierungs-Phase
  - Test-Phase
  - Auslieferungs-Phase

Standard-PSP können direkt im EASY ACESS angelegt und gepflegt werden

▶ EASY-ACESS • Rechnungswesen • Projektsystem • Grunddaten • Vorlagen • Standard-PSP • Anlegen (CJ91)

Abbildung 7.1 zeigt die Einstiegs-Maske der Anwendung. Wie bei der Anlage eines operativen Projektstrukturplans (siehe Kap. 4) wird auch hier eine Nummer, ein Profil und eventuell Vorlagen aus anderen, bestehenden Standard- bzw. operativen Projektstrukturplänen angegeben. Das bedeutet, SAP ERP bietet uns die Möglichkeit, aus einem bestehenden Projekt einen Standard abzuleiten.

Lassen Sie uns das für die IDEEFIX GmbH machen – wir nehmen als Vorlage das Projekt *K/L-0905-01* und nennen den Standard einfach K/L. Nach dem Bestätigen der Angaben wird ein neues Projekt mit den Daten aus der Vorlage angelegt. Abbildung 7.2 zeigt die Maske der Standard-Projektdefinition.

Hier ändern wir als erstes den Namen. Nicht jedes Projekt wird ein LVS-Projekt sein. Auch der Verantwortliche und der Antragsteller können gelöscht werden – diese werden sicherlich auch für jedes Projekt erneut gesetzt.

Zu diesem Zeitpunkt wurden die zugehörigen PSP-Elemente noch nicht kopiert. Dazu verwenden wir die PSP-Schaltfläche mit dem kleinen Dreieck. SAP ERP meldet sich mit einer Liste, der PSP-Elemente, die eingebunden werden können (Abb. 7.3). Für den Standard-Projektstrukturplan ändern wir zuerst die Bezeichnung des Hauptelements auf *Haupt-PSP*. Anschließend ändern wir die Nummern.

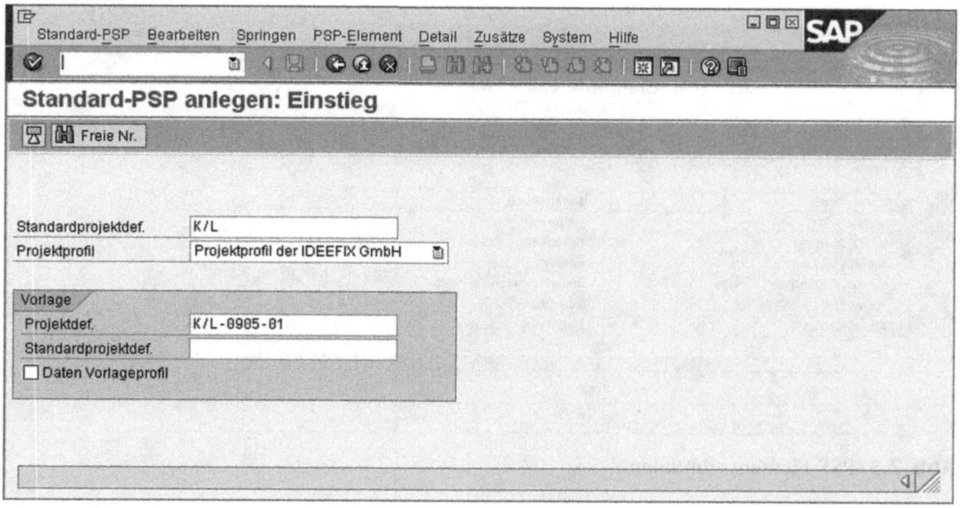

Abb. 7.1 Einstiegs-Maske Standard-PSP anlegen

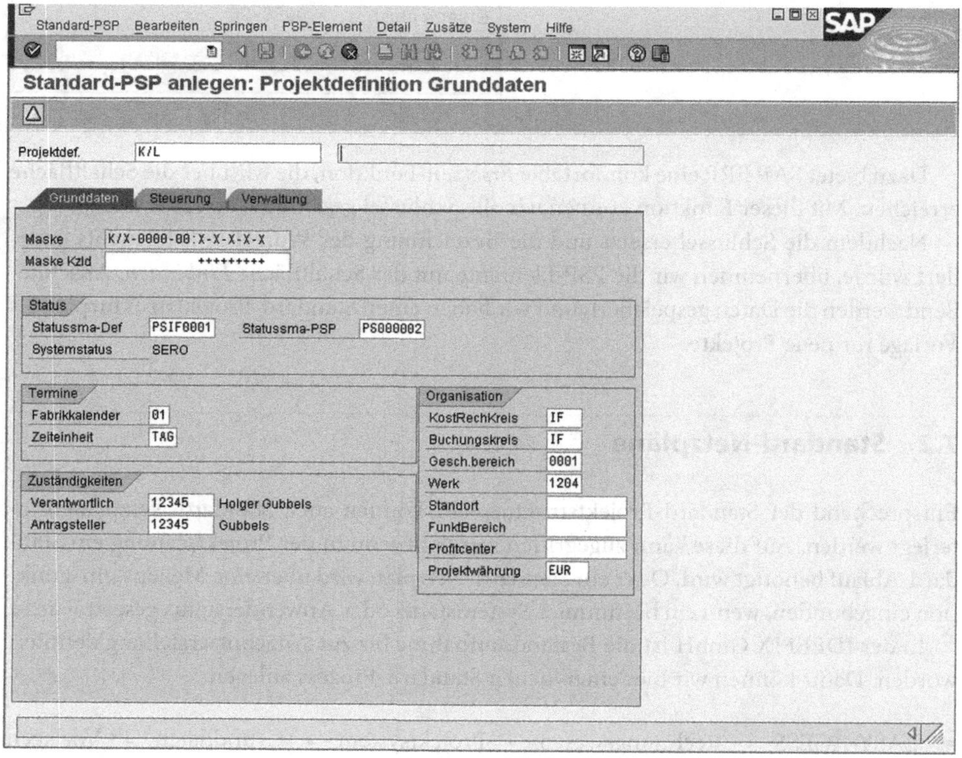

Abb. 7.2 Daten der Standard-Projektdefinition

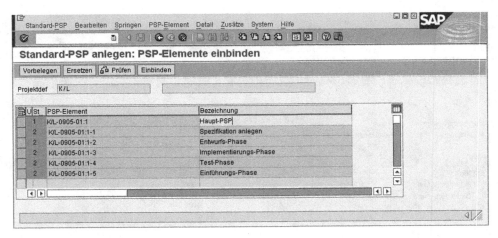

Abb. 7.3 PSP-Element einbinden

Abb. 7.4 Schlüssel ersetzen

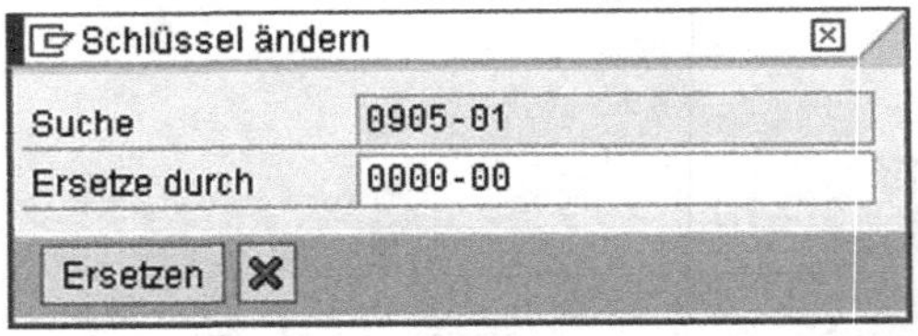

Dazu bietet SAP ERP eine komfortable *Ersetzen*-Funktion, die wir über die Schaltfläche erreichen. Mit dieser Funktion können wir alle Schlüssel gesammelt ersetzen (Abb. 7.4).

Nachdem die Schlüssel ersetzt und die Bezeichnung des Wurzel-PSP-Elements geändert wurde, übernehmen wir die PSP-Elemente mit der Schaltfläche *Einbinden*. Anschließend werden die Daten gespeichert, und wir haben einen Standard-Projektstrukturplan als Vorlage für neue Projekte.

7.2   Standard-Netzpläne

Entsprechend der Standard-Projektstrukturpläne können auch Standard-Netzpläne hinterlegt werden. Auf diese kann zugegriffen werden, wenn in der Projektplanung ein Standard-Ablauf benötigt wird. Oder ein Standard-Netzplan wird über eine Meilenstein-Funktion eingebunden, wenn ein bestimmter Systemstatus oder Anwenderstatus gesetzt wurde.

In der IDEEFIX GmbH ist die Bestandsaufnahme bis zur Angebotserstellung definiert worden. Dafür können wir hier einen neuen Standard-Prozess anlegen.

▶ EASY-ACESS • Rechnungswesen • Projektsystem • Grunddaten • Vorlagen • Standardnetz • Anlegen (CN01)

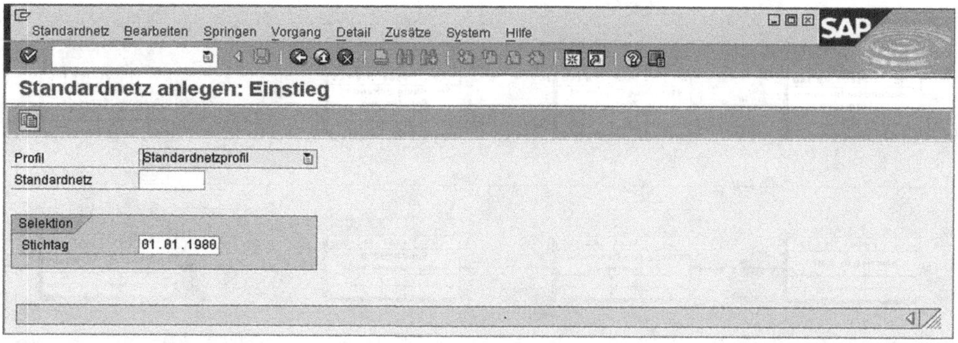

Abb. 7.5 Einstiegsmaske Standardnetz anlegen

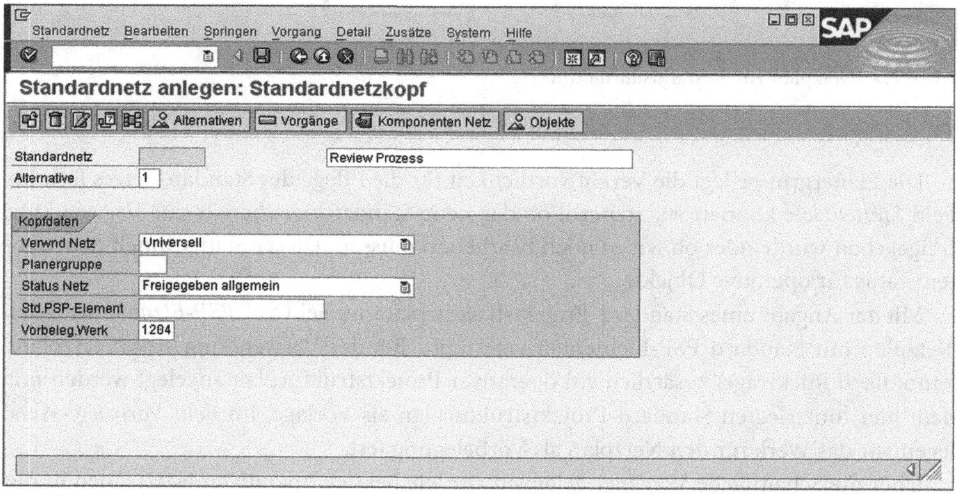

Abb. 7.6 Standardnetz pflegen

In der Einstiegsmaske muss wie beim operativen Netzplan ein Profil und eine Nummer angegeben werden (Abb. 7.5). Zusätzlich muss beim Standard-Netzplan ein Stichtag angegeben werden. Vor diesem Stichtag ist der Netzplan nicht gültig und in keiner Auswahl sichtbar. Damit kann gesteuert werden, ab wann der Netzplan verwendet werden darf.

Als Netzplanprofil kann momentan nur das Standardnetzplanprofil ausgewählt werden. Die Netzplanprofile für die operativen Netzpläne werden hier nicht angezeigt.

In der Anwendung wird dem neuen Standardnetz ein Name vergeben (Abb. 7.6). Das Feld *Alternativen* überspringen wir hier kurz und betrachten die Feldgruppe *Kopfdaten*. Hier muss zunächst die Verwendung des Netzes angegeben werden. Die Verwendung legt fest, in welchem Bereich ein Plan verwendet werden darf (Instandhaltung, Wareneingang, Warenausgang). Dabei handelt es sich nicht um den Netz-Typ, den wir bei den Arbeitsplätzen hinterlegt haben, um festzulegen, für welche Auftragstypen dieser tätig werden darf. Hier geben wir einfach *Universell* ein und legen uns damit nicht fest.

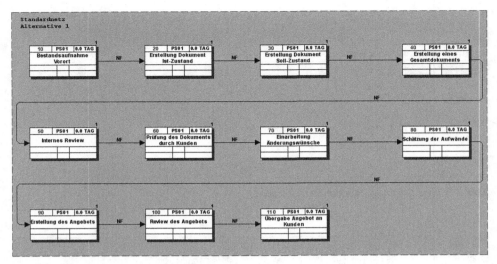

Abb. 7.7 Netzplan zur Bestandsaufnahme

Die Planergruppe legt die Verantwortlichkeit für die Pflege des Standardnetzes fest. Im Feld *Status Netz* können wir steuern, ob das neue Standardnetz bereits zur Verwendung freigegeben wurde oder ob wir es noch bearbeiten müssen. Dieser Status ähnelt dem Systemstatus für operative Objekte.

Mit der Angabe eines Standard-Projektstrukturplans im Feld *Std. PSP-Element* wird der Netzplan mit Standard-PSP-Elementen verknüpft. Bei der Verwendung eines Netzplans kann, nach Rückfrage, zusätzlich ein operativer Projektstrukturplan angelegt werden mit dem hier hinterlegten Standard-Projektstrukturplan als Vorlage. Im Feld *Vorbeleg.-Werk* legen wir das Werk für den Netzplan als Vorbelegung fest.

Über die Schaltfläche *Vorgänge* gelangen wir wie bei den operativen Netzplänen in die Vorgangsübersicht. Die Bestandsaufnahme beinhaltet folgende Vorgänge:

- Bestandsaufnahme Vorort
- Erstellung Dokument Ist-Zustand
- Erstellung Dokument Soll-Zustand
- Erstellung eines Gesamtdokuments
- Internes Review
- Prüfung des Dokuments durch Kunden
- Einarbeitung der Änderungswünsche
- Schätzung der Aufwände
- Erstellung des Angebots
- Review des Angebots
- Übergabe Angebot an Kunden

Wie bei den operativen Netzplänen können wir in der Netzstruktur (Schaltfläche ▦) für die Vorgänge, grafisch unterstützte Anordnungsbeziehungen anlegen (Abb. 7.7).

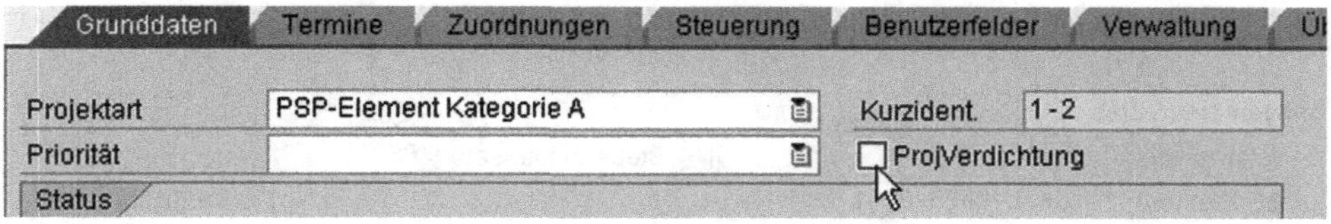

Abb. 7.8 Kennzeichen im PSP-Element

Alternative Zu diesem Netzplan kann nun beispielsweise eine Alternative angelegt werden. Diese kann ab einem anderen Stichtag gültig sein – damit die bisherige ersetzen – oder einfach eine gleichzeitig gültige Variante darstellen. Eine Alternative kann beispielsweise sein, dass bereits nach der Bestandsaufnahme klar ist, dass es zu technischen Hindernissen kommen könnte, die vor Angebotserstellung zumindest grob geklärt sind. Der Netzplan würde sich also in Alternative 2 nach der Bestandsaufnahme verzweigen in einen Vorgang *technische Recherche* und vor der Schätzung wieder in den Hauptfluss zurückkehren. Um eine Alternative anzulegen wird dieselbe Anwendung zur Anlage eines Standardnetzplans verwendet – wobei dieses Mal der bereits vorhandenen Netzplan gewählt wird. Damit kann eine eigene Alternative angelegt werden.

7.3 Projektverdichtung

Mit der *Projektverdichtung* bietet SAP ERP ein mächtiges Werkzeug, um Analysen auf einer höheren Ebene über mehrere Projekte oder mehrere Teilhierarchien innerhalb eines Projekts durchführen zu können. Dazu werden Hierarchien über die Stammdaten-Strukturen angelegt, anhand der die Daten für ausgewählte Projekte verdichtet werden. Oberste Ebene der Verdichtungshierarchie ist immer der Kostenrechnungskreis.

Damit ein Projektstrukturplan-Element oder ein Netzplanvorgang Teil der Verdichtung wird, muss dieser als solcher gekennzeichnet werden. Dabei werden bei Netzplanvorgängen nur die Vorgänge berücksichtigt, die zu einem PSP-Element gehören, das ebenfalls für die Verdichtung ausgewählt ist. Oder das zugehörige PSP-Element besitzt auf dem Pfad in der Hierarchie bis zur Projektdefinition ein PSP-Element, welches dieses Kennzeichen gesetzt hat. Abbildung 7.8 zeigt das Kennzeichen im PSP-Element, Abb. 7.9 im Netzplanvorgang.

Verdichten können wir beispielsweise alle Daten im Kostenrechnungskreis. Diese Information wäre sicher zu unstrukturiert. Interessant wäre aber sicherlich im Kostenrechnungskreis für jeden Projektverantwortlichen (Projektleiter) herauszufinden, wie die Ist/Soll-Daten in den PSP-Elementen sind. Dazu haben wir in Kap. 4 zwei verschiedene Verantwortliche angelegt und diese auf die PSP-Elemente verteilt. Für den Netzplan im PSP-Element *Entwurfs-Phase* haben wir bis jetzt noch keine Rückmeldungen gebucht. Vor der Durchführung der Verdichtung holen wir das an dieser Stelle nach. Im Appendix 1 finden Sie die entsprechenden Daten dafür.

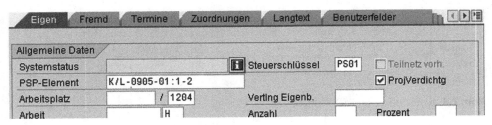

Abb. 7.9 Kennzeichen im Netzplanvorgang

7.3.1   Ablauf der Projektverdichtung

Die Verdichtung von Projekten in SAP ERP erfolgt über die Stammdatenfelder. Alle Objekte, die für die Verdichtung gekennzeichnet wurden, werden herangezogen. Dabei werden alle Daten und die zugehörigen Stammdaten in spezielle Tabellen ausgelagert – es wird eine Datenbasis aufgebaut. Das Verknüpfen der Bewegungsdaten mit den Stammdaten und die Auslagerung in spezielle Tabellen wird in SAP ERP *Vererbung* genannt.

Auf Grundlage der Vererbungs-Daten werden anschließend die gewünschten Verdichtungen und Analysen ausgeführt. Vorteil dieses Vorgehens ist, dass die Vererbung nicht für jede Verdichtung gesondert durchgeführt werden muss, was natürlich einen erheblichen Performance-Gewinn bringt.

Vererbung durchführen Im Informationssystem bietet SAP ERP die Möglichkeit, aus dem EASY ACCESS die Vererbung anzustoßen.

▶   EASY-ACESS • Rechnungswesen • Projektsystem • Infosystem • Werkzeuge • Verdichtung • Vererbung (CJH1)

Für die Verdichtung können ein oder mehrere Projekte ausgewählt werden (Abb. 7.10).

Die Durchführung der Verdichtung kann über weitere Parameter in der Feldgruppe *Ablaufsteuerung* beeinflusst werden. Mit gesetztem Kennzeichen Hintergrundverarbeitung wird ein Job für die Verdichtung angelegt. Damit kann der Benutzer weiterarbeiten ohne auf das Ende der Verdichtung warten zu müssen. Insbesondere bei mehreren und umfangreichen Projekten ist dies sinnvoll, da die Verdichtung einige Zeit in Anspruch nehmen wird. Möchten Sie abschätzen, wie viel Zeit die Durchführung der Verdichtung in Anspruch nimmt oder wie viele Objekte von der Verdichtung betroffen sind, wählen Sie das Kennzeichen Testlauf. Ist das Kennzeichen gesetzt, wird nur ein Protokoll erzeugt. Es werden keine Daten in die Datenbank geschrieben. Um das Protokoll auch immer bei einem fehlerfreien Testlauf angezeigt zu bekommen, markieren wir zusätzlich das Kennzeichen *Fehlerprotokoll*. In unserem Fall würde der Testlauf dann ein Ergebnis wie in Abb. 7.11 dargestellt liefern. In unserem Fall benötigt die Verdichtung kaum Zeit. Wir können sie daher Online durchführen.

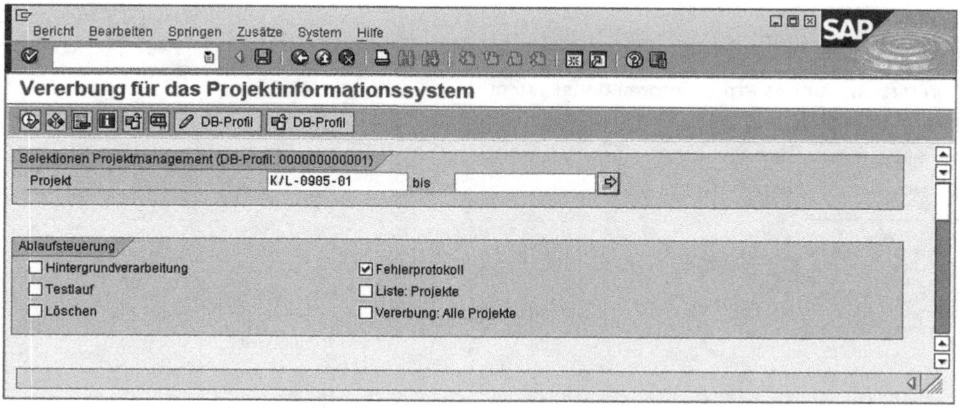

Abb. 7.10 Selektion für die Projektverdichtung

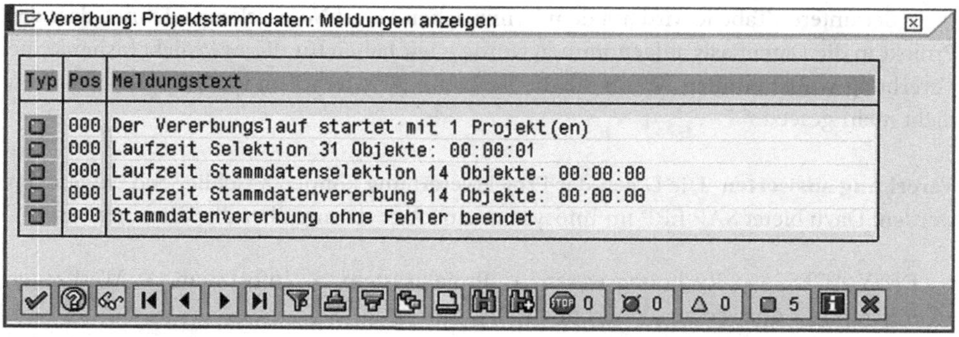

Abb. 7.11 Testlauf bei der Verdichtung

Mit dem Kennzeichen *Löschen* können die hinterlegten Daten für die aktuelle Selektion gelöscht werden und werden bei einer erneuten Verdichtung nicht mehr berücksichtigt. Das macht Sinn, wenn Sie definierte Projekte nicht mehr in der Verdichtung haben möchten.

Das Kennzeichen *Liste: Projekte* legt fest, dass am Ende des Verdichtungslaufs ein Protokoll ausgegeben wird. Aus diesem Protokoll ist ersichtlich, welche Projekte vererbt wurden und welche davon tatsächlich vererbt werden mussten. Projekte, bei denen keine relevanten Stammdatenänderungen seit dem letzten Vererbungslauf durchgeführt wurden, werden nicht erneut vererbt. Um alle selektierten Projekte zu vererben, unabhängig, ob sich an den Stammdaten etwas geändert hat, wird das Kennzeichen *Vererbung: alle Projekte* gesetzt. Ist das Kennzeichen nicht gesetzt, kann die Performance damit verbessert werden.

Für unseren Vererbungslauf wählen wir nur unser Beispielprojekt und die Kennzeichen wie in Abb. 7.10 dargestellt. SAP ERP benötigt noch eine Bestätigung, dass wir die Vererbung tatsächlich online durchführen möchten. Anschließend erhalten wir das Ergebnis, wie in Abb. 7.12 dargestellt.

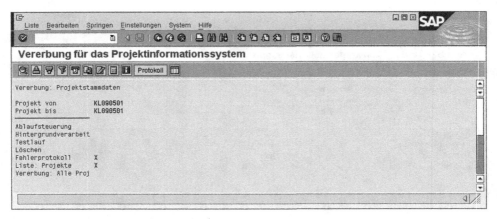

Abb. 7.12 Ergebnis des Vererbungslaufes

In der unteren Tabelle wird mit dem Kennzeichen *VererbNotw* gekennzeichnet, dass das Projekt in die Datenbasis aufgenommen wurde – wir haben für dieses Projekt bisher keine Vererbung vorgenommen. Wenn Sie die Vererbung wiederholen, ist dieses Kennzeichen nicht mehr gesetzt.

Vererbung auswerten Die Daten der Projektvererbung können anschließend eingesehen werden. Dazu bietet SAP ERP im Infosystem eine Auswertung über die Vererbung an.

▶ EASY-ACESS • Rechnungswesen • Projektsystem • Infosystem • Werkzeuge • Verdichtung • Auswertung Vererbung (CJH2)

Mit dieser Auswertung kann die vererbte Datenbasis für Projektelemente eingesehen werden. Selektieren Sie unser Beispielprojekt und führen Sie die Auswertung durch. Sie erhalten eine Tabelle mit den hinterlegten Daten, wie als Ausschnitt in Abb. 7.13 gezeigt.

Wenn Sie auf einen Eintrag doppelklicken, erhalten Sie einen Dialog mit den Daten des gewählten Objekts angezeigt.

Hierarchie anlegen Bis jetzt wurden nur notwendige Daten vererbt und von ihren Stammdaten getrennt. Um die gewünschte Verdichtung nach den Verantwortlichen durchführen können, benötigen wir eine Hierarchie, über die verdichtet werden soll. Diese müssen wir vorher anlegen. Auch diese Einstellung können wir direkt im EASY ACCESS pflegen.

▶ EASY-ACESS • Rechnungswesen • Projektsystem • Infosystem • Werkzeuge • Verdichtung • Hierarchie (KKR0)

Hier wählen wir die Schaltfläche *Neue Einträge*. Als Kürzel verwenden wir *PRJ_VW* und als Bezeichnung *Verdichtung über Projektverantwortliche* (Abb. 7.14).

Objekt	PSP-Element	Projektdefinition	Kurzident.	Verantw.	Verantwortl. (Name)	Antragst	Antragsteller
NPV 4000000 0010	K/L-0905-01:1-1	K/L-0905-01	1-1	12345	Holger Gubbels	12345	Gubbels
NPV 4000000 0020	K/L-0905-01:1-1	K/L-0905-01	1-1	12345	Holger Gubbels	12345	Gubbels
NPV 4000000 0030	K/L-0905-01:1-1	K/L-0905-01	1-1	12345	Holger Gubbels	12345	Gubbels
NPV 4000000 0040	K/L-0905-01:1-1	K/L-0905-01	1-1	12345	Holger Gubbels	12345	Gubbels
NPV 4000000 0050	K/L-0905-01:1-1	K/L-0905-01	1-1	12345	Holger Gubbels	12345	Gubbels
NPV 4000000 0060	K/L-0905-01:1-1	K/L-0905-01	1-1	12345	Holger Gubbels	12345	Gubbels
NPV 4000000 0070	K/L-0905-01:1-1	K/L-0905-01	1-1	12345	Holger Gubbels	12345	Gubbels
NPV 4000001 0010	K/L-0905-01:1-2	K/L-0905-01	1-2	54321	Hector Berlioz	12345	Gubbels
NPV 4000001 0020	K/L-0905-01:1-2	K/L-0905-01	1-2	54321	Hector Berlioz	12345	Gubbels
NPV 4000001 0030	K/L-0905-01:1-2	K/L-0905-01	1-2	54321	Hector Berlioz	12345	Gubbels
NPV 4000001 0040	K/L-0905-01:1-2	K/L-0905-01	1-2	54321	Hector Berlioz	12345	Gubbels
NPV 4000001 0050	K/L-0905-01:1-2	K/L-0905-01	1-2	54321	Hector Berlioz	12345	Gubbels
PSP K/L-0905-01:1-1	K/L-0905-01:1-1	K/L-0905-01	1-1	12345	Holger Gubbels	12345	Gubbels
PSP K/L-0905-01:1-2	K/L-0905-01:1-2	K/L-0905-01	1-2	54321	Hector Berlioz	12345	Gubbels

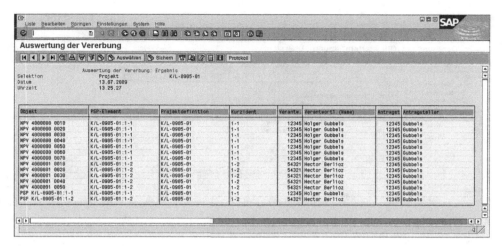

Abb. 7.13 Daten des Vererbungslaufs

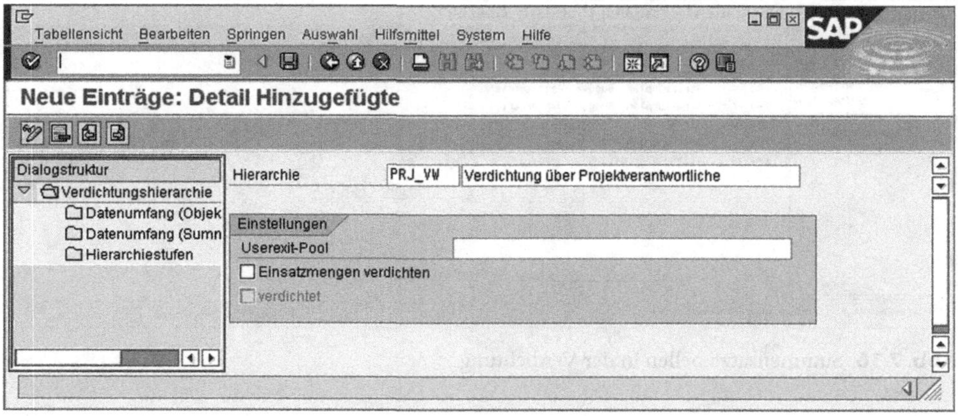

Abb. 7.14 Hierarchie anlegen

Anschließend wechseln wir über den entsprechenden Eintrag in der linken Baumdarstellung in die Objektarten, die wir verdichten möchten (Abb. 7.15).

Hier wählen wir nur Projekte aus, die verdichtet werden sollen. Mit den Prioritäten wird die Hierarchie definiert, in welcher Stufe die einzelnen Objekte verdichtet werden sollen. Bei gleicher Priorität werden alternative Hierarchien aufgebaut. In unserem Fall verdichten wir nur Projekte und wählen daher für Projekte Priorität 1.

In der Pflegemaske für *Summensatztabellen* können explizit Werte aus der Verdichtung entfernt werden – um beispielsweise Performance oder Speicherplatz zu sparen (Abb. 7.16). In unserem Fall lassen wir alle Daten zu.

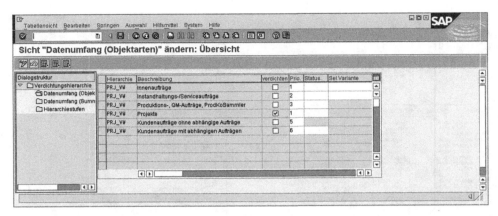

Abb. 7.15 Objektarten für Verdichtung wählen

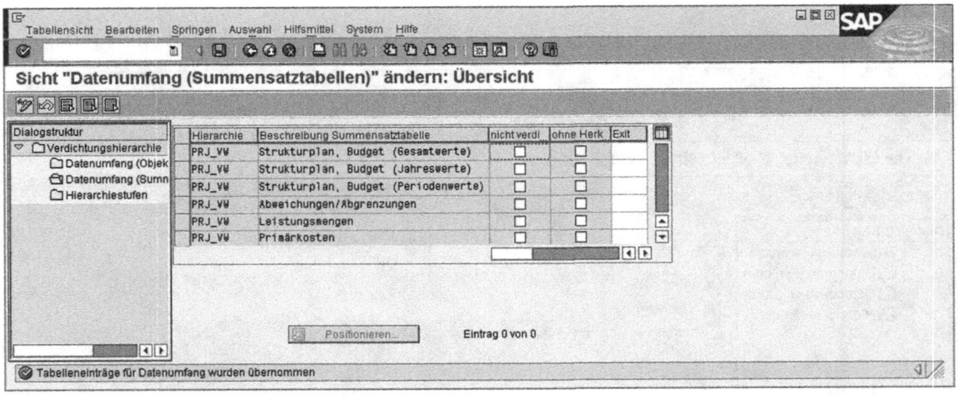

Abb. 7.16 Summensatztabellen in der Verdichtung

Die Hierarchie selbst wird in der Pflegemaske *Hierarchiestufen* definiert. Hier ist immer der Kostenrechnungskreis als oberste Hierarchiestufe angegeben. Das kann nicht geändert werden. Unter den Kostenrechnungskreis legen wir als weitere Hierarchiestufe den Projektverantwortlichen an. Ein neuer Eintrag wird über die Schaltfläche *Neue Einträge* angelegt (Abb. 7.17).

In der ersten Spalte wird die Hierarchie angegeben, die in unserem Fall bereits korrekt auf *PRJ_VW* steht. In der zweiten Spalte wird die Stufe der Hierarchie angegeben. Hier ist die höchstmögliche Stufe 2, da Stufe 1 bereits durch den Kostenrechnungskreis verwendet wird. Im Hierarchiefeld können die verschiedenen Hierarchiefelder ausgewählt werden. In unserem Fall wählen Sie den Projektverantwortlichen. Wenn Sie das bestätigen, wird die Bezeichnung des Felder eingetragen sowie die Länge des Feldes. Im Feld *Offset* kann angegeben werden, welcher Teil des Feldes verwendet werden soll. Würden wir beispielsweise über die Projektnummern verdichten und uns interessiert nur die entsprechende Projektphase, könnten wir entsprechend der Projektmaske die ersten Ziffern damit ignorieren.

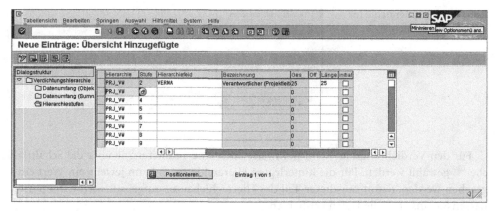

Abb. 7.17 Hierarchiestufe anlegen

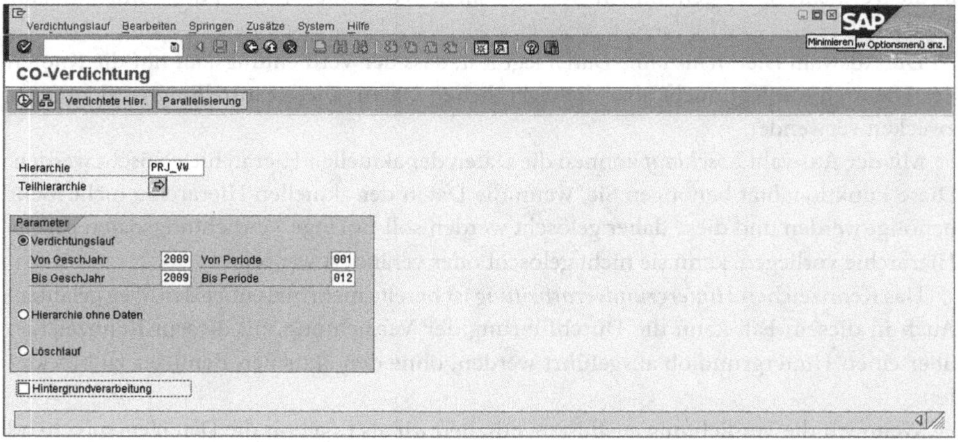

Abb. 7.18 Selektion für Verdichtungslauf

Das Kennzeichen *Initial* setzen Sie dann, wenn Sie den Knoten in der Verdichtung angelegt haben möchten, auch wenn keine aktuellen Daten verfügbar sind. Der Knoten erhält dann den Eintrag *nicht zugeordnet*.

Speichern Sie die Daten und verlassen die Anwendung.

Verdichtung durchführen   Nun sind wir soweit, dass wir die Verdichtung durchführen können. Dazu wählen wir die entsprechende Anwendung im EASY ACCESS.

▶ EASY-ACESS • Rechnungswesen • Projektsystem • Infosystem • Werkzeuge • Verdichtung • Verdichtung (KKRC)

In der Selektion für die Verdichtung muss als erstes die Hierarchie angegeben werden, anhand der verdichtet werden soll (Abb. 7.18). Hier wählen wir unsere Hierarchie *PRJ_VW*.

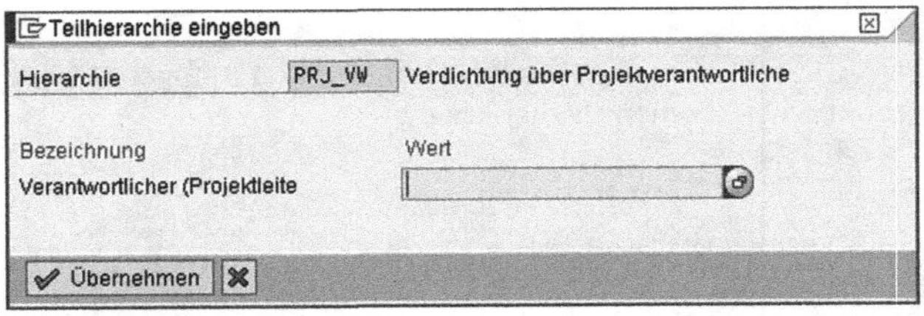

Abb. 7.19 Teilhierarchie für
Verdichtung wählen

```
┌─ Teilhierarchie eingeben ──────────────────────────────────[⊠]─┐
│                                                                 │
│   Hierarchie              PRJ_VW   Verdichtung über Projektverantwortliche │
│                                                                 │
│                                                                 │
│   Bezeichnung                      Wert                         │
│   Verantwortlicher (Projektleite   [                        ][⊙]│
│                                                                 │
│   [✓ Übernehmen] [✖]                                           │
└─────────────────────────────────────────────────────────────┘
```

Für den Verdichtungslauf kann wahlweise auch eine Teilhierarchie über die Schaltfläche 🔍 gewählt werden. Für die hinterlegten Hierarchiestufen kann jeweils ein Wert eingegeben werden, damit nur dieser Teil des Hierarchiebaums aufgebaut wird (Abb. 7.19).
Lassen Sie uns aber alle Daten verdichten.

In den Parametern des Verdichtungslaufs können weitere Einschränkungen vorgenommen werden. Hier können das Geschäftsjahr, sowie die Periode eingeschränkt werden, die
in die Verdichtung aufgenommen werden sollen. Wir wählen einfach das komplette Jahr
2009.

Die Auswahl *Hierarchie ohne Daten* legt fest, dass der Verdichtungslauf nur die Knoten
der Hierarchie anlegt, nicht aber die eigentlichen Daten. Diese Einstellung wird zu Test-
zwecken verwendet.

Mit der Auswahl *Löschlauf* können die Daten der aktuellen Hierarchie gelöscht werden.
Diese Funktionalität benötigen Sie, wenn die Daten der aktuellen Hierarchie nicht mehr
benötigt werden und diese daher gelöscht werden soll. Solange Verdichtungsdaten für die
Hierarchie vorliegen, kann sie nicht gelöscht oder verändert werden.

Das Kennzeichen *Hintergrundverarbeitung* ist bereits mehrmals über den Weg gelaufen.
Auch in diesem Fall kann die Durchführung der Verdichtung mit diesem Kennzeichen
über einen Hintergrundjob ausgeführt werden, ohne den aktuellen Benutzer zu blockie-
ren.

Wenn wir die Verdichtung ausführen, erhalten wir als Ergebnis die Daten entsprechend
Abb. 7.20.

7.3.2   Auswertung der Projektverdichtung

Durch den Vererbungslauf sind die Stammdaten und die Buchungsdaten in eine separate
Datenbasis geschrieben worden. Mit Hilfe der Hierarchie und des Verdichtungslaufs sind
die Daten der Datenbasis in der gewünschten Form verfügbar und können jetzt ausgewertet werden. Dazu bietet SAP ERP im Infosystem des Projektsystems im Bereich des
Controllings entsprechende Berichte an.

Anzeige der Projekthierarchie

▶ EASY-ACESS • Rechnungswesen • Projektsystem • Infosystem • Controlling
• Verdichtung • Übersicht: Projekthierarchien

Abb. 7.20 Ergebnis des Verdichtungslaufs

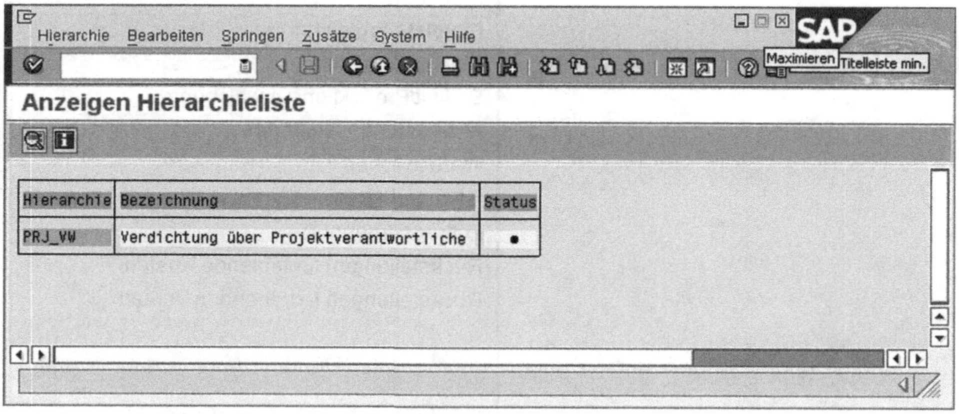

Abb. 7.21 Verdichtungsstatus

In dieser Anwendung kann sich ein Benutzer den Status der angelegten Hierarchien anzeigen lassen (Abb. 7.21).

In der Tabelle werden alle verfügbaren Hierarchien angezeigt – in unserem Fall die Hierarchie *PRJ_VW*. Der Status zeigt den Zustand der Verdichtung an. Ein ausgefüllter Punkt bedeutet, dass die Verdichtung über die komplette Hierarchie ausgeführt wurde, ein halb gefüllter Punkt, dass nur Teilhierarchie verdichtet wurde und ein nicht ausgefüllter Punkt, dass aufgrund der Datenlage keine Verdichtung verfügbar ist.

Um die aufgebaute Hierarchie, also den Aufbau der tatsächlichen Knoten angezeigt zu bekommen, können wir auf den Eintrag doppelklicken. SAP ERP zeigt die momentan

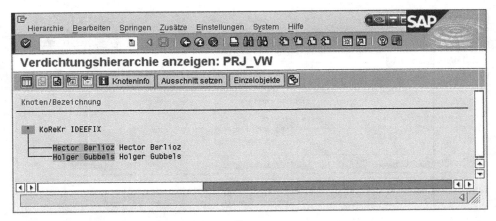

Abb. 7.22 Knoten in der Verdichtungshierarchie

Abb. 7.23 Verfügbare Berichte

verfügbaren Knoten in der verdichteten Hierarchie an (Abb. 7.22). In unserem Fall werden die beiden Projektleiter gefunden, die auf die verschiedenen PSP-Elemente verteilt wurden.

Ausgehend von dieser Ansicht können weitere Berichte aufgerufen werden. Berichte werden von einem gewählten Knoten aus aufgerufen. Das bedeutet, dass wir in unserem Fall eine Auswertung über einen Projektverantwortlichen durchführen können oder über den gesamten Kostenrechnungskreis. Markieren wir beispielsweise den Projektverantwortlichen Hector Berlioz und wählen in der Toolbar die Schaltfläche bzw. führen einen Doppelklick auf den Knoten aus. Wir erhalten eine Auswahl an vorhandenen Berichten (Abb. 7.23).

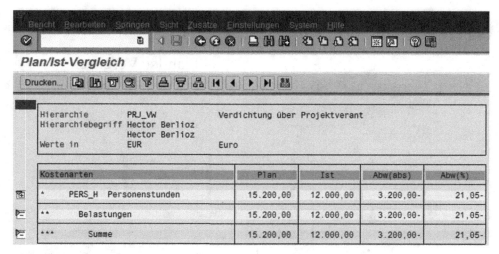

Abb. 7.24 Plan/Ist-Vergleich in der Verdichtung

Hier wählen wir den Bericht *Plan/Ist-Vergleich* und werden aufgefordert Geschäftsjahr und Periode einzugrenzen. Wählen Sie das Geschäftsjahr 2009, die Perioden 001-0012 und bestätigen die Daten. Anschließend können Sie noch Kostenartengruppen einschränken – wir verwenden *Alle Kostenarten*. Abbildung 7.24 zeigt das Ergebnis des Berichts.

Pro Kostenart wird in diesem Bericht der Plan- und der Ist-Wert dargestellt sowie die prozentuale Abweichung. In unserem Beispiel wurde nur die Kostenart PERS_H verwendet.

Um die Zahlen grafisch dargestellt zu bekommen, ist der bereits vorgestellte Grafik-Viewer auch aus diesem Bericht heraus über die Schaltfläche 🔲 erreichbar (Abb. 7.25).

Budgetbezogene Auswertung Im Infosystem gibt es weitere Auswertungen, um Plan- und Ist-Kosten plan- oder budgetbezogen analysieren zu können. Wir haben unser Projekt zu Anfang budgetiert und verwenden als Beispiel eine budgetbezogene Auswertung.

▶ EASY-ACESS • Rechnungswesen • Projektsystem • Infosystem • Controlling • Verdichtung • Kosten • Budgetbezogen • Budget/Ist/Abweichung

Für diese Auswertung (Abb. 7.26) müssen wir zunächst die Hierarchie angeben, die wir auswerten wollen, in unserem Fall also PRJ_VW. In dieser Auswertung werden die Daten zu den einzelnen Hierarchiestufen sowie kumulierte Daten angezeigt. Diese Daten können je nach Auswahl auch periodengerecht dargestellt werden sowie getrennt nach betriebswirtschaftlichen Vorgängen.

Wir finden für unsere beiden Projektleiter die Zahlenbasis, um beispielsweise Erfolgsvergleiche durchführen zu können. Auf der linken Seite, in der Tabelle *Navigation*, können die Darstellungsarten geändert werden, beispielsweise in eine periodengerechte Darstellung der Zahlen. Da wir das Budget nicht periodengerecht verteilt haben, macht das für uns momentan keinen Sinn.

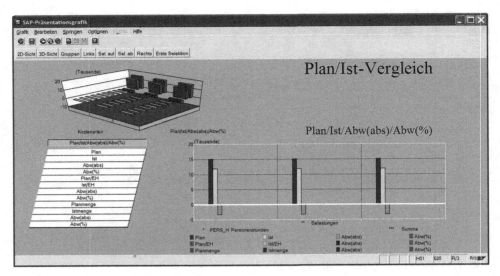

Abb. 7.25 Plan/Ist-Vergleich im Grafik-Viewer

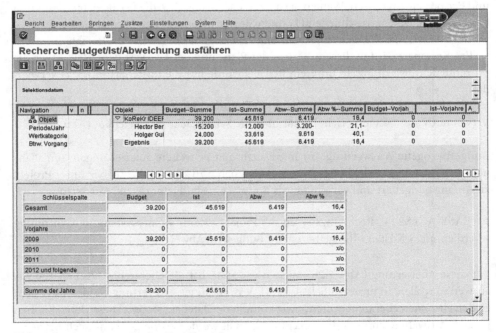

Abb. 7.26 Auswertung Budget/Ist/Abweichung

▶   Um die Anzahl der Spalten schnell dezimieren zu können, werden unnötige
     Spalten markiert und über das Kontextmenü (rechte Maustaste) ausgeblendet.

Export-Funktionen Um das Ergebnis des Berichts leicht dezentral präsentieren zu
können, bietet SAP ERP über die Menüfunktion *Bericht -> HTML exportieren* einen
Export in HTML Seiten an.

Die Zahlenbasis kann außerdem leicht in MS EXCEL® exportiert werden. Wechseln Sie
dazu in der Navigation beispielsweise auf die periodengerechte Darstellung und wählen
die Menüfunktion *Bericht -> Exportieren*. SAP ERP bietet MS EXCEL® als Exportziel an.
Anschließend entscheiden Sie sich, ob Sie die Daten in Excel als einfache Tabelle oder als
Pivot-Tabelle dargestellt haben möchte, die eine umfangreiche Analyse erheblich vereinfacht. Den Funktionsumfang einer Pivot-Tabelle entnehmen Sie der Dokumentation von
MS EXCEL®.

7.4   Exportmöglichkeiten

Zur Dokumentation, zu Präsentationszwecken, zur Erstellung von Auswertungen oder dezentralen Rückmeldungen von Projektdaten in SAP ERP ist es notwendig, die verfügbaren Daten in externe Systeme übernehmen zu können und dort weiter zu bearbeiten. Wir
schauen uns in einem kurzen Überblick die gängigsten Systeme an: MS Project® und MS
ACCESS®. Für eine detaillierte Beschreibung lesen Sie bitte die entsprechende Dokumentation von SAP.

7.4.1   Datenexport nach MS ACCESS®

Für komplexe Auswertungen oder zur Weiterverarbeitung in einem externen Werkzeug
exportieren wir Projektdaten in das Datenbanksystem MS ACCESS®. Dazu müssen wir
unser System entsprechend vorbereiten. Sie benötigen Zugriff auf das *SAP Marketplace*,
um die notwendigen Programme herunterladen zu können. Suchen Sie, nachdem Sie sich
im *SAP Marketplace* eingeloggt haben, nach dem Alias *PS*. Unter einem *Alias* versteht man
eine spezielle WEB-Anwendung. Löschen Sie in der aktuell angezeigten URL Ihres Browser alles nach dem Servernamen weg, also alles nach.*de*. Vervollständigen Sie die URL mit/
ps und bestätigen mit [ENTER] (z. B. https://websmp101.sap-ag.de/ps).

Wählen Sie auf der geladenen Seite im rechten Teil den Link *Interfaces*. Es öffnet sich
ein weiteres Fenster. Hier wird unter dem Punkt *Open Project System* erläutert, wie Sie
zu den benötigten Dateien gelangen. Laden Sie die Installationsdateien für Ihr MS Ac-
cess®-System herunter. Sie erhalten jeweils vier Dateien. Für den Export benötigen wir die
Dateien für SAP ERP-Release 3.1I und MS Access 97 *Wdpsas97.exe* und *Wdpsat97.exe*,
Wdpsastr.exe und *Wdpsatab.exe* für alle anderen Kombinationen. Speichern Sie die Dateien
in den Programmpfad Ihres SAP GUI-Systems unter/*PS/ACCESS*.

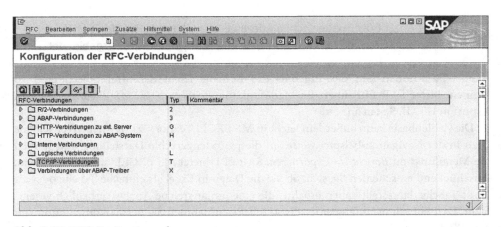

Abb. 7.27 RFC-Destination anlegen

Die Programme werden von SAP ERP aufgerufen – über einen *Remote Function Call* oder *RFC*. Die Programme diene also als RFC-Server und müssen dazu in SAP ERP bekannt gemacht werden. Ein RFC-Ziel außerhalb von SAP ERP wird *RFC-Destination* genannt.

Wenn Sie ACCESS 3.1I mit MS Access 97 verwenden, beachten Sie, dass Sie die jeweils anderen Dateien verwenden.

▶ EASY-ACCESS • Werkzeuge • Administration • Verwaltung • Netzwerk • RFC-Destinationen (SM59)

In der Anwendung finden wir vier Gruppen, in denen die RFC-Destinationen gegliedert sind. Markieren Sie den Typ *TCP/IP Verbindungen* und wählen die Schaltfläche *Anlegen*, um eine neues Ziel einzurichten (Abb. 7.27).

In der Pflegemaske geben wir dem neuen Ziel den Namen *PS_ACCESS 1* und die Beschreibung, wie in Abb. 7.28 dargestellt. Als Typ verwenden wir *T – Start eines externen Programms über TCP/IP*. In der Feldgruppe *Aktivierungsart* wählen wir die Option Anstarten auf *Front End-Workstation*. Dadurch erhalten wir die Möglichkeit, einen Programmpfad und eine Anwendung zu hinterlegen. Eventuell müssen Sie die Daten entweder einmal bestätigen oder einmal den Reiter wechseln, damit im Reiter *Technische Einstellungen* die Eingabemöglichkeit für das externe Programm erscheint. Wir hinterlegen das Programm *Wdpsastr.exe* mit voll qualifiziertem Programmpfad. Speichern Sie den neuen Eintrag und prüfen die Daten mit der Schaltfläche *Verbindung testen*. Wenn eine Fehlermeldung erscheint, überprüfen Sie Ihre Daten. Konnte die Verbindung hergestellt werden, sehen Sie die Antwortzeiten des Aufrufs.

Dasselbe müssen wir für die Destination PS_ACCESS_2 durchführen. Verwenden Sie hier das Programm *Wdpsatab.exe* und die Beschreibung *Kopie der SAP ERP-Tabellen nach MS Access*.

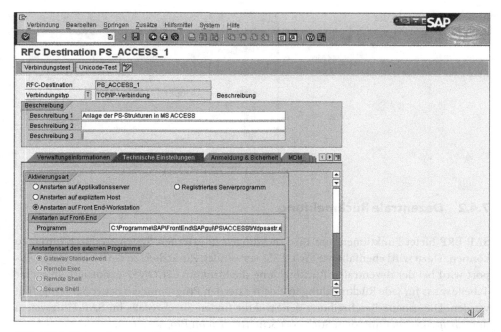

Abb. 7.28 Daten der neuen Destination

Abb. 7.29 Dialog für MS
ACCESS Export

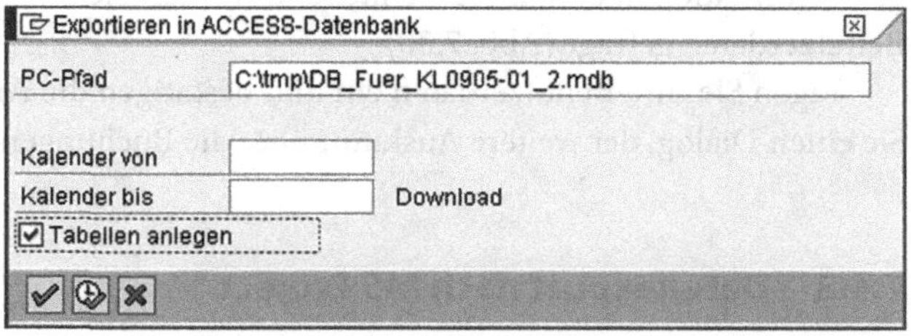

Den Export können wir nun testen. Öffnen Sie die Strukturübersicht im Infosystem (Transaktion CN41). Wählen Sie das PSP Element *K/L-0905-01:1-2* (Entwurfs-Phase) und führen Sie den Bericht aus. Wir erhalten das gewählte PSP-Element in der Strukturübersicht. Als nächsten Schritt wählen wir die Menüfunktion *Auswertung -> Exportieren -> MS Access*. Im Dialog wählen wir einen Namen für die Datenbank und weisen SAP ERP an, die notwendigen Tabellen zu erstellen (Abb. 7.29). Wenn wir anschließend die Daten bestätigen, werden die externen Programme gestartet und die Daten exportiert.

Die genaue Beschreibung der einzelnen Tabellen finden Sie im Hilfeportal von SAP unter *help.sap.com*. Suchen Sie in der Dokumentation nach *Schnittstellen des Projektsystems*. Unter MS ACCESS finden Sie die Dokumentation aller Tabellen.

Abb. 7.30 Auswahl der
Benutzerdaten

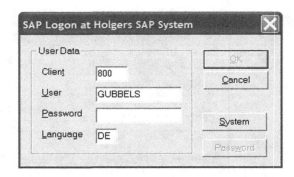

7.4.2   Dezentrale Rückmeldung

SAP ERP bietet Funktionen, um Rückmeldungen in externen Systemen durchführen zu können. Dazu wird ebenfalls MS ACCESS® verwendet. Zusätzlich zu einem normalen Export wird bei der dezentralen Rückmeldung die Struktur *E2CONF7* exportiert. In dieser Tabelle muss für jede Rückmeldung in einem externen Programm ein neuer Satz eingefügt werden. Die genaue Beschreibung der Struktur finden Sie ebenfalls im SAP-Hilfesystem unter *help.sap.com* unter dem Stichwort *Schnittstellen im Projektsystem*.

Um die geänderten Daten zurück in unser SAP ERP-System buchen zu können, verwenden wir das Programm *Wdpsazet.exe*, das wir in das SAP GUI-Verzeichnis kopiert haben. Starten Sie das Programm und geben die Datenbank-Datei ein, die die notwendigen Informationen enthält. Anschließend werden Sie nach dem gewünschten System und Benutzerdaten gefragt (Abb. 7.30).

Tragen Sie Ihre Benutzerdaten ein und bestätigen die Angaben. Anschließend erhalten Sie einen Dialog, der weitere Auskunft über die Buchungen gibt, die durchgeführt werden.

7.4.3   Datenexport nach MS Project ®

Um die Daten eines Projekts in MS Project® zu exportieren, wird das Projekt in der Strukturübersicht aufgerufen.

▶ EASY-ACESS • Rechnungswesen • Projektsystem • Infosystem • Strukturen • Strukturübersicht (CN41)

Hier wird wie das Projekt oder ein Teil des Projekts selektiert und der Bericht anschließend ausgeführt. Öffnen Sie die Strukturübersicht mit unserem kompletten Beispielprojekt. Um die Daten zu exportieren, bietet SAP ERP die Menüfunktion *Auswertung -> Exportieren -> MS Project (MPX)* an.

Nach Auswahl der Funktion erhalten wir einen Dialog, in den wir die Zieldatei für den Export, die Sprache des Zielsystems und die Daten für den Werkskalender eingeben, der eingeschränkt werden kann. Nach Bestätigung der Daten wird die Datei geschrieben

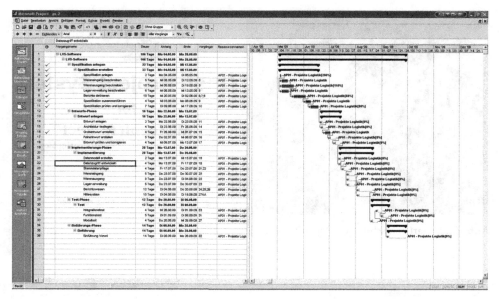

Abb. 7.31 Beispielprojekt in MS Project

und kann in MS Project® geöffnet werden. Beim Öffnen kann es zu einer Fehlermeldung kommen, dass eine Ressource falsch zugeordnet wurde. Ignorieren Sie diese Meldung. Abbildung 7.31 zeigt das Ergebnis in MS Project®.

7.4.4 OpenPS für MS Project®

OpenPS for MSProject ist eine von SAP ERP angebotene Schnittstelle, um Daten zwischen SAP ERP und MS Project® austauschen zu können. Im Gegensatz zum reinen Export, wie in Abschn. 6.4.3 beschrieben, bietet OpenPS die Möglichkeit, Daten bidirektional auszutauschen. OpenPS können Sie im *SAP Marketplace* beziehen. Sie finden die Installationsdateien unter demselben Pfad, wie in 6.4.1 beschrieben; am Ende der dort beschriebenen Auswahl wählen Sie die MS Project®-Dateien. Nachdem Sie die Daten runtergeladen haben, entpacken Sie diese. Sie finden eine SETUP-Routine, die Sie ausführen müssen. In Ihrem System wird ein Programm mit dem Namen *OpenPS for MS Project* installiert. Starten Sie das Programm (Abb. 7.32). Kommt es zu einer Fehlermeldung, starten Sie Ihr MS Project® und versuchen es erneut.

In MS Project® befindet sich eine neue Toolbar (Abb. 7.33). Mit der Schaltfläche *Connect* verbinden wir uns mit unserem SAP ERP-System. Wenn Sie sich das erste Mal einloggen, führt Sie ein Assistent durch alle notwendigen Einstellungen, die OpenPS für einen Verbindungsaufbau zu unserem SAP ERP-System benötigt. Konnte die Verbindung aufgebaut werden, ändert sich in der Toolbar die Schaltfläche *Connect* in die Schaltfläche *Disconnect*.

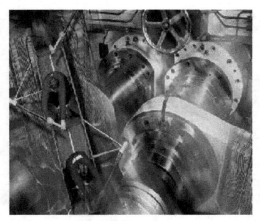

Abb. 7.32 Start-Bildschirm von OpenPS

Abb. 7.33 OpenPS Toolbar in MSProject®

Abb. 7.34 Suche nach Projektelementen in OpenPS

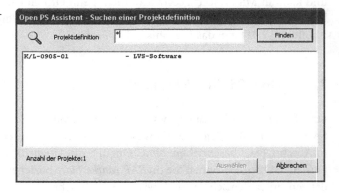

Daten aus SAP ERP beziehen Als nächstes laden wir das Beispielprojekt aus dem SAP ERP-System in MS Project®. Dafür wird die Schaltfläche *Download* in der Toolbar verwenden. Es erscheint eine Eingabemaske. Hier tragen wir das gewünschte Projekt ein oder wählen über die…-Schalfläche eine Maske für die Suche nach Projektelementen (Abb. 7.33). Hier können Sie, wie aus SAP ERP bekannt, Wildcard-Suchen durchführen. In Abb. 7.34 werden durch das Zeichen * alle Projektdefinitionen angezeigt, die importiert werden können. Wir wählen unser Beispielprojekt K/L-0509-01 aus und bestätigen die Eingaben. Es erscheint ein Protokoll, welches Auskunft über die Aktivitäten gibt, die OpenPS durchführt. Abbildung. 7.35 zeigt das Ergebnis des Imports. Alle PSP-Elemente, Netzpläne und Netzplanvorgänge wurden importiert.

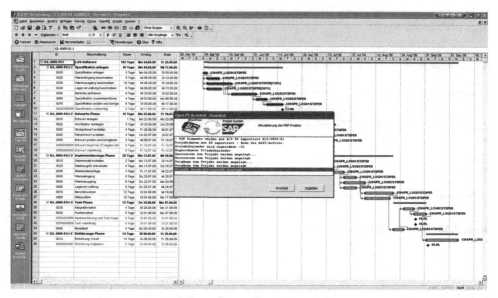

Abb. 7.35 Ergebnis des Imports mit OpenPS

Zusätzlich zu den Projektdaten können auch Ressourcen heruntergeladen werden. Wählen Sie dazu die Schaltfläche *Ressourcen* und wählen im Dialog den zweiten Reiter. Tragen Sie hier unser Beispiel-Werk *1204* ein und führen die Suche aus.

Wählen Sie alle gewünschten Arbeitsplätze für den Import aus und bestätigen Sie die Angaben. Die Arbeitsplätze werden importiert und sind in MS Project® verfügbar.

Upload der Daten Das Zurückspielen der Daten in SAP ERP wurde ab der Version 2.0 der OpenPS-Schnittstelle eingeschränkt, damit nicht jeder Benutzer Daten in SAP ERP aus MS Project® heraus ändern kann. In Ihrer Toolbar ist daher die Upload-Schaltfläche deaktiviert. Um einen Upload durchführen zu können, benötigen wir eine neue Benutzerrolle, die wir unserem Benutzer hinzufügen.

▶ EASY-ACESS • Werkzeuge • Administration Benutzerpflege • Rollenverwaltung • Rollen (PFCG)

In der Anwendung geben wir *SAP_PS_EPS* als Namen der neuen Rolle in das Feld *Rolle* ein. Ist bei Ihnen die Rolle bereits angelegt, können Sie den nächsten Abschnitt überspringen. Ansonsten wählen Sie die Schaltfläche *Rollen anlegen* (Abb. 7.36). Es erscheint die Pflegemaske für die neue Rolle. In das Feld Beschreibung geben wir *OpenPS – Upload von Projekten aus MS Project* ein und speichern die Daten. Ignorieren Sie die Meldung, dass die neue Benutzerrolle nicht im Kundennamensraum liegt. Die Meldung weist darauf hin, dass wir für die Bezeichnung ein SAP-eigenes Kürzel verwendet haben – was aber in diesem Fall in Ordnung ist. Wechseln Sie nun in den Reiter *Berechtigungen*.

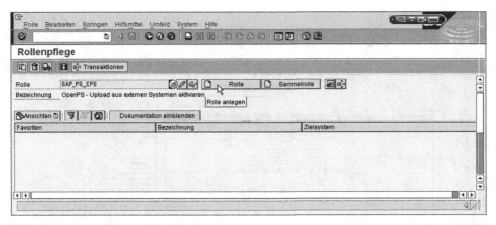

Abb. 7.36 Neue Benutzerrolle anlegen

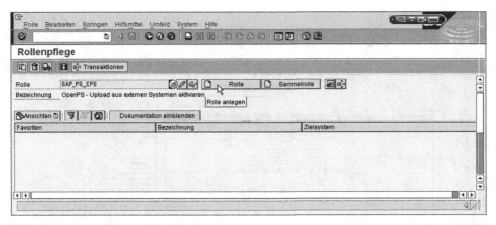

Abb. 7.37 Pflege der Berechtigungen

In der Feldgruppe *Informationen zum Berechtigungsprofil* generieren wir mit der Schalt-fläche ⬚ einen Profilnamen und geben als Profiltext *Upload von Projekten aus OpenPS* ein.

Als nächstes wählen wir die Schaltfläche *Berechtigungsdaten ändern* in der Feldgruppe *Berechtigungsdaten pflegen und Profile generieren* (Abb. 7.37). Eventuell müssen Sie die Daten sichern.

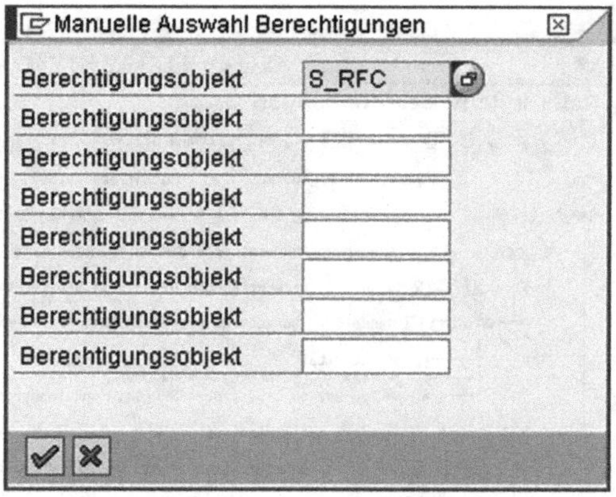

Abb. 7.38 Auswahl der
Berechtigungsobjekte

SAP ERP möchte, dass wir eine Vorlage auswählen. Wählen Sie hier *Keine Vorlage aus-wählen*. Wir befinden uns in der Maske *Rolle ändern*. Mit der Schaltfläche *Manuell* in der Toolbar erhalten wir einen Dialog für Berechtigungsobjekte. Wählen Sie das Berechti-gungsobjekt *S_RFC* (Abb. 7.38) und bestätigen die Eingabe.

In der Baumdarstellung der Berechtigungen ist ein Knoten hinzugefügt worden. Klap-pen Sie die Hierarchie auf. Sie finden die Knoten *Aktivität*, *Name* und *Typ*. Ergänzen Sie das Feld *Aktivität* um die Berechtigung *Ausführen,* indem Sie auf das Textfeld rechts neben dem Eintrag klicken. Es öffnet sich ein Auswahlfenster. Wählen Sie *Ausführen* und spei-chern die Angaben. Für das Feld *Name* geben Sie * ein und speichern erneut. Für das Feld Typ übernehmen Sie *Funktionsgruppe*.

Öffnen Sie erneut das Dialogfenster über die Schaltfläche *Manuell* und ergänzen das Berechtigungsobjekt *S_USER_GRP*. Öffnen Sie den neuen Knoten und ergänzen das Feld *Aktivität* mit der Berechtigung *Anzeigen* und das Feld *Benutzergruppe im Benutzerstamm* mit *NORMAL*. Sie können auch eine andere Gruppe auswählen, die Sie den entsprechen-den Benutzern geben wollen. Abbildung 7.39 zeigt die Daten, wie Sie bei Ihnen jetzt vor-liegen sollten.

Als nächstes wird das neue Profil generiert. Dazu wählen wir die Menüfunktion *Be-rechtigungen -> Generieren*.

Unserem Benutzer müssen wir nun die neue Rolle zuweisen. Wechseln Sie dazu in die Benutzerverwaltung mit der Transaktion *SU01*. Wählen Sie Ihren in Kap. 3 angelegten Be-nutzer aus und öffnen ihn zur Bearbeitung. Wechseln Sie in den Reiter *Rollen*, ergänzen unsere neue Rolle *SAP_PS_EPS* (Abb. 7.40) und speichern die Daten. Melden Sie sich nun in MS Project® von SAP ERP ab und bauen die Verbindung erneut auf. Die Upload-Schalt-fläche ist nun aktiviert.

Lassen Sie uns erneut unser Beispielprojekt aus SAP ERP laden. Ändern Sie beispiels-weise den Netzplanvorgang *Einführung Vorort* und geben ihm eine andere Bezeichnung. Wählen Sie anschließend die Schaltfläche *Upload* und wählen das ganze Projekt für einen Abgleich aus. OpenPS prüft, ob die Daten abgeglichen werden können und bietet diese

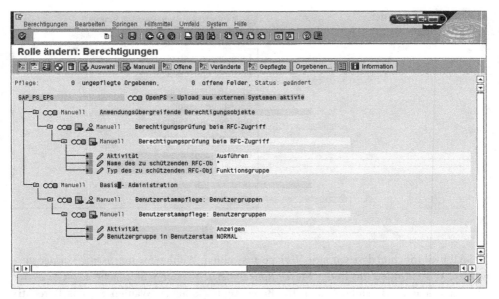

Abb. 7.39 Berechtigungen für OpenPS Rolle

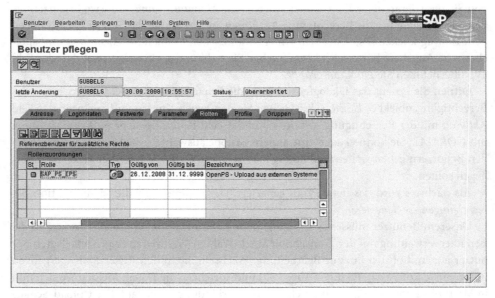

Abb. 7.40 Rolle hinzufügen

anschließend zur Auswahl an. Starten Sie den Abgleich und öffnen anschließend zur Prüfung das Projekt im Project Builder. Die Daten wurden übernommen.

Projektsystem extern steuern

8

SAP ist in Unternehmen oft eine Dateninsel. Anbindungen an externe Systeme gelten als umfangreich und komplex – machbar, solange Daten nach außen transportiert werden. Daten in SAP-System zurückschreiben gilt oft noch als undenkbar. Selbst wenn, trifft man eher auf Text-Dateien, die durch SAP konsumiert werden. Echte bidirektionale, synchrone Kopplungen sind die Ausnahme.

In diesem Kapitel möchte ich Ihnen ein paar Szenarien zeigen, die eine externe Kopplung von Systemen interessant machen. Anschließend wird es technisch. Hier ist es von Vorteil, wenn Sie etwas von Programmierung verstehen. Zunächst gehen wir auf die Grundlagen der SAP-Schnittstellenprogrammierung ein. Selbstverständlich erhebt das Kapitel kein Anspruch auf Vollständigkeit. Ich möchte erreichen, dass die Schnittstellenprogrammierung etwas entzaubert wird – auch hier wird mit Wasser gekocht und es ist einfacher als Sie glauben!

8.1 Szenarien

8.1.1 Auswertungen

Verfügbare Auswertungen in SAP sind hilfreich – selten aber ausreichend. Das liegt nicht an dem angebotenen Standard, sondern daran, dass die Anforderungen an Auswertungen Unternehmens- und Benutzer-spezifisch sind. Auswertungen in SAP anzupassen ist natürlich möglich – dazu müssen allerdings Entwickler beauftragt werden. Deren Verfügbarkeit ist immer begrenzt. Andererseits geht bei der Übermittlung der Anforderungen in den meisten Fällen Wissen verloren, so dass am Schluss die Auswertung nicht 100 % das macht, was sie soll. Dazu kommt, dass die Auswertungen in 2–3 Monaten erneut angepasst werden müssen, da sich die Anforderungen hier schnell ändern.

H. Gubbels, *SAP® ERP – Praxishandbuch Projektmanagement,*
DOI 10.1007/978-3-8348-2160-7_8, © Springer Fachmedien Wiesbaden 2013

Diese Situation erzeugt Frust bei den Entwicklern. Diese denken, die Anwender wüssten nicht was sie wollen, Frust bei den Benutzern, die ihre Arbeit nicht so erledigen können, wie sie möchten. Das sorgt weiter dafür, dass bestehende Auswertungen aus SAP in lokale Dateien exportiert werden und dann eigenständig mit Microsoft Excel weiterverarbeitet werden. Mit allen Vor- und Nachteilen. In manchen Unternehmen findet man dafür sogar eigens entwickelte Import-Makros, die die gespeicherten Daten automatisch in vorhandene Excel-Templates laden. Diese Excel-Auswertungen werden dann intern weitergegeben oder verfügbar gemacht.

Kommt Ihnen das bekannt vor?

Kommt man an die Daten in SAP heran, können diese periodisch in eine Datenbank gespeichert werden – ohne gleich ein große BI-Projekt oder SAP-BW aufsetzen zu müssen. Mit dieser Mini-Reporting-Datenbank können Benutzer beispielsweise mit Microsofts PowerPivot beeindruckende Auswertungen durchführen.

Oder Sie sparen sich den Umweg über die Reporting Datenbank, da mittlerweile PowerPivot-Provider angeboten werden, mit denen der Benutzer direkt auf die Daten in SAP oder SAP BW zugreifen kann, ohne eine zwischengeschaltete Reporting Datenbank.

8.1.2   Microsoft SharePoint

Im häufiger kommt das Intranet-System von Microsoft in Firmen zum Einsatz. Neben reiner HTML-Darstellung kann das System natürlich deutlich mehr. Durch Workflow-Mechanismen können ohne Programmierkenntnisse bereits beachtliche Geschäftsprozess-unterstützende Abwicklungen dargestellt werden. Durch die sehr gute Programmierschnittstelle aber auch komplexe Abwicklungen. Beispielsweise eine Anfrage zur Pflege eines neuen oder veränderten Stammdatums (Material, Kunde). Die Information wird direkt an den Stammdatenverantwortlichen übermittelt, der über ein „Approve" den geforderten Stammsatz direkt in SAP anlegen kann.

Oder Sie können einen Projektstrukturplan ebenfalls in SharePoint darstellen. Oder übergreifend mehrere Projekte und deren aktueller Status auf einem Dashboard bereitstellen.

Das gleiche gilt natürlich auch für Rückmeldungen – ein entsprechendes Arbeitszeitblatt in SharePoint kann die Eingabe deutlich vereinfachen. Selbstverständlich eingeschränkt auf die Vorgänge, die für den aktuell angemeldeten Benutzer disponiert oder überhaupt sichtbar sind. Das ganze natürlich über einen Webbrowser – ohne lokal installierten SAP-GUI.

8.1.3   Taskverwaltung

Stellen Sie sich einen Outlook-Connector vor, der in Abhängigkeit von Vorgängen den entsprechenden Mitarbeitern eine Aufgabe und/oder einen Termin in den persönlichen Outlook-Kalender schreibt. Wird die Aufgabe als erledigt gekennzeichnet könnte an durch eine automatische Rückmeldung auch den entsprechenden Vorgang in SAP als erledigt kennzeichnen.

8.2 Grundlagen

Das waren nur ein paar Beispiele, warum es sinnvoll sein kann, das Projektsystem extern zu steuern. Wie aber greift man auf diese Daten zu? Dazu bedient man sich verschiedener Techniken:

- **RFC**: Remote Function Call
- **BAPI**: Business Application Programming Interface
- **Tabellenzugriff**: (fast) direkter Tabellenzugriff
- **ALE**: Application Link Enabling

Diese werden hier kurz erläutert – für eine tieferen Einblick empfehle ich Ihnen „SAP R/3® Kommunikation mit RFC und Visual Basic: IDOCs, Funktionsbausteine und BAPI – Von der librfc32.dll bis zum.NET-Connector" von Patrick Theobald.

8.2.1 Remote Function Call

In einem SAP-System werden alle Funktionen in Funktionsbausteinen gekapselt – vielleicht haben Sie schon einmal ein ABAP-Programm gesehen. Manche dieser Funktionsbausteine lassen sich nicht nur innerhalb des Systems aufrufen, sondern auch durch externe Programme (dazu müssen die Bausteine in SAP als Remote-fähig gekennzeichnet sein).

Bewerkstelligt werden die entfernten Aufrufe durch die librfc32.dll, die Sie in jedem Fall schon auf Ihrem System haben, wenn Sie das SAP-GUI installiert haben. Die librfc32 kapselt verschiedene Funktionen, die Sie benötigen, wenn Sie ein RFC in Ihrem Programm verwenden wollen. Zwar können Sie die librfc32.dll direkt in Ihr Programm einbinden – dies ist aber nicht zu empfehlen. Es gibt im Handel für gängige Programmiersprachen Komponenten, die Ihnen den direkten Zugriff ersparen. SAP selbst bietet beispielsweise mit JCO (Java Connector) einen Connector für die Programmiersprache Java an und seit 2011 mit dem.NET-Connector eine Komponente für den Zugriff aus.NET-Programmen. Als unabhängige Komponente bietet auch die Firma Theobald-Software GmbH aus Stuttgart verschiedene Werkzeuge für die Kommunikation mit SAP-Systemen an.

▶ **Hintergrundinformation** Der Zugriff via librfc32.dll wird zukünftig ersetzt durch eine Bibliothek namens RFC Netweaver RFC Library. Die Grundsätzliche Technik seitens SAP, also die Definition eines Funktionsbausteines sowie die Remote-Verfügbarkeit werden sich dadurch nicht ändern. Es ist davon auszugehen das die Anbieter von Schnittstellen-Komponenten den Übergang für Entwickler ohne nennenswerte Änderungen der eigenen API anbieten werden.

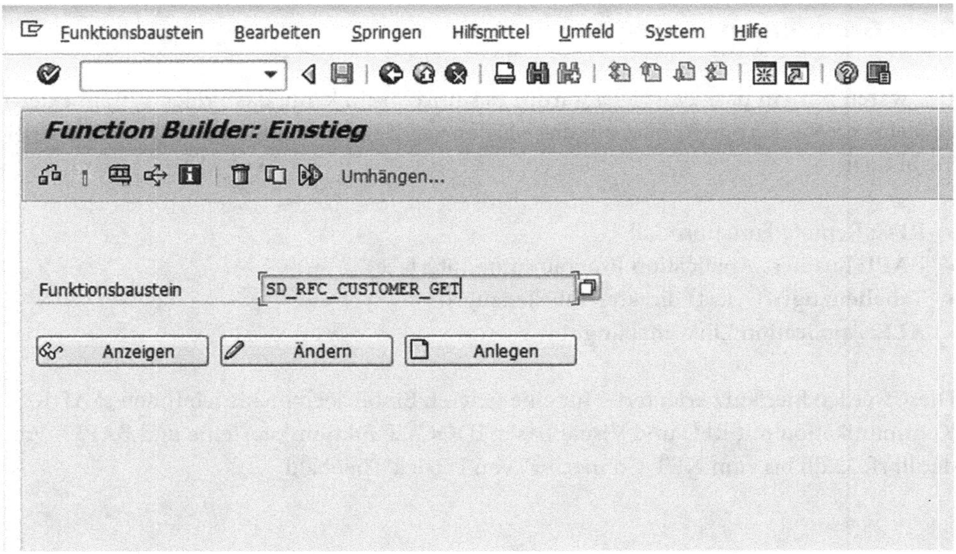

Abb. 8.1 Function Builder

8.2.2   Struktur eines RFC

Unabhängig, welche Komponente Sie einsetzen, gelten für alle dieselben Gesetze. Die
Struktur eines RFC ist immer gleich. Wie bei einem lokalen Prozedur- oder Methoden-
aufruf empfängt ein RFC-Aufruf Daten und liefert entsprechend Daten zurück. Ein RFC
besteht aus den Teilen IMPORT, EXPORT und TABLES. Dabei ist die Benennung immer
aus Sicht von SAP zu sehen – das bedeutet IMPORT sind Daten, die Richtung SAP gehen, EXPORT sind Daten die zum externen Programm gehen. Bei IMPORT-Daten werden mehrere skalare Daten (Daten mit genau einem Wert) oder einer Struktur übergeben.
Eine Struktur fasst mehrere skalare Werte zusammen. Beispielsweise kann man unter einer
Struktur „Adresse" auf diese Weise Werte wie Straße, Hausnummer, PLZ und Ort zusam-
menfassen. Über IMPORT-Parameter können keine beliebig langen Listen übergeben werden. EXPORT-Daten liefern skalare Werte oder entsprechend Strukturen zurück. Fragt
man beispielsweise in den IMPORT-Parametern nach einer bestimmten Projektdefinition,
erhält man im Export eine Struktur mit allen Daten einer Projektdefinition.

TABLES dienen der Listenübergabe – sowohl Richtung SAP als auch zurück. Eine TA-
BLE besteht aus beliebig vielen Zeilen einer definierten Struktur. Eine RFC kann mehrere
TABLES zurückgeben. Oftmals werden die TABLES auch verwendet, um Daten aus dem
rufenden Programm an SAP zu übermitteln.

Betrachten wir den RFC SD_RFC_CUSTOMER_GET. Mittels dieses Bausteins lesen
Sie Kundendaten aus einem SAP-System. Um die Definition zu betrachten wechseln Sie in
den Function Builder (Abb. 8.1)

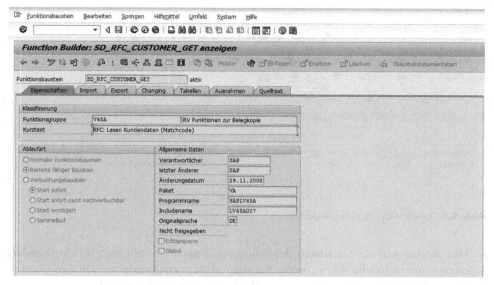

Abb. 8.2 Eigenschaften des Funktionsbausteins

Parametername	Typi...	Bezugstyp	Vorschlagswert	Op...	W...	Kurztext	La...
KUNNR	LIKE	KNA1-KUNNR	SPACE	☑	☑	Kundennummer	
NAME1	LIKE	KNA1-NAME1	SPACE	☑	☑	Name des Kunden	
				☐	☐		
				☐	☐		
				☐	☐		

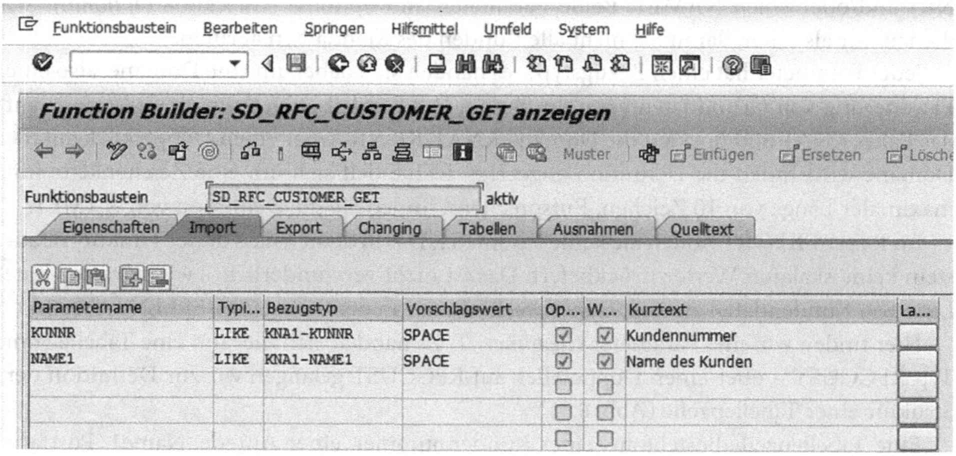

Abb. 8.3 Import-Parameter des Bausteins

▶ EASY ACCESS – Werkzeuge – ABAP Workbench – Entwicklung – SE37

Über die Schaltfläche *Ändern* öffnen Sie die Definition des Funktionsbausteins. Standardmäßig sehen Sie den ABAP-Quellcode des Bausteins. Den betrachten wir nicht weiter – wechseln Sie in den Reiter *Eigenschaften* (Abb. 8.2).

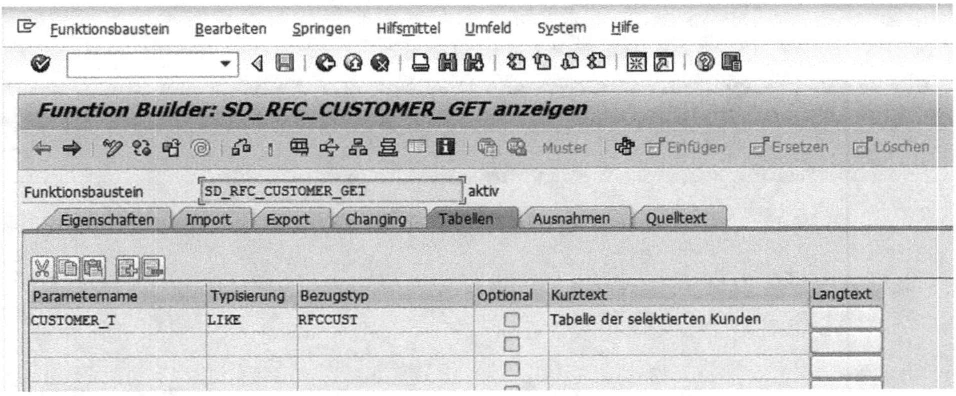

Abb. 8.4 Tabellen des Funktionsbausteins

Hier finden wir die Metadaten des Bausteins. Beispielsweise einen beschreibenden Kurztext sowie unterhalb davon, ob der Baustein entfernt aufgerufen werden darf (Remote-fähiger Baustein). Wechseln Sie nun in den Reiter IMPORT (Abb. 8.3).

Hier werden die Parameter beschrieben, die dem RFC als Eingabe dienen. Es handelt sich um einen relativ einfachen Baustein. Sie übergeben nur eine Kundennummer (KUNNR) und/oder einen NAME1. Beide Parameter sind optional (Checkbox *Optional*). Sie dienen nur als Filter, damit Sie nicht alle Kunden des Mandanten abrufen.

Jeder Parameter hat einen Bezugstyp – es handelt sich dabei um eine Domäne, also eine Erweiterung von Grunddatentypen. In diesem Fall handelt es sich um einen Verweis auf das Paket KNA1 und dort auf die Domäne KNA1-KUNR. Über einen Doppelklick auf die Domäne wird Ihnen die Definition angezeigt. Es handelt sich um eine Zeichenkette mit maximaler Länge von 10 Zeichen. Entsprechend finden Sie die Definition von NAME1.

Im Reiter EXPORT finden Sie keine Parameter. Das bedeutet, dass dieser Funktionsbaustein keine skalaren Werte zurückliefert. Das ist nicht verwunderlich – wir erwarten eine Liste von Kundendaten zurück. Daher wechseln wir in den Reiter TABELLEN (Abb. 8.4).

Hier finden wir eine Parameter *Customer_T*. Es handelt sich hier um eine Tabelle vom Typ RFCCUST – über einen Doppelklick auf RFCCUST gelangen wir zur Definition der Struktur einer Tabellenzeile (Abb. 8.5).

Eine Tabellenzeile besteht aus einer Kundennummer, einer Anrede, Name1, Postfach und so weiter.

Als nächstes können Sie den Baustein testen – ohne ein externes Programm dafür schreiben zu müssen. Wenn Sie ein externes Programm schreiben, sollten Sie sich diesen Weg einprägen – es ist einfacher die Bausteine zunächst innerhalb von SAP zu testen und erst dann in das externe Programm zu überführen. Öffnen Sie dazu den Funktionstester über die kleine abgebildete Schieblehre (Abb. 8.6).

Im Funktionstester werden die Import sowie Tabelle-Parameter dargestellt. Im Feld KUNNR sowie NAME1 können Sie Werte eintragen. Im Bereich *Tabellen* können Sie über

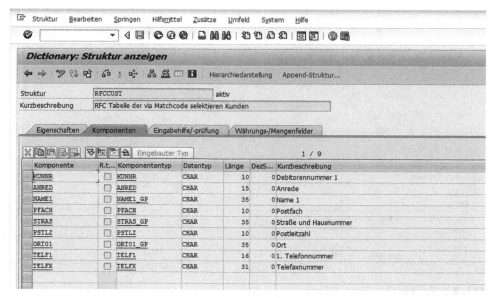

Abb. 8.5 RFCCUST-Struktur

Abb. 8.6 Funktionsbaustein
testen

das kleine Icon neben „0 Einträge" Tabellenzeilen anlegen – der Funktionstester kennt die Fachlichkeit des Bausteins nicht. Daher weiß er nicht, ob evtl. über die Tabelle Parameter an den Baustein übergeben werden. In diesem Fall können Sie zwar etwas eintragen – die Werte werden aber ignoriert.

Über F8 oder das kleine Uhrsymbol in der oberen linken Ecke führen Sie den Baustein aus. Als Ergebnis sehen Sie Ihre Import-Daten, die Sie übergeben haben, sowie für jede Tabelle zwei Einträge (Abb. 8.7). Der obere Eintrag sind die Daten, die Sie an den Baustein übermittelt haben (in unserem Fall also keine) im unteren Teil die Daten, die Sie von dem Baustein zurückerhalten haben. Im obigen Beispiel habe ich die Kundennummer 1204 übergeben – daher besteht die Rückgabe genau aus einem Wert. Die Daten können Sie einsehen, in dem Sie links dem Ergebnis auf das kleine Icon klicken (Abb. 8.8).

In Ihrem externen Programm erhalten Sie über den Anbieter eine entsprechende Abstraktion. Der Pseudocode sieht dann in etwa wie folgt aus:

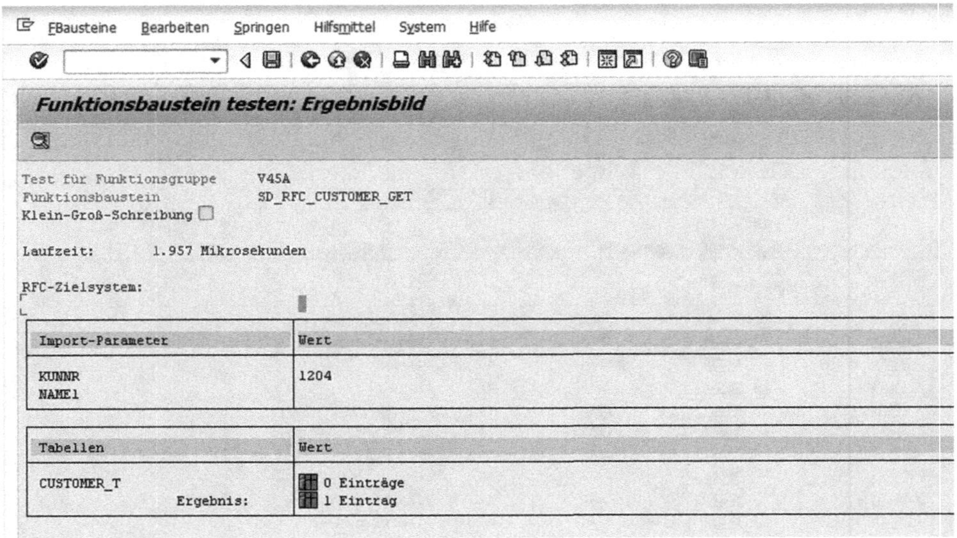

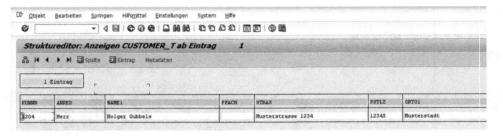

Abb. 8.7 Ergebnis der Testausführung

Abb. 8.8 Ergebnis der Testausführung

```
SAPConnection con = SAP.OpenConnection(<credentials>)
RFC rfc=con.CreateFunction("SD_RFC_CUSTOMER_GET")
rfc.SetParameter("KUNNR", "1204");
rfc.Execute();
SAPTable t = rfc.GetTable("Customer_T");
foreach(SAPStructure s in t.Rows){
     printline(s.GetValue("KUNNR"));
     printline(s.GetValue("ANRED"));
     …
}
con.Close()
```

Ohne alle Komponenten zu kennen, dürfte sich diese Struktur so ähnlich bei allen widerspiegeln.

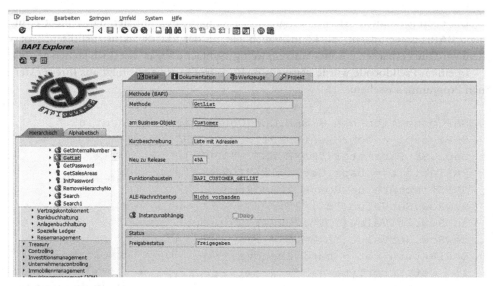

Abb. 8.9 BAPI-Explorer

8.2.3 Business Application Programming Interface

RFC Bausteine sind *relativ* ungeordnet – und schwierig zu finden. Den Baustein SD_RFC_
CUSTOMER_GET muss man kennen. Besser wäre es, würde man um verschiedenen Ge-
schäftsobjekte mehre oder weniger standardisierte Methoden legen. Also beispielsweise
einem Geschäftsobjekt *CUSTOMER* die Methoden *GetList*, *GetDetail*, *Create* geben. Genau dies hat man mit dem BAPI umgesetzt.

Für das Auffinden eines BAPI gibt es den BAPI Explorer.

▶ EASY ACCESS – Werkzeuge – ABAP Workbench – Übersicht – BAPI Explorer (BAPI)

Hier sind die Business-Objekte entweder hierarchisch oder alphabetisch einsehbar. Nicht
immer ist es einfach, die Objekte in der Hierarchie zu finden. Beispielsweise findet man
das Objekt CUSTOMER unter Finanzwesen–Debitorenbuchhaltung. In der alphabeti-
schen Liste ist das Objekt in diesem Fall schneller aufzufinden. Klappen Sie das Objekt
in dem Baum auf, sehen Sie angebotenen Methoden. Beispielsweise die Funktion *GetList*
(Abb. 8.9).

Auf der rechten Seite wird die Methode erläutert. Im unteren Teil wird auf einen Funktionsbaustein verwiesen. Das ist der interessante Teil: Das bedeutet, dass unter der Haube
ein BAPI auf „nur" einen Funktionsbaustein verwendet. Führen Sie auf dem Funktionsbaustein einen Doppelklick aus gelangen Sie in den Function Bilder den wir aus dem vorherigen Kapitel kennen. Hier sehen Sie erneut, welche Import, Export und Tabellen-Para-
meter der Baustein definiert. Einen Test können Sie wie bei dem RFC aus dem vorherigen
Kapitel durchführen.

Die oben genannten externen Programmierkomponenten müssten daher nicht zwingend BAPIs unterstützen – Sie können auch alle mit der RFC-Struktur ausführen. Trotzdem wird die Lesbarkeit erhöht – und ein wenig „Syntactic Sugar" hat noch keinen gestört.

In einem Pseudocode würde dann ein BAPI Aufruf in etwa wie folgt aus Ihrem externen Programm aussehen:

```
SAPConnection con = SAP.OpenConnection(<credentials>)
BAPI bapi = con.CreateBAPI(„CUSTOMER")
bapi.SetParameter("MAXROWS", "100");
SAPTable t = bapi.GetTable("IDRANGE");
SAPStructure newRow = t.AddRow();
newRow.SetValue("S","I");
newRow.SetValue("OP","CP");
newRow.SetValue("LOW","*");
BAPIReturn ret = bapi.Execute();
if (ret.ErrorType =="" || ret.ErrorType == "S"){
     SAPTable customerTable = bapi.GetTable("ADRESSDATA");
     foreach(SAPStructure s in customerTable.Rows){
          printline(s.GetValue("CUSTOMER"));
          printline(s.GetValue("SORT1"));
          printline(s.GetValue("NAME"));

          ...

     }
}
con.Close()
```

► Die Tabelle IDRANGE ist ein typisches Beispiel, wie Filterkriterien via Tabelle an einen Baustein übergeben werden. Das Feld S steht für SIGN. Erwartete Werte sind I für INCLUDE oder E für EXCLUDE. OP für OPTION steht für

- EQ – Equal
- NE – Not Equal
- BT – BeTween
- NB – Not Between
- LT – Less Than
- LE – Less Equal
- GT – Greater Than
- GE – Greater Equal
- CP – Contains Pattern
- NP – Not contains Pattern

Die Spalten LOW und HIGH werden je nach gewählter Option gefüllt – bei Pattern-Suche nur LOW, bei Intervallsuchen LOW und HIGH.

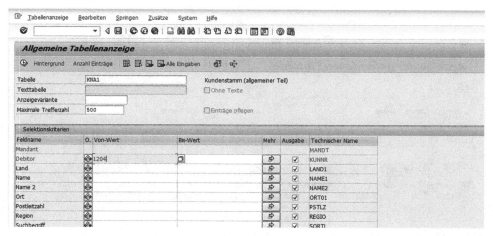

Abb. 8.10 Data Browser

RFC oder BAPI sind gleichwertig. Allerdings kann man als Faustregel sagen, dass man lieber über das BAPI geht. Diese sind meistens neuer und besser implementiert.

8.2.4 Read Table

Ein relativ unbekanntes Thema (insbesondere für externe Systeme) ist der (fast) direkte Zugriff auf Tabellen in SAP. Direkt auf die Datenbank möchte man nicht gehen – einerseits wird einem die SAP-Basis-Administration niemals einen Zugriff gewähren, andererseits verliert man bestimmte Abstraktionen, die SAP bereits in Funktionsbausteinen implementiert.

SAP bietet im Standard einen Read-Table Funktionsbaustein an: RFC_READ_TABLE. Unter Angabe einer Tabelle und etwaiger Filterkriterien können so die Daten direkt aus einer Tabelle gelesen werden. Dazu müssen Sie natürlich die Tabellen kennen, die Sie auslesen müssen. Um beim Beispiel des Kunden zu bleiben lesen Sie die Tabelle KNA1 über Data Browser (Abb. 8.10).

▶ EASY ACCESS – Werkzeuge – ABAP-Workbench – Übersicht – Data Browser (SE16/SE16N)

Im Data Browser können Sie verschiedene Felder eingrenzen – in diesem Fall das Feld DEBITOR (KUNNR). Über F8 oder die kleine Uhr im oberen linken Teil führen Sie die Abfrage aus (Abb. 8.11).

Diese Abfrage können Sie auch über den genannten RFC-Baustein durchführen. Offiziell ist dies ein Baustein, der nicht freigegeben ist und auch nicht Teil der Wartung von SAP ist.

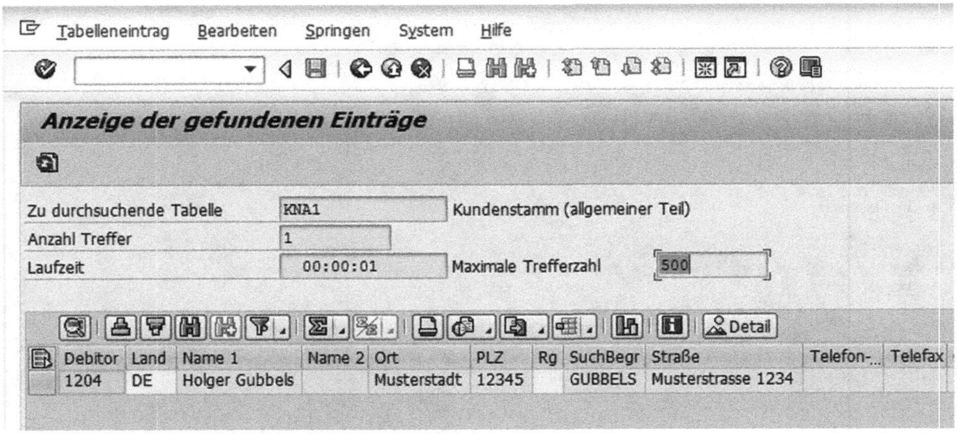

Abb. 8.11 Ergebnisse Data Browser

Allerdings bieten manche externen Programmierkomponenten den Zugriff an – ohne den RFC direkt aufrufen zu müssen – beispielsweise ERPConnect der Firma Theobald-Software GmbH.

Bei ERPConnect sieht der Zugriff dann so aus:

```
R3Connection con=new R3Connection(connectionString);
ERPConnect.Utils.ReadTable table=new ERPConnect.Utils.Re-
adTable(con);

table.AddField("MATNR");
table.AddField("MAKTX");
table.AddCriteria("SPRAS='DE'");
table.TableName = "MAKT";
table.RowCount = 10;

table.Run();

DataTable resulttable = table.Result;
for(int i=0; i < resulttable.Rows.Count;i++)
{
        Console.WriteLine(
        resulttable.Rows[i]["MATNR"].ToString() + " " +
        resulttable.Rows[i]["MAKTX"].ToString());
}

Console.ReadLine();
```

```
con.Close();
```

Ein wenig Fingerspitzengefühl wird hier benötigt – der Standard liefert Fehler, wenn die Breite einer Zeile 512 Bytes überschreitet, wenn eine Fließkommazahl enthalten ist etc. Mindestens die Komponente ERPConnect bietet über einen eigenen Funktionsbaustein Abhilfe – damit gelten die Einschränkungen nicht mehr.

Der Weg via ReadTable bietet sich häufiger an als man glaubt. So werden heute beispielsweise Stammdatenänderungen (wie der Kunde im Beispiel) über ALE-Verteilmechanismen an Subsysteme propagiert. Dies hat zwar den Charme, dass Änderungen meist sofort übermittelt werden – ist das aber nicht notwendig und benötigt das Subsystem häufiger einen Komplettabgleich, bietet sich dieser Komplettabgleich nächtlich via direktem Tabellenzugriff an. Ein weiterer Vorteil ist außerdem, dass das externe Subsystem selbst verantwortlich für die Daten ist – es müssen keine Verteilszenarien eingesetzt werden, die aufwändig geändert werden müssen, kommen beispielsweise Zusatzfelder hinzu.

▶ Möchte man herausfinden, auf welche Tabellen SAP in eigenen Bausteinen zugreift, kann man über einen Datenbank-Trace alle abgesetzten SQL-Befehle herausfinden. Wechseln Sie in die ST05, starten den Datenbank-Trace und führen in einem anderen Modus das gewünschte Programm aus. Stoppen Sie den Trace und schauen sich das Ergebnis an. Ein wenig Übung benötigt man bei der Interpretation – aber auch das lernt man schnell.

8.2.5 Application Link Enabling

In einem Unternehmen kommt häufig nicht nur ein SAP-System zum Einsatz. Gerade wenn es daher um Stammdaten geht, benötigt man Verteilszenarien. Mittels ALE wurde seitens der SAP ein entsprechendes Konzept vorgestellt.

Bestimmte Programme versenden zu definierten Zeitpunkten (Speichern, Update, Anlage) Nachrichten – beispielsweise „Kunde gespeichert". Auf diese Nachricht kann man reagieren in dem man beispielsweise eine E-Mail verschickt, ein Dokument druckt oder eben die Daten an andere Systeme verschickt. In letzterem Fall wird in einem ALE Verteilszenario hinterlegt, dass nach einer solchen Nachricht („Kunde gespeichert") die Daten des entsprechenden Kunde selektiert werden und in einem Austauschformat (IDOC) an andere SAP-Systeme versandt werden. Für das tatsächliche Versenden ist die Transportschicht zuständig – im entfernten System wird ein RFC-Baustein aufgerufen (beispielsweise IDOC_INBOUND_ASYNCHRONOUS).

Als Nicht-SAP-System kann man diese Daten ebenfalls empfangen. Dazu benötigt es eine Partnervereinbarung in SAP, eine entsprechende Anmeldung und Verhalten als Server (das eigene Programm erwartet also Eingänge von SAP ohne sich zu beenden). Im Falle einer Nachricht kann das externe Programm den IDOC dann Auswerten und beispielsweise die veränderten Kundendaten in die eigene Datenbank schreiben.

Das Customizing eines Verteilung sprengt hier den Rahmen – kann aber in der einschlägigen Literatur nachgelesen werden – und ist (entgegen der landläufigen Meinung) keine Zauberei!

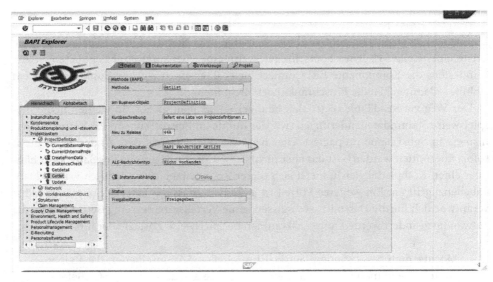

Abb. 8.12 ProjectDefiniton-Getlist

8.3 Wichtige BAPIs im Projektsystem

8.3.1 Projektdefinitionen

Projekt-Definitionen suchen/anzeigen Typische Aufgaben sind, vorhandene Projektdefinitionen zu suchen und Ergebnisse anzuzeigen. Stellen Sie sich als Szenario vor, Sie entwickeln ein Programm in dem der Benutzer zunächst ein Projekt auswählen muss, um Details anzusehen oder Daten zu ändern. Die Suchmaske besteht aus einem Textfeld, einer kleinen Such-Schaltfläche sowie einer Liste mit den Ergebnissen.

Dazu gibt es das Business Object *ProjectDefinition*. Mit der Methode *Getlist* erhalten wir eine Liste, eingeschränkt über MAX_ROWS sowie über einen Suchfilter in der Tabelle PROJECT_DEFINITION_RANGE. Geben Sie keine Werte ein, erhalten Sie alle angelegten Projektdefinitionen.

Wählen Sie im BAPI-Explorer die Methode Getlist des Business Objects ProjectDefinition aus und führen einen Doppelklick auf den entsprechenden Funktionsbaustein auf der rechten Seite aus (Abb. 8.12).

Wie in Abschn. 8.2.1 für Funktionsbausteine erläutert öffnet sich auch hier der Function Builder – und zwar mit dem Funktionsbaustein BAPI_PROJECTDEF_GETLIST. Wählen Sie hier wieder den Funktions-Tester über die kleine Schieblehre in der Toolbar aus. Über die Tabellen PROJECT_DEFINITION_RANGE sowie DESCRIPTION_RANGE können wir die Auswahl einschränken. Schreibt der Benutzer in unserem obigen Beispiel etwas in das Textfeld der Suchmaske und wählt die Suchen-Schaltfläche, rufen wir intern die Methode Getlist auf und übergeben in der Tabelle PROJECT_DEFINITION_RANGE folgende Werte:

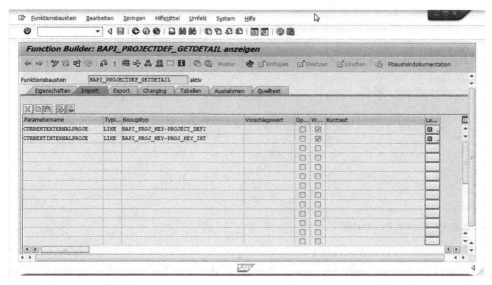

Abb. 8.13 Import-Parameter

- SIGN = I (für Include)
- OPTION = CP (Pattern-Suche)
- LOW = < Inhalt des Textfeldes > (beispielsweise K/L-0705-01 – am besten immer gefolgt von einem *, damit Ähnlichkeitssuchen ermöglicht werden).

So erhalten Sie mindestens unsere Projektdefinition der IDEEFIX GmbH als Rückgabe in der Tabelle PROJECT_DEFINITION_LIST.

Details einer Projektdefinition Die Daten in der Tabelle PROJECT_DEFINITION_ LIST sind relativ schmal gehalten – sie bestehen nur aus der Projektnummer sowie dem Namen des Projekts. Möchte man weitere Details für ein Projekt laden, verwendet man die Methode *Getdetail*.

Wählen Sie die Methode im BAPI-Explorer aus und öffnen über einen Doppelklick auf den korrespondierenden Funktionsbaustein BAPI_PROJECTDEF_GETDETAIL auf der rechten Seite wieder den Function Builder. Im Import-Reiter sehen wir, dass der Funktionsbaustein nur zwei Import-Parameter benötigt (Abb. 8.13).

Dabei handelt es sich einmal um den externen Schlüssel der Projektdefinition (in unserem Fall K/L-0705-01) und der internen Nummer. Da uns letztere nicht bekannt ist, geben wir nur die externe an (nur eine von beiden muss angegeben werden). Die Funktion definiert keine TABLES zur Übergabe – die Funktion liefert Detail-Daten genau einer Projektdefinition zurück. Daher gibt es nur einen EXPORT-Parameter PROJECT_DEFI-NITION_STRU. Eine Struktur mit den Details-Daten der Projektdefinition (Abb. 8.14).

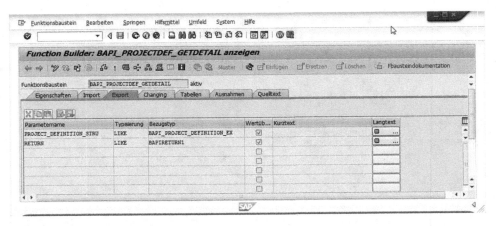

Abb. 8.14 Export-Parameter

Es gibt noch einen weiteren Export-Parameter, den man bei BAPIs häufig findet – den Parameter RETURN. Dieser zeigt an, ob das BAPI korrekt ausgeführt wurde. Geben Sie beispielsweise eine unbekannte Projektnummer an, wird in der RETURN-Struktur ein Fehler zurückgegeben.

Führen Sie einen Doppelklick auf den Typ des EXPORT-Parameters PROJECT_DEFI-NITION_STRU aus öffnet sich die Beschreibung des Typs BAPI_PROJECT_DEFINITI-ON_EX.

Abbildung 8.15 zeigt einen Ausschnitt der Daten der Struktur.

Über die Schieblehre in der Toolbar führen wir den Funktionstester aus und übergeben unsere Projektnummer. In der Ergebnistabelle finden wir alle Daten unserer Projektdefinition wieder.

Projektdefinition aktualisieren Für die Aktualisierung der Projektdefinition bietet das BAPI die Methode *Update* an – Funktionsbaustein BAPI_PROJECTDEF_UPDATE. Dieser Funktionsbaustein erwartet wie die Methode *Getdetails* eine externe oder interne Projektnummer (Abb. 8.16).

Über die Struktur PROJECT_DEFINITION_STRU werden die zu ändernden Parameter übergeben. Damit nicht alle Parameter übergeben werden müssen, werden nur die zu ändernden Felder angegeben. Öffnen Sie den Funktionstester, geben Sie unsere Projektnummer in das Feld der externen Projektnummer an und öffnen Sie die Struktur PROJECT_DEFINITION_STRU. Geben Sie hier in das Feld DESCRIPTION einen beliebigen neuen Wert an (Abb. 8.17).

Damit der Funktionsbaustein weiß, welchen Wert wir geändert haben möchten, geben wir die zu aktualisierenden Felder in der zweiten Struktur PROJECT_DEFINITION_UP an (Abb. 8.18).

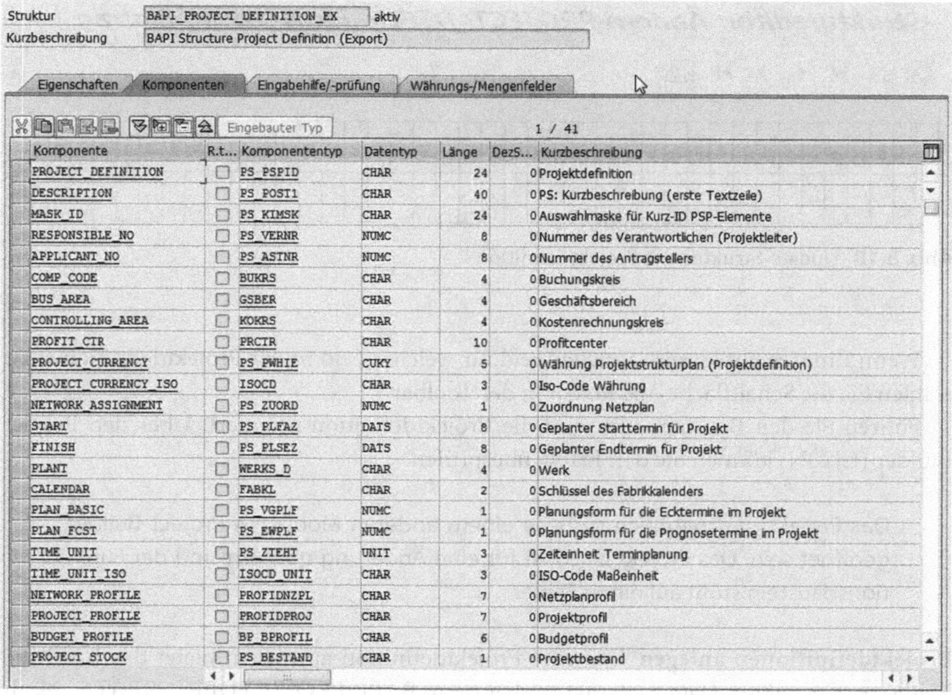

Komponente	R.t...	Komponententyp	Datentyp	Länge	DezS...	Kurzbeschreibung	
PROJECT_DEFINITION	☐	PS_PSPID	CHAR	24	0	Projektdefinition	
DESCRIPTION	☐	PS_POST1	CHAR	40	0	PS: Kurzbeschreibung (erste Textzeile)	
MASK_ID	☐	PS_KIMSK	CHAR	24	0	Auswahlmaske für Kurz-ID PSP-Elemente	
RESPONSIBLE_NO	☐	PS_VERNR	NUMC	8	0	Nummer des Verantwortlichen (Projektleiter)	
APPLICANT_NO	☐	PS_ASTNR	NUMC	8	0	Nummer des Antragstellers	
COMP_CODE	☐	BUKRS	CHAR	4	0	Buchungskreis	
BUS_AREA	☐	GSBER	CHAR	4	0	Geschäftsbereich	
CONTROLLING_AREA	☐	KOKRS	CHAR	4	0	Kostenrechnungskreis	
PROFIT_CTR	☐	PRCTR	CHAR	10	0	Profitcenter	
PROJECT_CURRENCY	☐	PS_PWHIE	CUKY	5	0	Währung Projektstrukturplan (Projektdefinition)	
PROJECT_CURRENCY_ISO	☐	ISOCD	CHAR	3	0	Iso-Code Währung	
NETWORK_ASSIGNMENT	☐	PS_ZUORD	NUMC	1	0	Zuordnung Netzplan	
START	☐	PS_PLFAZ	DATS	8	0	Geplanter Starttermin für Projekt	
FINISH	☐	PS_PLSEZ	DATS	8	0	Geplanter Endtermin für Projekt	
PLANT	☐	WERKS_D	CHAR	4	0	Werk	
CALENDAR	☐	FABKL	CHAR	2	0	Schlüssel des Fabrikkalenders	
PLAN_BASIC	☐	PS_VGPLF	NUMC	1	0	Planungsform für die Ecktermine im Projekt	
PLAN_FCST	☐	PS_EWPLF	NUMC	1	0	Planungsform für die Prognosetermine im Projekt	
TIME_UNIT	☐	PS_ZTEHT	UNIT	3	0	Zeiteinheit Terminplanung	
TIME_UNIT_ISO	☐	ISOCD_UNIT	CHAR	3	0	ISO-Code Maßeinheit	
NETWORK_PROFILE	☐	PROFIDNZPL	CHAR	7	0	Netzplanprofil	
PROJECT_PROFILE	☐	PROFIDPROJ	CHAR	7	0	Projektprofil	
BUDGET_PROFILE	☐	BP_BPROFIL	CHAR	6	0	Budgetprofil	
PROJECT_STOCK	☐	PS_BESTAND	CHAR	1	0	Projektbestand	

Abb. 8.15 Struktur BAPI_PROJECT_DEFINITION_EX

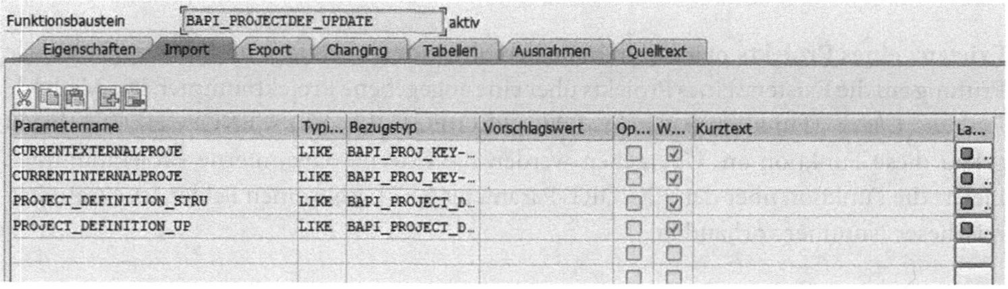

Parametername	Typi...	Bezugstyp	Vorschlagswert	Op...	W...	Kurztext	La...
CURRENTEXTERNALPROJE	LIKE	BAPI_PROJ_KEY-..		☐	☑		☐ .
CURRENTINTERNALPROJE	LIKE	BAPI_PROJ_KEY-..		☐	☑		☐ .
PROJECT_DEFINITION_STRU	LIKE	BAPI_PROJECT_D..		☐	☑		☐ .
PROJECT_DEFINITION_UP	LIKE	BAPI_PROJECT_D..		☐	☑		☐ .
				☐	☐		
				☐	☐		

Abb. 8.16 BAPI_PROJECTDEF_UPDATE

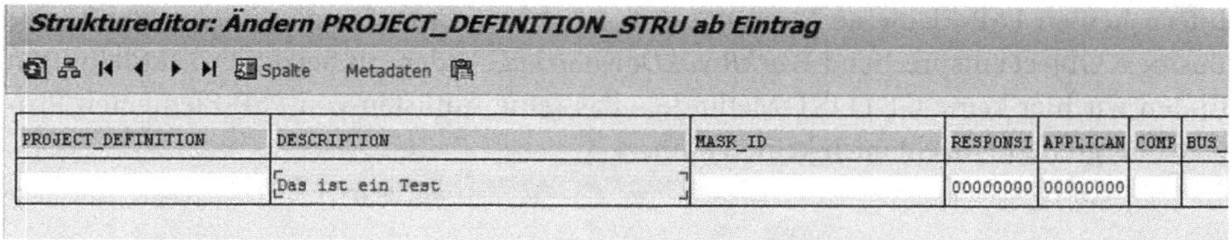

Struktureditor: Ändern PROJECT_DEFINITION_STRU ab Eintrag

PROJECT_DEFINITION	DESCRIPTION	MASK_ID	RESPONSI	APPLICAN	COMP	BUS_
	Das ist ein Test		00000000	00000000		

Abb. 8.17 Neue Werte der Projektdefinition

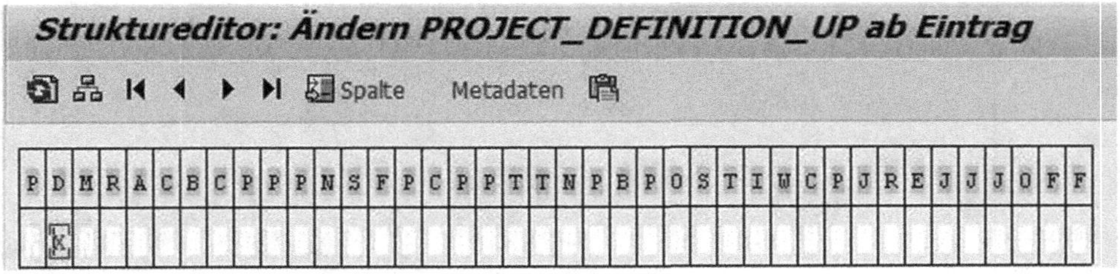

Abb. 8.18 Update-Struktur der Projektdefinition

Wenn Ihnen nicht klar ist, welches Feld für welches Feld in der Projektdefinition steht wählen Sie die Schaltfläche *Metadaten* in der Toolbar.

Führen Sie den Baustein aus, wird die Projektdefinition geändert. Über den Project Builder (CJ20N) können Sie den Erfolg überprüfen.

► Das Projekt darf natürlich nicht in einem anderen Modus im Project Builder geöffnet sein. Das Projekt ist sonst für eine Änderung gesperrt und der Funktionsbaustein stößt auf einen Fehler.

Projektdefinitionen anlegen Um eine Projektdefinition anzulegen bietet das BAPI die Methode *CreateFromData* – Funktionsbaustein BAPI_PROJECTDEF_CREATE. Nach obigen Erläuterungen dürfte diese Funktion selbsterklärend sein. Wie bei der Anlage eines Projektes über den Project Builder müssen hier natürlich auch alle notwendigen Daten hinterlegt sein (Projektnummer, Beschreibung, Projektprofil).

Existenz eines Projekts prüfen In manchen Situationen benötigt man nur eine schnelle Prüfung auf die Existenz eines Projekts über eine angegebene Projektnummer. Die Methode *ExistenceCheck* (Funktionsbaustein BAPI_PROJECTDEF_EXISTENCECHECK) bietet genau diese Funktion an. Übergeben werden die externe oder interne Projektnummer. Liefert die Funktion über den EXPORT-Parameter RETURN keinen Fehler, ist ein Projekt mit dieser Nummer vorhanden.

8.3.2   PSP-Elemente

Intern heißen PSP-Elemente Elemente eine *WorkBreakDownStructure* – das zugehörige Business Object entsprechend *WorkBreakDownStruct*. Anders als bei der Projektdefinition finden wir hier keine GETLIST-Methode – das reine Auflisten von PSP-Elementen Projekt-übergreifend macht auch keinen Sinn.

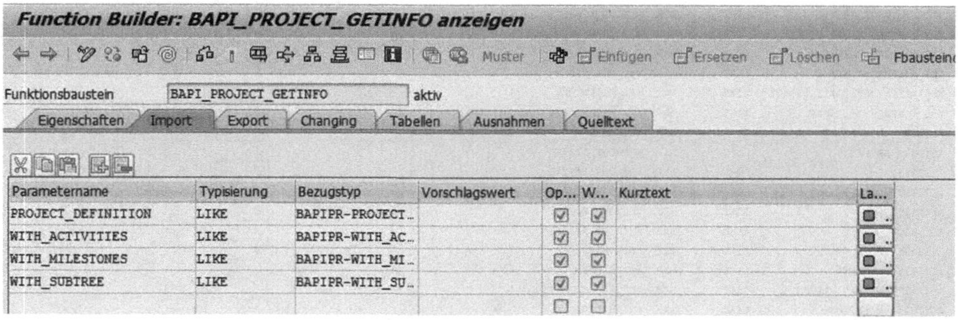

Abb. 8.19 Import-Parameter BAPI_PROJECT_GETINFO

PSP-Elemente laden Die BAPI bietet eine Methode namens *Getinfo* an (Funktionsbaustein BAPI_PROJECT_GETINFO). Diese ist relativ komplex. Als IMPORT-Parameter erwartet die Funktion eine Projektdefinition sowie Optionen, ob Vorgänge und Meilensteine geladen werden sollen und im Falle von Teilprojekten, ob der zugehörige PSP-Baum ebenfalls geladen werden soll (Abb. 8.19).

Geben wir im IMPORT-Parameter nur den Parameter PROJECT_DEFINITION an wird das gesamte Projekt inklusive PSP-Elementen geladen – allerdings ohne Meilensteine und zugeordnete Vorgänge. Möchte man Vorgänge und Meilensteine ebenfalls laden, gibt man dies über die Parameter WITH_ACTIVITIES und WITH_MILESTONES an. Die Ergebnismengen findet man in

- **E_WBS_ELEMENT_TABLE**: PSP-Elemente des Projekts
- **E_WBS_MILESTONE_TABLE**: die Meilensteine im PSP
- **E_WBS_HIERARCHIE_TABLE**: Hier finden Sie die Hierarchie der PSP-Elemente. Dabei hat ein PSP-Element einen Vater, wenn es das PSP-Element ganz links im untergeordneten Baum ist. Die PSP-Elemente einer Hierarchie haben jeweils Verbindungen zu ihren linken bzw. rechten Brüdern.
- **E_ACIVITY_TABLE**: Hier werden die Vorgänge, sofern angefordert, zurückgegeben.

Möchte man nur einen Teilbaum aus dem Projekt selektieren, übergibt man den Parameter WITHSUBTREE sowie die gewünschten PSP-Elemente in der Tabelle I_WBS_ELEMENT_TABLE.

Existenz prüfen Wie bei der Projektdefinition bietet das WBS-BAPI ebenfalls einen Existenz-Check mit der Methode *ExistenceCheck* an (Funktionsbaustein BAPI_PROJECT_EXISTENCECHECK). Wie bei der Projektdefinition werden auch hier die Schlüssel übergeben. Wird kein Fehler im RETURN-Parameter zurückgegeben ist das PSP vorhanden.

I_METHOD_PROJECT	LIKE	BAPI_METHOD_PROJECT	☐		▣ ...	
I_WBS_ELEMENT_TABLE_UPDATE	LIKE	BAPI_WBS_ELEMENT_UP..	☑		▣ ...	
I_WBS_ELEMENT_TABLE	LIKE	BAPI_WBS_ELEMENT	☑		▣ ...	
I_WBS_MILESTONE_TABLE	LIKE	BAPI_WBS_MILESTONE	☑		▣ ...	
I_WBS_MILESTONE_TABLE_UPDATE	LIKE	BAPI_WBS_MILESTONE_..	☑			
I_WBS_HIERARCHIE_TABLE	LIKE	BAPI_WBS_HIERARCHIE	☑		▣ ...	
I_NETWORK	LIKE	BAPI_NETWORK	☑		▣ ...	
I_NETWORK_UPDATE	LIKE	BAPI_NETWORK_UPDATE	☑		▣ ...	
I_ACTIVITY	LIKE	BAPI_NETWORK_ACTIVI..	☑		▣ ...	
I_ACTIVITY_UPDATE	LIKE	BAPI_NETWORK_ACTIVI..	☑		▣ ...	
I_RELATION	LIKE	BAPI_NETWORK_RELATI..	☑		▣ ...	
I_RELATION_UPDATE	LIKE	BAPI_NETWORK_RELATI..	☑		▣ ...	
E_MESSAGE_TABLE	LIKE	BAPI_METH_MESSAGE	☑		▣ ...	
I_ACTIVITY_ELEMENT	LIKE	BAPI_ACT_ELEMENT	☑			
I_ACTIVITY_ELEMENT_UPDATE	LIKE	BAPI_ACT_ELEMENT_UPD	☑			
I_ACTIVITY_MILESTONE	LIKE	BAPI_ACT_MILESTONE	☑			
I_ACTIVITY_MILESTONE_UPDATE	LIKE	BAPI_ACT_MILESTONE_..	☑			

Abb. 8.20 TABLES der Funktion BAPI_PROJECT_MAINTAIN

PSP-Elemente anlegen und bearbeiten Bei einem PSP-Element ist der Funktionsumfang
für eine Anlage oder eine Änderung deutlich umfangreicher. So kann man neben der reinen Änderung von Feldern die Änderung an verschiedene Objekte durchführen (Meilensteine, Vorgänge, Aktivitäten, etc.), bei PSP-Elementen die hierarchische Zuordnung und
bei Netzplänen die Anordnungsbeziehungen. Alle dafür notwendigen Funktionen findet
man in der Methode *Maintain* (Funktionsbaustein BAPI_PROJECT_MAINTAIN).

Die Projektdefinition, sofern sie geändert werden soll, wird im IMPORT übergeben,
alle weiteren Eingaben erfolgen über TABLES (Abb. 8.20).

Mit dieser Funktion können mehrere Operationen gleichzeitig durchgeführt werden.
Welche, wird in der Tabelle I_METHOD_PROJECT angegeben. Für jede Operation wird
dort eine Zeile angelegt. Die Reihenfolge ist dabei unerheblich.

Im Feld OBJECTTYPE wird angegeben, welches Objekt geändert werden soll. In Abhängigkeit des angegeben Objektes sucht die Funktion in der korrespondierenden TABLE
nach den Daten für eine Neuanlage, eine Aktualisierung oder den Schlüssel für das Löschen eines Objekts. Dabei entscheidet der Parameter REFNUMBER, welche Zeile in der
TABLE sich auf diese Operation bezieht. Der übergebende Index ist 1-basiert, d. h. die
erste Zeile erhält den Index 000001. Im Feld OBJECTKEY wird der Schlüssel des jeweiligen Objekts übergeben

Gültige Werte für das Feld OBJECTTYPE sind:

OBJECTTYPE	Parameter für die Daten	Bemerkung
ProjectDefinition	I_PROJECT_DEFINITION, I_PROJECT_DEFINITION_ UPD	Es kann immer nur ein Projekt gleichzeitig geändert werden. Daher befinden sich diese Daten bei den IMPORT-Parametern
WBS-Element	I_WBS_ELEMENT_TABLE, I_WBS_ELEMENT_ TABLE_UPDATE	

OBJECTTYPE	Parameter für die Daten	Bemerkung
WBS-Milestone	I_WBS_MILESTONE_TABLE, I_WBS_MILES-TONE_TABLE_UPDATE	
WBS-Hierarchy	I_WBS_HIERARCHIE_TABLE,	Soll die Hierarchie der PSP-Elemente geändert werden, muss immer die ganze Hierarchie neu aufgebaut werden. Daher wird auch nur die Operation CREATE unterstützt
Network	I_NETWORK, I_NETWORK_UPDATE	
NetworkActivity	I_ACTIVITY, I_ACTIVITY_UPDATE	
NetworkActivityElement	I_ACTIVITY_ELEMENT, I_ACTIVITY_ELEMENT_UPDATE	
ActivityMilestone	I_ACTIVITY_MILESTONE, I_ACTIVITY_MILES-TONE_UPDATE	
NetworkRelation	I_RELATION, I_RELATION_UPDATE	
Trace		Erzeugt ein TRACE-File, in das alle Parameter der Funktion geschrieben werden. Dient nur Debugging-Zwecken und sollte im produktiven Betrieb nicht eingesetzt werden

Im Feld METHOD wird die Art der gewünschten Operation angegeben. Nicht alle verfügbaren Operationen sind für alle Objekte definiert. Folgende Operationen sind verfügbar:

Operation	Beschreibung
Create	Anlage eines neuen Objekts
Update	Aktualisierung eines Objekts – in diesem Fall muss immer die korrespondierende UPDATE-Tabelle gefüllt werden
Delete	Löschen des Objekts
Lock	Der Systemstatus *gesperrt* bzw. *Stammdatensperre* wird gesetzt
Unlock	Der Systemstatus *gesperrt* bzw. *Stammdatensperre* wird wieder aufgehoben
Release	Freigabe des Objekts (und der untergeordneten Elemente)

Schedule	Terminberechnung (Netzplan)
Calculate	Kostenberechnung (Netzplan)
Save	Diese Operation bezieht sich auf alle Änderungen im aktuellen Aufruf und bezieht sich damit nicht auf ein Objekt. Es wird nur einmal angegeben. Wird *Save* nicht angegeben, kann so geprüft werden, ob die Änderungen akzeptiert werden würden

Folgende Operationen werden für die jeweiligen Objekttypen unterstützt:

OBJECTTYPE	Operationen	Bemerkung
ProjectDefinition	Create, Update, Lock, Unlock, Release	Ein Löschen ist hier nicht möglich
WBS-Element	Create, Update, Delete, Lock, Unlock, Release	
WBS-Milestone	Create, Update, Delete	
WBS-Hierarchy	Create	
Network	Create, Update, Delete, Schedule, Calculate, Release, Lock, Unlock	
NetworkActivity	Create, Update, Delete, Release	
NetworkActivityElement	Create, Update, Delete	
ActivityMilestone	Create, Update, Delete	
NetworkRelation	Create, Update, Delete	
Trace	Create	

8.3.3   Netzwerk

Für Netzwerke gibt es ein eigenes Business Object – das Business Object *Network*.

Netzwerke lesen Die Methode *Getlist* (Funktionsbaustein BAPI_NETWORK_GETLIST) liefert eine Liste von Netzplänen zurück – einschränkbar über MAX_ROWS sowie Filter über Netzwerk-Schlüssel, zugehörige Werke oder einer Volltestsuche über den Kurztext.

Wie bei den PSP-Elementen können auch Netzwerke in verschiedener Granularität gelesen werden. Dazu bietet das Business Object ebenfalls die Methode *Getinfo* (Funktionsbaustein BAPI_NETWORK_GETINFO). Über die TABLE I_NETWORK_LIST bestimmen Sie die Objekte, für die Sie Informationen abrufen möchten.

Die Methode *Getdetail* (Funktionsbaustein BAPI_NETWORK_GETDETAIL) ist ähnlich aufgebaut. Diese Methode gibt nur Informationen eines Netzplans zurück – und ist für diesen Fall ggf. einfacher zu handhaben.

Netzwerk Existenz   Wie bei den anderen Business Objects auch für Netzwerke verfügbar: Die Methode *ExistenceCheck*. Diese funktioniert entsprechend wie bei den anderen Objekten.

Netzwerke anlegen/ändern   Die BAPI für ein Netzwerk verfügt ebenfalls über die Methode *Maintain* (Funktionsbaustein BAPI_NETWORK_MAINTAIN) und beinhaltet dieselben Methoden, wie die Methode MAINTAIN für ein PSP-Element – außer der Methoden für PSP-Elemente. Die Vorgehensweise für Änderungen von Netzplanelementen ist dieselbe wie bei PSP-Elementen – es werden intern dieselben Methoden aufgerufen.

Materialkomponenten   Interessieren Sie sich für Materialkomponenten, die einem Netzplanvorgang hinzugefügt worden sind, können Sie diese mit der Methode *GetListComponent* (Funktionsbaustein BAPI_NETWORK_COMP_GETLIST) abrufen. Sie übergeben nur die Netzplannummer sowie über die TABLE I_ACTIVITY_RANGE etwaige Einschränkungen für Vorgänge.

Da die Rückgabe nur ein paar notwendige Informationen enthält, bietet das Business Object eine weitere Methode an: *GetDetailComponent* (Funktionsbaustein BAPI_NETWORK_COMP_GETDETAIL). Mit dieser Funktion erhalten Sie alle Detail-Daten einer Materialkomponente.

Materialkomponenten hinzufügen, ändern und löschen   Für Vorgänge können mit den Methoden

- AddComponent (Funktionsbaustein BAPI_NETWORK_COMP_ADD),
- ChangeComponent (Funktionsbaustein BAPI_NETWORK_COMP_CHANGE)
- RemoveComponent (Funktionsbaustein BAPI_NETWORK_COMP_REMOVE)

Materialkomponenten zu einem Vorgang hinzugefügt, geändert und entfernt werden.

Bei den Methoden *AddComponent* und *ChangeComponent* können beliebig viele Komponenten hinzugefügt oder geändert werden – auch in mehreren Aufrufen. Die Änderung wird erst gespeichert, wenn der Aufrufer die Transaktion abschließt. Dazu kennt SAP ein Business Object namens *BapiService*. BapiService bietet die Methode *TransactionCommit* (Funktionsbaustein BAPI_TRANSACTION_COMMIT). In der Hierarchie des BAPI-Explorers finden Sie das Objekt unter *Basis-Middleware-BapiService*. Entsprechend finden Sie auch die Methode *TransactionRollback* (Funktionsbaustein BAPI_TRANSACTION_ROLLBACK) um eine Transaktion rückgängig zu machen.

Rückmeldungen zum Netzplan Rückmeldungen auf einen Vorgang können ebenfalls via BAPI durchgeführt werden. Dazu bietet das Business Object die Methoden

- AddConfirmation (Funktionsbaustein BAPI_NETWORK_CONF_ADD)
- CancelConfirmation (Funktionsbaustein BAPI_NETWORK_CONF_CANCEL)
- GetProposalConfirmation (Funktionsbaustein BAPI_NETWORK_CONF_GETPROP)

GetListConfirmation (Funktionsbaustein BAPI_NETWORK_CONF_GETLIST)

Mit *AddConfirmation* legen Sie Rückmeldungen an. Als IMPORT-Parameter geben Sie die Nummer des Netzwerks an, für das Sie Rückmeldungen anlegen wollen. Bei der Verbuchung werden zwei Fehler unterschieden: Fehler durch eine Sperre auf das Objekt und Fehler aus den Daten der Rückmeldung. Diese Fehler können in einen Fehlerpool geschrieben werden, um dann von dort durch einen Administrator bearbeitet zu werden. Der Parameter POST_WRONG_ENTRIES bestimmt, wie im Fehlerfall vorgegangen werden soll:

- 0 (Standard): kein Fehler wird in den Error-Pool geschrieben
- Nur fehlerhafte Rückmeldungen, die fehlerhafte Daten enthalten werden in den Pool geschrieben. Locking-Probleme werden nicht in den Pool geschrieben.
- Alle fehlerhaften Rückmeldungen werden in den Pool geschrieben

Über den Parameter TESTRUN kann weiter gesteuert werden, ob die Verbuchung stattfinden soll, ob es sich nur um einen Test handelt.

Mit der Methode *CancelConfirmation* wird eine Rückmeldung storniert. Hier kann immer nur eine Rückmeldung storniert werden.

▶ Auch bei AddConfirmation und CancelConfirmation muss ein COMMIT über das BAPI *BapiService.TransactionCommit* (Funktionsbaustein BAPI_TRANSAC-TION_COMMIT) ausgeführt werden. Ein neuer Aufruf von AddConfirmation verwirft den alten Aufruf.

Wird die Rückmeldung in SAP erfasst (Abschn. 6.1) werden dem Benutzer Vorschlagwerte angeboten. Damit ein externes System denselben Service bieten kann bietet das Business Object die Methode *GetProposalConfirmation* (Funktionsbaustein BAPI_NETWORK_CONF_GETPROP). Über die Identifikation der gewünschten Vorgänge berechnet SAP die entsprechenden Vorschlagswerte – wie aktuelles Datum, Restaufwand etc.

Bereits angelegte Rückmeldungen ruft man über die Methode *GetListConfirmation* ab (Funktionsbaustein BAPI_NETWORK_CONF_GETLIST). Über die Angabe des Netzplans sowie der Vorgangsnummer erhält man alle zugehörigen Rückmeldungen.

8.4 Tabellen im Projektsystem

Wie in Abschn. 8.2.4 vorgestellt, kann man auf die Tabellen in SAP (mehr oder weniger) direkt zugreifen. Dazu muss man die Tabellenstruktur kennen.

Tabellen	Beschreibung	Bemerkung
PROJ	Projektdefinitionen	
PRPS	PSP-Elemente	
PRTE	Termine	
PRHI	Hierarchie der PSP-Elemente	
BPJA	Budget	Im Feld VORGA wird der Typ der Budget-Position beschrieben. Es gibt die Typen KSTP – Plankosten KSTR – Plan-Einnahmen KBUD – Budget KNB0 – Ergänzungs-Budget
MLST	Meilensteine	Meilensteine werden von PSP als auch von Vorgängen genutzt
RPSCO	Kosten-Datenbank	Die Kosten-DB wird sowohl für Kosten von PSP-Elementen als auch von Vorgängen verwendet
CAUFV	Sicht auf Netzplanköpfe	Hier handelt es sich um eine Sicht, um die Verknüpfung zu vereinfachen
AFVC	Vorgänge	
AFVV	Termine für Vorgänge	
AFRU	Rückmeldungen auf Vorgänge	
EVPOC	Fortschritt	

Abb. 8.21 zeigt den Zusammenhang der Tabellen. Die Tabellen MLST und RPSCO wurden aus Gründen der Übersicht zweimal aufgenommen und sich daher entsprechend hinterlegt.

Unsere Projektdefinition finden wir in der Tabelle PROJ. Öffnen Sie die allgemeine Tabellenanzeige (Transaktion SE16N). Tragen Sie in das Feld *Tabelle* die Tabelle PROJ ein und bestätigen Sie die Eingabe mit ENTER. Tragen Sie im unteren Bereich im Feld *Projektdef.* (technischer Name PSPNR) die Nummer unseres Beispielprojekts ein (Abb. 8.22).

Starten Sie die Suche über F8 oder das kleine Uhr-Symbol in der Toolbar. Als Ergebnis erhalten Sie den Datensatz unseres Projekts.

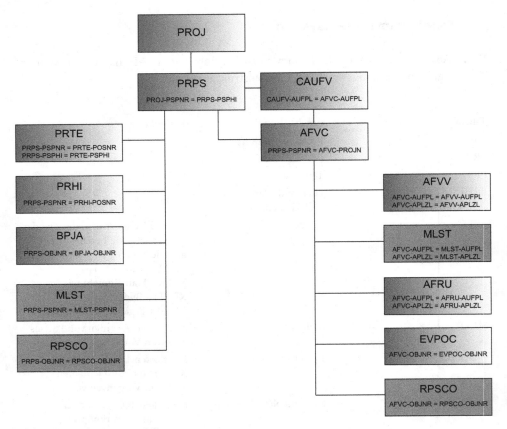

Abb. 8.21 Relationenmodell

Gehen Sie entsprechend vor, wenn Sie die Daten aus den anderen Tabellen sehen möchten. Kontrollieren Sie, ob Sie unsere Kosten in der Tabelle RPSCO wiederfinden oder die Netzplanvorgänge in der Tabelle AFVC.

▶   Die Tabellenanzeige und die entsprechenden Such- und Ausgabefelder kennen eine externe und eine interne Sicht der Werte. So kommt in der Tabelle der Projektdefinitionen beispielsweise das Feld PROJEKTDEF zweimal vor – und hat scheinbar denselben Wert. Wählen Sie in der Ergebnissicht eine Zeile aus und wählen die Schaltfläche *Details* in der Toolbar. Es öffnet sich ein Dialog. Hier sehen Sie die Feldnamen der Oberfläche, der zugehörige Wert, der interne technische Name des Feldes sowie ein nicht konvertierter Wert. Hier sehen Sie, dass das Feld *Projektdefinition* einmal auf das technische Feld PSPNR und einmal auf das Feld PSPID zeigt. Der nicht konvertierte Inhalt ist einmal der Schlüssel des Projektes und einmal eine interne Nummer.

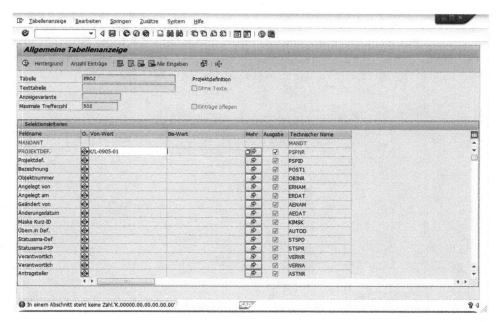

Abb. 8.22 Tabelle PROJ in der allgemeinen Tabellenanzeige

▶   Der Schlüssel wird intern außerdem nicht mit der Projektmaske abgelegt – d. h.
    bedeutet unser Projekt wird intern mit dem Schlüssel KL090501 abgelegt. Das
    ist wichtig zu wissen, wenn man mit Ergebnissen aus einem BAPI direkt auf
    Tabellen zugreift. Die Ergebnisse des BAPIs durchlaufen alle ein sog. *Konvertie-
    rungs-Exit*, das die Werte für Benutzer aufbereitet.

Abb. 2.11: ...

Fazit

9

Im Verlauf dieses Buches haben wir gemeinsam erarbeitet, welche Möglichkeiten und Funktionen SAP ERP im Bereich Projektmanagement bietet. Effiziente Planung und Überwachung, Funktionen zu projektübergreifenden Analysen und umfangreiche Auswertungsmöglichkeiten unterstützten das Projektmanagement im kompletten Lebenszyklus eines Projekts. Selbst wenn Funktionen fehlen, können diese entweder direkt in SAP ERP erweitert oder durch die Übergabe der Daten an externe Systeme dezentral ausgeführt werden.

Wenn Sie in Ihrem Unternehmen SAP ERP bereits verwenden, bietet sich das Projektsystem als Projektmanagement-Werkzeug selbstverständlich mehr an. Verknüpfungen mit dem Controlling und der Finanzbuchhaltung bieten Chancen für unternehmensweite Analysen, Reporting – sprich: für den ganzen Bereich *Enterprise Resource Planning*.

Entscheiden Sie sich für eine Einführung, bieten sich kleine, überschaubare Schritte an. Die Einführung eines solchen Systems ist eine Aufgabe mit vielen Herausforderungen. Ein Werkzeug mit umfangreichen Funktionen und vielen Integrationen kann das Leben auf der einen Seite sehr erleichtern. Auf der anderen Seite werden eben gerade durch die vielen Integrationen Fehler schwerer durchschaubar. Eine falsche Eingabe in einer Anwendung oder falsche Nutzung einer Funktion führt zu Problemen an ganz anderen Stellen. Schnell verliert ein Werkzeug an Akzeptanz, wenn die Effizienz darunter leidet. Begehen Sie niemals den Fehler, ein Werkzeug zu Beginn eines großen oder zeitkritischen Projekts einzuführen. Der ohnehin schon vorhandene Projektdruck lässt keinen Spielraum, um sich mit einem neuen System zu beschäftigen. Schnell wird die Zeiterfassung wieder auf Papier durchgeführt und Planungen in vielen Versionen in verschiedenen Systemen abgelegt. Nur wenige Projektmitarbeiter werden sich anschließend nochmals auf das Werkzeug einlassen.

Gehen Sie behutsam vor. Sie haben die Funktionen von SAP ERP in diesem Buch kennen gelernt. Identifizieren Sie Bereiche in Ihrem Unternehmen, die ohne großen Aufwand in das Projektsystem abgebildet werden können. Ziehen Sie erfahrene Projektleiter hinzu. Gehen Sie auf ihre Wünsche ein. Legen Sie gemeinsam Teilbereiche fest, die zukünftig

H. Gubbels, *SAP® ERP – Praxishandbuch Projektmanagement*,
DOI 10.1007/978-3-8348-2160-7_9, © Springer Fachmedien Wiesbaden 2013

mit dem neuen System gelöst werden. Ihren Projektleitern müssen die Vorteile des neuen Werkzeugs klar sein, sonst werden sie es nicht annehmen. Lassen Sie nicht alle Projektleiter von Anfang an mit SAP ERP arbeiten. Suchen Sie sich einen oder zwei heraus, möglichst im Rahmen unkritischer Projekte. Richten Sie Jours Fixes ein, an denen sich die Projektleiter zum Erfahrungsaustausch treffen. Lassen Sie jeden Projektleiter daran Teil haben. Fragen und Diskussionen sind sehr fruchtbar. Mit den Erfahrungen aus den Projekten machen Sie weiter. Findet das Werkzeug Akzeptanz, haben Sie Fürsprecher und Wissensträger, an die sich andere Projektleiter bei Problemen wenden können. Arbeiten Sie sich auf diese Weise weiter vor. Erarbeiten Sie *Best Practises* und minimieren das Fehlerpotential. Erleichtern Sie auch neuen Mitarbeitern dadurch einen schnellen Einstieg in das System.

Überlegen Sie sich, welche Funktionen vielleicht im Intranet angeboten werden können – beispielsweise die Projektzeiterfassung oder Auswertungen. Die Verbuchung oder Datenselektion erfolgt weiterhin in SAP – aber im Hintergrund. Dem Benutzer können so graphisch ansprechende und leicht zu bedienende Oberflächen angeboten werden. Gerade Integrationen zwischen SAP und Microsoft SharePoint sind immer mehr im Kommen.

Führen Sie parallel Aufgaben, wie Versionierung, durch automatische Hintergrundjobs durch. Nehmen Sie Ihren Projektleitern so viele Aufgaben wie möglich ab – ohne aber den Eindruck zu erwecken, sie würden kontrolliert.

Nehmen Sie sich vor allem viel Zeit, ein Werkzeug wie SAP ERP in Ihrem Unternehmen einzuführen. Sichern Sie sich immer die Rückendeckung der Geschäfts- oder Bereichsleitung. Ohne diese Rückendeckung werden Sie wenig Erfolg haben.

Eine spannende Aufgabe liegt vor Ihnen – wie gehen Sie es an?

Im Folgenden werden die Anordnungsbeziehungen zwischen den einzelnen Netzplanvorgängen graphisch dargestellt. Da die Anordnungsbeziehungen netzplanübergreifend sind, werden die Knoten des Vorgänger-Netzplans bzw. des Nachfolger-Netzplans jeweils weiß dargestellt.

10.1 PSP-Elemente

Für das LVS-Beispielprojekt werden im Buch folgende PSP-Elemente verwendet:

Nr.	Stf	Bezeichnung	Verantw.	Kennz.
K/L-0905-01:1	1	LVS-Software	12345	Kont.
K/L-0905-01:1-1	2	Spezifikations-Phase	12345	Kont.
K/L-0905-01:1-2	2	Entwurfs-Phase	54321	Kont.
K/L-0905-01:1-3	2	Implementierungs-Phase	12345	Kont.
K/L-0905-01:1-4	2	Test-Phase	54321	Kont.
K/L-0905-01:1-5	2	Einführungs-Phase	12345	Kont.

10.2 Vorgänge zu den PSP-Elementen

Spezifikation

Vorgänge zu *K/L-0905-01:1 – Spezifikations-Phase*			
Bezeichnung	Dauer	Arbeit (h)	Arbeitsplatz
Spezifikation anlegen	2 TAG	16	PROJ_LOG01
Wareneingang beschreiben	4 TAG	32	PROJ_LOG02

H. Gubbels, *SAP® ERP – Praxishandbuch Projektmanagement*,
DOI 10.1007/978-3-8348-2160-7_10, © Springer Fachmedien Wiesbaden 2013

Vorgänge zu *K/L-0905-01:1 – Spezifikations-Phase*			
Bezeichnung	Dauer	Arbeit (h)	Arbeitsplatz
Warenausgang beschreiben	6 TAG	48	PROJ_LOG01
Lagerverwaltung beschreiben	5 TAG	40	PROJ_LOG03
Berichte definieren	5 TAG	40	PROJ_LOG02
Spezifikation zusammenführen	4 TAG	32	PROJ_LOG03
Spezifikation prüfen und korrigieren	6 TAG	48	PROJ_LOG01

Entwurf

Vorgänge zu *K/L-0905-01:1–2 – Entwurfs-Phase*			
Bezeichnung	Dauer	Arbeit (h)	Arbeitsplatz
Entwurf anlegen	2 TAG	16	PROJ_LOG02
Architektur festlegen	4 TAG	32	PROJ_LOG01
Grobentwurf erstellen	4 TAG	32	PROJ_LOG01
Feinentwurf erstellen	5 TAG	40	PROJ_LOG01
Entwurf prüfen und korrigieren	4 TAG	32	PROJ_LOG02

Implementierung

Vorgänge zu *K/L-0905-01:1–3 – Implementierungs-Phase*			
Bezeichnung	Dauer	Arbeit (h)	Arbeitsplatz
Datenmodell erstellen	2 TAG	16	PROJ_LOG01
Datenzugriff entwickeln	4 TAG	32	PROJ_LOG02
Stammdatenpflege	4 TAG	32	PROJ_LOG01
Wareneingang	5 TAG	40	PROJ_LOG01
Warenausgang	8 TAG	64	PROJ_LOG02
Lagerverwaltung	5 TAG	40	PROJ_LOG03
Berichtswesen	12 TAG	96	PROJ_LOG03
Hilfesystem	10 TAG	80	PROJ_LOG01

Test

Vorgänge zu *K/L-0905-01:1–4 – Testphase*			
Bezeichnung	Dauer	Arbeit (h)	Arbeitsplatz
Modultest	4 TAG	32	PROJ_LOG03
Integrationstest	4 TAG	32	PROJ_LOG02
Funktionstest	5 TAG	40	PROJ_LOG01

Einführung

Vorgänge zu K/L-0905-01:1–5 – Einführungs-Phase			
Bezeichnung	Dauer	Arbeit (h)	Arbeitsplatz
Einführung Vorort	14 TAG	112	PROJ_LOG01

10.3   Anordnungsbeziehungen

Im Folgenden werden die Anordnungsbeziehungen zwischen den einzelnen Netzplanvorgängen graphisch dargestellt. Da die Anordnungsbeziehungen netzplanübergreifend sind, werden die Knoten des Vorgänger-Netzplans bzw. des Nachfolger-Netzplans jeweils weiß dargestellt.

Netzplan Spezifikation anlegen (Abb. 10.1)

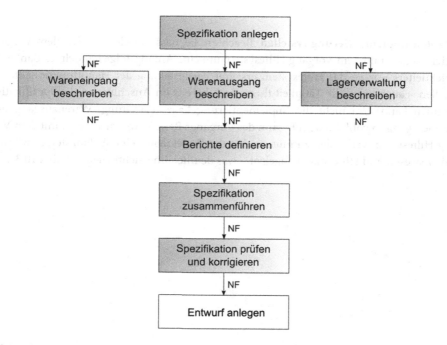

Abb. 10.1 Netzplan Spezifikation anlegen

Netzplan Entwurf erstellen (Abb. 10.2)

Abb. 10.2 Netzplan Entwurf
anlegen

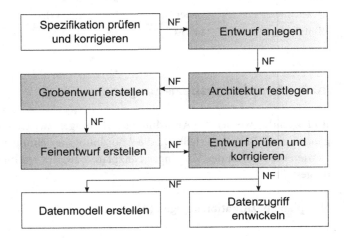

Netzplan Implementierung erstellen Beachten Sie, dass es sich zwischen dem Vorgang Berichtswesen und dem Vorgang Hilfesystem um eine Anfangsfolge handelt. Gedanke des Projektleiters war es, das Hilfesystem erst mit Fertigstellung der Hauptfunktionalität zu erstellen – auch wenn die Tätigkeit theoretisch bereits im Anschluss an die Spezifikation beginnen kann. Um nicht die Implementierung Lagerverwaltung, Warenausgang und Wareneingang sowohl mit dem Beginn des Vorgangs Berichtswesen als auch mit dem Vorgang Hilfesystem verbinden zu müssen, hat der Projektleiter eine Anfangsfolge zwischen Berichtswesen und Hilfesystem angelegt – was deutlich übersichtlicher ist (Abb. 10.3).

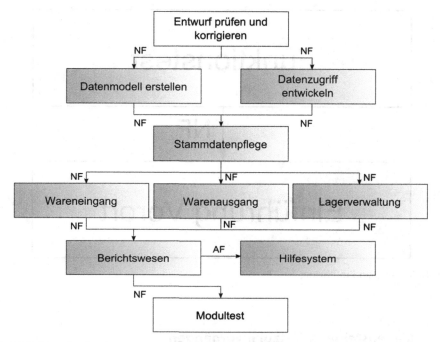

Abb. 10.3 Netzplan Implementierung erstellen

Netzplan Test durchführen (Abb. 10.4)

Abb. 10.4 Netzplan Test
durchführen

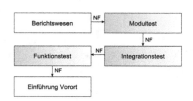

Netzplan Einführung (Abb. 10.5)

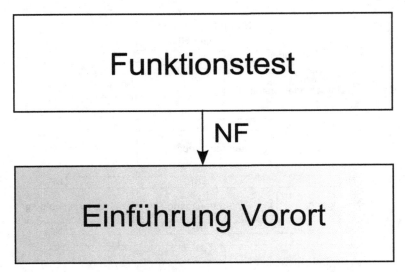

Abb. 10.5 Netzplan Einführung

10.4   Meilensteine zu Netzplanvorgängen

10.4.1   Vorgang *Spezifikation prüfen und korrigieren*

Spezifikation vollständig (Abb. 10.6 **und** 10.7)

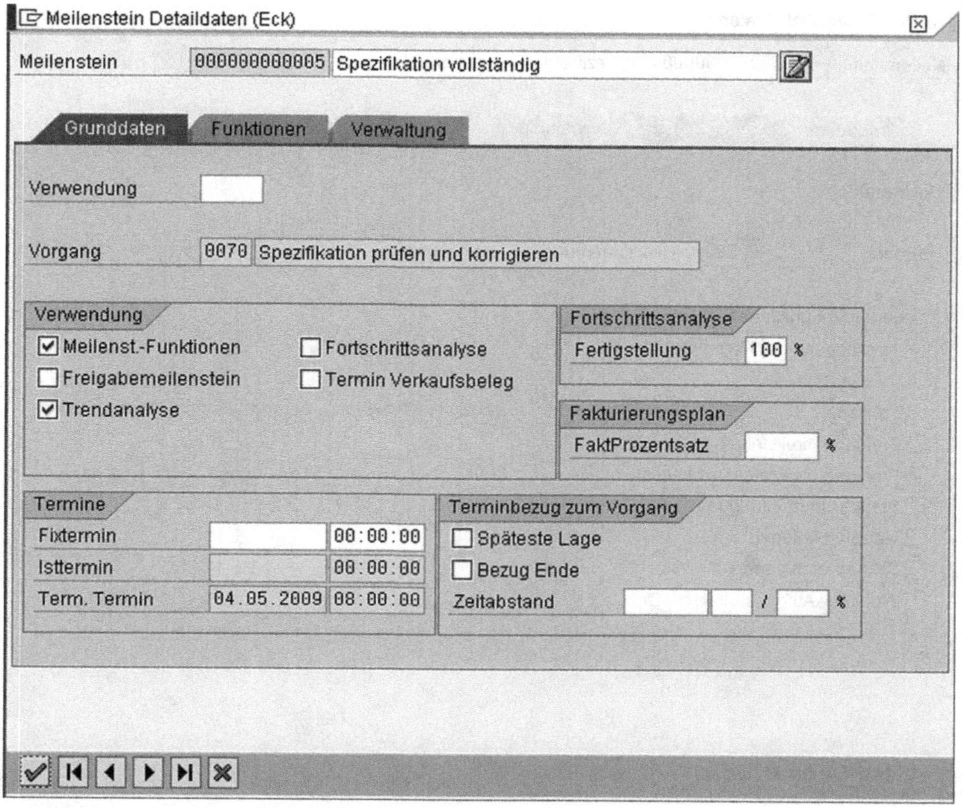

Abb. 10.6 Grunddaten Meilenstein *Spezifikation vollständig*

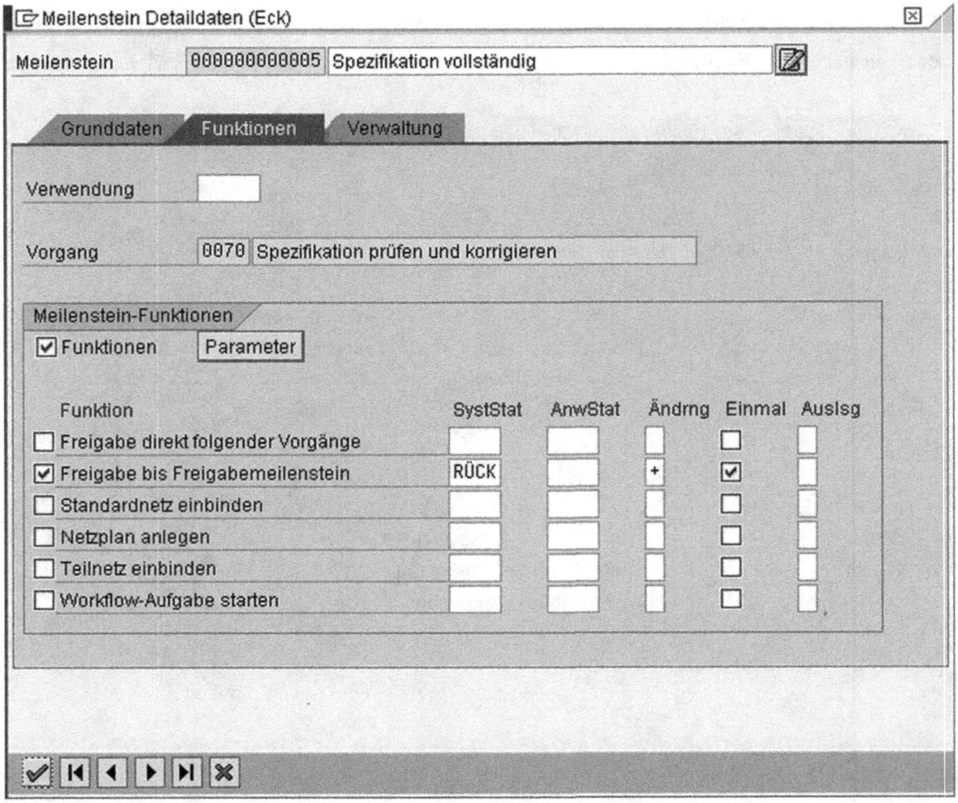

Abb. 10.7 Meilenstein-Funktion *Spezifikation prüfen und korrigieren*

10.4.2   Vorgang *Entwurf prüfen und korrigieren*

Hier werden zwei Meilensteine auf dem Vorgang erfasst (Abb. 10.8):

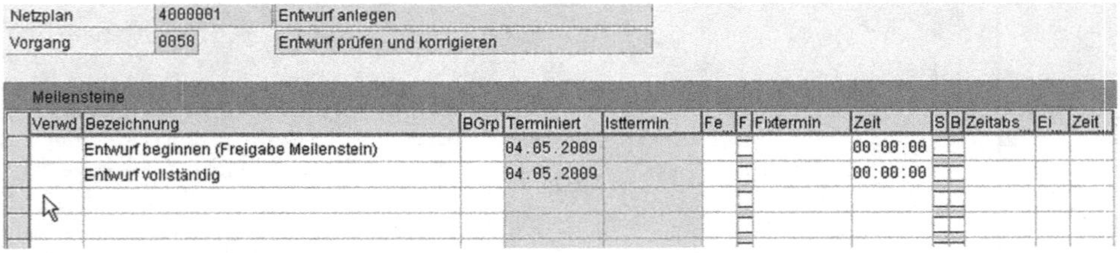

Abb. 10.8 Meilensteine auf *Entwurf prüfen und korrigieren*

Entwurf beginnen (Freigabemeilenstein) (Abb. 10.9)

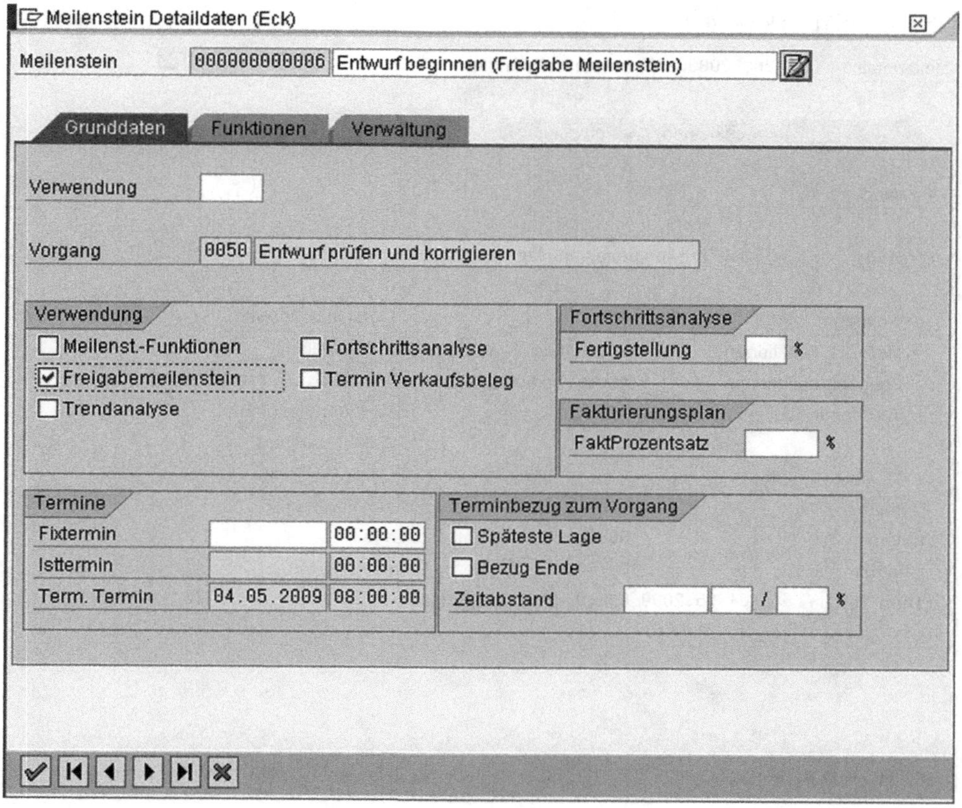

☞ Meilenstein Detaildaten (Eck)	⊠

| Meilenstein | 000000000006 | Entwurf beginnen (Freigabe Meilenstein) | 📝 |

| **Grunddaten** | Funktionen | Verwaltung |

Verwendung   [   ]

Vorgang   [0050] Entwurf prüfen und korrigieren

Verwendung
- ☐ Meilenst.-Funktionen   ☐ Fortschrittsanalyse
- ☑ Freigabemeilenstein   ☐ Termin Verkaufsbeleg
- ☐ Trendanalyse

Fortschrittsanalyse
Fertigstellung   [   ] %

Fakturierungsplan
FaktProzentsatz   [   ] %

Termine
Fixtermin	[ ]	00:00:00
Isttermin	[ ]	00:00:00
Term. Termin	04.05.2009	08:00:00

Terminbezug zum Vorgang
- ☐ Späteste Lage
- ☐ Bezug Ende

Zeitabstand   [   ] [ ] / [ ] %

| ✔ | I◀ | ◀ | ▶ | ▶I | ✖ |

Abb. 10.9 Grunddaten Meilenstein *Entwurf beginnen*

Entwurf vollständig (Abb. 10.10 und 10.11)

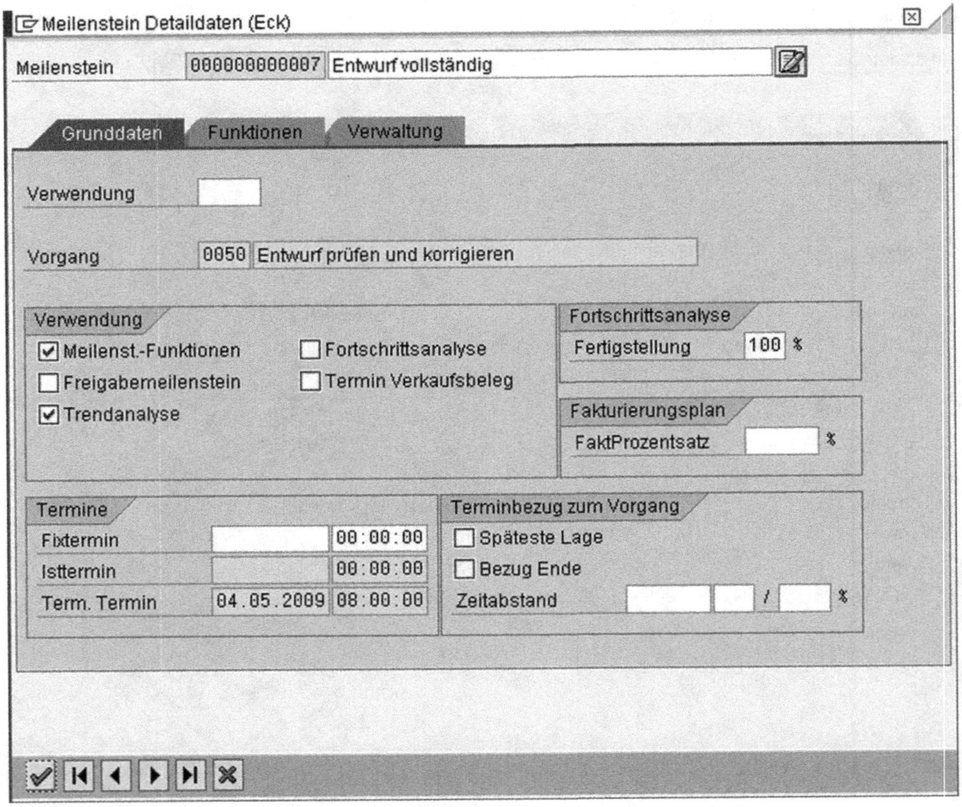

Abb. 10.10 Grunddaten Meilenstein *Entwurf vollständig*

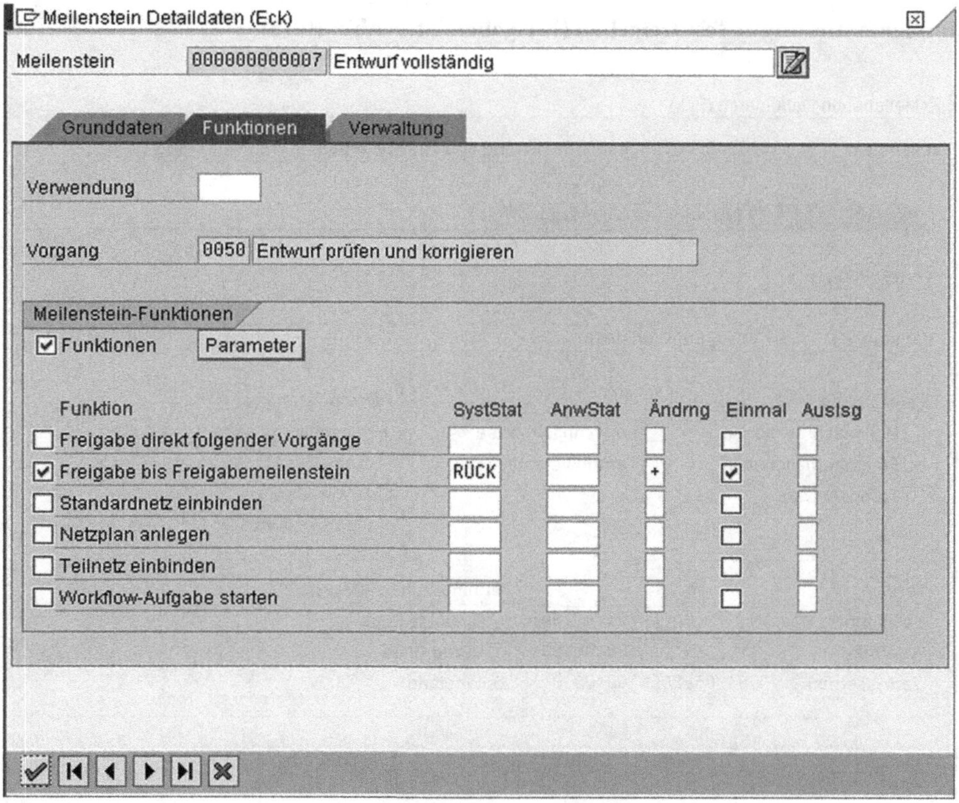

Abb. 10.11 Meilenstein Funktion *Entwurf vollständig*

10.4.3 Vorgang *Funktionstest*

Wie beim Entwurf werden auch hier auf dem Vorgang zwei Meilensteine erfasst (Abb. 10.12):

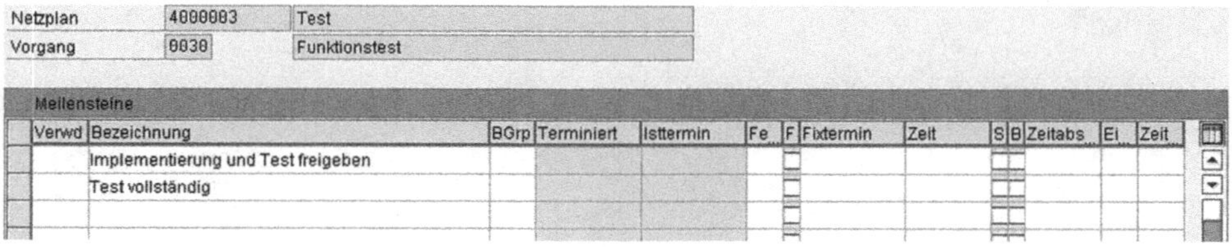

Abb. 10.12 Meilensteine im Vorgang *Funktionstest*

Implementierung & Test freigeben (Freigabemlst.) (Abb. 10.13)

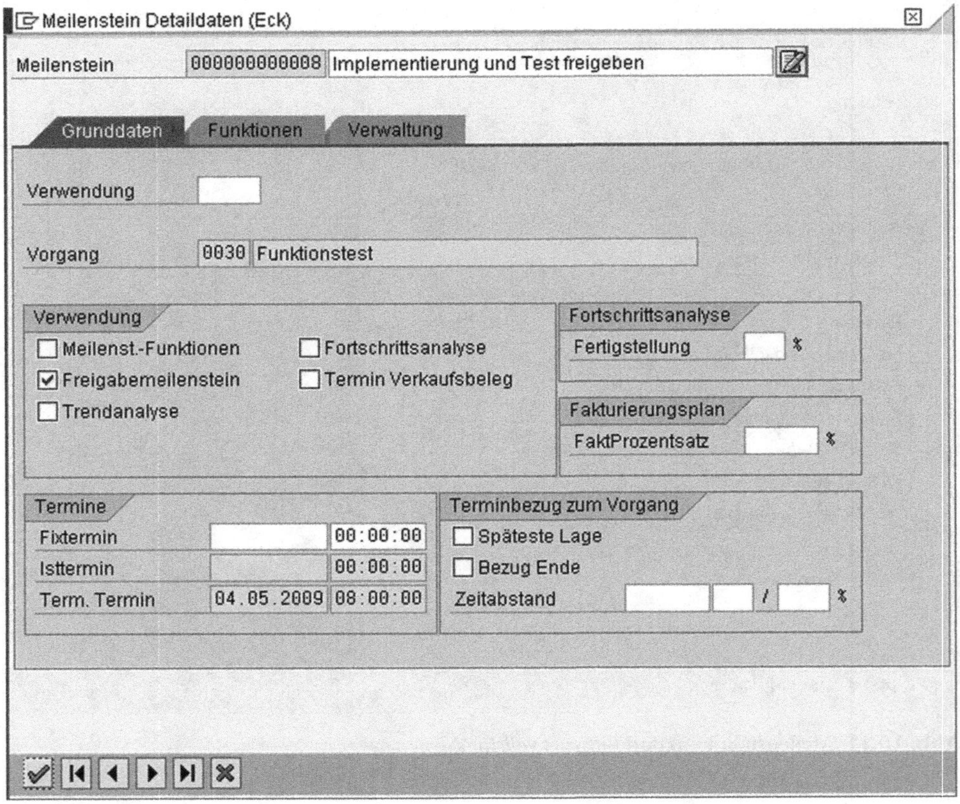

Abb. 10.13 Grunddaten Meilenstein *Implementierung und Test freigeben*

Test vollständig (Abb. 10.14 und 10.15)

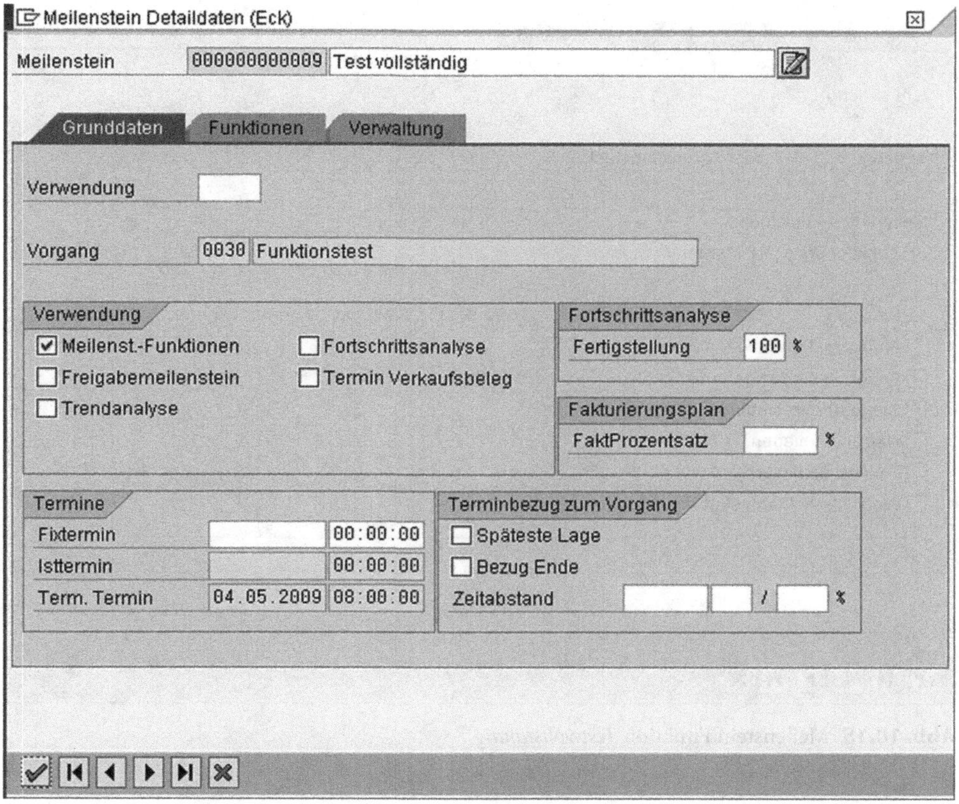

Meilenstein Detaildaten (Eck)	☒

Meilenstein   000000000009   Test vollständig   ▨

| Grunddaten | Funktionen | Verwaltung |

Verwendung   ☐

Vorgang   0030   Funktionstest

Verwendung
- ☑ Meilenst.-Funktionen
- ☐ Freigabemeilenstein
- ☐ Trendanalyse
- ☐ Fortschrittsanalyse
- ☐ Termin Verkaufsbeleg

Fortschrittsanalyse
Fertigstellung   100 %

Fakturierungsplan
FaktProzentsatz   %

Termine

Fixtermin		00:00:00
Isttermin		00:00:00
Term. Termin	04.05.2009	08:00:00

Terminbezug zum Vorgang
- ☐ Späteste Lage
- ☐ Bezug Ende
- Zeitabstand   /   %

✓ |◀ ◀ ▶ ▶| ☒

Abb. 10.14   Grunddaten Meilenstein *Test vollständig*

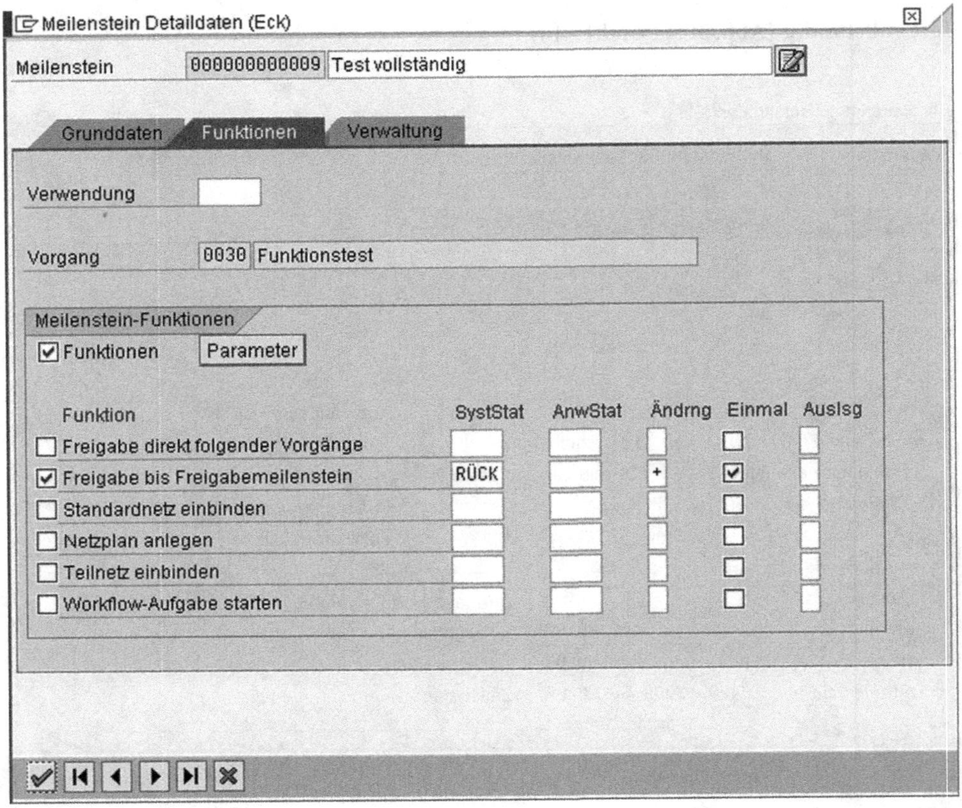

Abb. 10.15 Meilenstein Funktion *Test vollständig*

10.4.4   Vorgang *Einführung Vorort* (Abb. 10.16)

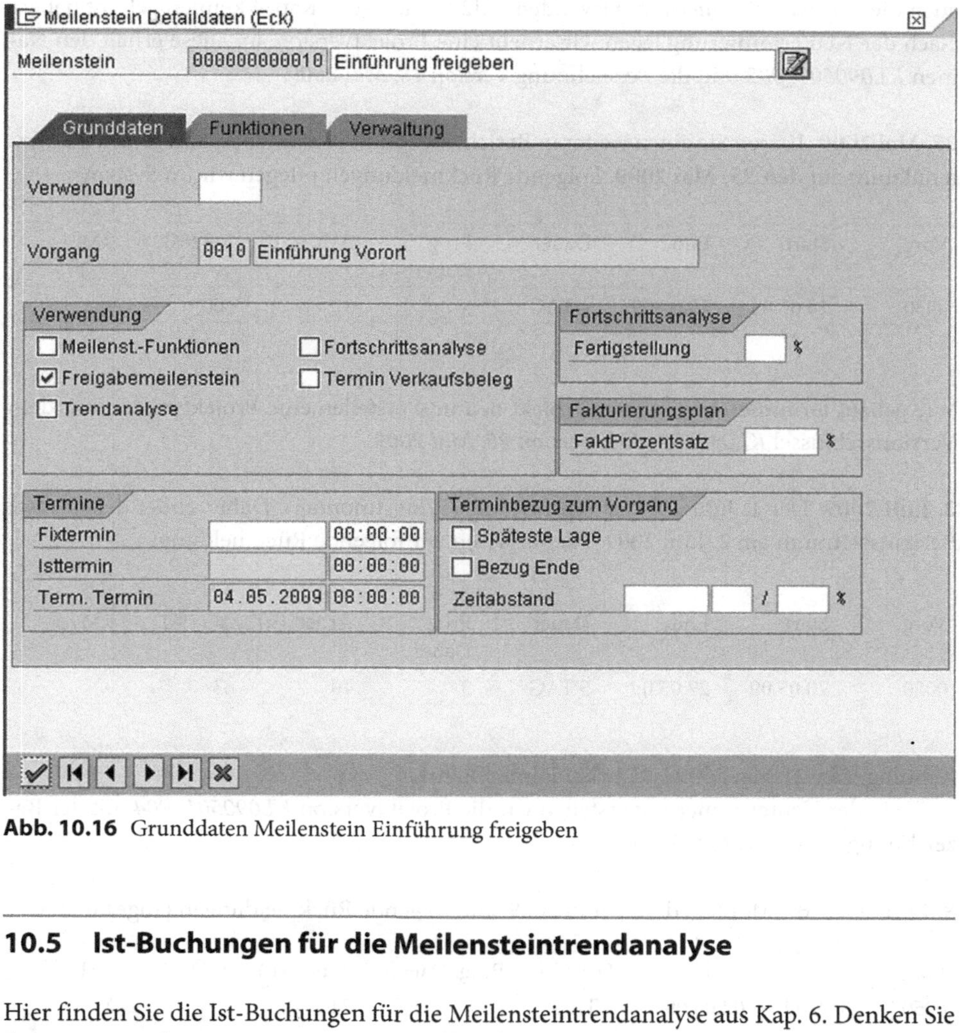

Abb. 10.16 Grunddaten Meilenstein Einführung freigeben

10.5   Ist-Buchungen für die Meilensteintrendanalyse

Hier finden Sie die Ist-Buchungen für die Meilensteintrendanalyse aus Kap. 6. Denken Sie daran, immer die Systemzeit anzupassen.

18. Mai 2009 Der 18. Mai 2009 ist Ende des nächsten Berichtszeitraums. Folgende Rückmeldungen sind bis dahin eingegangen:

Vorg.	Start	Ende	Dauer	Prog. Dauer	Arbeit (h)	AG (%)	RM
0020	07.05.09	12.05.09	4 TAG	–	32	100	X
0030	07.05.09	13.05.09	5 TAG	3 TAG	40	70	–
0040	07.05.09	13.05.09	5 TAG	–	40	100	X

Wie bei der letzten Projektversion wird auch an dieser Stelle der Project Builder geöffnet und für das Gesamtprojekt eine Neuterminierung durchgeführt. Natürlich können Sie auch die *Projekt-Terminierung* verwenden (CJ29), die wir in Kap. 4 kennen gelernt haben. Nach der Neuterminierung legen wir erneut eine Projektversion an. Diese erhält den Namen *KL090501_002* und die Bezeichnung *Version 18. Mai 2009*.

25. Mai 2009 Lassen Sie einen weiteren Berichtszeitraum verstreichen und setzen das Systemdatum auf **den 25. Mai 2009**. Folgende Rückmeldungen pflegen wir im System:

Vorg.	Start	Ende	Dauer	Prog. Dauer	Arbeit (h)	AG (%)	RM
0030	14.05.09	19.05.09	4 TAG	–	32	100	X

Wie gehabt terminieren wir unser Projekt neu und erstellen eine Projektversion mit dem Versionsschlüssel *KL090501_003, Version 25. Mai 2009*.

2. Juni 2009 Der 1. Juni 2009 ist ein Feiertag (Pfingstmontag). Daher endet der nächste Berichtszeitraum am 2. Juni 2009. Hier erfassen wir folgende Rückmeldung:

Vorg.	Start	Ende	Dauer	Prog. Dauer	Arbeit (h)	AG (%)	RM
0050	20.05.09	27.05.09	5 TAG	3	40	63	–

Achtung: Der 21.Mai 2009 ist Christi Himmelfahrt.

   Nach der Neuterminierung erstellen wir die Projektversion *KL090501_004* mit der Bezeichnung *Version 1. Juni 2009*.

8. Juni 2009 Bis Montag, den 8. Juni 2009 sind folgende Rückmeldungen eingegangen:

Vorg	Start	Ende	Dauer	Prog. Dauer	Arbeit (h)	AG (%)	RM
0050	28.05.09	02.06.09	3 TAG	–	24	100	X
0060	03.06.09	03.06.09	1 TAG	3 TAG	8	25	–

Diesen Projektstand sichern wir nach der Terminierung unter der Versionsnummer *KL090501_005* und der Bezeichnung *Version 8. Juni 2009*.

15. Juni 2009 Lassen Sie uns noch die Rückmeldungen zweier weiterer Berichtszeiträume buchen: Rückmeldungen am 15. Juni 2009 und am 22. Juni 2009. Bis zum 15. Juni 2009 sind folgende Rückmeldungen eingegangen:

Vorg.	Start	Ende	Dauer	Prog. Dauer	Arbeit (h)	AG (%)	RM
0060	04.06.09	08.06.09	3 TAG	–	24	100	X
0070	09.06.09	09.06.09	1 TAG	5 TAG	8	17	–

Den Stand sichern wir nach der Neuterminierung mit der Bezeichnung *Version 15. Juni 2009* und dem Schlüssel *KL090501_006*.

22. Juni 2009 Und bevor wir zurückgehen zur Auswertung der Meilensteintrends geben wir noch die Rückmeldungen bis zum 22. Juni 2009 ein (Hinweis: 11. Juni 2009 ist Fronleichnam):

Vorg.	Start	Ende	Dauer	Prog. Dauer	Arbeit (h)	AG (%)	RM
0070	10.06.09	17.06.09	5 TAG	–	40	100	X

Beim Sichern erhalten wir dieses Mal eine Mitteilung. Wir werden informiert, dass die Meilenstein-Funktion ausgeführt wurde – der nachfolgende Netzplan also freigegeben wurde.

Wir terminieren nochmals unser Projekt im Project Builder und sichern eine Version mit dem Schlüssel *KL090501_007* und der Bezeichnung *Version 22. Juni 2009*.

Kehren Sie jetzt wieder zurück zu Kap. 6.

10.6 Rückmeldungen für Entwurfs-Phase

Für die Projektverdichtung legen wir im Beispielprojekt weitere Rückmeldungen an. Damit Sie auch aus diesen Rückmeldungen weitere Daten für die Meilensteintrendanalyse ziehen können, werden die Rückmeldungen wieder Berichtszeitraum-bezogen gebucht. Denken Sie daran, das Systemdatum entsprechend zu setzen, das Projekt neu zu terminieren und anschließend eine Projektversion zu sichern.

29. Juni 2009 Berichtszeitraum bis 29. Juni 2009

KL090501_008 Version vom 29. Juni 2009

Vorg.	Start	Ende	Dauer	Prog. Dauer	Arbeit (h)	AG (%)	RM
0010	22.06.09	22.06.09	1 TAG	–	8	100	X
0020	23.06.09	25.06.09	3 TAG	–	24	100	X
0030	26.06.09	26.06.09	1 TAG	3 TAG	8	25	–

6. Juli 2009 Berichtszeitraum bis 6. Juli 2009
KL090501_009 Version vom 6. Juli 2009

Vorg.	Start	Ende	Dauer	Prog. Dauer	Arbeit (h)	AG (%)	RM
0030	29.06.09	01.07.09	3 TAG	–	24	100	X
0040	02.07.09	03.07.09	2 TAG	3 TAG	24	40	–

13. Juli 2009 Berichtszeitraum bis 13. Juli 2009
KL090501_010 Version vom 13. Juli 2009

Vorg.	Start	Ende	Dauer	Prog. Dauer	Arbeit (h)	AG (%)	RM
0040	06.07.09	07.07.09	2 TAG	–	16	100	X
0050	08.07.09	10.07.09	3 TAG	–	24	100	X

Verwendete Transaktionen

11

Transaktion	Anwendung
BD64	Verteilungsmodell
CH21	Ecktermine ändern
CJ01	PSP-Elemente anlegen (mehrere)
CJ02	PSP-Elemente ändern (mehrere)
CJ06	Projektdefinition anlegen
CJ07	Projektdefinition ändern
CJ11	PSP-Element anlegen (einzeln)
CJ12	PSP-Element ändern (einzeln)
CJ27	Projektplantafel – Projekt anlegen
CJ29	Projektterminierung
CJ2B	Projektplantafel – Projekt ändern
CJ2C	Projektplantafel – Projekt ansehen
CJ30	Orginalbudget ändern
CJ41	Gesamtkosten im PSP anzeigen
CJ91	Standard-PSP anlegen
CJ92	Standard-PSP ändern
CJH1	Vererbung durchführen
CJH2	Auswertung Vererbung
CN01	Standardnetz anlegen
CN02	Standardnetz ändern
CN11	Standardmeilenstein anlegen
CN12	Standardmeilenstein ändern
CN21	Netzplan anlegen
CN22	Netzplan ändern
CN24	Gesamtnetzterminierung

H. Gubbels, *SAP® ERP – Praxishandbuch Projektmanagement*,
DOI 10.1007/978-3-8348-2160-7_11, © Springer Fachmedien Wiesbaden 2013

Transaktion	Anwendung
CN25	Rückmeldungen erfassen
CN28	Rückmeldungen anzeigen
CN29	Rückmeldungen stornieren
CN41	Strukturauswertung (Infosystem)
CN47	Erweiterte Einzelübersicht Vorgänge/Elemente
CN72	Projektversion anlegen
CNE1	Fortschritt berechnen
CNE5	Strukturübersicht – Fortschrittsanalyse
CNMT	Meilensteintrendanalyse
CNR1	Arbeitsplatz anlegen
CNR2	Arbeitsplatz ändern
FS00	Konten der FiBu
KA01	primäre Kostenarten anlegen
KA02	Kostenart ändern (primär & sekundär)
KA06	sekundäre Kostenarten anlegen
KAK2	Listpflege der statistischen Kennzahlen
KAK3	Listanzeige der Statistischen Kennzahlen
KK01	Statistische Kennzahl anlegen
KK02	Statistische Kennzahl ändern
KKR0	Verdichtungshierarchie anlegen/ändern
KL01	Leistungsart anlegen
KL02	Leistungsart ändern
KLH1	Leistungsartengruppe anlegen
KLH2	Leistungsartengruppe ändern
KP26	Plan Leistungen/Tarife ändern
KS01	Kostenstelle anlegen
KS02	Kostenstelle ändern
KSH1	Kostenstellengruppe anlegen
KSH2	Kostenstellengruppe ändern
MM01	Artikel anlegen
OK02	Statusschema ändern
OKEON	Std-Hierarchie
OKKS	Kostenrechnungskreis setzen
OPS6	Verantwortlichen anlegen/ändern
OPS7	Antragssteller anlegen/ändern
OPT6	Meilensteingruppen anlegen/ändern
OPTS	Versionsprofil für Projekte
OPU6	Terminierungsparameter für Netzplan festlegen
OPUL	Reduzierungsstrategien definieren

Transaktion	Anwendung
PFCG	Pflege der Benutzerrollen
SCC3	Hintergrundjobs überwachen
SCC4	Mandantenpflege
SCC9	Mandantenkopie (Remote)
SCCL	Mandantenkopie (Lokal)
SM36	Job anlegen
SM37	Job ändern
SPRO	Einführungsleitfaden
SU01	Benutzer anlegen
SU02	Benutzer ändern

Glossar

Anfangsfolge Der Begriff stammt aus der Netzplantechnik. Eine Anfangsfolge verbindet den Anfang zweier Vorgänge. Damit wird beschrieben, dass beide Vorgänge zum selben Zeitpunkt beginnen sollen.

Anordnungsbeziehung Der Begriff stammt aus der Netzplantechnik. Eine Anordnungsbeziehung ist eine zeitliche Beziehung zwischen Vorgängen. Durch Sie wird bestimmt, in welcher zeitlicher Reihenfolge die Vorgänge ausgeführt werden sollen. In der Netzplantechnik werden vier Anordnungsbeziehungen verwendet: Normalfolge, Anfangsfolge, Endfolge, Sprungfolge.

Buchungskreis Ein Buchungskreis ist eine organisatorische Einheit der Finanz-buchhaltung in SAP ERP. Jede rechtlich selbständige Firma wird einem Buchungskreis zugeordnet. Innerhalb von Buchungskreisen werden Bilanzen ausgewiesen.

CASE CASE steht für Computer Aided Software Engineering. Unter CASE-Werkzeugen versteht man Werkzeuge zur Unterstützung der Softwareentwicklung – damit auch Werkzeuge zur Planung und Verwaltung des Softwareprojekts.

Earned Value-Analyse Die Earned Value-Analyse ist ein Verfahren zur Überwachung der erbrachten Leistungen und des Fortschritts während der Projektrealisierung.

Endfolge Der Begriff Endfolge stammt aus der Netzplantechnik. Zwei Vorgänge werden durch eine Endfolge verbunden, wenn geplant ist, dass beide Vorgänge zum selben Zeitpunkt beendet sein sollen.

Entwicklungs-Prozess Ein Entwicklungs-Prozess ist ein Modell für die Entwicklung eines Produkts oder einer Dienstleistung. Er legt die Verfahren und Aktivitäten sowie den zeitlichen Verlauf für die Entwicklung eines Produkts fest. Bekannte Prozesse sind der Wasserfall-Prozess, das Standard-Phasen-Modell, der Rational Unified Process oder das V-Modell.

Ergebnisbereich Der Ergebnisbereich ist eine Organisationseinheit von SAP ERP. Er dient dem Controlling, um den Absatzmarkt eines Unternehmens segmentieren zu können. Einem Ergebnisbereich können mehrere Kostenrechnungskreise zugeordnet werden.

ERP ERP ist eine Abkürzung für Enterprise Resource Planning. Mit ERP wird die unternehmerische Aufgabe bezeichnet, Ressourcen, wie Personal, Gelder und Betriebsmittel möglichst effizient zu verwalten. Komplexe Softwaresysteme wie SAP ERP unter-stützen ein Unternehmen dabei.

H. Gubbels, *SAP* ERP – Praxishandbuch Projektmanagement*,
DOI 10.1007/978-3-8348-2160-7, © Springer Fachmedien Wiesbaden 2013

Function Point-Analyse Die Function Point-Analyse ist ein Analogie-Schätzverfahren. Durch methodische Zählung der Eingabe- und Ausgabedaten eines geplanten Softwaresystems unter Berücksichtigung mehrere Einflussfaktoren wird der Gesamtaufwand zur Erstellung eines Softwaresystems geschätzt.

IFPUG IFPUG ist die Abkürzung für die International Function Point User Group. Die IFPUG hat es sich zur Aufgabe gemacht, durch Sammlung von Daten abgeschlossener Projekte und Verbesserung des Function Point-Verfahrens die Schätzgenauigkeit von Softwareprojekten zu erhöhen.

IMG Implementation Guide – der Einführungsleitfaden von SAP ERP. Hier werden Werkzeuge zur Verwaltung aller angebotenen Anwendungen und Leitfäden zur Verwendung angeboten.

Kontenplan Ein Kontenplan ist das Verzeichnis aller Sachkonten, auf die Bewegungen eines Unternehmens verbucht werden oder Anlagen verzeichnet sind. Kontenpläne werden vom jeweiligen Land vorgegeben, in dem eine Bilanz ausgewiesen werden muss. Einem Buchungskreis ist immer ein Kontenplan zugeordnet.

Kostenrechnungskreis Der Kostenrechnungskreis ist eine organisatorische Einheit des Controllings. Er dient dazu, Buchungskreis-übergreifend durch interne Kostenstellen differenzierter als in der Finanzbuchhaltung die Flüsse von Ressourcen zu überwachen und zu steuern. Ein Kostenrechnungskreis kann mehrere Buchungskreise besitzen.

Kostenstelle Eine Kostenstelle ist eine organisatorische Einheit in einem Unternehmen, um sekundäre Kosten verbuchen zu können. Sie dienen dem Controlling.

Kostentrendanalyse Die Kostentrendanalyse dient der Aufdeckung von Kostentrends während der Realisierung eines Projekts. Werden Trends frühzeitig erkannt, kann das Projektmanagement gegensteuern oder eine Planänderung veranlassen.

Kritischer Pfad Kritischer Pfad ist ein Begriff aus der Netzplantechnik. Der kritische Pfad beschreibt den Pfad in einem Netzplan, der am wenigsten Puffer ausweist. Eine Verzögerung eines Vorgangs auf dem kritischen Pfad verzögert direkt das Projekt-Ende.

Leistungsarten Leistungsarten werden verwendet, um die Leistungen einer Kostenstelle klassifizieren zu können. Leistungsarten sind beispielsweise Personenstunden.

Mandant Ein Mandant ist eine datentechnisch abgeschlossene Einheit in SAP ERP. Ein Mandant ist beispielsweise eine Firma oder ein Konzern, mit mehreren Tochterfirmen.

Meilensteintrendanalyse (MTA) Die Meilensteintrendanalyse dient der Erkennung von Trends während der Projektrealisierung. Meilensteine sind definierte Punkte in einem Projektplan, an denen Leistungen erbracht sein müssen. Sie werden terminiert. Die Meilensteintrendanalyse gibt Auskunft über zeitliche Trends der Meilensteine, damit das Projektmanagement frühzeitig gegensteuern kann.

Netzplan Ein Netzplan stellt Arbeitspaket, Kosten und Ressourcen in eine zeitliche Beziehung und bildet einen Ablaufplan. Er dient der Projektplanung. Grundlage der Darstellung ist die Graphentheorie.

Netzplanvorgang Ein Netzplanvorgang ist ein Element eines Vorgangs und beschreibt eine Arbeitsleistung, die mit einem definierten Aufwand innerhalb einer definierten Dauer von einer definierten Ressource erbracht werden soll.

Normalfolge Begriff aus der Netzplantechnik. Eine Normalfolge ist eine Anordnungsbeziehung. Sie bestimmt, dass die verbundenen Vorgänge nacheinander ausgeführt werden.

Project Manager Der Project Manager ist die englische Bezeichnung des deutschen Projektleiters. Durch die Vermischung der englischen und deutschen Sprache wird im deutschen Sprachraum der Projektmanager und der Projektleiter gleichgestellt.

Projektdefinition Die Projektdefinition ist das Wurzelelement eines Projekts in SAP ERP. Die Projektdefinition legt Rahmendaten für das Projekt fest, wie Start- und Endtermin, oder die Projektbezeichnung. Alle Netzpläne und Projektstrukturplanelemente sind der Projektdefinition hierarchisch untergeordnet.

Projektmanagement Unter dem Projektmanagement versteht man im deutschen Sprachraum die Gesamtheit der an der Führung eines Projekts beteiligten Personen. In manchen Firmen schließt das den Projektleiter mit ein, in anderen Firmen handelt es sich um den Projektleiter und in wieder anderen Firmen ist es das Management über dem Projektleiter, die weisungsberechtigt sind. Problematisch an dem Begriff ist die Ähnlichkeit mit dem englischen Wort Project Manager, welches tatsächlich den Projektleiter bezeichnet. Das übergeordnete Management wird im Englischen Senior Project Management genannt.

Projektplan Ein Projektplan ist Grundlage für die Realisierung eines Projekts. In einem Projektplan ist die zeitliche Durchführung eines Projekts beschrieben, beteiligte Personen, Randbedingungen, Fertigstellungstermine, Prozesse und Aktivitäten, die während eines Projekts durchgeführt werden. Der Projektplan ist Grund-lage für Fortschrittmessungen und der Erfolgskontrolle.

Projektstrukturplan (PSP) Der Projektstrukturplan beschreibt den statischen Aufbau eines Projekts. Durch den Projektstrukturplan kann ein Projekt in mehrere Teilprojekte geteilt werden. Er kann auch als Prozessplan für die Durchführung des Projekts dienen.

Schätztrichter Der Schätztrichter ist ein graphisches Modell, welches den Grad der Schätz-Ungenauigkeit im Verlauf eines Projekts widerspiegeln soll. Anfang ist diese Ungenauigkeit durch fehlende Daten hoch. Durch Ist-Daten konvergiert diese bis zum Projekt-Ende gegen Null.

Senior Project Manager Senior Project Manager ist die englische Übersetzung des deutschen Projektmanagers. Der Projektleiter wird im Englischen als Project Manager bezeichnet.

Sprechende Projektnummern Unter sprechenden Projektnummern versteht man Nummern, die neben ihrer eindeutigen Bezeichnung eines Projekts gleichzeitig Auskunft über Art oder Dauer des Projekts geben können.

Sprungfolge Begriff aus der Netzplantechnik. Die Sprungfolge ist eine Anordnungsbeziehung. Sie ist ein Spezialfall. Sie verbindet den Anfang eines Vorgangs mit dem Ende eines anderen und kann dadurch die maximale Dauer beider Vorgänge definieren.

Standard Phasen Modell Das Standard Phasen Modell ist ein Entwicklungsmodell. Wie im Wasserfall-Modell werden die Entwicklungsstufen Spezifikation, Entwurf, Implementierung und Test definiert. Im Gegensatz zum Wasserfallmodell dürfen in der Entwurfs-Phase trotzdem Änderungen an der Spezifikation vorgenommen werden. Die Phasen beziehen sich nicht auf die erlaubte Funktionalität, sondern auf das dafür freigegebene Budget.

Standardhierarchie Mit der Standardhierarchie werden die Kostenstellen eines Kostenrechnungskreises in einem Unternehmen hierarchisch gegliedert. Die Standardhierarchie spiegelt üblicherweise den hierarchischen Aufbau eines Unternehmens wider.

User Exit User Exits sind Zeitpunkte in einem SAP ERP-Programm, an dem ein kundenindividuelles Programm aufgerufen werden kann.

Wasserfall-Modell Das Wasserfall-Modell ist ein streng sequentieller Entwicklungsprozess. Das Wasserfall-Modell ist funktional, d. h. es dürfen zu einem bestimmten Zeitpunkt nur die erlaubten Funktionen ausgeführt werden. Die Funktionen sind Spezifizieren, Entwerfen, Implementieren, Testen. Werden im Entwurf Fehler entdeckt, muss der Prozess neu gestartet werden. Insbesondere bei Fehlern, die im Test auftauchen, ist das im Wasserfall-Modell teuer.

Werk Ein Werk ist eine organisatorische Einheit in SAP ERP, um den Ort der Produktion, Lagerung oder Beschaffung zu gliedern.

Sachverzeichnis

H. Gubbels, *SAP ERP – Praxishandbuch Projektmanagement*,
DOI 10.1007/978-3-8348-2160-7, © Springer Fachmedien Wiesbaden 2013